西遷與東還

抗戰時期武漢大學編年史稿

張在軍——著

3

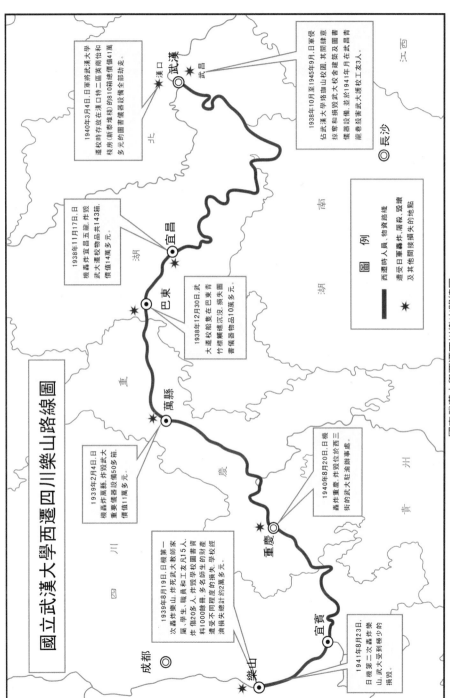

國立武漢大學西遷四川樂山路線圖

4

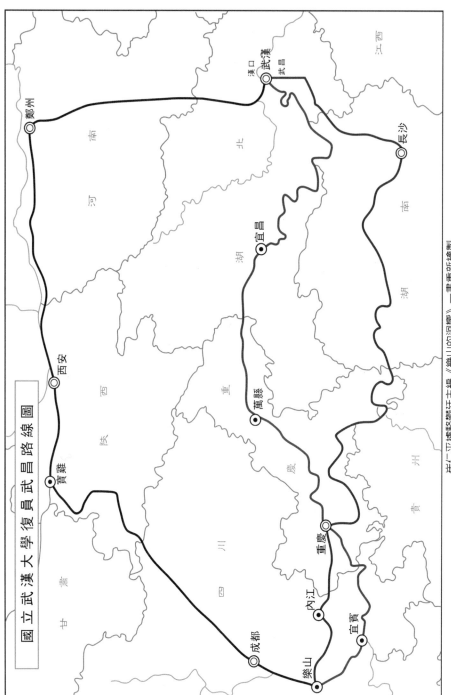

國立武漢大學復員武昌路綫圖

崔仁平據鄒鬱廷主編《樂山的迴響》一書重新繪製

凡例

一、全書按西元紀年先後順序編排，同年之內按月日先後排列。所記年月日以公
　　曆為準，並標示中華民國紀年、星期。

二、全書分為序編和正編。序編時間自西元1931年「九一八」事變爆發開始，至
　　1937年6月止，每年史實較為簡略。正編時間自西元1937年「七七」事變爆
　　發開始，至1946年10月31日國立武漢大學復員後第一次開學典禮止，每年史
　　實較為詳實。

三、全書不僅立足宏觀世界，也注重微觀生活，內容包括但不限於：

　　1、國立武漢大學西遷樂山史實；

　　2、國立武漢大學復員武昌史實；

　　3、國立武漢大學教師、學生戰時工作、學習、生活等史實；

　　4、世界重大的政治、軍事等史實；

　　5、國民政府及湖北、四川兩省重大政治、經濟、軍事等史實；

　　6、國民政府及湖北、四川兩省地方教育政策、法規等史實；

　　7、四川樂山政治、經濟、文化、教育、風俗，等等。

四、全書資料來源於各種大事編年、人物年譜（表）、日記、書信，以及歷史檔
　　案、文獻等。

五、不少涉及葉聖陶、楊靜遠等人書信、日記，多直引，少轉述，以體現原汁
　　原味。

六、為了生動形象地說明一些史實，本書也引用一些詩詞、散文等文學作品。

七、為了說明武大流亡辦學的時代背景，在正編每年的本事前，載有國內外政
　　治、軍事等大事關鍵詞。

八、引文、人物、地名等酌情加以注釋。

目　次

序編

1931年（民國二十年）

9月18日（星期五），駐東北境內的日本關東軍，蓄意炸毀柳條湖附近南滿鐵路的路軌，反誣中國軍隊所為，以此為藉口進攻瀋陽中國東北軍北大營，「九·一八」事變爆發。國立武漢大學師生群情激憤，一個要求抗日救亡的愛國運動隨之興起。

21日（星期一），武漢各界在武昌集會，聲討日本的侵略行徑。

22日（星期二），武漢抗日救國會成立。

23日（星期三），武漢軍校全體師生遊行示威，抗議日軍暴行。

25日（星期五），遭受水患的漢口災民拒用日本救濟品，漢口市政府拒絕日本救濟物資運漢。

26日（星期六），武漢大學校務委員會議代表全校師生致電國民黨中央黨部和南京國民政府外交部，呼籲「研究鞏固東省國防辦法」，「對日經濟絕交」。

同日，中國第一所流亡大學——東北大學大部分師生遷往北平。

28日（星期一），武漢各界舉行反日救亡民眾示威遊行。

10月2日（星期五），武漢大學全體學生在校園集會，成立「武大抗日救國會」，決定發行反日刊物，聯合武漢三鎮各校共同抵制日貨。

3日（星期六），武漢大學學生500多人到國民政府軍事委員會武漢行營請願，要求政府對日宣戰，發給學生槍械，赴東北抗日。

5日（星期一），武漢抗日救國會發出通電，要求國民政府「統一軍權對日」。

13日（星期二），國民黨漢口市黨部發起抗日救國義勇軍，舉行入伍登記。

19日（星期一），在「武大抗日救國會」的積極推動下，「武漢學生抗日救國會」成立了，於是日領導學生舉行大規模反日示威遊行。

11月13日（星期五），武漢警備司令部頒布關於群眾反日救亡集會、結社須經核准的布告。

12月2日（星期三），武大舉行了第7次臨時校務會議，議決「自本星期五起至下星期四止，定為『國難周』，在此期中加緊軍事訓練及其他抗日救國工作」。

4日（星期五），武大第142次校務會議公推周鯁生[1]、吳學義、王世傑[2]、蘇益信、李劍農、時昭瀛、王星拱[3]7位教授於7-10日間，先後向未前往南京請願的留校學生作「關於中日事件之講演」，其中教務長王星拱的講題為《工業與戰爭》。

6日（星期日），武大學生代表150人組成請願團乘招商局「江華」輪到南京請願。甫到下關碼頭，南京政府官員和中央大學的學生代表都在岸上迎接。在謝絕了政府官員要他們住進中央軍校高樓大廈的邀請後，團員們步行十餘里住進中央大學新搭的帳篷。三日後，蔣介石答應接見武漢大學抗日請願團。在國民政府禮堂，蔣和陳立夫、陳佈雷與學生見面。針對學生們要求政府立即下令動員、出兵抵抗、驅除日寇、收復國土等十條要求，蔣介石的「答覆」完全沒有涉及。此後，陳立夫也作了類似的「答覆」。學生們認識到受騙，丟掉幻想，從第二天起加入中央大學等校同學的示威行列。

7日（星期一），武大校長王世傑在總理紀念周上舉行國難演講，說：「中國80年來，在對外關係上，所以屢屢失敗的，是因為自己根本上有兩種大毛病……第一是媚外。這是從前政府當局的通病。他們是遇事害怕，因此，他們對外只是屈服，對內只是欺騙，演成無數喪權失地的外交恥辱。第二是昧外。政府與人民大都不熟悉各國政治軍事的虛實，不了解國際的局面；一旦事情發生，政府與國民都不免盲動，不能成立一種適當計劃。我們此後要既不媚外，又不昧外；既不軟弱，又不糊塗……一個人，在黑暗中走路，就令他是很勇敢的，他的

---

[1] 周鯁生（1889-1971），又名周覽，湖南長沙人。1906年赴日本早稻田大學留學，並加入中國同盟會。1921年後，歷任北京大學、東南大學教授兼政治系主任。1928年參與國立武漢大學的籌建工作。1929年9月任武漢大學教授兼法律系主任、法科所所長。1936年7月任教務長。1939年赴美從事講學、研究活動。1945年夏再度回國，擔任武大校長（1945年7月－1949年8月）、教育部學術審議委員會委員、中央研究院院士。抗戰勝利後，他克服重重困難，學校由樂山復員武昌，恢復農學院，增設醫學院，使武大成為擁有文、法、理、工、農、醫的綜合大學。

[2] 王世傑（1891-1981），字雪艇，湖北崇陽人。法學家，《現代評論》、《自由中國》等雜誌創辦人，國立武漢大學首任校長（1929年3月至1933年4月），歷任民國教育、宣傳、外交部長，以及中央設計局秘書長、行政院政務委員、中央研究院院長等職。

[3] 王星拱（1888-1949），字撫五，安徽懷寧人。教育家、化學家、哲學家。早年畢業於英國倫敦大學帝國科學技術學院。1916年獲碩士學位回國，回國後任北京大學教授。1929年任省立安徽大學校長。後又與王世傑、李四光等一起負責籌建國立武漢大學，任武大化學系首系主任。1933年5月出任國立武漢大學校長，因得罪戰時教育部長陳立夫，於1945年7月調任中山大學校長。從1934年6月到1945年7月，王星拱正式擔任武大校長11年，時間之長，僅次於李達（14年），他在武大工作並實際主持校務前後長達17年之久，為國立武漢大學招攬賢才、發展學術做作出了巨大貢獻。

直覺仍然會使他怯懦。如果他能夠看清前途的一切，那麼，就令他不是一個勇者，他的怯懦也可以減少。所以光明是勇敢的條件。」[4]

24日（星期四），武大學生在武昌閔馬場召開追悼南京遇難同胞會。

29日（星期二），武大教職員建立的「東省事件委員會」致電國民黨中央一中全會，指出：「不應再以不抵抗誤國」、要求增兵死守錦州；對於「舉措荒謬」，一味對日妥協的外長顧維鈞，則要求予以罷免。

---

[4]　徐正榜、陳協強主編：《名人名師武漢大學演講錄》（武漢大學出版社，2003年），頁119。

1932年（民國二十一年）

1月23日（星期六），武大校長王世傑被國民政府任命為國難會議委員。

28日（星期四），日本侵略者突然向上海閘北的國民第十九路軍發起攻擊，隨後又進攻江灣和吳淞，「一·二八」事變爆發。

3月1日（星期二），偽滿洲國成立。

3日（星期四），武大在珞珈山新校舍開始授課。

同日，武大外文系教授兼女生指導袁昌英[1]，致信胡適：

> 現在我們有一件事要請求你的幫助。我們住在武漢方面的人，雖然尚未直接感受日本鬼的威嚇，可是精神上也夠痛苦了。每一想到北方義勇軍在冰天雪地之中，與敵人奮鬥的艱苦，就不免流著同情淚。武大東省事件委員會雖然幾次募集捐款匯寄北方，我們做女子的總覺得未盡天職，所以最近又發起了一個小小的運動，趕做棉背心一千件，接濟我們的義勇軍。這事正在進行，不日就可完工。數雖很少，卻是出自我們幾十個人親手裁縫，無非表示我們一點熱忱而已。現在要請求於你的是：親自替我們在北平打聽一個寄交的處所。我們希望這一點棉衣，不至於隨便落在不相干的人手裏。你在北平當然知道有確實可靠的機關和經手人，可以使我們直接寄去。[2]

7日（星期一），校長王世傑在總理紀念周上舉行演講，談到時局變化時說：「日本從『九一八』事變再進而釀成上海的事變，可以說有三個原因：第一，是日本轉移國際視線的一種政策。他們是要把國際的視線，從東三省移到上海，使大家認為東三省的問題是次要，或至多也不過和上海問題是同等的重要……。第二，是日本軍閥爭雄的結果。東三省的事件，可以說完全是日本陸軍的威力造成，因此日本海軍軍閥深以為憾；為要表示本身的威力也並不弱於陸軍

---

[1] 袁昌英（1894-1973），字蘭子、蘭紫，湖南醴陵人。作家，教育家。1916、1926年兩度出國，入英國愛丁堡大學、法國巴黎大學學習，獲文學碩士學位。1929年開始執教於武漢大學外文系，主講希臘悲劇、希臘及羅馬神話、戲劇入門、法文、現代歐美戲劇、法國戲劇、中英翻譯等課程。袁昌英與蘇雪林、凌叔華並稱為「珞珈三女傑」。

[2] 中國社科院近代史研究所編：《胡適往來書信選》中冊（北京：中華書局，1979年），頁105-106。

起見，於是在可以行使海軍威權的上海從事挑戰……。第三，是中國對日經濟絕交的運動，使日本的資本家受重大的壓迫，因而一般的軍閥也感到恐慌，惟恐資本家對他們有怨言，有攻擊。於是便採取武力的干涉，以期壓制中國民眾的排斥日貨運動，緩和本國資本家的隱怨。」[3]

15日（星期二），漢陽兵工廠工人決定終止堅持了許久的罷工，在《武漢日報》上發表復工啟事，願為抗日生產武器。

4月5日（星期二），上午王星拱向武大全體學生報告國際聯盟調查團來華調查所謂「中日衝突」原因。在他看來，武大單獨接待國聯調查團的主要意義有三點：第一，「國際聯盟雖然沒有什麼力量，但它究竟是保持人類和平的趨向的一個團體。我們現在的力量又不夠和人家打戰，所以要借他們的力量來給我們幫幫忙」。第二，「請友邦的人們來到我們學校來看看，使他們曉得中國這幾年來並不是完全在破壞，還有一些建設，雖然這建設的範圍很少，但也總表示我們在努力」。第三，「也使他們知道這裏還有一個學術機關，在這紛亂當中並沒有停止進行」。[4]

是日下午，國聯調查團來到武漢大學參觀，王星拱與邵逸周、周鯁生等教授進行了招待。教授代表向該團遞交書面資料，再次希望該團主持公道以解決問題。

5月26日（星期四），武大舉行隆重的新校舍落成典禮，蔡元培、任鴻雋、李四光等社會各界名人均來參加。

9月，武大全體師生及家屬聯合簽名表示：在東北失地未收復以前，絕不購買日貨。

10月10日（星期一），蔣介石到武漢大學訓話，多次肯定王世傑。

自1931年截至本年，武大全體師生、職員及家屬為抗日募捐現款共3600元，棉背心1016件，毛巾1300條。

---

[3] 徐正榜、陳協強主編：《名人名師武漢大學演講錄》（武漢大學出版社，2003年），頁120-121。

[4] 轉引自吳驍、程斯輝：《功蓋珞嘉「一代完人」——武漢大學校長王星拱》（濟南：山東教育出版社，2011年），頁290-291；原載《國立武漢大學週刊》1932年4月12日第122期。

1933年（民國二十二年）

1月9日（星期一），武大王世傑校長在總理紀念周上舉行演講，談到本校全體教員同仁對於國難及本校工作的態度時，「特向諸位鄭重地申述三事」：

「第一，對於救國的一般方針，我們以為：我們要做長期抵抗的工作，大家一定要努力使中國整個社會的秩序不紊亂。無論全國人士的政治見解以及對於其他事件的見解，彼此有什麼不同，而在目前情勢之下，都應該在這個大方針之下，進行一切救國工作。我們應該永遠記著：日本軍閥的目的，就是要使我們陷於一種無政府狀態。第二，學校是延續民族精神生命的工具。國難愈嚴重，我們愈應使這種機關的工作增加它的效率，至少務必使它不致減少它的效率。我們對於凡可以減少學校工作效率，以及危害學校生命的事體，必竭盡我們的力量防止，絕不苟且敷衍，致受良心的責備。第三，全校同學救國的見解是難得一致的。有的主張此時刻苦求學，預備出校以後做救國救民族的工作；有的以為這種方法緩不濟急，因而主張即時離校做參戰工作或政治工作。我們對於抱持後一種見解的同學，不願鼓勵亦不能阻止，不願鼓勵，因為我們覺得那種方法犧牲大而效果不可必；不能阻止，因為抱持這種見解的同學，動機是憂國愛國，而大家也都是成年的青年。」

最後，「本人盼望全校同仁，永遠保持著吃苦不畏難的精神從事於一切工作；無論敵人的壓迫或前方的戰事較現在緊張也好，或和緩也好。這種心理改造，實在是民族復興的第一個條件。」[1]

3月6日（星期一），王星拱在總理紀念周上舉行演講「求學的態度」之前，另外說了「幾句緊要的話」：

現在，熱河雖是敗了，然而我們不能因此而改變抗日的決心；我們仍然要抱持至死不變的精神，經過困苦艱難，去做抗日的工作。

從感情方面講，一個人被人打了，自然要回手，被人罵了，自然要回口的，不管他的能力夠不夠。我們受日本人的欺侮，已經到了這樣的田

---

[1] 徐正榜、陳協強主編：《名人名師武漢大學演講錄》（武漢大學出版社，2003年），頁129-130。

地，哪還有不拚命的道理？……

　　從理智一方面講，我沒有政治外交專門的學識，不過是從有常識的國民的立足點來說明我們應當繼續抵抗的理由。第一，日本人對於中國的侵略，固然是全國一致的主張，但是用悍然不顧一切的態度，拿武力來強占，乃是日本軍閥政府的政策，不是日本全國人民所贊同的……

　　……自『九一八』以後，內戰雖然沒有完全免除，但是確實比較少了。說句痛心的話，我們向來缺乏民族的自覺心，也許因為國難而改變國人內戰的心理。倘若我們不繼續抵抗，恐怕立刻又要發生內戰。現在我們應當集合全國的聰明才智、精力財富，致力於同一的方向，經由有系統的步驟，才有效果之可言。[2]

　　4月20日（星期四），國民黨中央政治會議決議，任命國立武漢大學校長王世傑為教育部部長，並電派該校理學院院長王星拱為代理校長。

　　9月19日（星期二），武大舉行開學典禮，代理校長王星拱提醒廣大師生：「今日是二十二年度本校舉行開學典禮的日期。同時我們又深切底記得昨日是九一八，是日本佔據東三省的國難紀念日。我們的情緒，一方面是歡喜，一方面是悲憤。所以今天的典禮，是有慶祝開學和紀念國難兩層意義。」[3]

---

[2]　徐正榜、陳協強主編：《名人名師武漢大學演講錄》（武漢大學出版社，2003年），頁160-161。
[3]　《補行開學禮王校長報告》，《國立武漢大學週刊》（1933年9月25日）第175期。

1934年（民國二十三年）

5月15日（星期二），國民政府行政院決議任命王星拱為國立武漢大學校長。

6月1日（星期五），王世傑因不滿政府對日妥協，向行政院長汪精衛請求辭去教育部長職務，汪雖應允，蔣介石卻強予慰留。

9月19日（星期三），武大舉行開學典禮，校長王星拱在典禮說：「我們國家的元氣，也經受了重大的損傷，我們不能再消極的破壞，必須有積極的建設。……建設成功，然後有充實的力量，有充實的力量，然後可以救亡。」[1]

12月31日（星期一），在總理紀念周上，王星拱提醒廣大學生：「我們試想想：在天災人禍紛至遝來的環境之中，我們還能夠安安靜靜地讀了一年的書，我們不能不慶慰我們自己個人的幸運。同時，我們要認識：受教育的機會，是國家社會給予我們的。所以我們對於國家社會所負的責任，更要深一層，尤其是受過高等教育的人，應當如此著想。」[2]

---

[1] 《開學典禮校長報告》，《國立武漢大學週刊》（1934年9月24日）第209期。
[2] 《上周紀念周校長報告》，《國立武漢大學週刊》（1935年1月7日）第223期。

1935年（民國二十四年）

5月17日（星期五），南京國民政府和日本政府宣布，雙方外交關係由公使級晉升為大使級。

10月至12月，駐華日軍為了進一步侵略中國而策動華北各省脫離南京中央政府實行「自治」，製造了「華北事變」。

11月，行政院改組，蔣介石取代汪精衛擔任行政院長，王世傑留任教育部長。

12月9日（星期一），北平學生六千餘人舉行示威遊行，提出「停止內戰，一致對外」、「反對華北自治運動」，遭到國民黨政府的鎮壓，「一二‧九」運動爆發。

12日（星期四），武漢四十多所中等以上學校學生代表召開聯席會議，決議成立學聯，並希望武大推出代表來領導武漢學運。於是武大選舉了一個九人臨時代表團並推選許升階和李均平（又名李毅）兩人代表武大參加武漢學聯的領導工作。

17日（星期二），武漢大學、華中大學等53校代表集會，正式成立學生救國聯合會（宗旨是「喚起同胞，共挽危亡」），以武大學生許升階為主席，並決定舉行全市學生大遊行，聲援北平學生。

18日（星期三），武漢學聯在武大召開第二次幹事會，決定20日在武漢三鎮同時舉行遊行。

20日（星期五），武漢三鎮70多所學校學生舉行大規模愛國示威遊行。漢口方面各校的學生，在武大學生李厚生、魏澤同、王前等人的聯絡和率領下，在江漢關打出「國立武漢大學」和「打倒日本帝國主義」兩面大橫幅，高呼著反帝愛國的口號，與漢口的中學生們一道遊行。在武昌，有武大等50多所大中學校學生1萬餘人，先到國民黨湖北省政府門前集合示威，然後舉行遊行。[1]

22日（星期日）和23日（星期一），武大等校學生2000餘人渡江到達漢口，三鎮的學生匯合成為一股洪流，連續舉行了大規模的遊行示威。在遊行示威結

---

[1]　吳貽穀主編：《武漢大學校史》（武漢大學出版社，1993年），頁128。

束之後，武大的九人團宣布「總辭職」。接著正式成立了「武漢大學學生救國會」，並通過舉行罷課的決定。

23日（星期一），王星拱在武漢大學「總理紀念周」上作報告，指出武大學生應「依照原定的不荒廢學業的主張，努力於以學術救國的工作」。

24日（星期二），武漢大學教職員為了聲援學生的愛國行動，決定把「東省事件委員會」改名為「武大教職員救國會」，並以此名義致電國民政府，要求「中央嚴令各地軍警當局，不得摧殘學生愛國運動」。[2]

30日（星期一），武漢四十餘所學校學生舉行總罷課，抗議保安隊鎮壓愛國運動。武大校長王星拱因武大學生宣布罷課，遂提出辭職並離校。

---

[2]   引自《一二‧九運動回憶錄》第一集（北京：人民出版社，1982年），頁386-387。

1936年（民國二十五年）

1月7日（星期二），王星拱與武大教職員及學生代表一同返校，並於次日正式復職。

4月8日（星期三），湖北省政府明令解散武漢中等以上學校學生救國聯合會。

6月26日（星期五），王星拱與任鴻雋、竺可楨、羅家倫等大學校長聯名致電中央及兩廣，呼籲避免內戰，一致抗日。

12月12日（星期六），張學良、楊虎城在西安扣押了蔣介石，逼蔣抗日，史稱「西安事變」。

1937年（民國二十六年）

2月，武漢大學8名進步學生在武昌貢院街30號謝文耀家集會，成立了一個自發的中共黨組織——武漢臨時支部。

3月15日（星期一），武大全體學生正式接受軍事管理，每日早晨6：30起床，進行點名、升旗等活動。

4月底，武大委派趙學田[1]等三位教師到武昌公共科學實驗館，為武漢各公立中學的理化教員作關於防毒面具的演講。

5月11日（星期二），南開大學校長張伯苓到武大參觀，並作演講《時局的感想》。

20日（星期四），清華大學政治系教授張奚若來武大參觀，並作公開演講兩次，第一日講《華北之現狀與未來》，第二日講《世界政治與中國》。

6月11日（星期五），世界教育會會長、美國哥倫比亞大學教授孟羅博士協同女公子來武大講演，大意謂中國教育近來大有進步，以後應注重養成為國家社會服務精神之教育，中國今日國難嚴重，必須由中國人自謀出路，依賴他人均不可靠，蓋無論何國均不願為他人而犧牲自己，故中國之教育方法方可挽救時艱，云云。

21日（星期一），周鯁生教授在總理紀念周上演講《對日抗戰之外交》。

---

[1] 趙學田（1900-1999），號稼生，湖北巴東人。中國工程圖學專家和科普作家。1924年畢業於北京工業大學機械科。抗戰時期先後任國立武漢大學機械系講師、副教授等職，並參與創辦武大實習工廠。1953年後任華中工學院（華中科技大學）教授。武昌魯巷廣場立有趙學田的青銅像，以紀念這位為中國工程圖學和科普事業做出了卓越貢獻的世紀名人。

正編

1937年（民國二十六年）

盧溝橋事變——「八一三」事變——長沙臨時大學開學——國民政府遷渝——武漢成為戰時首都——南京大屠殺

七月

7日（星期三），日本侵略軍以一個士兵失蹤為由，要求進宛平縣城搜查，遭駐守盧溝橋旁的二十九軍拒絕。日軍借題發揮，向宛平發起攻擊，震驚中外的「盧溝橋事變」就此爆發。中國歷史發展的方向，甚至世界歷史發展的方向，從此開始發生了改變。

8日（星期四），中共中央發布《中國共產黨為日軍進攻盧溝橋通電》，號召全國團結起來，築起民族統一戰線的堅固長城，抵抗日寇的侵略。

9日（星期五），蔣介石邀請各界知名人士在盧山舉行國是座談會。清華大學校長梅貽琦、北京大學校長蔣夢麟、南開大學校長張伯苓以及一些知名教授等應邀參加。

同日，武漢大學學生救國團致電南京國民政府，略謂「暴日犯盧，顯欲奪我整個華北，和平絕望，請即出兵抗敵」。

10日（星期六），教育部長王世傑在盧山與蔣介石談抗日事宜。

同日，川康綏靖主任劉湘電呈蔣介石請纓參戰，同時通電全國，請一致抗日。

13日（星期二），湖北省漢口市新聞記者工會第二十次執監委聯席會議建議：市黨部即日召集各機關團體學校，組織募捐慰勞前方將士委員會；各機關轉令所屬，嚴密檢舉漢奸，拒用仇貨，鞏固後方；新生活運動促進會通知各界節省無謂消耗等。

14日（星期三），劉湘通電各省軍政首長，號召全國一致，共赴國難。

15日（星期四），中共中央派赴盧山與國民黨商談兩黨合作抗日問題的代表周恩來，將《中國共產黨為公布國共合作宣言》交給國民黨中央。宣言中提出發動全民族抗戰、實現民權政治、改善人民生活等三項基本主張，重申中共為實現國共合作的四項保證。

同日，漢口市，武昌、漢陽兩區群眾團體（教育會、商聯會、文化建設分會、農會、各業工會、文藝工作者協進會及國內外各大學武漢同學聯誼會），分別致電國民黨平津當局及南京政府，激勵宋哲元等，重申全鄂二千五百萬民眾聲援前方將士之決心：「寧為玉碎，勿為瓦全」，「誓為後盾」。

中旬，湖北新生活促進會在武漢發起一人一分（錢）運動，捐獻前方，支援抗戰。武漢大學女教授蘇雪林[1]親自到大公報館，將長期積蓄的全部金條五十一兩[2]，請報館代獻國家，作抗戰之用。

16日（星期五），蔣介石在廬山圖書館召開第一次談話會，上午「到一百六十餘人，其中八十人為邀請之客，而尚有八十人則為各政府機關人員邀為陪客者，黨部人員亦不少」。下午在哈佛路112號，教育界二十餘人舉行會議，「議決建議於大會，如戰爭發生，學校不停辦」。[3]武大王星拱、周鯁生等人與會。

17日（星期六），蔣介石在廬山圖書館召開的第二次會議上發表了《抗戰宣言》：「今日的北平若果變成昔日的瀋陽，今日的冀察亦將變成昔日的東四省，北平若可變成瀋陽，南京又何嘗不可變成北平。所以盧溝橋事變的推演是關係到中國整個國家的問題。此事能否結束，現在就是最後關頭了。」[4]同時，他明確表示，只要有一線希望仍爭取和平，只應戰，而不求戰。下午，汪精衛在圖書館召集談話會討論外交問題，王星拱、周鯁生與會。

同日，日本東京「五相會議」[5]決定，調遣40萬日軍侵華，華北局勢急轉直下。

同日，竺可楨日記載：「志希[6]方自南京乘飛機來，知三校聯合考試擬由武大印刷試題。」[7]

---

[1] 蘇雪林（1897-1999），原名蘇梅，字雪林，筆名綠漪。現代著名作家、學者，天主教徒。生於浙江瑞安，祖籍安徽太平，乃北宋文豪蘇轍之後。曾經留學法國里昂學習繪畫。她一生從事教育，早期先後在滬江大學、東吳大學、安徽大學任教。1931年夏至1949年2月任教於國立武漢大學，教授國文和中國文學史。1952年赴臺，任教於臺灣師範大學、成功大學。
[2] 張廣立、皮明庥等編：《抗戰時期武漢大事簡記》，《抗戰中的武漢》（武漢政協文史委等編印，1985年），頁163。
[3] 竺可楨：《竺可楨日記》第一冊（北京：人民出版社，1984年），頁123。
[4] 轉引自李繼鋒：《從沉淪到榮光：抗日戰爭全記錄1931-1945》（呼和浩特：遠方出版社，2008年），頁201。
[5] 五相會議：是由日本首相、外相、海相、陸相和藏相聯合召開的會議。
[6] 羅家倫，字志希。時任中央大學校長的他應邀參加蔣介石廬山談話返校後，立即作遷校計畫，在敵人炮火炸彈中，包用民生公司輪船，陸續將在南京的一個大學，全體師生和眷屬及全部設備，用船載運，溯江抵達重慶沙坪壩新校舍，繼續正常上課，這在中國的教育史可謂史無前例。
[7] 竺可楨：《竺可楨日記》第一冊（北京：人民出版社，1984年），頁124。

23日（星期五），中共中央發表《中國共產黨為日本帝國主義進攻華北第二次宣言》，提出反對一切對日寇的讓步妥協，堅決抗戰到底。

24日（星期六），湖北民眾抗敵後援會在漢成立。該會聲稱「以團結各界民眾援助抗敵將士，鞏固後方治安為宗旨」。

26日（星期一），湖北民眾抗敵後援會發出「十萬火急」的致全國通電，力主宣戰，「以擴大全民族抗敵禦侮之陣線」。

27日（星期二），郭沫若自日本回到上海參加救亡工作，擔任《救亡日報》社長。

28日（星期三），日本「陸、空兩軍相互呼應，對盤踞在北平城外南苑、西苑、北苑等地」的我軍「展開猛擊」，給我軍以「重創」。[8]

29日（星期四），北平失守，蔣介石在當天日記中寫道：「歷代古都，竟淪犬豕矣。悲痛何如！」[9]

同日，有個憤怒的日軍指揮官在記者招待會上宣布：「今天，我們要摧毀南開大學。這是一個反日基地。中國所有的大學都是反日基地。」[10]

30日（星期五），日軍對天津市區狂轟濫炸，四處縱火，使數十萬難民無家可歸。

31日（星期六），日人組成以日本駐武漢代總領事松平忠久為委員長的所謂時局委員會，負責組織日僑的民眾員警隊，協助日本軍警防衛租界。

下旬，國民政府決定上海工礦企業內遷，內遷以重慶為主。

本月，武漢大學第六屆畢業生共93人畢業。

本月，武大代辦前湖北教育學院鄉村師範專修科學生15人畢業。

本月，武大新聘教授有：文學院費鑒照；法學院燕樹棠、鮑必榮、伍啟元、鍾兆璿、邵循恪、韋從序；理學院鍾興厚、吳大任、徐賢恭；工學院王敬立、陳季丹、曾銳庭、陳炳基、程干雲；農學院嚴家顯、彭家元。

本月，四川省政府擬訂《四川後方國防基本建設大綱》。

---

[8] 畢英傑、白描編纂：《鐵證——日本隨軍記者鏡頭下的侵華戰爭》下冊（北京：崑崙出版社，2000年），頁316。

[9] 張秀章編著：《蔣介石日記揭秘》下冊（北京：團結出版社，2007年），頁513。

[10] 易社強著、饒佳榮譯：《戰爭與革命中的西南聯大》（臺北：傳記文學出版社，2010年），頁13。

八月

1日（星期日），王星拱與蔡元培、蔣夢麟、胡適、梅貽琦、羅家倫、竺可楨等人聯名致電國際聯盟知識合作委員會，對日寇摧毀南開大學的殘暴行為進行嚴厲譴責，並籲請各國加以制裁。

同日，中央大學、浙江大學、武漢大學三校聯合招生考試同時開考。

2日（星期一），日本駐武漢代總領事松平忠久下令日僑全部撤離漢口。

同日，四川民眾華北抗敵後援會發出通電：要求蔣介石立即對日宣戰；要求川軍出川抗戰；要求對日經濟絕交，抵制日貨。

7日（星期六），川康綏靖主任兼四川省政府主席劉湘飛抵南京共商國是。劉湘在南京表示：「決以四川人力物力貢獻國家」。

9日（星期一），駐上海日本海軍陸戰隊士兵駕軍用汽車強行衝擊虹橋中國軍用機場，被機場衛兵擊斃。事件發生後，上海當局當即與日方交涉，要求以外交方式解決。但日軍無理要求中國軍隊撤離上海、拆除軍事設施，同時，向上海增派軍隊。

11日（星期三），武漢學生抗敵工作團成立。

同日，松平忠久及駐漢總領事館人員奉命離開武漢，漢口市當局接管日租界。

12日（星期四），劉湘在南京最高國防會議上慷慨陳詞，力主進行全面持久的抗日戰爭，表示四川目前可以出兵30萬，還可提供壯丁500萬，以及大量財力、物力。

13日（星期五），日軍以租界和停泊在黃浦江中的日艦為基地，對上海發動了大規模進攻。上海中國駐軍奮起抵抗，在上海和全國人民的支持下，開始了歷時三月之久的淞滬會戰。史稱「八一三」事變。

14日（星期六），日軍16架轟炸機飛臨南京上空，瘋狂投彈，開始了對首都的無差別轟炸。同日，國民政府發表《自衛抗戰聲明書》，聲明：「中國為日本無止境之侵略所逼迫，茲已不得不實行自衛，抵抗暴力」，宣布「中國絕不放棄領土之任何部分，遇有侵略，惟有實行天賦之自衛權以應之」。

15日（星期日），日本海軍開始轟炸南京、漢口及南昌等市。日本政府發表的《帝國政府聲明》稱，「出兵目的是為了懲罰中國軍隊之暴戾，促使南京政府覺醒」。

17日（星期二），竺可楨日記載：「至中大圖書館晤武大曾昭安及中大熊文敏。與曉滄[11]決定，凡學生卷子有一門零分者，或英、中文在10分下，數學在20分者可不算分數，錄取學生中大500、武大350、浙大380，共1230。」[12]

18日（星期三），竺可楨日記載：「晚七點結算，七十分以上僅三人，中大二人，浙大一人（化工），武大無；六十分以上，中大三十人，浙大十二人，武大四人；五十分以上中大三百人，浙大一百二十人；四十分以上則多至二千餘人。」[13]

19日（星期四），教育部長王世傑簽發了《戰區內學校處置辦法》的密令。根據當時的戰爭形勢，他把下列地方列為戰區：「上海、南京、北平、天津、青島；江蘇沿京滬、津浦兩線各地，沿海地帶；山東沿津浦、膠濟兩線各地，沿海地帶；河北沿平漢、平浦兩線各地；福建沿海地帶；廣東汕頭附近；綏遠、察哈爾；浙江沿滬杭鐵路及沿海地帶。」[14]

同日，竺可楨至中大圖書館，「決定45分為三校取錄標準，四十分以下者不取」。[15]

同日，日機猛烈轟炸中央大學，存放三校聯合招考試卷的房舍遭到破壞。第二天，曾昭安教授從殘垣斷壁中找到了武大考生的卷宗資料，妥善保護，運回武漢。

20日（星期五），日機首次轟炸武漢。據不完全統計，到1938年10月25日國民黨軍隊從武漢撤退時為止，日軍飛機共侵入武漢上空達61次，飛機964架次，投彈4500餘枚，炸死居民近4000人，炸傷5000餘人，炸毀民房4900棟。[16]

22日（星期日）至25日（星期三），中共中央在陝北洛川召開政治局擴大會議，通過《抗日救國十大綱領》，提出了全面抗戰的主張。同時將所屬武裝力量改編為八路軍和新四軍，開赴抗日前線。

27日（星期五），教育部頒布了《總動員時督導教育工作辦法綱領》，節錄如下：

---

[11] 曉滄，即鄭宗海，曾任浙大師範學院院長。

[12] 竺可楨：《竺可楨日記》第一冊（北京：人民出版社，1984年），頁135。

[13] 竺可楨：《竺可楨日記》第一冊（北京：人民出版社，1984年），頁135。

[14] 《中華民國史檔案資料匯編》第五輯（南京：江蘇古籍出版社，1997年），頁4。

[15] 竺可楨：《竺可楨日記》第一冊（北京：人民出版社，1984年），頁136。

[16] 焦光生、李玉凡：《日寇轟炸武漢實錄》，《湖北檔案》2005年第7期。

一、戰爭發生時，全國各地各級學校暨其他文化機關，務必保持鎮靜，以
　　就地維持課務為原則。

二、比較安全區域內的學校，在盡可能範圍內，設法擴充容量，收容戰區
　　學生。

三、各級學校之訓練，應力求切合國防需要，但課程的變更仍需遵照部定
　　的範圍。

四、各級學校的教職員暨中等以上學校的學生，得就其本地成立戰時後方
　　服務團體，但須嚴格遵照部定辦法，不得以任何名義妨害學校之秩序。

五、為安定全國教育工作起見，中央及各省市教育經費在戰時仍應照常發
　　給，倘至極萬不得已有量予緊縮之必要時，在中央應由財教兩部協商
　　呈准行政院核定後辦理，在地方應由主管財教廳局會商呈准省市政府
　　核定後辦理。

六、中央及各地方主管教育行政機關，對於戰區內學校之經費，得為財政
　　緊急處分，酌量變更其用途，必要時並得對於其全部主管教育經費，
　　為權益之處置，以適應實際需要。[17]

28日（星期六），教育部分別授函南開大學校長張伯苓、清華大學校長梅貽琦和北京大學校長蔣夢麟，指定三人分任長沙臨時大學籌備委員會委員，三校在長沙合併組成長沙臨時大學。

31日（星期二），日機開始轟炸廣州。

本月，武漢大學成立「武大教職員戰時服務幹事會」，推舉邵逸周[18]教授為總幹事，下設9組：機械修造組、防毒宣傳組、交通組、婦女工作組、土木工程組、糧食管理組、醫藥救護組、文書組；又成立「武大教職員射擊會」。

本月，武大錄取新生338名，工科研究所錄取研究生2名，又轉學生12名。

---

[17] 宋恩榮、章咸選編：《中華民國教育法規選編》修訂版（南京：江蘇教育出版社，2005年），頁681。

[18] 邵逸周（1892-1976），安徽休寧人。1908年畢業於安徽高等學堂。1909年赴英國留學，在倫敦帝國科學工程學院皇家礦物學校學習。1930年12月至1942年7月，任國立武漢大學教授兼工學院院長。其間，還兼任土木工程系、機械工程系、礦冶工程系主任；主講工程材料、冶金學、地質學、工程地質學、構造材料、礦物學等6門課程。早在抗戰爆發時，邵逸周最早提議學校西遷並早作準備，與遷校委員會楊端六委員長率先入川勘定樂山校址及校舍。1942年後離開武大。1948年去臺，致力於礦業與金屬冶煉技術之開發，對臺灣經濟發展貢獻良多。

本月，武大聘周鯁生為教務長；陳源為文學院長；王星拱為理學院院長（兼）；劉秉麟為法學院院長；邵逸周為工學院院長；葉雅各為農學院院長；劉賾為中文系主任，李劍農為史學系主任，方重為外文系主任，高翰為哲學教育系主任，燕樹棠為法律系主任，劉廼誠為政治系主任，陶因為經濟系主任，曾昭安為數學系主任，查謙為物理系主任，陶延橋為化學系主任，張鏡澄為生物系主任，陸鳳書為土木工程系主任，郭霖為機械工程系主任，趙師梅為電氣工程系主任，李先聞為農藝系主任。

九月

1日（星期三），四川各界民眾在成都少城公園召開大會歡送川軍出川抗日。

同日，美國駐日大使要求日本停止轟炸南京及中國不設防城市（英法亦有同樣要求）。

10日（星期五），教育部下令，以北平大學、北平師範大學、北洋工學院和北平研究院等院校為基礎，設立西安臨時大學。

12日（星期日），胡適到武大，與王星拱、周鯁生、陳源等聚餐。

19日（星期日），王世傑與陳立夫、戴季陶商談教育改革問題。

同日，日本海軍航空部隊的空襲部隊大舉轟炸南京。

21日（星期二），武大行開學典禮，校長王星拱發表演講，「我們知識階級的人們，在平常時期，要注重理智之分析，但在非常時期，要注重情緒之奮發和意志之堅定。我們素來負著介紹近代科學的人們，在平常時期，要注重物質之創製和補充，但是在非常時期，要注重精神的鍛煉和警惕。我們這一次抗戰，有至深且遠的意義，有至高無上的價值。民族生存、世界公理及人道，是我們的具體的至善目標。依歸至善目標，是我們的義務、是我們的責任。我們大學學生，應當做國民的表率。我們應當咬定牙關，撐起脊樑，抱必死之決心，爭最後的勝利。我們相信：有志者事竟成，苦心人天不負，國難拔除，民族復興之光明的旗幟，是樹在前途等著我們的！」[19]

22日（星期三），中央通訊社以《中國共產黨為公布國共合作宣言》為題發表中共在1937年7月15日提交的宣言。

---

[19] 轉引自徐正榜等編：《名人名師武漢大學演講錄》（武漢大學出版社，2003年），頁183。

23日（星期四），蔣介石發表談話，指出團結禦侮的必要，承認中國共產黨的合法地位。至此，第二次國共合作正式形成。

25日（星期六），八路軍115師3個團在山西大同平型關伏擊日本第5師團21旅團輜重隊，殲其1000餘人。這是中國開戰以來第一個殲滅戰，鼓舞了全國人民的士氣。

27日（星期一），日本海軍航空部隊轟炸我運輸軍需品的重要交通線粵漢鐵路，完全破壞了該鐵路線。

本月，董必武派人到武漢大學重建共產黨的組織。他們對武大「青年救國會」、「抗日救國會」等群眾救亡團體的領導骨幹進行考察，發展了一批黨員如劉西堯、朱九思、蕭松年、潘琪等人，並正式成立中國共產黨武漢大學支部（支部書記李聲簧，組織委員郭佩珊，宣傳委員謝文耀），這是抗戰初期武漢最早恢復的共黨組織。

本月，周恩來第一次來武大，宣講中共抗日十大綱領。

本月，武大全校教職員依飛機捐額扣薪，捐製棉衣、棉被分送後方醫院；全校教職員以一個月實得薪額購買救國公債。

十月

1日（星期五），武大開始登記收容區借讀生，至15日登記完畢，23日辦理註冊手續。共計接收燕京大學等61所大學的借讀生582名，比教育部規定名額超出200名。收容借讀生占當時武大在校生1317人的42.5%。第一批582名借讀生分別編入一年級140人、二年級196人、三年級134人、四年級112人；按學院計算，文學院155人、法學院150人、理學院152人、工學院101人、農學院24人。

2日（星期六），四川省政府制定《四川省抗戰時期中心工作提要》。

3日（星期日），陳源夫人凌叔華參加武大戰時服務團婦女工作組赴漢陽、鸚鵡洲等處傷病醫院慰勞抗戰傷員。

4日（星期一），「國立武漢大學學生救國會」正式更名為「國立武漢大學學生抗敵後援會」，成為中國共產黨的一個基層「外圍組織」。

至今日止，日本海、空軍擊落炸毀我軍飛機已達305架。[20]

---

[20] 畢英傑、白描編纂：《鐵證──日本隨軍記者鏡頭下的侵華戰爭》下冊（北京：崑崙出版社，2000年），頁317。

　　6日（星期三），凌叔華作〈漢陽醫院傷兵訪問記〉，後發表於10月10日天津《大公報》。

　　8日（星期五），武大英籍英文教師貝爾（Gulian Bell）辭職回國後，委託中英文化協會代向英國聘定哈維繼續擔任。貝爾回國後，赴西班牙參加反法西斯戰爭，1938年犧牲。

　　同日，四川省教育廳遵照教育部電令，呈報成渝各大學可容納戰區大學生來川借讀人數：四川大學650人；重慶大學815人；華西大學400人；四川教育學院120人。

　　11日（星期一），經濟系伍啟元[21]教授在總理紀念周上演講《非常時期的中國財政》。

　　同日，中央大學自南京遷渝，覓定沙坪壩松林坡為校址，於下月復課；中央大學醫學院則遷成都，與華西大學合併上課。

　　13日（星期三），日本文獻載：「中國事變爆發以來到本日止，我海軍航空部隊轟炸過的敵軍要地有：山東、江蘇、安徽、浙江、福建、廣東、江西、湖南、湖北等九個省的61各地方。」[22]

　　15日（星期五），武大學生每人認購「救國公債」10元以上。

　　16日（星期六），電機系趙師梅[23]教授作〈雁南歸〉詩云：

　　　　雁南歸，帶來消息不勝愁。不勝愁，河北五省被寇襲偷。還幸舉國志同仇，不滅寇種誓不休。誓不休，非得勝利，死不鬆手。[24]

---

[21] 伍啟元（1921-？），廣東台山人。1932年畢業於上海滬江大學，後轉入清華研究院繼續攻讀財經理論。1934年考取第二屆中英庚款留學生，入倫敦大學經濟學院學習，1937年獲博士學位。同年回國任國立武漢大學經濟系教授，1939年回清華大學為西南聯大教授。1946年任倫敦經濟學院教授。1947年起在聯合國工作。1982年任臺中東海大學榮譽講座兼法學院院長等職務。

[22] 畢英傑、白描編纂：《鐵證——日本隨軍記者鏡頭下的侵華戰爭》下冊（北京：崑崙出版社，2000年），頁317。

[23] 趙師梅（1894-1984），亦名學魁，湖北巴東人。1910年加入共進會，曾參與武昌首義，任秘密交通員。1913年被孫中山派往美國費城理海大學，專攻電機工程。1922年獲理海大學機械電機科工學碩士學位和威伯爾獎。回國後受聘任國立武昌高師講師，湖南高等工業學校、湖南大學教授。1930年起任國立武漢大學電機系教授、系主任，講授電工學、熱力發動機、高等數學等課程。1939年為武大訓導長，與校長王星拱一道抵制國民黨在武大建立區分部，保護進步教師。1945年受命回珞珈山接收校產。

[24] 《趙師梅部分詩詞》，俞大光、陳錦江編著：《無私奉獻一生的趙師梅先生傳略》（武漢：華中理工大學出版社，2000年），頁112。

18日（星期一），哲學教育系范壽康[25]教授在總理紀念周上演講《關於這一次的抗戰》。

同日，四川省政府成立四川救濟難民分會，辦理戰區來川難民之救濟安置事宜。

25日（星期一），經濟系鍾兆璠[26]教授在總理紀念周上演講《抗戰期中之對外貿易》。

同日，長沙臨時大學開學。

28日（星期四），趙師梅作〈生朝〉詩：

> 淒涼蕭條落葉天，倭奴汙河山，用血洒，為國願將此身捐。勝利得到手，再求全。
>
> 往事回憶我生年，上國被寇犯，失臺灣，寒暑已移四十三，冤債如許久，要命還。[27]

29日（星期五），蔣介石以國防最高會議議長身份召集國防最高會議，並在會上作了《國府遷渝與抗戰前途》的講話，確定四川為抗日戰爭的大後方，重慶為國民政府駐地，並表示將抗戰到底。蔣介石在講話中提出：抗戰絕不是半載一年就能結束的，一經開戰，一定要分個最後的勝敗，現在如單就軍隊力量比較，當然中國不及敵人，就拿軍事以外兩國實際國力來較量，也殊少勝利把握。但為什麼中國毅然決然與之正式作戰，而毫不猶豫呢！這並非如一般所想，日本經濟力不能維持長久，或是說中國的兵力和自然條件可以維持到多久，中國的著眼點，並不在此，中國決心抗戰，且有最後勝利的自信，是由於三個根據：第一，自從民國二十四年開始將四川建設成後方根據地以後，就預先想定以四川作

---

[25] 范壽康（1896-1983），字允藏，浙江上虞人。1913年留學日本，先後就讀於東京第一高等學校、東京帝國大學文學部，1923年獲教育與哲學碩士學位。1926年任廣州中山大學教授。1932年任安徽大學文學院院長。1933年8月至1938年4月，任國立武漢大學哲學教育系教授。在此期間還兼任武大《文哲季刊》主編、出版委員會委員，教授會主席等職。抗戰勝利後，任臺灣省行政長官公署教育處處長等職。

[26] 鍾兆璠，號屺雲，浙江德清人。美國哥倫比亞大學經濟學碩士。歷任財政部調查貨價局編輯主任、國定稅則委員會幹事，1937年起任國立武漢大學經濟系教授。

[27] 《趙師梅部分詩詞》，俞大光、陳錦江編著：《無私奉獻一生的趙師梅先生傳略》（武漢：華中理工大學出版社，2000年），頁112。

為國民政府的基礎。日本如要以兵力進入四川來消滅國民政府，至少也要3年的時間，以如此久長的時間來用兵，這在敵人的內部是事實上所不許，日本一定要失敗的。中國軍隊節節抵抗，不惜犧牲，就希望吸引日本的兵力到內地來，愈深入內地，就於中國抗戰愈有利。第二，只要中國政府不被消滅，中國在國際上一定站得住，而敵人驕橫暴戾，到處樹敵，日本在二三年以內，一定站不住，絕不能持久下去的，所以中國絕不怕消滅，一時一地的得失，無害於中國的根本，中國的唯一方針，就是要「持久」。第三，鑒於阿比西尼亞（埃塞俄比亞——引者注）的事例，有若干人不免對國際正義失望，阿比西尼亞為國聯會員國，最後國家滅亡了。而國際無法援助，這固然是一個很大的教訓，但中國絕不做阿比西尼亞，要知道阿比西尼亞在地理上和軍事上的條件，與中國有很大的不同，中國不獨幅員廣大，而且有極強的抗敵意識，越到內地，這種意識越普遍，所以日本絕不能亡中國，就是再多幾個日本，亦不能亡中國，日本如果以義大利來比擬自己，日本就一定要失敗。[28]

月初，中央大學校本部開始從南京往四川重慶遷移。

本月，經董必武積極籌備，八路軍辦事處在漢口安仁里正式成立。不久，新四軍駐漢辦事處也在漢口成立。

本月，武大「抗戰問題研究會」邀請董必武來校演講，題為《獨立自主，發展游擊戰爭》。

本月，武大教職員家屬加班加點為抗日將士趕製棉衣、棉被。

十一月

1日（星期一），長沙臨時大學正式上課，沒有舉行任何儀式。當天上午就有日軍飛機空襲，幸未投彈。後來以這個日子作為西南聯大的校慶日。

6日（星期六），趙師梅作〈有感〉詩：

霜風緊，雁南歸，帶來消息令人悲。倭寇雖多終可滅，如毛漢奸使心灰。[29]

---

[28] 轉引自潘洵、周勇主編：《抗戰時期重慶大轟炸日誌》（重慶出版社，2011年），頁26-27。

[29] 《趙師梅部分詩詞》，俞大光、陳錦江編著：《無私奉獻一生的趙師梅先生傳略》（武漢：華中理工大學出版社，2000年），頁113。

8日（星期一），王星拱在武大總理紀念周上演講《抗戰與教育》。指出：「只有拚命抗戰，長期抗戰，是我們唯一的民族生存之出路。」抗戰爆發後，中國的高等教育何去何從？如何才能更好地為抗戰服務？這是一個前所未遇的新問題。有人認為國難當頭，大學不應再進行理論研究了，大學的一切都要為抗戰服務，王星拱認為這些觀點雖有道理，但亦有偏之處。因為社會是一個有機體，其中各部分有各部分的機能，各部分有各部分的工作，更重要的是各部分有各部分的責任。我們不能拿這一部分去做那一部分的事情，更不能拿所有部分都去做某一部分的事情。在抗戰之中，各種工作都不能停止，大學的特別任務，是專門學識之探求，「我們要維護我們國家之生存，必定要近代化我們的國家，要近代化我們的國家，必須要有專門的學識。這些專門學識，除了大學以外，是無處可以獲得的，大學教育不是替國家裝門面，也不是為諸位同學謀地位，是為維護和延續民族生存之急切的需要之供給。」最後，他說到武漢大學的特殊情形，「自全面抗戰以來，多數大學，因為在戰區以內，都受了敵人的直接或間接的摧殘，雖有臨時聯合大學之組織，然而因為種種不便，都不能履行經常教學的規範。武漢大學在比較安全的地方，圖書儀器，都可以照常使用，我們更應當利用這個絕無僅有的機會，多求一些專門學識，以備國家之徵用。」[30]

12日（星期五），中國軍隊從上海撤守。上海市長俞鴻鈞發表告市民書，沉痛宣告遠東第一大都市上海淪陷。

同日，四川省政府訂頒《救濟戰區來川借讀大學生辦法》，除免除學費外，救濟費每人每月不超過10元。

15日（星期一），國立西安臨時大學在西安開學。

同日，四川省財政廳擬定「抗戰時期四川財政工作大綱」，提出：整理田賦；改進營業稅；推廣房捐。

16日（星期二），國民政府主席林森，遵循遷都大計，率直屬的文官、主計、參軍三處的部分人員，連夜登上「永綏」號炮艦，其他隨行人員則乘「龍興」號輪船。沒有燈光，沒有軍樂，也沒有汽笛聲，一切都在黑暗中悄無聲息地進行著。時局已不允許舉行任何儀式以記載這一歷史時刻。

17日（星期三），中央銀行、中國銀行、交通銀行、農民銀行四行總行由滬

---

[30] 原載《國立武漢大學週刊》第292期（1937年11月15日），轉引自王星拱：〈抗戰與教育〉，駱鬱廷主編：《樂山的回響》（武漢大學出版社，2008年），頁40-41。

遷漢。

18日（星期四），國防最高會議決定，「於林主席抵川或抵宜昌時，發表遷徙政府於重慶之文告。政府機關最高人員，須於文告發表後始得離京。」[31]

同日，四川省政府訂定《四川省抗敵救亡宣傳綱要》，發全川各市、縣加強宣傳。

19日（星期五），林森一行所乘軍艦駛抵漢口軍用碼頭。

20日（星期六），中央通訊社發表《國民政府移駐重慶辦公宣言》，內稱：「國民政府茲為適應戰況，統籌全局，長期抗戰起見，本日移駐重慶。此後將以最廣大之規模，從事更持久之戰鬥……」[32]

21日（星期日），王星拱校長邀請陳獨秀來武大發表《怎樣才能發動民眾》的演講。

同日，湖北省政府改組，何成浚任主席。

24日（星期三），孔庚[33]出面組織的抗戰教育研究會在武昌華中大學成立。

24日至25日（星期四），《武漢日報》連載武大史學系吳其昌[34]教授〈不屈服，即勝利〉，《掃蕩報》同載。

26日（星期五），林森率國民政府一行近千人，抵達重慶。為了表示對國民政府到來的歡迎，重慶行營主任賀國光、省政府保安處長王陵基等川省高級官員，乘了專輪前往20多里以外的唐家沱迎接。碼頭上軍樂齊奏，歡迎的口號此起彼伏，場面極為隆重。

本月，董必武應武漢大學的邀請，作了題為《群眾運動諸問題》的演講。指出有了群眾運動，才能真正實現「有錢出錢，有力出力」、「肅清漢奸」、「堅壁清野」、「游擊戰爭」等口號。

[31] 劉曉寧：《「無為而治」的國府元首林森傳》（北京：中國文史出版社，2002年），頁287。
[32] 劉曉寧：《「無為而治」的國府元首林森傳》（北京：中國文史出版社，2002年），頁287。
[33] 孔庚（1871-1950），字文軒，號雯掀，湖北浠水人。湖北武備學校、日本振武學校和日本陸軍士官學校畢業。1914年為中央陸軍第九師師長，係陸軍中將。1922年在京任孫中山大元帥大本營參議。1927年當選為國民政府委員。後任國民黨湖北省政府常務委員，一度主持鄂政。1937年抗戰軍興，與人創辦《民族戰線》週刊，成立湖北戰時鄉村工作促進會。1946年在重慶創刊《民主日報》，並任立法委員。
[34] 吳其昌（1904-1944），字子馨，號正廠，浙江海寧人。史學家。1925年考入清華大學國學研究院，從王國維治甲骨文、金文及古史，從梁啟超治文化學術史及宋史。1928年任南開大學講師，後任清華大學講師，1932年任武漢大學歷史系教授。抗戰軍興，隨校遷至四川樂山，旋兼歷史系主任，直至逝世。

本月，教育部訓令：因辦理各種戰時工作訓練班，學生參加受訓，各院得斟酌減少其他課程鐘點。

十二月

1日（星期三），國民政府正式在重慶辦公。行政院亦電告各省市政府，即日起已經開始在重慶辦公。接著，國民黨中央黨部等重要機關先後抵達重慶。至此，重慶成為名至實歸的國家政治、經濟、文化、軍事中心。

同日，教育部長王世傑到武漢大學視察，夜宿珞珈山。

2日（星期四），王世傑由武昌渡江到漢口，在中央銀行與孔祥熙商談德國駐中國大使陶德曼受日本政府委託提出的議和條件。

4日（星期六），王星拱對《大公報》記者發表談話，聲明「苟有一個學生能留校上課，本人當絕不離校」。[35]

5日（星期日），湖北學生抗敵工作聯合會在漢成立。

9日（星期四）至14日（星期二），中共中央政治局召開會議，決定由周恩來、博古（秦邦憲）、項英、董必武在武漢組成中共中央長江局，統一領導南部中國各省黨的工作；由周恩來、陳紹禹（王明）、博古、葉劍英組成中共中央代表團駐武漢，負責與國民黨的聯繫和談判，開展抗日民族統一戰線工作。

13日（星期一），首都南京淪陷。除少數部隊僥倖突圍，其餘都成了戰俘。中國的首都在一場慘絕人寰的大屠殺中變成了人間地獄。被俘士兵、城中的平民被害達三十萬人。

同日，國民政府軍事委員會在武昌擬定了《軍事委員會第三期作戰計劃》，決定「國軍以確保武漢為核心，持久抗戰，爭取最後勝利為目的」。[36]

14日（星期二），北平偽組織「中華民國臨時政府」成立。

15日（星期三），南京八路軍辦事處工作人員分批撤退抵漢，加入武漢八路軍辦事處。

16日（星期四），四川省府通令：學生校外集會；學校延聘校外人士講演者，在省會應報省府核准，在外地應報當地市、縣政府核准。

---

[35] 轉引自〈王星拱生平大事年表〉，吳驍、程斯輝著：《功蓋珞嘉 「一代完人」──武漢大學校長王星拱》（濟南：山東教育出版社，2011年），頁604。

[36] 轉引自龔業悌著：《抗戰飛行日記》（武漢：長江文藝出版社，2011年），頁236。

　　18日（星期六），武漢大學校長王星拱簽發第2281號公函致武漢警備司令部：「本校現已租定江興、永平兩輪，搬運圖書儀器，前往宜昌、長沙等處，擬請貴部派兵四名隨輪保護，特託本校事務部主任熊國藻、農學院教員蕭潔兩名，趨前晉謁，敬祈惠予接洽為荷。」此前，武大曾擬定第2278號公函致宜昌行政專署，稱：「日來倭寇侵略未已，武漢方面，人口增加甚速，敝校一切自應照舊進行，唯一部分人員及物品儀器，實有疏散之必要，擬於日內裝運來宜安置。茲派敝校職員趨前接洽。」

　　23日（星期四），中共中央代表團和長江局在漢口召開第一次聯席會議，決定將兩個組織合併，對外稱中共中央代表團，對內為長江局，王明為書記，周恩來為副書記。

　　31日（星期五），周恩來應「抗戰問題研究會」的邀請，第二次來武大演講。他在題為《現階段青年運動的性質和任務》的演講中，分析當前形勢，指出抗戰五個月所取得的成績、經驗和教訓，闡述最後勝利一定屬於中國的道理，號召青年積極投入抗日救國工作。

　　本月，四川省政府主席劉湘囑託建設廳長何北衡、工業專家胡先驌在漢口向願意遷川的工礦企業詳細介紹四川資源，設廠環境，並與各廠礦代表二十餘人，就運輸、廠地、電力、勞力、原料、稅捐等問題進行具體商討。因鑒於各廠礦在武漢購地遭到地主高抬地價乃至拒絕出售，故劉湘特電告省府秘書長鄧漢祥，務必協助遷川工廠購地，並予以減免賦稅之便利。

　　本年，南京金陵大學、山東齊魯大學、江蘇東吳大學生物系、北平協和醫學院部分師生及其護士專科學校，先後遷來成都，借用華西協和大學校園復課。

1938年（民國二十七年）

全國文藝界抗敵協會在漢成立——《中國國民黨抗戰建國綱領》頒布——陳立夫就任教育部長——國民政府軍事委員會政治部成立——武漢淪陷——汪精衛叛國投敵

一月

　　1日（星期六），國民政府改組行政院，蔣介石辭行政院長職，孔祥熙繼任院長，張群任副院長，陳立夫代王世傑為教育部長。蔣介石之所以任命陳立夫取代王世傑，「是認為陳立夫有手腕，能使教育界反統制的局面得到轉變。」陳立夫走馬上任後，「鑒於朱家驊過去猛烈排斥異己行徑的失敗，依王世傑聯合各派的成規……在各級教育主管人員的安排上，採取兼收並蓄，使各方滿意，以達到安定的目的」。[1]

　　月初，武大委派楊端六[2]、邵逸周兩位教授前往四川考察遷校地址，結果認為樂山縣（即舊嘉定府治）最為適宜。選址樂山的理由，王星拱在《本校遷校經過及遷校以後處理校務大概情形》中歸納了六點：「（1）該處尚無專科以上學校之設立。（2）地處成都之南，敘府之西偏北。水陸交通，均稱便利。（3）生物礦物，產蓄豐富，可資研究，以備開發。（4）民情風俗，頗為樸素，而文化程度亦不低於其他大城市。（5）公私建築物頗多，其破舊者加以修理，即能通用。（6）地方深入內地，不易受敵機之威脅，學生可以安心讀書。」[3]

　　4日（星期二），敵機三十九架炸漢口機場。[4]另據日本文獻載：「這天，千

---

[1]　張學繼、張雅蕙：《陳立夫大傳》（北京：團結出版社，2008年），頁219。

[2]　楊端六（1885-1966），原名楊勉，後易名楊超。湖南長沙人。中國商業會計學的奠基人。1906年赴日本留學，加入同盟會。辛亥革命期間回國，擔任海軍陸戰隊秘書長。1913年到英國，入倫敦大學政經學院攻讀貨幣銀行專業。1920年回國後即在吳淞中國公學兼任經濟學、會計學教授。1926年任中央研究院經濟研究所所長。1930年後一直受聘於國立武漢大學，曾任法學院院長、教務長、經濟系主任、文科研究所經濟學部主任。1938年，武漢大學由武昌遷往四川時出任遷校委員長。曾兼任國民政府參政員、軍事委員會審計廳上將廳長，當選國民黨第六屆中央執行委員。

[3]　轉引自駱鬱廷主編：《樂山的回響》（武漢大學出版社，2008年），頁3-4。

[4]　郭廷以編著：《中華民國史事日誌》第四冊（臺北：中央研究院近代史研究所，1985年），頁2。

田、三木兩部隊，空襲敵軍根據地漢口和漢陽，炸毀了機場、飛機庫和10多架正在待命的敵機。」[5]

6日（星期四），盧作孚出任國民政府交通部常務次長，主管戰時水陸運輸，在漢口設民生公司總經理室，指揮西撤的人員和器材。

同日，日本文獻載：「渡洋精銳部隊於今天下午一點半左右飛赴漢口，轟炸了機場、飛機庫、兵營以及各重要軍事機關，給敵人以沉重打擊。除此之外，三木、千田兩部隊的戰機同樣參加了轟炸漢口的行動，使戰果進一步擴大。日軍於1938年新年伊始，在中國南北各地與敵軍展開陸戰、海戰和空戰，用捷報慶祝春天的到來。」[6]

同日，新四軍軍部在南昌正式成立。葉挺為軍長，項英為副軍長，張雲逸為參謀長。新四軍是由在南方八省十四個地區內堅持游擊戰爭的紅軍游擊隊改編組成，標誌著中共的抗日武裝日益發展壯大。

8日（星期六），王世傑偕段書詒[7]參觀武漢大學「最近完成之理學院擴充部、工學院及體育館。校中圖書儀器已裝遷宜昌，聞之黯然。晚仍宿珞珈山」。[8]

9日（星期日），郭沫若從日本秘密回國，輾轉來到武漢。到漢當天他為《新華日報》創刊題詞：「發動全民的力量，從鐵血之中建立新的中國。」

10日（星期一），《戰時青年》創刊號刊登周恩來1937年12月31日在武漢大學作的報告《現階段青年運動的性質與任務》。

11日（星期二），蔣介石在開封召開軍事會議，提出上海南京失守後，「我們唯一的政治、外交、經濟的中心應在武漢，武漢絕不容再失，我們要維持國家的命脈，就一定要死守武漢，鞏固武漢。」並說：「武漢重心不致動搖，國家民族才有保障。這就是我們的戰略。」[9]

13日（星期四），郭沫若接受記者採訪，談如何「保衛大武漢」。他指出：「目前的問題，還是在於組織民眾，保衛大武漢運動必需有這樣切實的工作基

[5] 畢英傑、白描編纂：《鐵證——日本隨軍記者鏡頭下的侵華戰爭》下冊（北京：崑崙出版社，2000年），頁319。
[6] 畢英傑、白描編纂：《鐵證——日本隨軍記者鏡頭下的侵華戰爭》下冊（北京：崑崙出版社，2000年），頁319。
[7] 段錫朋，字書詒（亦作貽），江西永新人。曾任教育部政務次長。
[8] 《王世傑日記手稿本》第一冊（臺北：中央研究院近代史研究所，1990年），頁162。
[9] 轉引自龔業悌：《抗戰飛行日記》（武漢：長江文藝出版社，2011年），頁236-238。

礎。」[10]

16日（星期日），日本近衛內閣發表了傲慢的「一‧一六聲明」，宣布今後不以交戰中的國民政府為談判對手。

同日，《大公報》發表吳其昌教授〈建國與衛國〉。

17日（星期一），武漢衛戍司令部正式成立，由陳誠任總司令。衛戍部隊共14個師、1個旅以及特種兵一部。隨後，又以7個師組成江防部隊，任命劉興為江防總司令，負責防守武漢下游的馬當、湖口、九江、田家鎮等長江要塞。

同日，日本外交部聲明：日本與中國國民政府斷絕外交關係，但並未對華宣戰。

18日（星期二），日本召回駐華大使川越茂。

20日（星期四），中國召回駐日大使許世英。

同日，劉湘在漢口病逝。留下遺囑，勉勵川軍「敵軍一日不退出國境，川軍則一日誓不還鄉」。

22日（星期六），國民政府明令褒揚劉湘，並任命張群為四川省政府主席。

23日（星期日），國際反侵略運動大會中國分會在漢口成立。

27日（星期四），湖北軍管區成立。

同日，《掃蕩報》刊載吳其昌〈現階段我們的工作〉。

30日（星期日），日軍飛機首次飛越四川領空，在梁山（今重慶梁平）一帶偵察。

同日，蔣介石函美國總統羅斯福，盼予中國有效的經濟和物資援助。

本月，國民政府軍事委員會借武大東湖中學校舍主持開辦中央政治學校特務訓練班。

本月，國立中央戲劇學校由南京遷至重慶（後再遷江安）；南京金陵女子文理學院遷至成都，與華西協和大學合併上課。

本月，凌叔華〈慰勞漢陽傷兵〉選入戰時出版社出版的《戰時散文選》。

二月

1日（星期二），王世傑來到武大，向校長王星拱推薦吳之椿[11]擔任該校教

---

[10] 轉引自陸永初等編：《名人與武漢》（武漢出版社，2009年），頁232。

[11] 吳之椿（1894-1971），湖北江陵人。民初畢業於武昌文華書院，1917年官費赴美國入伊利諾伊大

授，「吳為一思想極銳作事極有定性之人，近年同去教部服務，始終以畏友待之」。[12]

3日（星期四），武大致函四川省政府，請求將樂山文廟等處撥為校舍。

同日，日本外相廣田弘毅在日本眾議院宣稱：中國國內已無日本承認之中央政府，中日兩國已進入戰爭狀態中。

同日，國民黨中央常務委員會議決於3月29日召開臨時全國代表大會。

6日（星期日），國共合作的一個實體——國民政府軍事委員會政治部於武漢正式成立，陳誠任部長，周恩來、黃琪翔任副部長，張厲生任秘書長。政治部下設四個廳，除總務廳外，第一廳主管軍訓，第二廳主管民訓，第三廳主管宣傳，廳長分別是賀衷寒、康澤、郭沫若。

7日（星期一），武大致函軍事委員會工礦調整委員會，請求給予特種護照以便學校的機件、原料和成品的運輸。

10日（星期四），上海光華大學遷川，定於本月15日在成都王家壩臨時校址上課。

12日（星期六），國際反侵略大會在倫敦舉行反日援華大會。

同日，全國戰時教育協會在武漢成立。

13日（星期日），中國青年救亡協會在漢成立。

14日（星期一），國民政府明令國葬劉湘。

16日（星期三），《掃蕩報》刊載吳其昌〈民族盛衰的史例觀〉。

18日（星期五），日機38架陸續向武漢侵襲，中國空軍第四大隊在蘇聯空軍志願隊配合下，擊落日機14架，武漢第一次空戰大捷。我大隊長李桂丹戰死，損失飛機4架。[13]

20日（星期日），《大公報》刊發吳其昌〈從陳振先生被害說到國營事業及國家紀綱〉。

學，1920年獲文學士學位。又入哈佛大學，獲碩士學位。後在倫敦政治研究院和法國巴黎大學深造。1922年夏歸國後，旋任清華大學政治學系教授、系主任，並兼教務長。1932年起至1949年前歷任青島山東大學、武漢大學、西南聯大、北京大學教授。

[12] 《王世傑日記手稿本》第一冊（臺北：中央研究院近代史研究所，1990年），頁174。

[13] 郭廷以編著：《中華民國史事日誌》第四冊（臺北：中央研究院近代史研究所，1985年），頁13。又據張廣立、皮明庥等編：《抗戰時期武漢大事簡記》（武漢政協文史委等編：《抗戰中的武漢》），稱「擊落日機十一架，我方損失飛機四架」。

同日，長沙臨時大學200多名師生組成湘黔滇旅行團徒步出發，前往昆明。

21日（星期一），武大召開第322次校務會議，議決遷校問題，「呈商教育部：四年級學生留校上課，一、二、三年級學生暫遷嘉定，並於暑假後酌量情形，再行商遷貴陽」。[14]

23日（星期三），國民政府教育部頒布《青年訓練大綱》，除了要求青年具有愛國家、愛民族為基本內容的人生觀、民族觀、國家觀外，訓練項目以適應戰時需要的軍事技能訓練為主，目的在於使青年學生能適應隨時應征。

同日，國立山東大學遷四川萬縣復課。

24日（星期四），教育部給武大回函准許西遷，同時還電告四川省政府，令其當地專員公署盡力協助。

25日（星期五），國民政府軍事委員會戰時軍官研究班在武昌成立。

26日（星期六），教育部漢教第634號指令，批准國立武漢大學遷校方案。同日，武大召開第323次校務會議議決：成立遷校委員會，「推楊端六、方壯猷（史學系教授）、劉迺誠（政治系教授兼系主任）、曾珹益（數學系教授兼系主任）、郭霖（機械系教授兼系主任）、葉雅各（農學院院長）諸先生組織遷校委員會，並請楊端六先生為委員長。」[15]之後，邵逸周以國立武大建築設備委員會委員長名義加入遷校委員會，為當然委員。會議還決定在沿途的宜昌南正街36號，重慶西三街16號、永齡巷3號、段牌坊8號及宜賓中學三地設立辦事處，分派職員照料物運及客運事宜。隨後，又成立運輸委員會。

本月，蔣介石發表《抗戰必勝的條件與要素》，稱「廣大的土地和眾多的人民兩個條件，就是我們抗戰必勝的最大武器」。「這次抗戰，是以廣大的土地來和敵人決勝負；是以眾多的人口來和敵人決生死。……我們現在與敵人打仗，就要爭時間。我們就是要以長久的時間來固守廣大的空間，要以廣大的空間來延長抗戰的時間，來消耗敵人的實力，爭取最後的勝利。」

本月，國民政府教育部頒布《公立專科以上學校戰區貸金暫行辦法》11條，規定公立專科以上學校學生家在戰區，費用來源斷絕，經確切證明必須救濟者，得向所在學校申請貸金。貸金分全額、半額二種，按當時膳食價格、全額每月8元或10元，半額每月4元或5元，以所在地生活費用及學生之實際需要定之。

---

[14] 駱鬱廷主編：《烽火西遷路》（武漢大學出版社，2008年），頁16。
[15] 駱鬱廷主編：《烽火西遷路》（武漢大學出版社，2008年），頁18。

三月

1日（星期二），武大第324次校務會議議決：部令收容吳淞商船專科學校學生；遷校時家貧學生每人發旅費15元；抵達樂山後，戰區家貧學生，每月發貸金4元。

同日，南京金陵大學借成都華西大學空地建築的新校舍修繕開學；日機轟炸廣州中山大學。

3日（星期四），王星拱致函武大特種基金保管委員會，請其撥借四萬元作為遷校經費，無果。

同日，凌叔華致信英國女作家弗吉尼亞‧伍爾夫，表達自己在戰時環境中的苦悶心情。凌氏與伍爾夫通信約三年。

6日（星期日），國立東北大學遷至四川三台縣。

8日（星期二），武大第325次校務會議議決：（1）留在珞珈山四年級學生每週軍訓5-10小時；（2）凡任一、二、三年級課程的教員須於4月14日以前抵達樂山。

同日，武大設立「學生資金審查委員會」，推舉陳源、趙師梅、查謙、葛揚煥、熊國藻五人組織貸金審查委員會。

10日（星期四），武大第一批辦理遷校工作的教職員10餘人出發前往樂山。

14日（星期一），中華全國文藝界抗敵協會在漢口開幕。

16日（星期三），由於劉湘生前僚屬反對張群主川，最後協議由王纘緒任四川省主席。

18日（星期五），武大致函國民政府軍事委員會，請求為本校圖書、儀器、機械及公文案卷等分批運往四川發給特種免稅護照。

20日（星期日），《武漢日報》刊載吳其昌〈後方民眾再度興奮起來〉。

21日（星期一），軍事委員會給予武大關於特種免稅護照的申請回覆，已轉財政部核辦。

同日，武大同意將學校借給國民政府召開臨時全國代表大會。

23日（星期三），遷校委員會楊端六、劉廼誠、曾昭安、方壯猷委員在重慶召開第一次遷校會議，議決：（1）西三街辦事處住男生及教職員，永齡巷3號住女生及女教職員，段牌坊8號住男生。（2）西三街為總辦事處。（3）人員分

工：董永森、李振時暫駐西三街；王蜀丞暫駐永齡巷3號，赴公路局接洽車輛；紀常倫負責圖書器械運輸；李振時負責行李運輸；李人達、王蜀丞負責招待教職員及學生事宜；董永森暫負責重慶會計事宜等。

24日（星期四），王世傑與李四光自漢口渡江到武大參觀，「校園中桃花盛開，鮮豔無比。校中僅四年級生在上課，餘則正往四川嘉定遷徙。但軍事機關則正假校舍舉辦諸種短期訓練，學生達一、二千人」。[16]

25日（星期五）至27日（星期日），中國學生救國聯合會代表大會在漢口舉行。

27日（星期日），全國文藝界抗敵協會在漢口閉幕。會議通過中華全國文藝界抗敵協會宣言。陳源、凌叔華雙雙加入抗敵協會，陳當選為協會理事。

同日，下午兩點半，日本海軍航空部隊80架飛機開始空襲漢口，擊毀了漢口機場、武昌機場、武漢車站附近軍需品倉庫。[17]

28日（星期一），國民政府教育部頒發《中等以上學校導師制綱要》。與《綱要》同時頒布的還有《關於各校實施導師制應注意之點》。

29日（星期二）至4月1日（星期五），中國國民黨臨時全國代表大會在武大圖書館[18]召開，會議正式推舉蔣介石為國民黨總裁，決定召開國民參政會。國民參政會也作為一個民主、民意機構登上了歷史舞臺，共產黨領導人毛澤東、王明、博古、董必武、吳玉章、林伯渠、鄧穎超等被選為參政員。這次大會制定《中國國民黨抗戰建國綱領》，強調抗戰與建國同時並行；決定成立國民參政會為戰時最高民意機關。大會制定了抗戰時期國民政府的基本政策，並發表《宣言》指出：「此次抗戰，為國家民族存亡所系，人人皆當獻其生命，以爭取國家民族之生命」，還說抗戰的勝負不僅取決於兵力的多少，更重要是取決於人民。

「建國綱領」中關於教育的內容有四條：「（1）改訂教育制度及教材，推行戰時教程，注重於國民道德之修養，提高科學之研究與擴充其設備；（2）訓練各種專門技術人員，予以適當的分配，以應抗戰之需要；（3）訓練青年，

---

[16] 《王世傑日記手稿本》第一冊（臺北：中央研究院近代史研究所，1990年），頁219。

[17] 畢英傑、白描編纂：《鐵證——日本隨軍記者鏡頭下的侵華戰爭》下冊（北京：崑崙出版社，2000年），頁319。

[18] 據《王世傑日記手稿本》第一冊（臺北：中央研究院近代史研究所，1990年），頁227、230。關於臨代會會址，另有宋卿體育館之說，但尚未發現確鑿證據。

俾能服務於戰區及農村；（4）訓練婦女，俾能服務於社會事業，以增加抗戰力量。」[19]

根據這一綱領要求，此次會議還制定了《戰時各級教育實施方案綱要》。其中明確了九大教育方針：「（1）三育並重；（2）文武合一；（3）農村需要與工業需要並重；（4）教育目的與政治目的一貫；（5）家庭教育與學校教育密切聯繫；（6）對於吾國固有文化精粹所寄之文史哲藝以科學方法加以整理發揚，以立民族之自信；（7）對於自然科學，依據需要迎頭趕上，以應國防及生產之需；（8）對於社會科學，取人之長，補己之短，對其原則加以整理，對於制度應謀創造，以求一切適合於國情；（9）對於各級學校教育，力求目的之明確，並謀各地之平均發展；對於義務教育，依照原定期限，以達普及；對於社會教育，力求有計劃之實施。」[20]

31日（星期四），四川省政府回覆武大，關於文廟校舍事宜已電商四川省第五區專員公署遵照執行，該署也表示努力照辦並予以協助。

本月，武大一、二、三年級學生共600多人（其中武大學生446名，部派借讀生到樂山的83人，學校所收借讀生134名），採取自由組合方式，各自買船票入川。

本月，陳立夫在渝就職，針對紛紛擾擾的教育議論，指出：（一）教育為建國之根本大業，各級各類學校之設立，實各有其對國家應付之使命；（二）抗戰是長期過程，不容許將人才孤注一擲，而必須持續培養人才；（三）國防的內涵不限於狹義之軍事教育，各級學校之課程不是必須培養的基本知識，就是造就各門技能，均各有其充實國力之意義；（四）學生對於國家應盡的義務實為修學，平時如此，戰時更宜悉力以赴。

本月，重慶航空公司開辟渝嘉航線，同年5月27日通航。路線是由重慶經瀘州至樂山，單程時間約需1小時。中國航空公司也開辟渝嘉航線，每週一、五航行兩次，當天來回。這兩條航空線的開辟，便利了樂山的交通，然而好景不長，在1939年「八一九」大轟炸之後被放棄。

本月，武漢工廠開始西遷，至8月中旬大部撤遷完畢。

---

[19] 《第二次中國教育年鑒》第一編第二章（商務印書館，1948年版），頁9。
[20] 《第二次中國教育年鑒》第一編第二章（商務印書館，1948年版），頁9。

四月

1日（星期五），國民政府軍事委員會政治部第三廳在武漢正式成立。郭沫若任廳長後羅致了大批著名的文化界人士，開展波瀾壯闊的抗日救亡宣傳工作。許多愛國知名人士如沈鈞儒、鄒韜奮、史良、沙千里、章伯鈞等齊集這裏。

2日（星期六），首批入川的武大遷校委員楊端六等人到達樂山。

同日，奉教育部電令：國立長沙臨時大學更名為國立西南聯合大學。學校不再稱「臨時」，表明抗戰的長期性。

4日（星期一），武大遷校委員會第二次會議議決：接洽校舍事由邵逸周、楊端六辦理；修理房屋事由郭霖、劉廼誠辦理；購置器具事由曾昭安、方壯猷辦理；管理工人及器具事在三育學校方面由李人達負責，在文廟方面由石琢負責。隨後，委員們開始積極籌備工作，各負其責。

5日（星期二），遷校委員會楊端六、劉廼誠、曾昭安、方壯猷、郭霖、邵逸周委員在樂山中國農業銀行召開第三次遷校會議，議決購置桌椅等木器848件，費用2157元。

6日（星期三），台兒莊大捷。

7日（星期四），武大依江漢關有關免稅要求，呈文教育部武漢辦事處，請求教育部核查並咨請財政部核發免稅護照。

同日，台兒莊大捷的消息傳來，令武漢三鎮一片歡騰。政治部三廳即日舉行慶祝大會，當晚舉行了十萬人的火炬遊行。郭沫若《洪波曲》中有段生動的描寫：「參加火炬遊行的，通合武漢三鎮，怕有四五十萬人。特別是在武昌的黃鶴樓下，被人眾擁擠得水洩不通，輪渡的乘客無法下船，火炬照紅了長江兩岸。唱歌聲、爆竹聲、高呼口號聲，仿佛要把整個空間炸破。武漢三鎮的確是復活了！誰能說人民是死了呢？誰能說鐵血的鎮壓可以使人民永遠窒息呢？那是有絕對彈性的氣球，只要壓力一鬆，它不僅立即恢復了原狀，而且超過了原狀。」

8日（星期五），武大第327次校務會議議決，遷川臨時校名暫定為「國立武漢大學嘉定分部」。校牌由機械系主任郭霖書寫，懸掛在文廟校本部門前。同日開始修理文廟。

10日（星期日），遷校委員會楊端六、劉廼誠、曾昭安、方壯猷、郭霖委員在樂山樂安旅館第10號召開第四次遷校會議，議決：追加書架購置款、修繕華新

絲廠、租用觀斗山寺廟。

同日，中文系1935級學生宋光達一行登船入川。「溯流而駛，一路觀賞風景，竟忘遠竄之憂。我到重慶的第一天晚上，睡在望龍門碼頭上的一所空房子裏，打地鋪，熟睡中感到裸露的大腿上有物爬過，說癢不癢，說痛不痛，怪不好受的，驀然驚醒，原來是一隻川耗子爬過我的光腿。四川人不興逮老鼠，所以老鼠繁殖，個數比人還多，絲毫不怕人。從重慶換船至宜賓，再換小火輪溯岷江至樂山。時為4月30日，蓋離開武昌已20天了。」[21]

同日，趙師梅於珞珈山作〈祝父壽朝〉詩：

> 禦寇九月，多少犧牲多少仇。大勝徐州，三萬寇半留。
>
> 天涯趕歸，攜何來祝壽？除打油，敬勸杯酒，願吾父健康如舊。[22]

同日，日軍空襲長沙，狂炸湖南大學、清華大學。

11日（星期一），武大致函軍官訓練團，請求軍政部兵工署、軍事委員會後方勤務部等單位，指定相當差輪載運師生三百人等，沒有成功。

12日（星期二），遷校委員會楊端六、劉廼誠、曾昭安、方壯猷、郭霖、邵逸周委員在樂山樂安旅館第11號召開第五次遷校會議，報告事項：（1）楊端六報告近日接洽租借財委會及其他地方房屋事。（2）郭霖報告文廟及觀斗山修理情形。（3）曾昭安報告購置器具情形。議決事項：學生宿舍分配、添建零星用房等。

13日（星期三），在教育部的幫助下，財政部關務署函達江漢、宜昌和重慶等關口，予以免稅放行。

同日，國民黨軍官訓練團在武昌珞珈山開學。

中旬，中文系1936級學生王達津與經濟系唐樹芳、政治系蔣煥文、中文系高吉人、機械系路亞衡幾位結伴入川：

> 時間該是四月中吧！我們登上江輪，先是大船隻到宜昌，路上看大

---

[21] 宋光達：〈珞嘉留爪印〉，北京武大老校友會編：《珞嘉歲月》，2003年，頁605。

[22] 《趙師梅部分詩詞》，俞大光、陳錦江編著：《無私奉獻一生的趙師梅先生傳略》（武漢：華中理工大學出版社，2000年），頁113。

江東去，填了一首〈滿江紅〉詞，有句云：「波湧連天，阻不住，離舟西上。回首望，雲迷漢野，只增惆悵。」寫自己的留戀之情。船快到宜昌時，兩岸山就多了。我又寫首七律，中聯云：「看水未能忘（平聲）夏口，見山已是近宜昌。」

到宜昌後，須要等待換小輪上重慶，要等兩天。我們沒有在城裏住，卻住到報廢了的民生公司江輪——輪船旅館去。在那裏江風徐來，反有涼意。船上客人雖不多，但反映出日本帝國主義侵略對中國人民的巨大傷害，使中國人流離失所，我們同住的旅人，就有從江蘇逃難來的一家三口。

我們也在宜昌城中轉了一轉，是坐小船來往的。我特別出宜昌城西門看一趟，出西門就是兩山夾道，真像一條峽谷，很驚人。平常住平原的人，看看是不舒服的，可是現在是抗戰時期，正需要這樣的咽喉地帶「一夫當關，萬夫莫開」。

兩天後我們登上到重慶去的輪船，自然誰都想看三峽，看西陵峽、巫峽、瞿塘峽，看神女峰，灩澦堆。經過三峽，正在白天，這些景色都看得相當清楚。還看到江勢的曲折，體會到「山重水復疑無路」的意味。

一路經過秭歸、巫山、奉節（白帝城），可能是在萬縣留住一夜。第二天經忠縣、涪陵等地，就到重慶了，但一路上沒有聽到猿啼。

……

重慶住了幾天，我們登上由嘉陵江上溯的船，一路上我們可以看看兩岸靜靜的群山，白天可以看到很多的纖夫拉纖的上水船，和迅速下流的下水船，以及所經過的沙灘邊的浣女。兩三天吧，便結束了。我們西遷的行程，合計起來，可能有半個月吧！[23]

16日（星期六），遷校委員會在樂山樂安旅館召開第六次遷校會議，報告事項：（1）4月11日總校來電稱：昨經校務會議議決嘉定校舍定名為「國立武漢大學嘉定分部」。（2）第三批學生數十人已於本日到嘉。（3）邵逸周報告女生宿舍租借事宜。討論事項：嘉定分部各處名稱應如何規定案，議決：文廟為第一校舍，「三育學校」為第二校舍，財務委員會為第一男生宿舍，龍神祠為第二男生

---

[23] 王達津：〈樂山瑣憶〉，龍泉明等編：《老武大的故事》（南京：江蘇文藝出版社，1998年），頁311-312。

宿舍，李家祠為第三男生宿舍，觀斗山為第四男生宿舍，進德女校為第一女生宿舍。

18日（星期一），遷校委員會楊端六、劉廼誠、曾昭安、方壯猷、郭霖、邵逸周委員在樂山樂安旅館召開第七次遷校會議，議決：委派教職員分處駐紮，以便於學生管理。財委會請石任球、戴春洲擔任。龍神祠請蔣湘青、許熙生擔任，李家祠請魯慕勝、公立華擔任。觀斗山請胡錫之擔任。露濟寺、文廟請畢長林、張長生、王開詔擔任。

19日（星期二），遷校委員會在樂山文廟召開第八次遷校會議，議決：圖書儀器存文廟大成殿，由畢長林、張長生負責保管，行李存文廟指定的房間，由王開詔負責保管並分發。文廟內設置廚房，由郭霖負責計劃。

20日（星期三），遷校委員會在樂山文廟召開第九次遷校會議，報告事項：（1）裝運圖書儀器第一批214件木船在石牛碥失事情形。（2）樂山專員公署派一等警士丁濟川等6人來武大嘉定分部負責治安。討論事項：各院校舍用拈鬮法解決，文法兩院設在文廟、理工農[24]三院設在三育學校。

21日（星期四），遷校委員會在樂山文廟召開第十次遷校會議，議決文廟、三育學校、財委會、女生宿舍四處先安裝電燈，由董永森負責接洽。

26日（星期二），國民政府任命王纘緒代理四川省府主席。

27日（星期三），遷校委員會在樂山文廟召開第十一次遷校會議，報告事項：（1）邵逸周報告裝運圖書儀器木船損失情形。（2）李人達報告學生到達總數為341人，其中文學院65人，法學院86人，理學院61人，工學院103人，農學院26人。

會議議決事項：（1）定於4月29日（星期五）開始上課，每班酌開一課或兩課。（2）邵逸周負責選擇一兩處作為單身教員宿舍。（3）男生宿舍分配：文法兩院學生住龍神祠，理工農三院學生住觀斗山、露濟寺，財委會房屋作為五院學生公共宿舍。

28日（星期四），遷校委員會在樂山文廟召開第十二次遷校會議，討論學生床鋪安排、禁止學生隨意搬運床鋪等事宜。

同日，長沙臨時大學師生組成的湘黔滇旅行團到達昆明，歷時68天。陸路全

---

[24] 武漢大學農藝系於1938年8月並入中央大學辦理，農學院停辦。

程1600餘公里，步行約1300公里。胡適說：「這段光榮的歷史，不但聯大值得紀念，在世界教育史上也值得紀念。」[25]

29日（星期五），武漢大學嘉定分部正式開課，先期到達樂山的師生，在那些破陋的校舍裏，恢復了弦歌之聲。

同日，日軍39架飛機進襲武漢，被我空軍擊落21架，我方損失5架。武漢第二次空戰大捷。

30日（星期六），遷校委員會在樂山文廟召開第十四次遷校會議，議決向三清宮住持道人余理正租用三清宮正殿、後殿及西殿作為武大印刷所及其他用房，由郭霖委員接洽。

本月底，軍委政治部第三廳廳長郭沫若和于立群由漢口太和街搬到珞珈山一區20號住宿，不久黃琪翔也搬來，同郭沫若是鄰居。郭沫若的特別通行證是「洛字第218號」，是4月6日填發的，有「軍事委員會軍官訓練團團長」的官章，填發員熊鴻。郭沫若從1938年4月底到8月底，在這兒住了整整四個月，後來，他在《洪波曲》一書中以詩人的筆調、誠摯的感情讚美武大校園，認為武漢大學是武漢三鎮的「物外桃源」：

> 武昌城外的武漢大學區域，應該算得是武漢三鎮的物外桃源吧。
>
> 宏敞的校舍在珞珈山上，全部是西式建築的白堊宮殿。山上有蔥蘢的林木，遍地有暢茂的花草，山下更有一個浩渺的東湖，湖水清深，山氣涼爽，而臨湖又還有浴場的設備。離城也不遠，坐汽車只消20分鐘左右。太平時分在這裏讀書，尤其教書的人，是有福了。
>
> ……有人說，中國人在生活享受上不如外國人。但如到過武漢大學，你可以改正你的觀念：在這個地方，在生活享受這一點上，那些壁畫者們，至少是把外國人學到了。
>
> 武漢成為了抗戰司令臺之後，武漢大學疏散到四川我的家鄉樂山縣城（舊時嘉定府城）去了。剩下的校舍成為了軍官訓練團的團部。於是這兒便成為警戒區，或者也可以說是紫禁城了。「最高」兼任著團長，陳誠任副團長，較大的幾座教員宿舍便成了他們的官邸。戒備是很森嚴的，沒有

---

25 轉引自劉宜慶：《大師之大：西南聯大與士人精神》（南京：江蘇文藝出版社，2013年），頁14。

「特別通行證」或各種交通工具的方便的人，根本便無法進出。

......敵人是應該知道這兒是做著軍官訓練團的，有高級的人員集中著，但它卻從不曾過一次彈，儘管對於武昌城是炸得那樣頻繁，而每次敵機的航路又都要經過這大學區的上空。

我們在當時是作著這樣的揣測；無疑敵人是愛惜這個地方，想完整地保留下來讓自己來享福。

這揣測，後來是猜中了。敵人占領了武漢之後，把大學區作為了它的司令部。

實在一點也不錯，武漢大學那個區域，的確是武漢三鎮的一個物外桃源。

本月，經濟系四年級學生任鈁如病逝，年僅24歲。

五月

2日（星期一），王星拱再次函達特種基金保管委員會，請其撥借一萬元給遷校委員會，依然無果。

同日，國立西北聯合大學正式開學。

4日（星期三），國立西南聯大在昆明正式復課。

5日（星期四），遷校委員會在樂山文廟召開第十六次遷校會議，議決：1、暫指定文廟東南角第一間房間為臨時校醫室；2、本校師生來校醫室就診有收費；3、出診每次收費一元限於本校師生及家屬；4、貴重藥品酌收藥費。

上旬，周恩來和鄧穎超從漢口搬到珞珈山一區27號樓上居住。周恩來在這裏經常會見郭沫若和一些國民黨左派。

13日（星期五），遷校委員會在文廟召開第十八次遷校會議，報告事項，截至本月12日，學生到校人數共計591人。討論事項：1、各校學生請求借讀或續借讀問題應如何解決案，議決：（1）借讀生收容名額不得超過本校學生名額50%；（2）凡向嘉定分部請求借讀者均由遷校委員會審查合格後送請校務會議核准追認；（3）審查日期到本月25日為止；（4）審查合格後由嘉定分部通知本人限期到校；（5）此項借讀生不得向學校請求旅費與伙食貸金。2、學生請求貸金案。

16日（星期一），遷校委員會在文廟召開第十九次遷校會議，議決：1、准予金陵大學等9校15名學生借讀。2、准予沈晉、刁開義復學。3、准予借讀生轉系轉年級。

同日，上海復旦大學遷川，在北碚覓定校址。

18日（星期三），遷校委員會楊端六（王星拱校長代）、劉廼誠、曾昭安、方壯猷、郭霖委員在文廟召開第二十次遷校會議，議決：1、准予浙江大學等11校14名學生借讀。2、核定學生休學。3、本校教職員存漢書籍由校本部代為轉運。

20日（星期五），中航公司重慶至樂山航線開航。

21日（星期六），王星拱代楊端六主持第二十一次遷校會議。

24日（星期二），遷校委員會在文廟召開第二十二次遷校會議，除繼續審查接收借讀生外，依王星拱校長提議一年級學生增加體育課，每星期兩小時。

同日，四川省府決定戰區來川借讀學生免費辦法，分別為：膳費全免及補助1/2兩種。

本月，王星拱前往四川樂山處理「國立武漢大學嘉定分部」各項事務，一個多月後返回武漢。

本月，文學院劉永濟教授請假離職，送眷屬回湖南長沙。

六月

6日（星期一），國民政府駐日使館關閉。

9日（星期四），國民黨駐武漢黨政軍機關開始撤退。黨政機關移往重慶，軍事機關移往湖南。

12日（星期日），中共機關報《新華日報》以醒目標題發表題為〈保衛大武漢〉的社論，號召武漢人民，積極地組織起來，武裝起來為著保衛大武漢而參加前線作戰。

中旬，中共四川省工委派侯方嶽來樂山重新建黨，與隨校遷來樂山的電機系助教馮有申、機械系學生陳尚文、農學院女生曹誠一等三名黨員接上關係。

14日（星期二），陳誠取代何成濬被任命為湖北省政府主席（由嚴重代理）。

同日，日本禦前會議正式決定「進行攻佔漢口作戰」。

16日（星期四），日機猛炸武昌。

18日（星期六），湖北省教育廳在漢召開各校校長會議，商討遷校事宜，規定六校留省，其餘搬遷。

同日，日本大本營陸軍部迅速下達「準備漢口作戰」的命令，並確定「以初秋為期，攻佔漢口」。

22日（星期三），教育部制定《民國27年度全國各國立院校統一招生辦法》，規定9月1日至4日在武昌、重慶、成都等21城市舉行招生考試。

27日（星期一），國民黨中央宣傳部、國民政府軍事委員會政治部發表《抗戰一周年紀念宣傳大綱》，正式提出了「保衛大武漢」的口號。

30日（星期四），楊端六代王星拱校長主持第329次校務會議，這也是國立武漢大學首次移至「嘉定分部」舉行。會議議決通過了「本校嘉定分部機構應如何設立案」，決定「自即日起，武昌校本部各院、部、處、館、會應在嘉定分部繼續執行職務，遷校委員會除未了事項仍繼續辦理外，其餘一切事務概移交學校照常處理」。

月初，留武昌珞珈山上課的200多名四年級學生結束全部功課。

月底，武大每星期借樂山中山紀念堂由教授擔任社會教育講演。

本月，武大成立「抗戰史料編輯委員會」，郭斌佳為主任委員，李劍農、方壯猷、吳其昌、陳祖源、劉秉麟、陳源、周鯁生、楊端六、伍啟元、劉廼誠等十位教授為委員。

本月，凌叔華和女兒陳小瀅來到樂山，安家嘉樂門外半邊街[26]57號。

七月

3日（星期日），華中大學從武昌輾轉遷至廣西桂林。

5日（星期二），毛澤東等七名中共參政員在《我們對於國民參政會的意見》中提出，要「動員軍力人力財力物力來保衛我們軍事政治經濟交通中心的大武漢」。

6日（星期三），遷校委員會委員長楊端六簽發武大嘉字第632號公文致教育部，呈報本校遷校經過及遷校以後處理校務大概情形。

同日，武大臨時校務會議，請杜樹材代理農藝系系主任。

---

[26] 半邊街：樂山舊時街道名，今市中區嘉定南路水井沖至大曲口一帶。因街臨岷江只有半邊而得名。

　　同日，全校教職員學生在文廟大殿前集合舉行七七紀念典禮，推舉方壯猷、劉迺誠、曾昭安、郭霖、葉雅各五位為本校代表參加中山紀念典禮，推舉燕樹棠、吳學義、劉秉麟、方重四位起草宣言。

　　同日，竺可楨日記載：「關於航空工程班補助問題，據謂最初原由教部、資源委員會及航委會三方面商定，補助中大卅萬元、武大與清華各五萬元，但以各校均不能履約，故武大與清華近已停，惟有中大訓練班尚繼續，但將來亦擬收回自辦。苦難在於學生畢業後無出路，只有航委會，故不如航委會招收各機械系畢業生而訓練之云。」[27]

　　同日至15日（星期五），第一屆國民參政會在漢口召開。150名代表中有重要黨派的代表，也有社會團體、邊疆少數民族和海外華僑的代表。會議確定了「抗戰到底，爭取國家民族之最後勝利」的基本國策，並莊嚴宣告：「中華民族必以堅強不屈之意志，動員其一切物力人力，為自衛，為人道，與此窮兇極惡之侵略者長期抗戰，以達到最後勝利之日為止。」

　　7日（星期四），抗戰周年紀念，蔣介石發表告世界友邦書，告日本國民書，並向全國軍民廣播，宣布日寇罪狀，聲明抗戰決心。國民政府發表告國民書、告同志書。

　　同日，第9戰區司令長官、武漢衛戍總司令陳誠在為抗戰周年紀念日所作《以全力保衛大武漢》文中指出：「保衛大武漢，為當前最迫切的任務……今日武漢已成為第三期抗戰中最重要的據點，這裏是我們雪恥復仇的根據地，也是中華民族復興的基石，今日全國民眾，尤其是在武漢的每個軍民，應當激發最大的同仇敵愾心，人人都下定與武漢共存亡的決心，來守住這個重要的國防堡壘，必能給予敵人以致命的打擊，造成將來決戰中極為有利的形勢。」

　　同日，《新華日報》發表周恩來的文章〈論保衛武漢及其發展前途〉。文章分析了三期抗戰中敵我形勢，指出了保衛武漢的有利條件和具體方案後說：「只有堅守武漢，才能保衛武漢，只有以保衛武漢的口號和決心來動員一切，來堅持和擴大抗戰力量，才能爭取不斷的勝利，才能使抗戰持久，抗戰前途爭取到最後勝利。」[28]

　　同日，武漢開展為期五天的獻金活動。當天上午，黑壓壓的人群把6個（一

---

[27] 竺可楨：《竺可楨日記》第一冊（北京：人民出版社，1984年），頁242-243。

[28] 轉引自《周恩來軍事文選》，主題閱讀網。

說8個）獻金臺圍得水洩不通，人們爭先恐後地前來獻金，「從早到晚川流不息地朝臺上湧」。[29]

9日（星期六），三民主義青年團成立，蔣介石兼任團長，陳誠為書記長。

同日，武漢《群眾》週刊轉發周恩來〈論保衛武漢及其發展前途〉。

17日（星期日），郭沫若歸國抗戰週年紀念日。這天，在珞珈山郭沫若寓所，周恩來主持召開三廳同仁參加的慶祝會，胡愈之、田漢、洪深等老朋友和孩子劇團的小代表都來了。

19日（星期二），武大派財政部核發購運化學儀器及藥品免稅護照。

20日（星期三），武大第330次校務會議，決定1938年度武昌招生委員會會址設武昌珞珈山，國立武漢大學本部報名處設武昌東廠口國立武漢大學城區辦事處。

28日（星期四），國民政府教育部調整高等教育：設西北工學院及西北農學院；於國立各大學設師範學院；改設江蘇醫學院。

本月，周恩來第三次在武大大操場向師生宣講毛澤東〈抗日游擊戰爭的戰略問題〉，一連講了兩個晚上，同時再次號召知識分子行動起來，投身抗日鬥爭，把日寇趕出中國，爭取最後的勝利。

本月，武昌珞珈山校本部舉行畢業考試，計共畢業115人，另有借讀生畢業67人。

本月，珞珈山本部校務暫行結束，指派職員8人留校看管校產外，其餘均在王星拱校長的率領下到達嘉定。

是年夏天，西遷樂山的武大學生才上了兩三個月的課就要放假了。按照當時國民政府的規定，全國大學生不分年級，一律集中接受軍訓三個月。於是學校通知，學生放假後即往成都去參加「軍訓」，限期報到。樂山與成都相距數百里，如從水路溯岷江而上，需時很久，且無足夠木船（輪船不能行駛）；陸路有碎石鋪面的公路，有一兩部國人自製的燒木炭的煤氣老爺汽車營業行駛，經常沿途拋錨，往返一程，時日無法掌握，亦不能勝任如限運送大批學生赴成都，校方於是決定由學生組隊，以徒步行軍方式趕往。不過也有極少數經濟條件較好的學生，乘公路局的大卡車前往。土木系二年級陳宗文被指派為領隊。中文系三年級學生

---

[29] 轉引自歐陽植梁主編：《武漢抗戰史》第五章第六節，原載《新華日報》1938年7月11日。

李健章有感賦詩道：「檢點輕裝便首程，同征盡作錦江行。遭逢國難須經武，投擲毛錐為習兵。有勇終當成志士，無能莫謂是書生。秋宵一枕沉酣夢，驚斷清晨角號聲。」（〈赴成都參加大學生軍事訓練〉）[30]

八月

4日（星期四），國民政府駐漢口各行政機關全部遷移重慶。

同日，湖北黃梅失陷。日軍攻入鄂東門戶，武漢就暴露於日軍之前。

5日（星期五），第九戰區擬定保衛武漢作戰計劃。

同日，《新華日報》發表社論〈文化界動員，保衛大武漢〉。

9日（星期二），武漢三鎮各界人民舉行聲勢浩大的「保衛大武漢」歌詠大遊行，在音樂家冼星海的指揮下，遊行群眾齊聲高唱由鄭律成作曲、沙旅・爾東作詞的〈保衛大武漢〉，激昂的歌聲響徹在武漢三鎮的天空：

> 熱血沸騰在鄱陽，
> 火花飛迸在長江，
> 全國發出了暴烈的吼聲，
> 保衛大武漢！
> 武漢是全國抗戰的中心，
> 武漢是今日最大的都會，
> 我們要堅決地保衛著她，
> 像西班牙人民保衛馬德里。
> 粉碎敵人的進攻，
> 鞏固抗日的戰線，
> 用我們無窮的威力，
> 保衛大武漢！

10日（星期三），武大第331次校務會議議決：推定周鯁生、陳劍修、吳國幀、郭泰禎四先生為武昌區招生委員；議決恢復各種學術刊物，發表文章一律暫

---

[30] 李健章：《居蜀集・東西集》（武漢大學出版社，1994年），頁30。

停稿費。

12日（星期五），日本文獻載：「我海軍航空部隊今日上午10時半大舉空襲武漢。據中國中央通訊社說，此次空襲至少向武昌投下200顆炸彈，向漢口投下100顆炸彈。」[31]

12日至20日（星期六），趙師梅、蔣思道、戴銘巽、普施澤、丁人鯤、筥遠綸、方重及趙學田一行八人遊覽峨眉山。趙師梅「曾主本校防護團事，群以團長呼之。此次遊山，自以彼為領導」。[32]

中旬，中共四川省工委決定成立「中共嘉定工作委員會」，管轄武大在內的樂山、眉山兩個專區。由侯方嶽任書記兼管組織。首先在武大成立黨的特別支部，由省工委派來考進武大的余明（余有麟）擔任特支書記，主要負責學生工作，馮有申負責教師工作。成立樂山區區委，區委委員有陳述舟、彭為果、馮有申。

22日（星期一），日本大本營發出攻佔漢口命令。

25日（星期四），偽「中華民國教育總會」在北平成立。

26日（星期五），陳源往重慶訪葉聖陶，欲招其「往武大教基本國文十二時」。[33]

本月，奉教育部令：暫時將武大農藝系並入中央大學辦理，工學院增設礦冶系，哲學教育系改為哲學系。

本月，武大於樂山文廟後院建築大禮堂，又於三育中學內建築理工院合班大教室。

本月，中共四川省工委派一批教師赴樂山五通橋中學，內有武大學生、地下黨員石秀夫等。

本月，住在珞珈山的周恩來、鄧穎超、郭沫若、于立群離開武大，搬到漢口鄱陽街居住。

本月，國民黨四川省黨部通令全川，禁止人民組織任何抗日救亡團體和集會遊行，並宣布戰時圖書雜誌的審查辦法和標準，壓制輿論。

[31] 畢英傑、白描編纂：《鐵證——日本隨軍記者鏡頭下的侵華戰爭》（北京：崑崙出版社，2000年），頁319。

[32] 趙學田：《遊峨日記》，臺北《珞珈》（1992年10月）第113期。

[33] 葉聖陶：《渝滬通信》第二十四號，《我與四川》（成都：四川人民出版社，1984年），頁63。

九月

1日（星期四），武大聘劉秉麟為法科研究所主任，楊端六為法科研究所經濟學部主任。

5日（星期一），王星拱催促漢口民生公司，讓其將武大滯宜書器運往萬縣後再轉運重慶。

6日（星期二），王星拱叮囑在武昌的余竟全，「民生公司所擬代運滯宜物品辦法，校同意，請催辦」。

8日（星期四），軍事委員會政治部制定《非常時期新聞檢查規程及違檢查暫行辦法》，規定各報社將所發全部稿件於發行前一日送審，違則罰令停刊一日至一周乃至永久停刊。

15日（星期四），武大遷校委員會楊端六、劉廼誠、曾昭安、方壯猷、郭霖、邵逸周委員在樂山鼓樓街49號召開第二十九次（最後一次）遷校會議，報告遷校委員會收支概況，議決可即行結束本會工作，將議事錄、支票、圖章及收支報告等呈交校長。

16日（星期五），武大召開第14次行政會議，推舉桂質廷為國聯教育科學文化組織中國委員會第二屆委員候選人。

同日，中文系主任劉賾向王星拱提出辭職。王星拱第二天便讓秘書擬好回信表示挽留。

18日（星期日），葉聖陶致信上海友人云：「弟已於口頭答應陳通伯，但聘書尚未來。大學開學均在十一月中，如決定去，照事實上說，只好弟一個人到樂山去，且去看看嘉州好山水，遊遊凌雲寺，也是佳事。」[34]

22日（星期四），王星拱致函宜昌辦事處的蕭絜，「聞民族輪運宜書器全存民生公司露天堆棧，恐雨濕毀壞」，囑咐他「妥為保護」。[35]

23日（星期五），武大制定《國立武漢大學會計室組織規程》。

24日（星期六），葉聖陶致夏丏尊信：「武漢大學方面已寄來聘書，陳通伯且勸弟早去，以便直達嘉定，不須在敘府換乘小汽船。弟也只得去，不為學問，不為文化，為薪水耳。本擬攜家前往，重慶、嘉定同為羈旅。今小墨病後須調

[34] 葉聖陶：《渝滬通信》第二五號，《我與四川》（成都：四川人民出版社，1984年），頁66。
[35] 轉引自涂上颿主編：《樂山時期的武漢大學》（武漢：長江文藝出版社，2009年），頁6。

養，二官、三官[36]均已上了學，中途不便換校，事實上只得獨自前往。但離不開家庭係弟素習，驟欲改之，難乎其難。且江水枯時，輪船達敘府亦不易，所以短期放假時亦不便返渝看視。此一去須至明年暑假再回，八九個月之別尤可怕。方欣安[37]在該校，算是熟人。袁昌英、蘇雪林、凌叔華三女士去秋曾見過一面。」[38]

同日，民生公司號召員工：「國家的對外戰爭開始了，民生公司的任務也就開始了。」

27日（星期二），王星拱致函民生公司總經理盧作孚，懇請速電貴宜分公司調船早運，以免損失，並強調在滯宜書器中有特別價值之文化珍品。由於長江上的船隻已被軍事機關統制，王星拱又與軍事部門聯繫，設法解決滯宜的書器運輸問題。

同日，王星拱又致函武昌珞珈山軍官訓練團的陳誠，「……懇兄轉商後方勤務部，電宜運輸機關派船運川，運費由本校照付」；同時，告知在武昌的本校教師繆恩釗，「本校滯宜物品已電懇軍訓團陳辭修主席轉商後方勤務部，電宜運輸機關運川」，囑咐其「即與軍訓團總務廳主任路處長洽商速辦」。[39]

28日（星期三），楊端六致函軍委會後方勤務部俞焦峰，請其設法派船運川。

同日，鈐「管理中英庚款董事會關防」之公函發至武漢大學。公函全文如下：

> 本會鑒於戰事以來，各地科學工作人員，多因機關緊縮，不能繼續工作，特提會決議，劃撥專款指充協助。現收到申請書件，已審查竣事，擬將附單所開二人（按，指王獻唐、高尚蔭二人）資送貴大學繼續研究工作。未知貴大學可否容納，並能否予以相當便利，至祈酌示，以便轉知。如蒙惠予同意，則嗣後研究工作之進行，工作報告之審核，以及逐月協款之發給等事，本會並擬託請貴大學代為辦理。所有詳細手續，已在領受協款規劃內分別訂明。該項規則，隨函附奉，藉供參考。又為接洽便利計，並懇

---

[36] 葉聖陶三個兒女按長幼順序分別為：葉至善（小墨）、葉至美（女，二官）、葉至誠（三官）。

[37] 方欣安，即方壯猷（1902-1970）。原名彰修，字欣安。湖南湘潭人。1923年考入北京師範大學，兩年後入清華大學國學研究院。1929年赴日本東京大學留學。後又赴法國從漢學家伯希和研究東方民族史。1936年歸國，任武漢大學歷史系教授，直到1949年。其間，曾兼任歷史系主任、代理文學院院長。

[38] 葉聖陶：《渝滬通信》第二六號，《我與四川》（成都：四川人民出版社，1984年），頁68-69。

[39] 轉引自涂上飆主編：《樂山時期的武漢大學》（武漢：長江文藝出版社，2009年），頁6。

指定專人負責照料，尤紉公誼。此致國立武漢大學。計附單二紙，規則一件。董事長朱家驊。[40]

同日，財政部制訂了各機關及學校購買外國圖書、雜誌、刊物等類申請外匯之標準。同時，為了更好地提高外匯的使用率，以及提高國外出版圖書、雜誌的利用率，教育部結合財政部的規定，制定了各校協同選購國外出版圖書雜誌暫行辦法。

29日（星期四）至11月6日（星期日），中國共產黨在延安舉行擴大的六屆六中全會，重申了全黨獨立自主地放手組織人民抗日武裝鬥爭的方針。全會決定撤銷長江局，設立中原局和南方局。

本月，武大校方推定周鯁生、劉秉麟、陶因三位先生審查劉廼誠教授著作《比較政治制度》中卷。

本月，武大舉行迎新晚會，擬演話劇。演出的劇目是丁西林所編獨幕劇喜劇《可憐的斐加》，描述一個酗酒的醫生斐加（朱士烈飾）如何戒酒的故事，醫生的朋友（何繼馨飾）如何假意和醫生的妻子（羅警華飾）要好，醫生頓悟酒之為害，乃毅然戒之。劇中對話幽默，內容諷刺，在場觀眾反應熱烈。這次演出的導演、佈景、燈光皆由劇社學生負責。

十月

1日（星期六），武大聘楊端六教授為圖書館館長。

3日（星期一），王世傑日記載：「珞珈山之軍官訓練已於前日結束，蓋已武漢不幸失陷完成一切準備。」[41]

6日（星期四），葉聖陶致上海友人信：「現弟已決定往樂山。小墨已漸愈，但入學則尚不勝，只得停學一年。為弟方便計，為節省開銷計，為小墨休養計（樂山天氣清爽，不像重慶昏沉），決全體同往，三官轉學，只留一個二官在北碚。行期定於廿日左右，距今不滿兩星期矣。向民生公司買船票等事，有劉仰之君招呼，想必不難。仰之又為介紹幾家書業同行，請他們代為覓屋購物，並

---

[40] 此函現藏武漢大學檔案館，轉引自李勇慧：〈王獻唐接受中英庚款資助史實考略〉，《山東圖書館學刊》，2009年3期。

[41] 《王世傑日記手稿本》第一冊（臺北：中央研究院近代史研究所，1990年），頁390。

作種種方面之指導。據許多人云，樂山甚似蘇州，弟到那邊或許有如在故鄉之樂乎。洗翁[42]囑審慎遷移，自是至當，甚感。然弟已抱到處為家之想，而家中幾個人也都無所愛於重慶，遂作此決定，想必蒙鑒察。不過今日之事很難斷言，說要走了，必須上了船才算數。下次賜書仍可寄開明辦事處，弟可托他們轉來。陳通伯要拉予同[43]，予同回信回絕了，也就完事。但前日報載暨大被迫停課，而方欣安（彼近在重慶玩）見之，便欲再拉一次，因與聯名發一電，託開明轉致。予同回電如何說，明後日當見分曉。若叫弟設身處地想，則隻身遠行這許多路，恐怕未必有此興致。」又稱：「此後到樂山，與公等相距更遠。此所謂遠，蓋言通信之日程更長。樂山有航空站，每星期有一班飛機，往還樂山重慶間。如不逢班期，則航空信由成都轉。故來信仍可航遞，以視重慶，大約延長二三天耳。如此一想，則亦未必太遠。」[44]

　　7日（星期五），根據教育部頒發的《導師制綱要》，武大在校務會議上推定電機系主任趙師梅為主任導師，王鳳崗、吳之椿、馬師亮、余熾昌為副主任導師；並通過了《導師制實施綱要》。

　　同日，王世傑由漢口渡江察看武大校園。其日記載曰：「今日午後由漢口渡江，往珞珈山校舍察看一周。自南京失陷後使閱月來，政府即假珞珈山武漢大學校舍為訓練軍官或戰地服務青年之所。近因敵軍逼近武漢，自九月底起，各該項訓練遂均結束，或移往他處辦理。校內之水電供給亦已停止。至於大學本身則已於上春遷往嘉定。武漢大學教職員之駐校者現僅庶務余君一人。校境頓呈極端寂寞景象。憶十年以前，余首次至此地，開建此校之時，珞珈湖山原為荒涼冷僻之境。不意今日又復舊態。所不同者近尚有偉麗之建築，以慰湖山之寂寞耳。自戰事發生以迄於茲，武漢大學尚未被敵機轟炸，以視他校已為幸。所望此校即在未來亦能逃脫戰事浩劫，終獲成為民族復興一個基點。余今日獨自觀臨其地，感慨危悚之餘，而熱望仍未稍減。今日為舊曆中秋之前夕，湖光月色，益形妍美，愈令人留戀不忍去。歸漢口寓時已夜深。」[45]

---

[42] 洗翁，即范洗人。字顯臣。起先在上海開明書店任協理，1941年桂林設立開明總辦事處後任總經理。

[43] 予同，即周予同（1898-1981）。初名周毓懋，學名周豫桐，浙江瑞安人。經學史專家。1937年「七七」事變以後至1941年，周予同仍在暨南大學任教，兼史地系主任、教務長等職。1943年至1945年，任開明書店編輯兼襄理。1945年開始在復旦大學當教授，直到逝世。

[44] 葉聖陶：《渝瀘通信》第二七號，《我與四川》（成都：四川人民出版社，1984年），頁71-73。

[45] 《王世傑日記手稿本》第一冊（臺北：中央研究院近代史研究所，1990年），頁394-396。

12日（星期三），王世傑日記載：「今日余已購定明晨由漢口飛渝機票。下午四時渡江，擬往珞珈山度宿。行至江中，遇空襲警報，遂又折回。五時後仍復渡江，抵珞珈山武漢大學已六時餘，晚宿珞珈山前山招待所。佺德芳及留駐學校之庶務余君同在招待所中度宿。晚間偕往湖畔山坡，觀月出，悲寂之至。當余渡江時，忽聞日軍開始進攻華南之訊。」[46]

中旬，日寇逼近武漢，武漢工業大批內遷。據統計，武漢當時遷往內地的工廠有223戶之多，占全國遷往內地工廠總數452戶的近半數。[47]

18日（星期二），葉聖陶致上海友人信：「弟家定於後日動身，江水已落，不能直駛，須至敘府換乘小輪，路上殆須歷五六日。小墨已可起坐，乘轎上船可無問題。二官現決偕往，到樂山後再謀入學。她近病瘥，正服奎寧。今年暑期以後，除弟以外無人不病，家母亦曾因食物不消化，臥床三日。途中及到嘉後，均經人介紹，托為招呼，大約無困難……與公等相距愈遠，但航空信仍可寄，惠書寄『嘉定文廟武大』可也。」[48]

同日，王獻唐至中英庚款會晤杭立武，談詢往武大做研究之相關手續。

19日（星期三），郭沫若在武漢主持魯迅逝世兩週年紀念會，指出：「魯迅精神，是無論如何不妥協，不屈服，對惡勢力抗爭到底。」[49]號召大家向魯迅學習，抗戰到底。

20日（星期四），教育部在重慶發放新生榜，「計中央663、西南604、西北424、武漢330、中山754、浙大471、川大325、湖大132、雲大144」。[50]

21日（星期五），汪精衛對路透社記者談話，鼓吹與日議和：「如日本提出議和條件，不妨害中國國家之生存，吾人可以接受之為討論之基礎。」又說：「就中國方面而言，吾人未嘗關閉調停之大門。」

22日（星期六），午後四時，葉聖陶受武大之聘，一家七口在重慶登輪前往樂山。他在致友人信中寫道：「次早開行。第一夜泊江津，第二夜泊合江，第三夜泊納溪，第四夜到達宜賓。江津、合江、瀘縣、宜賓四處，弟皆登岸觀覽，市

---

[46] 《王世傑日記手稿本》第一冊（臺北：中央研究院近代史研究所，1990年），頁400。
[47] 張廣立、皮明庥等編：〈抗戰時期武漢大事簡記〉，武漢政協文史委等編：《抗戰中的武漢》（1995年印），頁187。
[48] 葉聖陶：《渝滬通信》第二八號，《我與四川》（成都：四川人民出版社，1984年），頁74-75。
[49] 轉引自陸永初等主編：《名人與武漢》（武漢出版社，2009年），頁234。
[50] 竺可楨：《竺可楨日記》第一冊（北京：人民出版社，1984年），頁272。

廛皆修整，有柏油路或石板街，有街樹，視江南小縣遠勝。我們所乘為房艙，除三官不買票外，共占六位。江行飲食起居頗為舒齊。在宜賓等候一天，廿七夜上一小汽輪。岷江水位已低落，此一趟以後，今年不復再行汽輪，我們居然擠上，亦云大幸。否則只得乘白木船而上，到嘉定須七八天，有風寒、灘險、盜匪之虞，頗可畏也。該輪只有統艙，我們七人僅占可臥三人之地位，局促不堪。廿八早開行，夜泊麼姑渡，距犍為尚二十里。」[51]

23日（星期日），《掃蕩報》刊發吳其昌〈十五月來華倭戰象的解釋〉。

24日（星期一），清晨，郭沫若為《掃蕩報》撰寫最後一篇社論〈武漢永遠是我們的〉：「我們的武漢並不是對於弗朗哥的馬德里，而是對於拿破崙的莫斯科！」傍晚，郭沫若登上最後一班客輪撤離武漢。[52]

25日（星期二），趙師梅作〈過巫山聞廣州失陷〉詩云：

> 登臨巫山頭，雲雨將人留；無端涉遐想，心願幾時酬。
> 乍傳消息惡，倭寇陷廣州。雖有高唐夢，無心來溫柔。[53]

25日至27日（星期四），武漢守軍撤退，日軍先後進占漢口、武昌和漢陽三鎮，歷時四個半月的武漢會戰結束。重慶國民政府軍委會發言人接見中外記者，說明自動放棄武漢：中國抗戰為持久戰，不在一城之得失，亦不在一時之進退。半年以來，消耗敵人目的已達，掩護後方之任務已畢，決定轉移兵力，另作部署，與日軍周旋。

27日（星期四），趙師梅作〈過萬縣〉詩云：

> 過萬州，不勝愁，旬日間失卻漢口與廣州。雖曰長期抵抗，不在城池保留。但日蹙百里，使我心憂。惟願太阿早到手，將入犯倭寇鏟除不留。[54]

[51] 葉聖陶：《嘉滬通信》第一號，《我與四川》（成都：四川人民出版社，1984年），頁77-78。
[52] 轉引自陸永初等主編：《名人與武漢》（武漢出版社，2009年），頁238。
[53] 《趙師梅部分詩詞》，俞大光、陳錦江編著：《無私奉獻一生的趙師梅先生傳略》（武漢：華中理工大學出版社，2000年），頁113。
[54] 《趙師梅部分詩詞》，俞大光、陳錦江編著：《無私奉獻一生的趙師梅先生傳略》（武漢：華中理工大學出版社，2000年），頁113。

29日（星期六），葉聖陶一家抵達樂山。

30日（星期日），武大進步學生30餘人在李公祠的碧津樓（理學院教室）召開「抗戰問題研究會」成立大會。選舉顧謙祥為總幹事，崔錦文（黎軍）、端木正為副總幹事，朱祖仁（中共黨員）、向勳、沈立昌、楊亞男等為幹事。下設總務、宣傳兩大組。宣傳組下又分壁報、歌詠、話劇三個小組，分別由葉瓊、張是我、王曉雲、周鑰等人負責，另有一下鄉宣傳隊。總務組下設財務、組織兩小組。組織組負責召開座談會、報告會並組織讀書會等。

月底，武漢淪陷後，侵華日軍將武大珞珈山校園作為其中原司令部，學生飯廳及俱樂部作為野戰醫院，男生宿舍作為住院部。

本月，三個月的成都軍訓結束，武大一批學生循水路乘小木船回校。「朋儕宴坐談軍訓，雲水初親當勝遊。不必張帆人挽纖，從容明日到嘉州。」[55]

本月，盧作孚趕到宜昌，利用四十天的中水位，指揮滯留在宜的三萬多人，九萬噸以上的物資分三段搶運入川，被稱為「中國實業上的敦克爾克」。

十一月

3日（星期四），日本近衛首相發表第二次對華聲明：「由於中國重要城市廣州和武漢三鎮的失陷，國民黨政府已降為一個地方政權，日本將與偽滿洲國和偽新中央政權合作」，並肩「建設確保東亞久安長治之新秩序」的任務。

同日下午，葉聖陶帶家小遊覽樂山名勝，「渡江訪凌雲寺，觀大佛，登東坡樓。山深秀，多樹木。大佛雕刻殊平常，而其大實可驚，以弟目測，其耳朵等於二人之身高。」[56]「嘉定名勝，首推烏尤，次為凌雲。……弟雖為登陟，實無遊眺之佳興，不過到過了一趟而已。惟年老如我母，衰弱如墨林[57]，而亦得賞此蜀中佳景，不可謂非寇之賜也。」[58]

同日，王獻唐與屈萬里、李義貴三人偕書物自萬縣西行，前往樂山。

---

[55] 李健章：〈軍訓結束，乘小木船返校〉，《居蜀集‧東西集》（武漢大學出版社，1994年），頁31。

[56] 葉聖陶：《嘉瀘通信》第一號，《我與四川》（成都：四川人民出版社，1984年），頁80。

[57] 墨林，即胡墨林，葉聖陶夫人。1916年8月19日，22歲的葉聖陶和胡墨林結婚了。胡墨林在北京女師畢業，比葉聖陶大一歲，她從小失去雙親，是由二姑母胡錚子撫養長大的。葉聖陶和胡墨林婚姻的紅線，也是二姑母一手牽就的。這幾乎是一樁完完全全的「包辦婚姻」。作為當事人的葉聖陶，直到結婚，他與墨林始終未見過面也未通過信，只是互相見過照片。然而作為教師和作家的葉聖陶，也並非沒有主見的。女方是個「新女性」，是他毫不猶豫地答應這樁婚事的關鍵。

[58] 葉聖陶：《嘉瀘通信》第二號，《我與四川》（成都：四川人民出版社，1984年），頁83-84。

4日（星期五），黃炎培日記載：「午，到沙利文參與周鯁生、楊端六等起草管理外匯案審查報告書。」[59]

同日，葉聖陶致上海友人信：「嘉定房屋共言難找，而我們得之並不難。先由成都商務經理之介，囑托該館嘉定分棧黃君留意。黃君屢找不得，即以分棧後進餘屋借與我們，於是我們登岸時住所已定，僅在旅館暫宿二宵，以便灑掃與購置而已……我們所買器具均最低廉者。木床三具，價四元。舊方桌一張，一元半。竹椅六把，或三角，或二角。竹書架每架一元半。我們夜間點菜油燈，或如畫幅中之燈檠，或如下式，手執、懸掛、直插，均方便。共有六個，已夠用。我們在重慶買來三盞植物油燈，每盞一元二，今試用之，光線與方便均不及土式油燈，此三燈遂廢置矣。此間有電燈，而電料太貴，只得返於古式生活，與竹器白木器亦相稱。弟用一廣漆賬桌，價六元半，為奢侈品矣，坐則竹椅，不輸於柚木轉椅也。此間生活便宜，肉二角一斤，條炭二元一擔，米七元餘一擔。蜀中魚少，惟此間魚多，今日買小白魚三條，價一角八分，在重慶殆須六角。昨與書店朋友吃館子，宮保雞丁，塊魚，鴨掌鴨舌，雞湯豆腐，大麵半斤，飯三客，才一元八角，而味絕佳，在蘇州亦吃不到也。大約吃食方面，一個月六十元綽綽有餘矣。街道亦柏油路。有街樹，不甚修剪。無上坡下坡之麻煩。無汽車奔馳，僅有少數人力車往來，閑步甚安靜。人口五萬，現在多了一萬，不見擁擠。除抽壯丁以外，全無戰時氣氛。說不好固然不好，說好亦有理由。城門據說有十七個，多數沿江，為便於挑水。挑來之江水經沙濾缸濾過，無殊自來水。水二百文一擔，等於上海三個銅元不到一點。重慶購自來水，一元僅十一二擔。此地無地方報，民教機關收聽無線電廣播，書於黑板，俾眾觀之。僅書比較較重要之電訊四五條，遂覺與各地隔膜。成都之報隔日可到，重慶報則須隔五六天。」又稱：「武大於十日上課。但弟所教系新生，新生從他處來不易，大約須至廿日始上課。同任國文者為蘇雪林女士。楊今甫君聞亦要來擔任此課，還有一二位尚未遇見。昨與蘇商談，她推弟擬一目錄，供一年教授之用。以前大學教國文惟憑教師主觀嗜好，今新有課程標準，或可漸入軌道。武大房屋係取嘉定府之文廟，大成殿改為圖書館，兩廡改為十四個教室。註冊課、會計課居二門旁從前懸掛鐘鼓處。以視重慶之中大與復旦，寬舒多矣。」[60]

[59] 中國社科院近代史研究所編：《黃炎培日記》第六卷（北京：華文出版社，2008年），頁39。
[60] 葉聖陶：《嘉滬通信》第一號，《我與四川》（成都：四川人民出版社，1984年），頁78-80。

7日（星期一），外文系主任方重向王星拱提出辭職，第二天校長室便擬好了表示挽留的回信，並於9日發出。

8日（星期二），日軍大本營陸軍部制定「1938年秋後戰爭指導方針」指出：「如果重慶政權接受以下條件，並認輸，則容許停戰。」第一，「重慶政府放棄抗日容共政策，並保證改換必要人員」；其次，「重慶政府認輸時，如若停戰，需同蔣談判，談判後蔣介應立即退出其職位」。[61]

16日（星期三），趙師梅農曆45歲生日，於樂山作〈生朝〉詩：

> 計春秋，四十五，生年失地未收復。眼見橫行倭寇，掠華北，攻廣州，陷兩湖。縱寇有兇焰萬丈，也難抵我一心一德將寇鏟除。預期明年今日裏，不見倭子只見墓。[62]

17日（星期四），上午日機轟炸宜昌五龍，炸毀武大遷校物品共143箱，價值達14萬元。這是日寇第一次直接對武大犯下的罪行。

18日（星期五），日機18架首次空襲成都，在南北兩門投彈百餘枚，炸死衛兵1人，傷3人。

21日（星期一）至25日（星期五），中共四川省工委在成都召開擴大會議，決定四川不再成立省委，分別成立川東、川西兩個特委，直屬中共中央南方局領導。

24日（星期四），王獻唐一行抵達樂山。他們將書物存放於大佛寺天后宮內大佛一側隱而不露的崖洞。為守護珍貴的書物，王獻唐並未到武大校內居住，而是與屈萬里、李義貴二人借居大佛寺下院。

25日（星期五），國民黨中央任命程天放為四川省黨務人員訓練班主任。

同日，劉永濟在廣西宜山拜會浙江大學竺可楨校長。

29日（星期二），葉聖陶致上海友人信：「弟家居樂山，迄今日正滿一月。以生活情況而論，誠然安舒不過。小墨正在大增食量，喜吃肉，肉價不貴，日買一斤或十二兩。流竄經年，頗思魚鮮，此間魚多，間日購之。八九角可買一雞，五六角可買一鴨，亦偶一奏刀。大約每日買菜，七八角錢已吃得很好，與在漢

[61] 前田哲男：《重慶大轟炸》（成都科技大學出版社，1990年），頁58。
[62] 《趙師梅部分詩詞》，俞大光、陳錦江編著：《無私奉獻一生的趙師梅先生傳略》（武漢：華中理工大學出版社，2000年），頁114。

口，在重慶，迥然不同。城區狹小，而街市整潔（因武大遷來之故，縣政府為要面子，令員警督促居民掃街，叫化子不許入城）。」[63]又云：「下月一日（後天）弟始上課。弟所任為一年級國文兩班，班各三時，二年級作文一班，二時，凡八時耳。大學教師任課如是其少，而取酬高出一般水準，實同劫掠。於往出納課取錢時，弟頗有愧意，自思我何勞而受此也！三班人數，合計不出八十人，作文兩星期一次，則每星期改作文本四十本可矣。同行尚有三位，陳通伯君以為弟有什麼卓識，推弟為之領導，選文由弟主持。實則弟亦庸碌得很，所選與陳所不滿之老先生（舊時多黃季剛門人，今因學校搬家，他們未隨來，現在老先生無一個矣）無甚差異。此間熟人有劉南陵【陔】、楊端六，劉為法學院長，楊雖僅任教授，而頗主校政。校中風習素稱良好，主者以安心讀書為標榜，今來嘉之學生均曾署絕不遊心外騖之志願書。以故入其校門，空氣恬靜，如不知神州有驚天動地之血戰也者。如此教育，於現狀究否適應，亦疑問也。」[64]

本月，教育部頒布《青年守則》12條，規定以「忠孝仁愛信義和平」為「國訓」，通令各級公私立學校遵行。

本月，教育部批准孫順潮到樂山武大借讀化學系，他後來成為著名漫畫家，筆名方成。

月底，葉聖陶作《鷓鴣天·初至樂山》云：

> 忽訝生涯類隱淪，青衣江畔著吟身。更鐺燈蕊如中古，翠巘丹崖為近鄰。
> 搔短髮，頓長顰，雁聲一度一酸辛。會看雪沍冰堅後，爛漫花開有好春。

十二月

1日（星期四），浙江大學在廣西宜山正式開學上課。

2日（星期五），武大第342次校務會議，決定通過了學術講演、學術展覽會、電影及播音這三項兼辦社會教育工作的實施方案，其中學術講演，兩星期舉行一次，由每院推選兩位先生分期擔任；學校展覽會定於1939年1月2-3日兩天舉行，推選高尚蔭、馬師亮、陳季丹、涂允成、嚴順章、余熾昌、吳學義、袁昌英、張之品、蔣湘青十位先生為籌備委員，由涂允成召集。

63 葉聖陶：《嘉滬通信》第二號，《我與四川》（成都：四川人民出版社1984年），頁82。
64 葉聖陶：《嘉滬通信》第二號，《我與四川》（成都：四川人民出版社，1984年），頁83。

同日，王獻唐致函武漢大學，告知寄款地址：「鄙人現受中英庚款董事會學術研究之補助，每月二百元。該會會計處規定，按月匯貴校，分別轉交。鄙人現寓銅河街天后宮內大佛寺下院，如該款寄到時，敬懇隨時賜予通知，當即來取，無任感盼。此上武漢大學。」[65]

同日，日本天皇明令對重慶實施戰略轟炸，由總參謀長閑院宮載仁親王向侵華日軍傳達「大陸令第241號敕令」。[66]

9日（星期五），成渝兩地學生集會紀念「一二九」，並要求國民黨政府定是日為「學生節」。國民黨四川省黨部、省政府宣稱該集會非法，嚴令警察局派人制止。

10日（星期六），私立武昌中華大學遷重慶復課。

13日（星期二），教育部長陳立夫委派國民黨CC系的骨幹人物程天放接掌國立四川大學。此事遭到文學院長朱光潛為首的大多數教授的強烈抗議。

中旬，中央四川省工委決定成立樂山中心縣委，侯方嶽任書記兼管宣傳，余明任組織部長，賀國乾管統戰工作。並決定原成立的武大特支改為直屬中心縣委領導，中心縣委成立以後再成立縣委，武大助教馮有中任樂山縣委委員。

16日（星期五），武大第344次校務會議常會推選楊端六、邵逸周、熊國藻、葛揚煥4位先生組織外埠購置委員會，熊國藻為委員長。推選各學院副主任導師如下：文學院王鳳崗、法學院吳之椿、理學院馬師亮、工學院余熾昌。

同日，由朱光潛領銜的56名川大教授，聯名致電教育部與行政院，要求收回程天放出任校長的成命。

18日（星期日），國民黨副總裁、國防最高會議主席、國民參政會會長汪精衛偕妻陳璧君秘密離開重慶飛抵昆明，次日叛逃河內，周佛海、陶希聖同行。國民黨四川省黨部主任委員陳公博先期自成都飛昆明轉赴河內，隨汪叛國。

19日（星期一），國民政府行政院令四川大學代理校長張頤立即移交校政，程天放先行任職視事。

22日（星期四），日本發表第三次對華聲明，稱日本願「與中國卓識之士相提攜，以向『東亞新秩序』建設之途邁進」，肯定了與汪精衛的合作，同時繼續對國民政府加以引誘。

---

[65] 轉引自李勇慧：《一代傳人王獻唐》（濟南：山東教育出版社，2012年），頁109。

[66] 前田哲男：《重慶大轟炸》（成都科技大學出版社，1990年），頁59。

23日（星期五），武大成立工程委員會及工程處，有關營造修理事項，由工程委員會議決後交工程處工程師負責執行，並推選邵逸周、郭霖、黃叔寅、熊國藻、繆恩釗5位先生為工程委員會委員，邵逸周為委員長。

同日，新任川大校長程天放接事。以朱光潛為首的數十名教授當天致電蔣介石等，表示強烈抗議，並宣布從即日起全體罷教。嗣由四川軍政首長鄧錫侯、潘文華、王纘緒從中調解。

25日（星期日），國民黨四川省執行委員會給武大發來訓令：「派王星拱、周鯁生、陳守謙[67]三同志為四川省直屬國立武漢大學區黨部籌備委員」，並「令仰該會……克日組織成立」。

27日（星期二），武大聘定陳源為文學院院長、劉秉麟為法學院院長、王星拱兼任理學院院長、邵逸周為工學院院長；劉賾為中文系主任、方重為外文系主任、方壯猷為史學系主任（代理）、高翰為哲學系主任、周鯁生為法律系主任（代理）、劉迺誠為政治系主任、陶因為經濟系主任、查謙為物理系主任、黃叔寅為化學系主任、曾昭安為數學系主任、張鏡澄為生物系主任、陸鳳書為土木工程系主任、郭霖為機械工程系主任、趙師梅為電機工程系主任、邵逸周為礦冶系主任；葛揚煥為註冊部主任、熊國藻為事務部主任、楊端六為圖書館館長、丁景春為校長秘書。

29日（星期四），汪精衛在河內發出豔電，致蔣介石及國民黨中央執、監委員，要求國民黨政府根據日本首相近衛文麿所提：「承認滿洲國」，「共同防共」，「經濟提攜」三原則，「與日本政府交換誠意，恢復和平」。武大「抗研」會發動100餘名學生簽名，通電聲討。

30日（星期五），武大第346次校務會議，決定本校兼辦社會教育增加民眾法律顧問一項，其實施辦法由法學院法律系規定執行。

同日，湖北巴東青竹標沉船，武大遷校物品遭受嚴重損失。武大租借向開壽木船裝運圖書98箱、機件207箱，原價值共計19.979萬元。因夜間不能航行，被歹人割斷纜繩，木船向下游漂走，在巴東青竹標河段觸礁石沉沒。幸押運人員及船戶向開壽搶救得力，時經3日，多數撈獲。此次損失，除保險公司賠償以外，實際損失達10.15萬元。

---

[67] 陳守謙：時為武漢大學政治系四年級學生。

本月，武大新聘教授：文學院有朱光潛、馮承植、高亨、葉聖陶、鄢遠猷；法學院有吳之椿；工學院有余熾昌、葉芳哲、王子香、張鍾俊。理學院的桂質廷、李國平因故須推至下學期到校任教。

本月，川大文學院院長朱光潛教授，因抵制程天放任，憤而辭職應聘來武大執教。

本月，武大在文廟崇聖祠後山坡添建禮堂一大棟，由郭霖教授設計。屋頂仍採取宮殿式，與珞珈山風格相似，堅而樸素，能居高望遠，風景宜人；又於樂山觀斗山建設工廠。

本月，武大成立「三民主義青年團武大分團部」。

本月，武大全體教職員工捐樂山保育院國幣3100餘元，救濟難童。

本月，武大法律學會，在樂山嘉州公園民眾教育館內設立民眾法律顧問處。

下半年，電機系第三班周志驤、劉紹峻、錢瀚聲等人發起成立，以電機系學生為主體的校內學術社團──力訊社。這個社團的名稱，反映當時電機系兼有電力和電訊兩類專業方向。社團的宗旨是砥礪學行和聯絡感情。據1941屆的周志驤晚年回憶說，「我們這一屆只有20多人，除兩位四川同學外，大都經濟困難，特別是像我這樣家鄉已淪陷，經濟已無來源的人，生活更是捉襟見肘。在這國難當頭之時，班上同學學習都非常刻苦認真，以期戰後在國家建設中有堅實的知識基礎。經過幾個月與困難的鬥爭，大家感到必須加強團結互助，建立一個組織，用集體力量共同克服眼前困難。這年暑假經過一段時間的醞釀籌備，我們決定成立『力訊社』。這社名表明我們為研究電力和電訊技術，將來為從事工程方面的工作而努力。」[68]

本年，武大制定「國立武漢大學學則」。

本年，武大法學院孫芳、法科研究所經濟部陳余年、化學系索文三人獲准享受管理中英庚款董事會協款科學工作人員。

本年，武大校經濟學會第九屆幹事會舉行嘉定絲綢產銷調查，經濟系學生參加實際調查工作。

本年，武大接收戰區借讀生683人。

---

[68] 周志驤：〈我與「力訊社」〉，《武大校友通訊》2006年第1輯。

1939年（民國二十八年）

國民黨召開五屆五中全會──《戰時新聞檢查辦法》出臺──樂山「八一九」大轟炸──第二次世界大戰爆發──國民黨發動第一次反共高潮

一月

1日（星期日），國民黨中央執行委員會常務會議臨時會議決議，汪精衛違法亂紀，永遠開除黨籍，撤除一切職務。另，國民政府重申嚴緝民族叛徒，傀儡漢奸。

同日，盧作孚因指揮搶運撤退有功，獲國民政府頒發的傑出服務勳章。

同日，西康省政府正式成立，省會設康定，劉文輝任主席。

2日（星期一），武大遷樂以來，本學期新聘已來校的教授計：文學院朱光潛、馮承植、高亨、葉聖陶、鄔遠猷；法學院吳之椿；工學院余熾昌、葉芳哲、王子香、張鍾俊；理學院桂質廷、李國鼎。

3日（星期二），葉聖陶致上海友人信：「弟上課已一月，興趣尚佳，不致感厭惡。學生程度不好，只嫌上課時間太少，不能多為講解。作文三班共有一百廿本，兩星期改一次，天天還不清的債，未免感苦。然學生似頗有領會弟改削之苦心者，則亦足以自慰。不久更將有兩個國文先生到來（其一為馮沅君），弟之學生當可分去一部分，則弟輕鬆矣。朱孟實[1]近亦來此任教。緣四川大學鬧易長風潮，朱牽入旋渦，此間邀之，遂離蓉來此。其夫人尚未來，不久將到。欣安亦獨寓此間，時來談話。近芬女士在湘潭鄉間，一時不易來。」又稱：「弟近來瘦得多了，顴骨突出，四肢均是寬寬的皮。兩鬢白髮亦生得特別多。但朱孟實比弟更見老，背彎，目光鈍，齒少了幾個，發音漏風，竟是老人了。他以前壯健如運動健將，不知何以老得如此之快。」[2]

6日（星期五），武大第347次校務會議議決：設立「本大學法規編審委員會」，推定葛揚煥、熊國藻、丁景春為委員，由丁景春負責召集。

---

[1]　孟實，朱光潛字。

[2]　葉聖陶：《嘉滬通信》第三號，《我與四川》（成都：四川人民出版社，1984年），頁90-91。

同日，日本近衛內閣垮臺，平沼騏一繼任首相，組織新閣。

7日（星期六），日本陸軍參謀總部發言人高島在東京對記者談話稱：「中國事件已進入長期戰爭階段，日本現正開始於百年戰爭。」[3]

同日，周恩來到重慶聯中發表《抗戰形勢和堅持持久戰問題》演講。

9日（星期一），周恩來在重慶南開中學校友座談會上，就統一戰線、抗戰形勢和前途及青年們在抗日民族戰爭中的責任等問題作長篇發言。

同日，四川大學正式復課，但在聯名罷教的86位教授中，仍有20多位拒絕回校就職。

13日（星期五），中文系教授朱東潤歷時一個半月從家鄉泰興輾轉到達樂山，在城中心府街的安居旅館住下，包了長期的房間。若干年後，他在自傳中感慨不已：「居然來了；而且是汽車票如此難買的時候，居然搭水上飛機到了。」[4]

同日，中華全國文藝界抗敵協會成都分會成立，由李劼人、劉開渠、羅念生、劉盛亞、謝文炳等負責。

同日，中央大學校長羅家倫與全體教職工203人聯名致電美國總統羅斯福，籲請美國聯合世界各國，對日本採取進一步制裁措施。

同日，中共中央南方局在重慶正式成立，周恩來為書記，負責全面領導四川及長江以南地區中共的各項工作。

14日（星期六），生物系教授高尚蔭和助手公立華在樂山大渡河邊與河水相連的一處水塘，發現了當地人屢見不鮮的「桃花魚」（淡水水母）。

中旬，武大「民眾法律顧問」開始工作，由法律系師生擔任。

21日（星期六），葉聖陶致上海友人信：「時日匆匆，來此授課已過一學期之半，再歷如是時日之三倍，便放暑假。不知更將經若干倍之時日而捨此生涯，又不知何年何月乃得去此樂山，──樂山雖不惡，然所謂『非吾土』也。遊觀已遍，訪問殊無聊，讀書究乏味，則兀坐一室，視天窗日影漸移，以待夕暮。酒後與妻子閒談，或涉詩文，或評世態，同學來雜坐，更引喉而歌，間以笑語，此是邇來至樂矣。生活漸貴，肉價已至二角八分，其他雜用俱見提高，惟尚不及重慶昆明，斯可慰已。發現一家售土製仿紹者，試沽之，三角一斤，味尚不惡，即以

---

[3] 韓信夫、姜克夫主編：《中華民國大事記》（北京：中國文史出版社，1997年），頁375。

[4] 《朱東潤自傳》，《朱東潤傳記作品全集》第四卷（北京：東方出版中心，1999年），頁235。

代替大麯，每夕飲十兩上下。」又云：「大學殆是一騙局，師生互騙，學校與社會互騙。大學之最有意義者二事：一為贍養許多教師；二為發出許多文憑。教師得贍養，可以不餓死；文憑在手，可以填履歷：如是而已。弟以作小說人之眼光觀種種現狀，頗得佳趣。若連續任教師三年，當能作一小說，以大學為對象，令教育專家爽然自失也。即弟自己亦騙局中之一員。弟何所知乎？而人以為有所知，同業與我商談，學生就我問業。當斯時也，亦復儼然自以為有所知，正顏莊語，『像煞有介事』。另一個『我』在旁，不禁竊笑。此等語不便告同業與學生，然於家中諸人則拆穿言之。今書告公等，以公等如弟之親弟兄也。」[5]

21日至30日（星期一），國民黨在重慶召開五屆五中全會，會議的中心議題是「抗戰和反共」，確定了「溶共、防共、限共、反共」的方針。

28日（星期六），武大開始兼辦社會教育，有學術講演，學術展覽會，民眾法律顧問。涂允成教授開始第一講，講題為《抗戰期中水電工程的重要性》。

同日，葉聖陶致章雪村信：「承詢樂山地方病，誠有之，屢次作書乃忘提及。此病本地人謂之「pǎ病」，「pǎ」係軟義，而此病病狀則全身或局部癱瘓，不能舉動，並不軟也。武大於去年初夏遷此後曾有二同學患此病而死。旋校醫發現有一種強心注射劑可治此病，遇患者即用此藥，遂無復殞命者。至其病是否有病原菌，抑係感不良氣候所致，尚不可知。苟有心於醫學者，大可下功夫研究，惜無人有此野心也。此病患者並不多，武大不過二十餘同學嘗患之。患者皆男青年，女子患者尚未有。預防無法，醫生惟言過勞或受寒皆宜戒之。」[6]

29日（星期日），葉聖陶致徐調孚信：「川省被炸縣份已不少，嘉定尚未輪到，以常識度之，最近當不致受殃也。嘉定有『蠻洞』，[7] 前信已提及，為天然之防空洞。惟此地兩面瀕江，弟寓所適在二江[8]會合之角，欲返身往靠山處所或渡江往對岸山下均須相當時間，臨時奔避必且無及。此亦只能不去管他耳。」[9]

31日（星期二），行政院決議派嚴重（立三）代理湖北省政府主席。

本月，武大獲得日內瓦世界學生服務社救濟學生戰區捐款。

---

[5] 葉聖陶：《嘉滬通信》第四號，《我與四川》（成都：四川人民出版社，1984年），頁92-93。

[6] 葉聖陶：《嘉滬通信》第五號，《我與四川》（成都：四川人民出版社，1984年），頁95-96。

[7] 蠻洞：樂山人所言蠻洞有兩種，一是僚人的岩穴墓，二是漢朝崖墓。本書所指多屬後者。

[8] 二江：指岷江、大渡河。

[9] 葉聖陶：《嘉滬通信》第五號，《我與四川》（成都：四川人民出版社，1984年），頁97。

二月

4日（星期六），18架日機兩次轟炸四川萬縣，炸毀武大遷校途中存於萬縣的重要儀器設備50餘箱，原價值國幣11.5萬元和2400美元、440英磅。這是日寇第二次直接對武大犯下的罪行。

同日，教育部統計室發布：抗戰以來，全國專科以上學校遷入四川者，計有國立中央大學、武漢大學、東北大學、藥專、牙專、省立山東醫專、私立復旦大學、金陵大學、齊魯大學、朝陽大學、金陵女院、文華圖書館專科、武昌藝專等院校。[10]

5日（星期日），日機18架侵入廣西宜山，在浙江大學上空投彈118枚，損失慘重。

10日（星期五），生物系學生項斯魯榮獲「紀念張鏡澄[11]教授任職20周年獎學金」。

11日（星期六），中文系高亨教授進行學術演講，講題為《孔子哲學與人格教育》。

12日（星期日），生物系教授高尚蔭和助手公立華在大渡河邊同一處水塘，再次發現不同於上次的淡水水母。後來，他們合作論文《四川嘉定淡水水母之研究》「生理問題之初步研究報告」篇寫到：「淡水水母，在實驗室中，可生活於pH4.6-8.8之淡水中。其傘部之伸縮運動並不受任何影響。其口部對於食物之性質無辨別能力。當食物運至口管中部時，其能消化者如水蟲及水蚤等即進入腸脈腔中消化之，其不能食用者即行棄去。在培養缸中，此種水母已活至百日以上仍活潑如昔。其對於低溫之適應力極大，在5.5℃時，仍甚活潑，但高至30.5℃時，即停止運動。電燈光對之無甚影響。」隨即，高尚蔭、公立華經研究定名為「中華桃花水母」，論文在《國立武漢大學理科報告（生物學）》上發表，研究簡報在美國著名學術期刊《科學》上發表。武大學者發現命名的中華桃花水母登上世界

---

[10] 周開慶：《民國川事紀要》（1937-1950年）（成都：四川文獻月刊社，1972年），頁66。

[11] 張珽（1884-1950），字鏡澄。又名張筆。安徽桐城人。中國植物生理學先驅之一。1905年留學日本，入東京高等師範學校博物科，獲理學士學位。1914年受聘於國立武昌高等師範學校（武漢大學前身），講授現代植物學。1926年曾一度代理國立武昌大學校長，後又改任國立武昌中山大學理科委員會主席。1928年國立武漢大學成立後，任該校理學院教授，1930年起任生物系主任，1947-1948年任武大教務長。

科學殿堂，這是中國學者最早在無脊椎動物學領域的開創性研究。

15日（星期三），蔣介石致電教育部長陳立夫：「據報，武漢大學遷樂山後，有少數教授行為不檢，常於住宅內牌賭酗酒，浪宴叫囂，予社會及青年學生以不良印象，懇轉飭改善等語；該教授等如有上項腐化行為，殊屬不合，特電，希即查明誥誡為盼。」[12]

18日（星期六），武大擬具第三次全國教育會議提案6項。

同日，葉聖陶致上海友人信：「今日為陰曆除夕，弟家略作點綴，祀先，吃年夜飯，一如年例。最近以二元四角買得麻將牌一副，燈燭之下，不便預備功課，批改作文，則偶爾打牌四圈。無勝負之勞心，誠『衛生』麻將也。」[13]

19日（星期日），農曆正月初一，樂山城區公開放映第一部有聲片《夜來香》（胡蝶主演）。據童茹〈樂山電影小史〉載：「武漢大學遷來樂山後，電影院放映進口片多係美國、英國的。當時的外國片，皆沒有譯成華語對白，也無字幕，於是就出錢請武大外語好的學生來當場作翻譯，介紹其對話和內容大意，邊看邊翻譯，通過擴音器播送出去。有時先翻譯好後，寫成幻燈片，邊放電影邊放幻燈片。」[14]

20日（星期一），蔣介石在參政會報告國民精神總動員（國家至上，民族至上，軍事第一，勝利第一，意志集中，力量集中）。

同日，教育部召集四川省中等以上學校校長會議開幕。

月底，郭沫若回鄉看望病重的父親，武大「抗研會」成員除參加樂山公園聽郭沫若演講外，又請他來校講演。郭沫若說：「日寇侵略與向日寇投降是當前的大敵，要使反侵略之精神遍植於每個中國同胞的心坎，要使每一個中國人的細胞都成為反侵略的細胞，每一個中國人的血球都成為反侵略的血球，要發動全民族來粉碎敵人的侵略，並摧毀敵人和民族叛徒們的一切陰謀」，並號召青年們「要肩負起救國之使命，作為擴大抗日力量工作」。

本月，武大先後兩次向教育部申請外匯（約643英鎊），用於向泰慎洋行訂購電氣實驗設備。

---

[12] 轉引自吳驍、程斯輝：《功蓋珞嘉「一代完人」——武漢大學校長王星拱》（濟南：山東教育出版社，2011年），頁387-388。

[13] 葉聖陶：《嘉滬通信》第六號，《我與四川》（成都：四川人民出版社，1984年），頁103。

[14] 童茹：〈樂山電影小史〉，《樂山市志資料》1983年第1期總第5期。

三月

1日（星期三），武大學生唐名倩（化學系）、柯潤華（機械工程系）、張顯豐（史學系）、顏子愚（史學系）被管理中英庚款董事會選為川康科學考察團團員。

同日，第三次全國教育會議在重慶開幕。

2日（星期四），王世傑日記載：「武漢大學少數教員於隨學校遷樂山後，行為不檢（賭博、酗酒），被人告發。予今日力請王撫五校長以整率學校風紀自任，勿稍苟且。撫五為人太和緩，寡決斷，周鯁生、楊端六近來甚不滿。」[15]

3日（星期五），武大第351次校務會議議決：校訓校歌迭奉部令飭擬呈報應如何辦理案，推定徐天閔、劉博平、朱光潛教授組織校歌撰擬委員會，由徐天閔教授召集。

4日（星期六），蔣介石出席全國教育會議致訓，進一步闡發了「戰時要當平時看」的教育方針，明確指出「教育是一切事業的基本」。他分析：「平時要當戰時看，戰時要當平時看。」「因為我們過去不能把平時當作戰時看，所以現在才有許多人不能把戰時當作平時看，這兩個錯誤實在是相因而至的。」蔣介石還說：「我們教育上的著眼點，不僅在戰時，還應當看到戰後。我們要估計到我們國家要成為一個現代國家，那麼我們國家的智識能力應該提高到怎樣的水準，我們要建設我們的國家，成為一個現代化國家。我們在各部門中都需要若干萬專門的學者，幾十萬乃至幾百萬的技工和技師，更需要幾百萬的教師和民眾訓練的幹部。這些都要由我們教育界來供給，這些問題都要由我們教育界來解決的。」[16]

9日（星期四），全國教育會議閉幕。

11日（星期六），葉聖陶致上海友人王伯祥信：「學期終了，武大正舉行考試，試後有十天之假，弟可得兩旬之休暇。本可遊峨眉或成都，然懶於動彈，則亦任其空過，出遊且俟暑假中再說。偶得晴明，則往對江閑步，或往江邊拾石子。此間石子至可愛，勝於前往子陵釣臺時江中所見者。」[17]同日，又致信范洗

---

[15] 《王世傑日記手稿本》第二冊（臺北：中央研究院近代史研究所，1990年），頁41-42。
[16] 轉引自熊明安：《中華民國教育史》（重慶出版社，1990年），頁213。
[17] 葉聖陶：《嘉滬通信》第七號，《我與四川》（成都：四川人民出版社，1984年），頁107。

人：「嘉定交通不可謂不便。現在每星期有三班飛機自渝飛來，可見當天之重慶報紙。晚定閱《新蜀報》，中午時即遞到，較重慶遲半天耳。再閱一月餘，江水上漲，即有自敘府來之汽船。屆時必有大批人家疏散來此，於是房屋更將難找，物價更將高漲矣。此地有魚曰『江團』[18]，為名產，每斤價一元四角，尚未獲一嘗。近飲眉山產黃酒，尚不惡，價三角二分。」[19]

12日（星期日），國防最高委員會宣布國民精神總動員實施辦法。

20日（星期一），武大在樂山舉行首次「學術展覽會」，分理科、工科、美術、圖書及體育表演五項同時舉行。

21日（星期二），教育部批准武大主辦機械專修班，並在蓉、渝、嘉三處同時招考學生，於6月27日正式上課。

24日（星期五），武大第352次校務會議議決：成立教科書購置委員會，推定方重、葛揚煥、陸鳳書、程綸為委員，代為訂購或接洽翻印教材，以供急需。

同日，世界學生會中國分會函聘王星拱校長為該會董事。

同日，黃炎培日記載：「晚六時頃至樂山，入樂山旅館（土橋街）。晚餐後，偕幼椿[20]訪樂山縣長劉伯華（芳，梓潼）。商定明日起工作日程。劉縣長旋來答訪。樂山縣境內無猓玀，但有夷地[21]，照例年給包山銀三百五十兩，便對漢人不加害。幼椿之友吳其昌，武漢大學教授，由幼椿函約訪談，因病不果。」[22]

25日（星期六），黃炎培日記載：「到武漢大學，借孔廟開學。校長王撫五（星拱）、教授陳通伯（源）、劉南陔（秉璨[麟]）、周鯁生（覽）、楊端六、陳登恪、邵逸周、郭澤五、熊魯馨。觀圖書館，共登高標山。峨邊縣長石完成（涪陵）來，長談，囑以書名建議關於雷馬屏峨[23]之夷務，贈以《國訊》三份。

---

[18] 江團：中文學名長吻鮠，又名鮰魚。不同的地方叫法不同，上海稱鮰老鼠、貴州叫習魚，四川人稱江團。在樂山主要產於岷江平羌三峽魚窩，這裡的江團屬全國唯一的粉紅類，白裏透紅，肉質細嫩，味道鮮美，比其他江河所產更勝一籌。江團魚畏光，喜居深岩穴，以水生昆蟲、小雜魚、岩漿為食。

[19] 葉聖陶：《嘉滬通信》第七號，《我與四川》（成都：四川人民出版社，1984年），頁108。

[20] 幼椿：即李幼椿。本名李璜（1895-1991），號學純。四川成都人。政治活動家、國家主義派人士，中國青年黨創始人之一。早年就讀於成都洋務局英法文官學堂。1913年入上海震旦學院。1918年參加少年中國學會。1919年赴法國巴黎大學留學，獲文科碩士學位。1924年回國，歷任武昌大學、北京大學、成都大學歷史系教授。1949年之後，任香港中文學院教授，並往來於港、臺之間。

[21] 夷地：指彝族地區，如馬邊、峨邊等縣。

[22] 中國社科院近代史研究所編：《黃炎培日記》第六卷（北京：華文出版社，2008年），頁93。

[23] 雷馬屏峨：指四川省第五行政區所轄雷波縣（今屬涼山州）、馬邊縣（今屬樂山市）、屏山縣（今屬宜賓市）和峨邊縣（今屬樂山市）。

武漢大學生楊熙（平江）、向定（武岡）、林青森（海城，皆經濟學系）來談，贈《國訊》。到端六家，共端六、南陔、鯁生、扶[撫]五暢談。」[24]

26日（星期日），黃炎培日記載：「午後三時，中山堂演講，到者縣立男女初中及聯立中學學生一千五百人……武漢大學現代政經社蔣煥文（武進）、黃獻洛（松滋）、左祖瑜（大冶）來邀演講。鍾叔進之子心厚（興厚，留德化學博士，武大教授）來談（其子興正，留美農化）。中華職校土木畢業生石王吳來，現肄業武大機械。」[25]

27日（星期一），黃炎培日記載：「武大秘書丁景春來。高公翰來，未晤。」[26]

28日（星期二），黃炎培日記載：「上午，訪王獻唐天后宮，共渡河，偕幼椿、陳登恪遊烏尤寺、凌雲寺，知客僧和平招待，餐畢回。……下午三時返，偕陳登恪家，偕幼椿、儻秋、隱青商蠶絲問題，蘇稽紅燈問題。四時，應武漢大學之邀前去演講：（一）立志；（二）遠處看，近處做；（三）腳踏實地做事；（四）吸收世界知識求合國情。介紹《國訊》。東大畢業生、武大教授韋潤珊、樊德芬殷勤相送，韋直送至旅所。」[27]

本月，英國文化委員會及美國圖書協會贈給武大圖書214冊。

本月，桂質廷[28]受聘於武漢大學教授，並任物理系主任。

本月，中央圖書雜誌審查委員會密訂《圖書雜誌原稿審查工作綱要》87條，要求圖書檢查人員與當地特務機關取得聯絡和配合，以瞭解各書店、印刷所負責人之背景與活動。

四月

3日（星期一），武大向財政部申請外匯（英金約578鎊、美金約3031元）用於訂購無線電儀器、藥品等物質。

---

[24] 中國社科院近代史研究所編：《黃炎培日記》第六卷（北京：華文出版社，2008年），頁94。原書「秉藜」應為「秉麟」，「扶五」應為「撫五」。

[25] 中國社科院近代史研究所編：《黃炎培日記》第六卷（北京：華文出版社，2008年），頁94。

[26] 中國社科院近代史研究所編：《黃炎培日記》第六卷（北京:華文出版社，2008年），頁95。

[27] 中國社科院近代史研究所編：《黃炎培日記》第六卷（北京：華文出版社，2008年），頁95-96。

[28] 桂質廷（1895-1961），湖北武昌人。物理學家、教育家，中國地磁與電離層研究領域的奠基人之一。1912年考入清華學校高等科文科。1914年被保送留美，進入耶魯大學，先學文科後轉學理科，1917年獲學士學位。1919年入康奈爾大學研究無線電，獲碩士學位。1923年到普林斯頓大學深造，於1925年獲博士學位。回國後先後任東北大學、滬江大學、華中大學教授。1939年起在武漢大學執教22年，曾任理學院長、物理系主任等職。

　　5日（星期三），葉聖陶致上海友人信：「小墨已考取國立中央技藝學校。該校係屬初創，分科甚多，彼隸農產製造科，其科校址即在樂山城外。學校送上門來，且係傳授實用技能，畢業年限只二年，膳食制服而外無他費，自無不往報到之理。」又云：「馬一浮先生已來，因昌群之介，到即來看弟，弟與欣安陪同出遊數回。其人爽直可親，言道學而無道學氣，風格與一般所謂文人學者不同，至足欽敬。其復性書院事，想為諸翁所欲聞，茲略述之。先是當局感於新式教育之偏，擬辦一書院以劑之，論人選，或推馬先生。遂以大汽車二乘迎馬先生於宜山，意殆如古之所謂『安車蒲輪』也。（馬無眷屬，惟有親戚一家，倚以為生）接談之頃，馬先生提出先決三條件：一，書院不列入現行教育系統；二，除春秋釋奠於先師外，不舉行任何儀式；三，不參加任何政治活動。當局居然大量，一一贊同，並撥開辦費三萬金，月給經常費三千金。而馬先生猶恐其非誠，不欲遽領，擬將書院作為純粹社會性的組織，募集基金，以期自給自足，而請當局諸人以私人名義居贊助者之列。今方函箚磋商，結果如何尚未可知。院址已看過多處，大約將租烏尤寺，寺中有爾雅臺，為犍為舍人注《爾雅》處，名稱典雅，馬先生深喜之。……昌群[29]兄已離宜山，有電來，下旬可到此。書院若成，彼殆將佐理事務。而弟則別有私喜，多得一可以過從之良友也。」[30]

　　12日（星期三），王星拱校長呈復教育部，對此前少數教授賭博酗酒之事發生的原因及處理結果進行匯報。

　　同日，《國民公報》報道：「近日敵機暴行，益形瘋狂，雖遠在滇邊之平民，亦不免於暴機之轟炸，成都市民多向附近縣城疏散，此種情形，殊與疏散本旨，大相抵觸。現疏散委員會，已擬定《四川省重要城市限制人口遷入辦法》，業經建委會通過，其所稱重要城市為成都、重慶、自貢、萬縣、樂山、宜賓、遂寧、瀘縣、南充、廣元、梁山、內江、綿陽、奉節，不得自由遷入居住。」[31]

　　15日（星期六），生物系何定傑[32]教授進行學術演講，講題《人類身體的結

---

[29] 昌群，即賀昌群（1903-1973）。字藏雲。四川馬邊人。歷史學家。1922年考入上海商務印書館編譯所。1931年到天津河北女子師範大學任教。1933年又到北京圖書館任編纂委員會委員。抗戰爆發後，南下浙江大學史地系任教。不久輾轉入川，1940年在家鄉馬邊縣創辦中學。1942-1946年在重慶中央大學歷史系任教。中央大學遷回南京後，賀昌群歷史系主任。

[30] 葉聖陶：《嘉滬通信》第八號，《我與四川》（成都：四川人民出版社，1984年），頁109-111。

[31] 轉引自潘洵、周勇主編：《抗戰時期重慶大轟炸日誌》（重慶出版社，2011年），頁98-99。

[32] 何定傑（1895-1973），字春喬。湖北漢川人。1917年畢業於武昌高等師範學校，留校任附小、附中教員。1923年到法國巴黎大學留學，畢業後被該校聘為實驗生物學講座助理，被導師稱為「中

構》。

17日（星期一），武大向教育部呈報《實施導師制指導方法及擬訂考核表簿》。

同日，蔣介石廣播，勗勉國民以必死決心，完成抗戰建國大業；並發表談話，痛斥投降理論，決抗戰到底（以英大使將來渝，盛傳為斡旋和議）。

21日（星期五），武大第354次校務會議議決，以「明誠弘毅」四字為本校校訓。

22日（星期六），趙師梅作〈祝父壽朝〉詩：

> 花甲誕辰，兒在嘉州城，無限關山眼底橫，遙拜千秋洪椿。
> 客歲曾許敬酒，可恨未得倭酋，預期明年今！青衣倭酋獻壽。[33]

23日（星期日），《掃蕩報》刊發吳其昌〈準備時間要長，反攻時間要短〉。

27日（星期四），葉聖陶致上海友人信：「日來寓中正做木工，敲擊之聲不絕。完工之後，弟之坐南向北一間讓出，將來為善、滿[34]之新房。如一切部署完畢得早，婚期或在暑假前，以後當確期奉聞。」又云：「小墨已入校，其校距此七八里，步行一點鐘可達。中央現辦專科凡二十一科，某大學於某科有特長者，專科即附設焉。餘下六科（製革、造紙、蠶絲、染織、水產、農產製造）無處可附，乃特辦一技藝專科學校。功課並不低於大學，四年之功課趕於兩年學完，且比大學為切實，多實驗實習。小墨學農產製造，重要功課為化學與微生物學。將來大概能製味精、酒、醬油之類。弟於斯校，以為尚可滿意。開發西南，現似在努力。『等因奉此』固然不免，而切實有效之舉措亦或有之。最無意思者應推普通大學與中學，最不努力者為大學、中學之教師與學生。若能盡閉普通大學、中學而改為專科，盡驅各級教師、學生為專科之研究與練習，則成就當可觀。弟常與學生談，我們今後可為之事正多，萬一不幸而亡，則謀恢復為一大事。否則各

國優秀的遺傳學家」。1928年秋，應聘到武漢大學任生物系教授，1931年任教務長。1936年赴蘇、法、英、美、德等國作為期一年的休假考察。回國後繼續在武大生物系任教授，直至去世。

[33] 《趙師梅部分詩詞》，俞大光、陳錦江編著：《無私奉獻一生的趙師梅先生傳略》（武漢：華中理工大學出版社，2000年），頁114。

[34] 滿：即夏滿子，文學家夏丏尊之女，葉至善夫人。她隨葉家一起自重慶到樂山，並於1939年6月在樂山與至善舉行婚禮。

項建設不知需幾個『五年計劃』始可完成，於其中參加任何一項，盡可供其心思才力。如此想頭未免簡單一點，然弟即因此簡單而猶能欣欣然也。」[35]

本月，凌叔華在樂山作散文〈後方小景〉，刊於6月1日《大公報》副刊《文藝》。

五月

1日（星期一），武大全體教職員工及學生，在文廟舉行國民抗敵公約宣誓。葉聖陶日記謂「誓約共九條，主旨在於不做敵國順民。校中八至九時舉行宣誓式，余課遂未上。此等事近於無謂，余向所不為也；然於誓約，余自信必能遵守之。校中師生各發誓約一張，簽名蓋章其上，余將以明日簽之」。[36]

同日，葉聖陶日記又載：「傍晚，子馨來訪，言校中有若干同事脅迫校長，請其公開經費收支，以後教師之聘任加薪，由系務會議決定之。校長於是公開聲明，在抗戰期間，校中教師絕不更動。此事殊違背大學法，而校長受人包圍，且怕生事故，遂有此違法之表示。文學院院長陳通伯先生，法學院院長劉南陔先生，工學院院長邵逸周先生，及法學院教授楊端六先生因而辭職。校長雖挽留而意不誠，遂成僵局。外間頗言此輩脅迫校長者，謂之『飯碗陣線』。子馨言此事如為外界所周知，則我輩不在『飯碗陣線』者非有表示不可，否則被認為教師皆『一丘之貉』，殊非所願。余韙之。余覺今日之大學教師實未盡抗戰之絲毫責任，每月拿錢，只應慚愧無地。而彼輩猶欲以飯碗為爭鬥目標，可謂至醜。平日在教員休息室，常聞同事歎息樂山之生活不好，不知何日可以離去而返珞珈山。此種厭戰心理，只知個人安適，豈復以身負教育重責之大學教師耶！」[37]

同日，王世傑日記載：「邵逸周自樂山來渝，謂王撫五校長因循苟且，與周鯁生、陳通伯、楊端六諸人均不睦，周、陳、楊均在辭職中。六年前余離武漢大學時，原擬推薦周鯁生繼任，皮皓白[38]以王為教務長，周為教授，謂宜推薦王撫

---

[35] 葉聖陶：《嘉滬通信》第九號，《我與四川》（成都：四川人民出版社，1984年），頁115。

[36] 商金林：《葉聖陶抗戰時期文集》第二卷（北京：人民教育出版社，2005年），頁3。

[37] 商金林：《葉聖陶抗戰時期文集》第二卷（北京：人民教育出版社，2005年），頁3-4。

[38] 皮宗石（1887-1967），字皓白，別號海環。湖南長沙人。1903年到日本，先讀中學，後考入東京帝國大學攻讀政治經濟。1920年回國後曾任北京大學法學院教授兼圖書館館長、司法部秘書長。1929年到國立武漢大學任社會科學院（後改法學院）教授、院長，1930年兼任法學院經濟系主任，1933年任教務長兼圖書館館長等職。1936年出任國立湖南大學第一任校長。

五，予不得已允之。撫五為人甚好，然優柔寡斷，胸襟亦不豁達，此其短也。」[39]

2日（星期二），葉聖陶日記載：「馬湛翁[40]偕昌群忽來，歡然握手。昌群自重慶乘飛機，以前日來此；今後即助湛翁辦書院，將接眷來此居住。坐半時許而去。」「午後，欣安來談，言將參加西康考察團，或於六月初登程。該團意在探西康之礦產，西康有金礦及他種金屬礦也。又言近接湖南大學及師範學院兩處之聘書，該兩校在湖南，離開家近，或將擇其一處而任職，大約離武大為不可免之事。余聞之頗悵悵，才得昌群來此而欣安又須去此也。」[41]

3日（星期三），武大經濟系學生貼出布告，挽留楊端六先生，並請校長依照大學組織法辦理校務。「學生既有所發動，今後殆將更有一番波折也。」[42]

4日（星期四），五四紀念日，樂山夜間有火炬遊行，「隊伍甚長，行一時半而畢」。[43]

5日（星期五），孫中山就任非常大總統紀念日，武大放假。

7日（星期日），葉聖陶「飯後至馬先生所。昌群昨病虐，略委頓。云已租定房屋於張公橋附近，日內即將往成都接眷，閑談二小時許乃歸」。[44]

8日（星期一），葉聖陶日記載：「晨四時稍醒，忽聞鐘聲，是警報也，全家陸續起身。出走亦不易，渡江或出德勝門、瞻峨門、嘉樂門，均須半點鐘以上，非我家諸人所任，則靜居以待之。繼聞緊急警報，路上除壯丁員警外無他人，而機聲漸近，心中不免惴惴。及其近而察之，知機僅一架，且非轟炸機，乃釋然。機在城空來回一周即去。遂解除警報。幼卿聞人言：適之一機乃我國之飛機也。」「八時到校，學生皆倦眼惺忪，或則缺席，同事亦頗有缺席者。歸來聞幼卿言，今晨敵機卅餘架到達瀘縣、內江，炸否尚未知。敵人近採恐怖政策，殆將遍擾川中各縣市。我家來此後，今日為第二次聞警，不知何日將遭其一炸也。多日未見報紙，不知內外情形，僅聞人傳言則自流井、成都、敘府、江津等處，日來似均被炸也。」[45]

---

[39] 《王世傑日記手稿本》第二冊（臺北：中央研究院近代史研究所，1990年），頁75。

[40] 馬湛翁，即馬一浮（1883-1967）。又名浮，幼名福田，字一佛，後字一浮，號湛翁，別署蠲翁、蠲叟、蠲戲老人。

[41] 商金林編：《葉聖陶抗戰時期文集》第二卷（北京：人民教育出版社，2005年），頁4。

[42] 商金林編：《葉聖陶抗戰時期文集》第二卷（北京：人民教育出版社，2005年），頁4。

[43] 商金林編：《葉聖陶抗戰時期文集》第二卷（北京：人民教育出版社，2005年），頁4。

[44] 商金林編：《葉聖陶抗戰時期文集》第二卷（北京：人民教育出版社，2005年），頁5。

[45] 商金林編：《葉聖陶抗戰時期文集》第二卷（北京：人民教育出版社，2005年），頁5。

　　9日（星期二），葉聖陶致夏丏尊信：「善、滿婚期已定於六月四日，謹以奉聞。寓中木匠已完工，仍繪一略圖以見今後之布置。最近四川木料亦大貴，鋪些地板，添些壁板，連工價亦費百三四十元。弟現已遷入小臥房，其寬度僅容一榻，榻前安一疊衣箱外，只可擺三四只圓凳子。客室為最亮之一間，白板壁，紙窗，別有風味，馬先生來，開頭一句曰：『真可謂屋小如舟。』弟之書桌即設於西南角。公等按圖想像，或可略得弟伏處其中以消磨歲月之情況。關於婚事準備，僅買了些必需之動用物品，又添了幾件衣服，定做了男女各一雙皮鞋。床與寫字桌尚未買，不求其精美，過得去即可。」[46]

　　10日（星期三），葉聖陶日記載：「日來頗有移家渡江者，在路上往來，時見攜箱提籠之輩。本地人在鄉間有屋可住，自以避往為是耳。」[47]

　　11日（星期四），葉聖陶日記載：「晨令甲組作文，出題二，為〈樂山聞警〉及〈重慶慘劫〉，限作抒情文。」「武大附設機械專科，最近在樂山、重慶、成都三處招考，今日閱卷。余與劉博平、蘇雪林閱國文卷，至十二時而畢，幾無一可觀者。」「飯後，略備功課，至江邊眺數回，見載行李過江者頗有人。店家皆半掩其門，預防空襲，此景至淒清也。」[48]

　　12日（星期五），葉聖陶日記載：「有郵航機來。送報人送來重慶各報聯合刊一小張，猶是七日出版者。重慶共有十餘家報館，今僅能出此一張，亦可憐矣。報上於重慶災況語焉不詳，殊未饜望。……忽傳有警報，少頃知是誤傳。」[49]

　　13日（星期六），物理系吳南薰[50]教授進行學術演講，講題為《金屬之電傳導》。

　　14日（星期日），葉聖陶日記載：「路人傳言，謂前夜誤傳警報，其為首者為一理髮匠，當即被逮，刑掠之下，自認漢奸，今日槍斃矣。此殆是一冤獄。」[51]

---

[46] 葉聖陶：《嘉滬通信》第十號，《我與四川》（成都：四川人民出版社，1984年），頁120。

[47] 商金林編：《葉聖陶抗戰時期文集》第二卷（北京：人民教育出版社，2005年），頁5。

[48] 商金林編：《葉聖陶抗戰時期文集》第二卷（北京：人民教育出版社，2005年），頁6。

[49] 商金林編：《葉聖陶抗戰時期文集》第二卷（北京：人民教育出版社，2005年），頁6。

[50] 吳南薰（1881-1962），字本道，湖北仙桃人。1917年畢業於日本東京帝國大學，獲理學士學位。1919年起先後任教於武昌高師、北京師大、武昌師大、武昌中山大學等。1927年起任國立武漢大學物理系教授。

[51] 商金林編：《葉聖陶抗戰時期文集》第二卷（北京：人民教育出版社，2005年），頁6。

15日（星期一），王世傑致電王星拱校長，「促其信任各院院長及教務長（鯁生），謀校務之改進」。[52]

同日，蘇雪林致陳中凡[53]信：「去冬與凌叔華女士同作成都之遊，亟思拜謁雪門，一申渴悃，奈旅館電話屢次不通，親赴華西大學、金陵女大探詢，則吳貽芳校長不在成都，其他員生皆不知吾師蹤跡。赴文廟前街尋訪數次，亦未將吾師所言門牌訪得。後晤朱孟實先生，言及其事，蒙渠允向友人打聽，尚未獲其回話，即與叔華女士同返嘉定，蓋以附王撫五校長汽車之便故也。林等在蓉，前後僅留三日，故未覓得吾師，若逗遛稍久，何至於此。返嘉後，負愧於中，不敢函候。頃在沅君處得讀手諭，以過門不入見責，不勝慚汗。」[54]

19日（星期五），武大第355次校務會議通過《國立武漢大學體育暫行實施方案》。

21日（星期日），葉聖陶日記載：「今日始訂得重慶各報聯合版一份，每十二日價一元。看報，知日來上海公共租界法租界均甚緊張，日軍有入占租界之勢。」[55]

25日（星期四），晚上八點，樂山街上電燈忽然全熄，市民奔逃，都說有警報卻沒聽到鐘聲。等到九時三刻，毫無動靜，人們才各自回去就寢。

26日（星期五），葉聖陶日記載：「據公園門口所布之消息，敵機於昨七時許至渝市空，被擊落轟炸機一架，遂竄至廣元，炸城區而後出境。以時間以距離計之，此間均不宜於八時後放警報，防空人員馬虎如此，亦可慮也。」[56]

27日（星期六），機械工程系笪遠倫教授進行學術演講，講題為《機械工程與抗戰建國的關係》。

同日夜間，方壯猷到葉聖陶寓所閒談，「謂學校之風波已解決。校長修正其所公布之新法，謂進退教師討論於系務會議不過咨詢性質，其決定仍由院

[52] 《王世傑日記手稿本》第二冊（臺北：中央研究院近代史研究所，1990年），頁83。
[53] 陳中凡（1888-1982），原名鍾凡，字斠玄，號覺元。江蘇鹽城人。中國古典文學家。1917年，陳中凡在北京大學畢業後，因學業優良被留在北大附設國史編撰處任職。不久，又兼課於北京女子高等師範。蘇雪林就是他在這個時期的授業女弟子之一。1926年，陳中凡又舉薦蘇雪林任蘇州景海女師國文主任，並介紹她兼東吳大學詩詞選課。抗戰時期，陳中凡任金陵女子文理學院（時遷成都）教授。
[54] 吳新雷等編纂：《清暉山館友聲集》（南京：江蘇古籍出版社，2001年），頁387。
[55] 商金林編：《葉聖陶抗戰時期文集》第二卷（北京：人民教育出版社，2005年），頁7。
[56] 商金林編：《葉聖陶抗戰時期文集》第二卷（北京：人民教育出版社，2005年），頁8。

長校長主之。而辭職之幾位，即以所爭者已貫徹，打消辭意。其所以能雙方遷就，蓋由校外許多校友之勸解與拉攏。以旁觀者視之，此實極幼稚之一幕滑稽戲也。」[57]

28日（星期日），葉聖陶日記載：「保長來通知，每戶出一人至四聖宮集會，本云八時，但余以十一時往，尚未開會。後乃知係全保之人宣誓，遵守『國民公約』也。講演者為一小學教師，所語不自知其所以；聽者婦女為多，大約均不知所云，枯坐而已。」「飯後，吳子馨、高晉生[58]二人偕來，送喜禮[59]，係與蘇雪林、馮沅君四人合送，為衣料二件。」[60]

六月

1日（星期四），國民黨中央常委會通過《戰時新聞檢查辦法》、《戰時新聞檢查局組織大綱》和《非常時期人民團體組織綱領》。

同日，朱光潛、李儒勉等人到葉聖陶家送賀禮。

2日（星期五），中央賑濟委員會在成都設立難民運輸總站，並於沿公路各縣設立分站，以救濟來川難胞。

同日，葉聖陶日記載：「晨往訪欣安，與商在紅十字會裝臨時電燈辦法。欣安識電燈公司經理謝勖哉，謂托之必有成。」「午後仍有來送禮者，中文系二年級全體同學亦饋紅木香煙具一副，綠毯一條。人皆厚我，彌可感耳。」[61]

3日（星期六），葉聖陶因長子婚慶，在學校請假一天，這是他兩學期來第一次請假。喜宴設在皇華臺紅十字會，「會所築於城上，憑闌則岷江浩浩，凌雲、烏尤如列翠屏」。客人六席，武大同事二席，學生一席，至善同學一席，至美同學一席，此外一席是武大袁昌英、蘇雪林等幾位女士。「劉南陔、朱孟實、方欣安、賀昌群、李儒勉、陳通伯幾位先生皆鬧酒，新郎、新娘向不吃酒，居然各吃五六杯。並且鬧到我們老夫婦頭上，墨林亦飲二三十杯，弟則四十杯以上，醺然矣。」[62]

---

[57] 商金林編：《葉聖陶抗戰時期文集》第二卷（北京：人民教育出版社，2005年），頁8。

[58] 高晉生，即高亨，武大中文系教授。

[59] 喜禮：葉聖陶長子至善將與夏丏尊之女夏滿子舉行婚禮，故有朋友送喜禮。

[60] 商金林編：《葉聖陶抗戰時期文集》第二卷（北京：人民教育出版社，2005年），頁9。

[61] 商金林編：《葉聖陶抗戰時期文集》第二卷（北京：人民教育出版社，2005年），頁10。

[62] 商金林編：《葉聖陶抗戰時期文集》第一卷（北京：人民教育出版社，2005年），頁142。

5日（星期一），葉聖陶偕女兒至美媳婦滿子出行。「出安瀾門，江水已大漲，吾人前所經行之堤岸幾全沒。四川旅行社已掛牌，明日有輪船自敘府開到，此為今年第一班也。」[63]

7日（星期三），葉聖陶作〈吳安貞畢業於武漢大學〉詩云：

十八年前大石作[64]，五千里外嘉州城。低鬟嬌語情如昨，喜見今朝學業成。

8日（星期四），方壯猷、高亨夜訪葉聖陶。方壯猷「言擬邀集諸人辦一中學，以容納無校可入之中學生，並容武大畢業之各科人材」。葉聖陶贊同，因為「二官三官均將升學，得一新辦中學，則兩人均可解決矣」。[65]

9日（星期五），武大第356次校務會議決定：1、為保障學生身體健康，應加強體育訓練，學生在一學年中，體育課曠課在總數三分之一以上者，不得參加體育學年考試，二、三年級學生不得升級，四年級學生不得畢業，此項辦法自1939學年度開始施行。2、通過了審定本校校歌案，議決「根據校歌撰擬委員會報告通過」。

同日，武大推定趙師梅為學校防護團團長。

同日，武大校方令成都東大街向陽旅館的蕭絜訂購白喉血清共四萬單位，猩紅熱及腦膜炎血清各四支。

10日（星期六），文學院朱光潛教授進行學術演講，講題為《思想與語言》。

同日，晚上七時半，吳其昌、方壯猷、高亨到葉聖陶家閑聊，直到九時離去。

15日（星期四），葉聖陶日記載：「一時半，至皇華臺紅十字會，應昌群之招宴。客皆復性書院同人，院外僅三人而已。昌群勸余遷居，今寓處鬧市，恐遭空襲。余因托其代為托人，如有相當房屋自當遷往。」「席散已三時半。馬先生言今日天氣甚佳，無陽光而涼爽，宜作近遊。遂買渡至龍泓寺。寺中蠻洞，近有人設茶座而兼賣菜，可以聚餐。出至路旁小茶房即憩坐，守者烹水沖茶，昌群出所攜茶葉餉客。對面遠山，大峨二峨皆露其頂，蒼翠莊嚴，山半則白雲平鋪，時

---

[63] 商金林編：《葉聖陶抗戰時期文集》第二卷（北京：人民教育出版社，2005年），頁11。
[64] 葉聖陶自注：「1922年，余與吳家同寓北京大石作胡同。」
[65] 商金林編：《葉聖陶抗戰時期文集》第二卷（北京：人民教育出版社，2005年），頁11。

而易其形。余來此後，第一次端相峨山輪廓也。」[66]

中旬，中共樂山中心縣委書記侯方嶽調回成都後，由武大學生余有麟代理書記。

18日（星期日），葉聖陶出外買酒，「福泉門泊輪船，往看之。是今年第一次泊此，江水因雨而漲矣。前此數班之輪船均泊觀音場[67]也。」「夜八時後，昌群來談。彼與馬先生於書院方針仍不能一致，謂頗厭倦於此云。」[68]

19日（星期一），葉聖陶致上海友人信：「弟於三星期後即放暑假，峨眉之遊或且為擔心空襲所阻。搬場則房子難找，且搬在城外，亦復五十步與百步，無大用處。思此長長之暑假，伏居小才如舟之一室中，亦至難耐。」又致夏丏尊信：「復性書院尚未籌備完畢，而賀昌群兄已有厭倦之意，原因是意識到底與馬翁不一致。……方欣安將參加西康考察團，動身即在月底。此行大約須半年，擬深入僻地。弟望而生羨，然並無專長，又乏濟勝之具，未能隨往。」[69]

20日（星期二），葉聖陶日記載：「午後四時，昌群來，與偕至文廟觀圖書館。昌群謂以視浙大，所藏多矣。遂登瞻峨門俯瞰全城，城小極矣，凌雲烏尤丹翠如畫。」又，「令滿子、二官、三官持粽子分贈欣安、晉生、雪林、沅君四位，亦以點綴節令也。」[70]

21日（星期三），教育部張道藩次長來武大演講。

23日（星期五），武大第357次校務會議議決：計劃1939學年度招收新生420名，增設邊疆學生公費學額2名；通過《國立武漢大學防護團組織辦法》；追認本校附設機械專修科成都區錄取新生。

同日，武大發出布告，校醫室發現虎列拉症（汃病[71]），病因為飲食傳染，勸告學生勿食不潔之食品。

24日（星期六），武大聘趙學田為工學院實習工廠主任。

同日，葉聖陶日記載：「三時到校上二年級課，又少上一時，四至五時，諸生往聽黃國璋君演講。黃為地理學者，歷在各大學任教，今為西康考察團之副團

---

[66] 商金林編：《葉聖陶抗戰時期文集》第二卷（北京：人民教育出版社，2005年），頁12。

[67] 觀音場：又作冠英場。今歸樂山市五通橋區所轄。

[68] 商金林編：《葉聖陶抗戰時期文集》第二卷（北京：人民教育出版社，2005年），頁13。

[69] 葉聖陶：《嘉滬通信》第十三號，《我與四川》（成都：四川人民出版社，1984年），頁127-129。

[70] 商金林編：《葉聖陶抗戰時期文集》第二卷（北京：人民教育出版社，2005年），頁14。

[71] 汃病：也作疤病。抗戰時期樂山一帶流行的一種地方病。

長。余亦往聽，其所講甚簡單，言學者往往以己所習之學科為原則，解決一切社會現象，此非所宜。應博采他科，而後可以得其通。地理歷史二科關係至密，尤不可分隔為用也。」[72]

同日，化學系葉嶠[73]教授進行學術演講，講題為《化學戰爭概要》。

26日（星期一），教育部決定本年度國立各大學及獨立學院統一招考新生；聘羅家倫、王星拱等19人組成招生委員會；設成都、重慶等15處招生區。

同日，各院系向武大校方申請購買新書931種，價值在1140美元以上。[74]

同日，葉聖陶日記載：「馮沅君將以下月返昆明，視陸侃如之病，過重慶時擬借宿巴蜀，以防萬一遭遇空襲，囑余作介。遂致一書於勣成、伯才。」又，「日來時疫漸盛，霍亂痢疾，此地均有發現。其原因殆由江水大漲，飲料渾濁之故。」[75]

30日（星期五），葉聖陶日記載：「午刻，為馮沅君、方欣安二位作餞，客人除馮方外，為晉生、子馨、蘇雪林、袁昌英、劉南陔夫人、賀昌群夫人。晉生一時有課，少坐即去。余皆歡飲，二時半而席散。忽傳警報，諸客匆匆自去。至四時而解除。」[76]

七月

1日（星期六），管理中英庚款董事會主辦之川康科學考察團成立，由23個大學、18個不同省籍的大學師生組成。武大工學院院長邵逸周任團長，西北聯大史地系主任黃國璋任副團長，團員41人。武大學生先後參加者有7人：唐名倩（理工組）、許學良（社會組）、林潤華（理工組）、齊紹武（經濟組）、張顯本（社會組）、周宏濤（經濟組）、譚英華（社會組）。

同日，行政院頒布《抗戰損失查報須知》，規定人口傷亡查報方法、公司財產直接損失之分類、財產直接損失查報辦法等事項。

---

[72] 商金林編：《葉聖陶抗戰時期文集》第二卷（北京：人民教育出版社，2005年），頁14。

[73] 葉嶠（1900-1990），別號之真。浙江永嘉人。有機化學家。1918年考入北京大學化學系，1924年畢業留校任教。1926年赴德國留學。1931年獲柏林大學理科博士學位。1931-1935年，先後任中央大學和北平大學化學系教授。1935年任國立武漢大學化學系教授，歷任武大理學院院長、化學系主任等職。

[74] 相關數據參見涂上飆主編：《樂山時期的武漢大學》（武漢：長江文藝出版社，2009年），頁40-41。

[75] 商金林編：《葉聖陶抗戰時期文集》第二卷（北京：人民教育出版社，2005年），頁14-15。

[76] 商金林編：《葉聖陶抗戰時期文集》第二卷（北京：人民教育出版社，2005年），頁15。

　　3日（星期一），葉聖陶日記載：「三時，馮沅君來辭別。馮下學期將任教於中山大學，不復來此，此別不知何日重晤矣。」[77]

　　6日（星期四），日本文獻載：「據陸軍情報部的報導，自中國事變發生以來至今年7月5日，我陸軍航空部隊確實擊落敵機672架，擊毀地面飛機196架，總計868架。我軍出動飛機數合計43000架次，飛行時間10萬餘小時，投下炸彈15萬發，重達7000餘噸。」[78]

　　同日，中共中央發表《為抗戰兩周年紀念對時局宣言》提出「堅持抗戰，反對投降；堅持團結，反對分裂；堅持進步，反對倒退」三大政治口號。

　　同日，葉聖陶日記載：「昨夜二時聞警報，惟墨與余醒，意不致有敵機來，未聲張，歷四五十分鐘而解除。今晨到校，座中學生無多，因昨夜出避，呵欠時作，遂不復講說，令散歸就寢。他班亦多如是也。」[79]

　　同日，葉聖陶又致上海友人信：「邇來樂山霍亂流行，日有死亡。成都報過甚其辭，至謂棺材全已賣完。武大有一閩籍學生，病不一日而死。防疫注射水所存不多，鹽水亦難得。最近校中從重慶買來大批，供學生及有關係人注射。我們以不耐與許多人爭先後，從成都購得一瓶，自往醫院，納費請醫生注射。惟家母不肯注射，未往。所防為霍亂與傷寒二病，須注射三次，今注第一次。想起傷寒，不寒而慄。去秋小墨之病，歷時月餘，此月餘之生活，大家均莫自知如何過過來的。方欣安已於前日動身，偕西康考察團西征。考察後或將就事於湖南大學，未必回武大。昌群兄已與馬先生分開，聲明不再參與書院事。其分開不足怪，而當時忽然發興，辭浙大而來此，則可異也。」[80]

　　7日（星期五），蔣介石為抗戰二周年發表「告全國軍民書」，「告日本民眾書」，及「告友邦人士書」，並「電慰抗敵陣亡將士家屬」。

　　同日，葉聖陶日記載：「昨夜一時一刻又聞警，且放了第二次之緊急警報。全家穿著整齊以待，至二時半而警報解除。七七紀念已屆，敵人殆欲以炸我後方為紀念，且日來夜月均甚明也。酣睡時強起，再睡即難暢適，晨起即覺神思不清。」又，「今日為抗戰建國二周年紀念日，市上不賣肉，余家素食一天。聞公

---

[77] 商金林編：《葉聖陶抗戰時期文集》第二卷（北京：人民教育出版社，2005年），頁16。

[78] 畢英傑、白描編纂：《鐵證——日本隨軍記者鏡頭下的侵華戰爭》下冊（北京：崑崙出版社，2000年），頁319。

[79] 商金林編：《葉聖陶抗戰時期文集》第二卷（北京：人民教育出版社，2005年），頁16。

[80] 葉聖陶：《嘉滬通信》第十四號，《我與四川》（成都：四川人民出版社，1984年），頁131。

園有僧人作佛事，追薦陣亡將士及死難同胞。」[81]

8日（星期六），經濟系韋從序教授進行學術演講，講題為《建國之路》。

9日（星期日），三民主義青年團四川支部成立，任覺五為主任，李天民為書記。

11日（星期二），葉聖陶日記載：「午後二時，到校參加文學系系會，會題為評定畢業論文，由各位指導教師評之審之，經全體教授通過。余並未指導一人，論文亦不曾看過，循例隅坐而已。觀論文十餘篇之題目，或關諸子哲學，或關小學，論唐人詩者二篇，研究魯迅者僅一篇，大學文學系畢業成績如此，未免太單薄也。」又，「六時，昌群來，言其房東藍家有小屋數間，在小山之旁，略加修葺便可居住，且山旁多蠻洞，可避空襲。余擬日內往看之，如出費不大，便當遷往也。」[82]

同日，郭沫若偕夫人于立群星夜回樂山奔父喪。

12日（星期三），葉聖陶日記載：「上午出國文試題，所擬較多，且須繕寫清楚，費了半天工夫。飯後持題歷訪人梗、晉生、雪林、東潤四位，天氣大熱，坐定喝水扇風，間以閑談。」[83]

13日（星期四），葉聖陶日記載：「晨出嘉樂門，至孟實所少坐，即至昌群寓，室中布置已就緒，居然雅潔之至。坐少頃，昌群導余觀山旁之小屋。屋凡三間，破爛不堪，但修理一下亦可居住。屋後有一蠻洞。因托昌群順便問其房東，如修理費在二百元左右，我們決定遷入。一切自較不便，然可避空襲，亦足抵償矣。」又，「接校中送來續聘書，期為二年。余本無為大學教師之想，因緣湊合，乃將繼續為之，誠出所料也。」[84]

16日（星期日），葉聖陶日記載：「傍晚，昌群來言其房東藍君已招工估計修理之費用，須三百元。藍君主張由余交與三百元，以二百元為一年之房租，一百元為押金，將來退回。余以為亦無不可，大約遷移之舉將成事實。」[85]

17日（星期一），葉聖陶日記載：「上午十時到校考試國文，十二時收卷而歸。此次考試出三題，一以一詩演述之，一以古文一篇約縮為短章，一以作語體

[81] 商金林編：《葉聖陶抗戰時期文集》第二卷（北京：人民教育出版社，2005年），頁16-17。

[82] 商金林編：《葉聖陶抗戰時期文集》第二卷（北京：人民教育出版社，2005年），頁17。

[83] 商金林編：《葉聖陶抗戰時期文集》第二卷（北京：人民教育出版社，2005年），頁17-18。

[84] 商金林編：《葉聖陶抗戰時期文集》第二卷（北京：人民教育出版社，2005年），頁18。

[85] 商金林編：《葉聖陶抗戰時期文集》第二卷（北京：人民教育出版社，2005年），頁19。

文一篇。各同事分題評閱，余與蘇雪林閱語體文。」[86]

18日（星期二），葉聖陶日記載：「上午九時到校，與同事合坐一起，評閱考卷，十一時而畢。飯後結算分數，謄上成績單，一學期之工作至此全畢矣。」又，「接四川省教育廳來信，聘余為暑期中學各科教員講習討論會之講師。余殊不欲往，擬寫信婉謝之。」[87]

19日（星期三），葉聖陶日記載：「晨起，至朱東潤所，與偕至校中，將試卷分數單交與註冊部。午飯後晝眠約一時許，聞雨聲澎湃而醒。余之斗室，幾案板壁均淋漓，書物皆沾濕，急為移開已不及矣。雨固太大，而屋瓦又不密，致遭此厄。」[88]

20日（星期四），葉聖陶上午致信川省教育廳長郭有守，「辭其招邀」。又，「上午仍有雨，下午乃放晴。滿子二官晚往安瀾門，歸言水勢已不復如昨日之高，石級有十級光景。聞昨日沖下之破屋甚多，有一茅屋頂，上據三人，至大佛岩下，陷一旋渦，瞬息而沒，亦慘事矣。」[89]

21日（星期五），葉聖陶日記載：「上午到校領薪水。來此以後已領十個月之薪水，數在二千以外。余之勞力果足以易此而無愧乎，殊難言也。」[90]

22日（星期六），葉聖陶日記載：「清早起身，與二官出外買魚，以一元易墨魚[91]一條。此間魚市在學道街，只三家魚行，往往一搶而光，非早往不可也。……教育廳又致電王校長。余前一書殆尚未達，如再來招邀，只得勉強行耳。」[92]

---

[86] 商金林編：《葉聖陶抗戰時期文集》第二卷（北京：人民教育出版社，2005年），頁19。
[87] 商金林編：《葉聖陶抗戰時期文集》第二卷（北京：人民教育出版社，2005年），頁19。
[88] 商金林編：《葉聖陶抗戰時期文集》第二卷（北京：人民教育出版社，2005年），頁19-20。
[89] 商金林編：《葉聖陶抗戰時期文集》第二卷（北京：人民教育出版社，2005年），頁20。
[90] 商金林編：《葉聖陶抗戰時期文集》第二卷（北京：人民教育出版社，2005年），頁20。
[91] 墨魚：即墨（黑）頭魚，俗稱春爬，雅稱翰墨魚。屬鯉形目鯉科墨頭魚屬。這與四川人常下火鍋吃的，又叫烏賊魚的海產品墨魚仔是兩回事情。清初王士禎（1634-1711）就被弄懵了，其《池北偶談·談異二》（卷二十一）載：「蜀嘉州凌雲烏尤山下有魚曰墨魚，行則噴墨，云郭璞注《爾雅》於此，魚食硯墨所化。立春後泛子，漁人以燈火照之，輒止不去。《南越志》謂烏賊懷墨而知禮。《蜀本草圖經》云，烏賊名海鰾鮹，九月烏（暴鳥）入水所化。不知即此一種否？予在蜀見之。」較早在宋人宋祁（998-1062）《益部方物略記》有載：「黑頭魚，形若鱓，長者及尺。出嘉州。歲二月則至，唯郭璞臺前有之。里人欲怪其說，則言璞著書臺，魚吞其墨，故首黑云。」其後，蘇轍在《初發嘉州》詩中寫道：「……云有古郭生，此地苦箋注。區區辨蟲魚，爾雅細分縷。洗硯去殘墨，遍水如黑霧。至今江上魚，頂有遺墨處。」
[92] 商金林編：《葉聖陶抗戰時期文集》第二卷（北京：人民教育出版社，2005年），頁20。

23日（星期日），葉聖陶日記載：「上午，為本地即將出版之《嘉陽日報》作文，略貢編輯上之意見，題為〈一點要求〉。突然雨止，屋漏淋漓，半途輟筆，飯後始完成之，僅七百言耳。」[93]

24日（星期一），武大向麻醉藥品經理處訂購一批藥品。這批藥品有嗎啡兩安司，可地因五安司，海羅因一安司，可加因三安司。

26日（星期三），葉聖陶日記載：「飯後，昌群來，其所居小山下河水沒徑，彼之出也，翻諸山繞道而行。余得少遲數日到彼處商談房子事矣。夜，有同學數人來，聽余講《孟子》三章。」[94]

27日（星期四），葉聖陶日記載：「今日始放晴，陰雨將十日，見晴光心為開朗……出外閑行，眺望江水。近數日可謂交通斷絕，江流湍急，下遊輪船弗克溯遊而上。公路橋梁為水沖斷，成都汽車不能至。而開渝之飛機為水上機，以不能在敘府江面降落加油，亦停班不開焉。放晴數日以後，殆可逐一恢復。」[95]

28日（星期五），葉聖陶日記載：「今日有飛機到來，攜來最近數日報紙，知英國與日本為天津問題而開之東京會議，兩國已成立所謂初步協定。其內容則英承認日本侵略之事實，並將令其在華僑民不妨礙日之行動也。此與英之先前態度頗違異，道德上實為缺失。英國及他國之輿論均指斥之，我國外交當局亦發表聲明云。」[96]

29日（星期六），葉聖陶日記載：「晉生來，攜來為余丐王獻唐君所作畫，高岩紅樹，茅亭綠蕉，略寫凌雲之景也，筆墨甚工，得之喜極。王君並題二絕句於其上。」[97]

30日（星期日），葉聖陶日記載：「十時後，與墨偕至昌群所，其夫人自製小菜留我們飲酒，房東藍君夫婦共食。食後至山下看房子，藍君為余言修理計劃，將屋面升高，重築竹壁，鋪地板天花板，加闢窗戶，云須一個月以上方完工也。」又，「二官日來為升學焦慮。成都多中學，彼欲與數同學往應試。我們以為任其獨自遊學成都，殊非便，最好即在樂山入學。前日見報載吾蘇省立蠶桑學校遷來續辦，地址即在紅十字會相近。因與二官偕往索章程，明日再往報名。二

---

[93] 商金林編：《葉聖陶抗戰時期文集》第二卷（北京：人民教育出版社，2005年），頁20。
[94] 商金林編：《葉聖陶抗戰時期文集》第二卷（北京：人民教育出版社，2005年），頁21。
[95] 商金林編：《葉聖陶抗戰時期文集》第二卷（北京：人民教育出版社，2005年），頁21。
[96] 商金林編：《葉聖陶抗戰時期文集》第二卷（北京：人民教育出版社，2005年），頁21。
[97] 商金林編：《葉聖陶抗戰時期文集》第二卷（北京：人民教育出版社，2005年），頁21。

官欲循序入大學，此校非其所喜也。」[98]

31日（星期一），葉聖陶日記載：「近來物價大貴，製造品皆然，布匹每尺五六角，毛巾每條至一元，牙刷亦在一元以外。幸川省去年大熟，今年亦可豐收，故米價尚平。聞昆明米價每石至卅元，肉價每斤一元以上。西安之寄居者，包飯每月卅元，尚不得吃米飯，只吃麵糊而已。後方各省，川省以各物都有，生活較易，而川省各地尤推樂山，然樂山亦不易生活矣。今時蓄錢不如備物，錢存於銀行幾每日減損其價值。然大家備物，物價必突漲，況我人又無錢也。總之將來生活必大艱難，惟有咬緊牙關以度之耳。」[99]

本月，武大在李公祠建教職員寢室1棟3間。

八月

1日（星期二），葉聖陶日記載：「九時到校……見布告處張有通告，開學定於九月廿五，則假期所餘不足兩個月矣。同事葉子真[100]君來訪，謂教育廳方面有信與彼，請往講演，並邀他人，復及余。葉君又言教廳將放小汽車來接，留蓉之期不過一星期耳。余言他們誠意如是，若再拒卻太不近人情，當勉力隨行。葉君言赴蓉之期當在本月中旬也。」[101]

2日（星期三），武大向教育部呈報遷川損失情形：因船隻不夠用，所有運川物件，多暫卸置宜昌，以待設法運川，自宜昌以上交通工具缺乏，運送尤為遲緩，其滯宜待運，於1938年11月間，被敵機炸毀140餘箱。後為減短航程分段運輸，1939年2月4日在萬縣又被敵機炸毀50餘箱。受損結果計機械工廠設備炸毀20箱，原值國幣13290元，電機部分15箱，原值國幣13520元，熱工試驗所10箱，原值國幣4000元，美金2400元，英金440磅，其他部分5箱，原值國幣6030元，以上所列僅在萬縣被炸損失情形。

同日，葉聖陶日記載：「作成和王獻唐贈余畫幅題詩兩絕，他日將書以素紙，托晉生致之，借申謝意。得郭有守君來電囑往成都，此行殆必不可免矣。」[102]

---

[98] 商金林編：《葉聖陶抗戰時期文集》第二卷（北京：人民教育出版社，2005年），頁21-22。
[99] 商金林編：《葉聖陶抗戰時期文集》第二卷（北京：人民教育出版社，2005年），頁22。
[100] 葉子真，應作葉之真。即武大化學系教授葉嶠。
[101] 商金林編：《葉聖陶抗戰時期文集》第二卷（北京：人民教育出版社，2005年），頁22。
[102] 商金林編：《葉聖陶抗戰時期文集》第二卷（北京：人民教育出版社，2005年），頁23。

3日（星期四），葉聖陶日記載：「藍君午後來訪，謂將令匠人動工修屋，擬先取一年之租金二百元，即與之。遷居已成定局矣。」[103]

6日（星期日），葉聖陶致夏丏尊信：「破屋三間，修理之後，或亦有白馬湖尊居之風味。前臨田野，可望對江（岷江）諸山。後窗面石壁，有『蠻洞』，藤蔓遍綴，尤有幽致。圍以竹籬，自竹籬至屋基有七八尺寬，可種些芭蕉楊柳，到明春亦綠滿庭前矣。至於購物到校之不便，亦只得忍受之。」[104]

7日（星期一），教育部舉辦全國統一高考，10日試畢。參加高考人數22000人左右，超過上年度統一招生應考人數一倍。同日，葉聖陶日記載：「七時到校。今日為國立各院校統一招生之期，樂山亦一考試區，余往為監考員也。在此報考者凡三百餘人。今日第一場考國文。考題凡三：一、文言翻語體（《禮運》首節），二、語體翻文言（蔣委員長之演說辭），三、作文（〈建國信仰與救國主義為精神總動員之基本條件〉）。」[105]

9日（星期三），葉聖陶日記載：「忽校中派人來通知，成都汽車已來迎，明日即當啟行。飯後往子馨處打聽，則言同往之馬師亮、葉之真二君以預備不及，主以後天早上動身。」[106]

11日（星期五），葉聖陶日記載：「五時半即起，匆匆料理，即辭別家人出門。二官送余至子馨家。馬師亮、葉之真、江仁壽三君已來，將行李裝上車即開行，時為七點。」「樂山距成都一百七十餘公里，公路頗不平，坐小汽車猶覺震蕩不適……在眉山曾停車一小時，步行至蘇祠公園……下午一時到達成都，計開駛時間為五小時也。」[107]

12日（星期六），蔣介石發表《再告士紳及教育界人士書》。

同日，葉聖陶與吳其昌、葉嶠同去灌縣（今都江堰市），路上隨口吟詩一首：

　　錦城曉雨引新涼，聊作清遊適莽蒼。溝澮貫通懷蜀守，田疇平曠勝吾鄉。
　　水聲盈耳宏還細，禾穗低頭綠漸黃。羞喜今秋豐稔又，後方堪以慰前方。

[103] 葉聖陶：《西行日記（上）》，《葉聖陶集》第十九卷（南京：江蘇教育出版社，1994年），頁187。
[104] 葉聖陶：《嘉滬通信》第十六號，《我與四川》（成都：四川人民出版社，1984年），頁137-138。
[105] 商金林編：《葉聖陶抗戰時期文集》第二卷（北京：人民教育出版社，2005年），頁23-24。
[106] 商金林編：《葉聖陶抗戰時期文集》第二卷（北京：人民教育出版社，2005年），頁24。
[107] 商金林編：《葉聖陶抗戰時期文集》第二卷（北京：人民教育出版社，2005年），頁24。

13日（星期日），葉聖陶一行遊青城山。

15日（星期二）至18日（星期五），陳源和朱東潤同遊峨眉山。第一晚住在峨眉縣城，第二晚住牛心石，第三晚住洗象池。第四天從洗象池繼續攀登峨眉，直到山頂是下午二點。峨眉山頂三件奇觀：佛光、佛燈、雪山，這三樣他們當天都看到了。山頂空氣稀薄，寒氣逼人，飯也煮不熟，房間裏還得經常燃著炭火。

19日（星期六），上午11時50分，日軍偵察機一架侵入樂山城上空，偵察後逸去。12時，36架日軍九六式轟炸機飛過來，飛臨城區上空時，由「品」形改為「一」字形，低空對樂山城進行了狂轟濫炸。《川渝大轟炸》一書記載：日軍在一平方多公里的鬧市區，投下炸彈和燃燒彈100餘枚，並用機槍對手無寸鐵的居民瘋狂掃射。頓時，彈片橫飛，烈火熊熊燃燒，濃煙滾滾，遮天蔽日。炸彈的爆炸聲，房梁的垮塌聲和人們呼救的哀號聲，混成一片。在這次轟炸中，全城有48戶人家全家死光，成了絕戶。據當時上報的統計結果，被炸死838人，炸傷380人，毀房3000多幢，全城經濟損失達法幣2億元以上，被炸毀的大小街道27條，占全城四分之三的面積。[108]

由於時值暑假，武大學生有的組織宣傳隊去農村宣傳抗戰，有的在五通橋通材中學舉辦暑期補習班，留在學校和宿舍的學生很少，算是不幸中之大幸。然而仍有學生文健（21歲，江西萍鄉人，中文系二年級）、龔業廣（20歲，湖南湘潭人，外文系二年級）、李其昌（23歲，江蘇泰興人，經濟系二年級）、俞允明（20歲，江蘇丹徒人，經濟系二年級）、曾燊華（21歲，雲南會澤人，機械系一年級）5人，武大工友林貴安、張益明2人，武大職員李澤孚1人，武大教師家屬張六姨、張鏡澄家屬、陳秀英、左克昌、左家保姆、葉少君、馮有申家屬7人，共計15人慘死在日寇炸彈之下。學生韓德慶、高端，工友周維章、徐允成、汪洋海、彭光武、李秀芳、任國欽等8人被炸成重傷，輕傷者10餘人。位於龍神祠的武大第二男生宿舍部分被炸毀，師生借出的1001冊圖書被毀。由於武大教職員分散在全城居住，致使教師的書籍文稿及財物遭受極大的損失。據炸後統計，遭受全部損失者有葉聖陶等30多位教授，遭受局部損失者有葉雅各等11位教授。學生的衣物書籍全部損失者20人，局部損失者82人。武大校方「在此迫切慘痛之中，

---

[108] 據謝世廉主編：《川渝大轟炸》（成都：西南交通大學出版社，2005年），頁184-185。

拿出國幣2000元，為死傷者棺殮、醫療之用，並付款230元為死亡工友身後撫恤之資。對於員生、工友之住所被焚、被炸，書物遭受重大損失者，分別予以臨時緊急救濟，學生書物全部損失者，每人暫付國幣200元，局部損失者，每戶暫付國幣50元；工友損失者，每人暫付國幣10元至20元，連同棺殮、醫療、撫恤、救濟等費用，共墊付國幣15324元」。[109]

同日，上午陳源和朱東潤從峨眉山頂開始下山，到牛心石時陳源留下。朱東潤獨自回樂山，「步行到峨眉縣，當天下午，看到空中有三五十架飛機。飛機去後，峨眉縣城發出警報，這才知道是敵機。峨眉縣沒有被炸，可是在我剛到蘇稽，已經聽說樂山被炸了。」[110]

同日，身處成都的葉聖陶在日記中寫道：「十時半忽傳預行警報，十一時半聞空襲警報……三時聞解除警報……聞人言今日炸樂山，大驚恐，心緒麻亂……張許二君言打聽已確，的係樂山，電報電話均不通，且聞歐亞航空公司飛機經過樂山歸來，言樂山已炸去三分之三，刻尚在燃燒。余悔不該來此。我家向來不逃，母親、墨、滿子、二官、三官伏居家中，不如如何驚恐，萬一受傷或有更大之不幸，我將何以為生！」「星期一之課絕不復上，明日非回去不可。因思往要求郭子傑君，明日以汽車送歸。回宿舍，與馬、葉、吳三君同商，人同此意，遂訪郭。而郭之汽車適以今日壞了，打了幾處電話，尚無結果，謂只得明日再想辦法。四人愁容相對，欷歔不絕，身在此間，不知家中人生死存亡如何也。觀夜報，謂敵機徑襲樂山，有三十六架。城內城外俱投燃燒彈爆炸彈，多處起火。嗚呼，此可驚之消息何堪入目乎！大家都睡不著，悄悄談話，余乃記此日記，寫畢已一時半矣。」[111]

20日（星期日），日本《東京朝日新聞》第二版刊發「捷報」〈嘉定初空襲〉：

> [○○基地十九日發同盟]我海軍航空隊精銳大編隊於十九日大舉轟炸敵方最近邊都準備中的四川省嘉定（樂山），空襲該市軍事設施，一舉對它進行了毀滅性的打擊。

[109] 涂上颷主編：《樂山時期的武漢大學》（武漢：長江文藝出版社，2009年），頁9。
[110] 《朱東潤自傳》，《朱東潤傳記作品全集》第四卷（北京：東方出版中心，1999年），頁243。
[111] 商金林編：《葉聖陶抗戰時期文集》第二卷（北京：人民教育出版社，2005年），頁31。

在增田少佐指揮下，數十架飛機組成的巨鷺群如鵬翼相連，溯揚子江長驅重慶上游三百公里的四川省嘉定，對該市軍事設施果敢地實施初次大轟炸。巨彈落在嘉定市街區，當時正刮著東南風，全市一片火海，烈火沖天。

空襲隊沿峨眉山周邊悠悠低空偵察飛行約三十分鐘。此時發現附近三只大型運輸飛行艇正在飛行，確認是蔣介石以下重要政府官員乘坐的飛行艇，於是立即對它進行攻擊。可惜被逃脫了，令我們的勇士切齒扼腕歎息。（向文秀、廖宏偉譯）[112]

同日，葉聖陶日記載：「昨夜勉強就睡，僅睡熟一小時耳。五時起身，收拾行李。教育廳之二職員入城覓汽車，至八時始來言以三百七十元雇得一汽車，汽油之購入猶是代車行設法者。八時二十分開行，郭君及教育廳職員均送行，祝平安，殷勤可感。天氣甚熱，車行不停，追過小汽車二輛。同行諸人皆屢看里程碑與時計，惟期立刻到達。一點二十分到夾江，見逃來者，就詢被燒里巷，不及較場壩，余心略慰。但至小墨學校附近，遇見武大事務部董君，問之，則言較場壩全燒光，余家人口不知下落。嗚呼，余心碎矣！種種慘象湧現腦際，不可描狀，念人生至痛，或且降及吾身。車再進，逃避他往者接踵於途，皆若亡失其精魂。入嘉樂門，人言車不能再進，遂下車。忽吳安貞走來，高聲言余家人口均安，已在昌群所，彼正出城往視。余乃大慰，人口均安，身外物盡毀亦無足惜矣。安貞又言昨日轟炸時，彼正在我家，共同逃出。遂別同行諸友，與安貞乘人力車到昌群所，三官墨林皆在小山上高呼，此景如在夢寐。上山，見母親及滿子均在藍君房中，藍君以自己之臥房讓與我家，盛情可感。坐定，聽諸人言昨日逃出情形，真所謂間不容發，如早走或遲走幾分鐘，殆矣。」「昌群家有劉宏度（永濟）君全家寄居。劉君原係武大教員，本學期回校，方到嘉定，寓於旅館，聞警而來此。藍君遂以己室讓與我們。劉夫人以一被借與我們，昌群夫人亦撿出被褥數事，俄而徐伯麟、劉師尚各送一被來，安貞以適間新買之毛巾、肥皂相饋，朋友之情，同胞之感，記之感涕……傍晚昌群歸來，互道大幸。劉家與我家俱吃昌群之飯，合昌群家，大小共十九口。夜間余與小墨、三官睡於昌群書房中，打地

---

[112] 轉引自魏奕雄：〈日軍為何轟炸樂山〉，《樂山日報》2008年8月17日。

鋪。劉君與其兒亦睡地鋪，同一室。」[113]

21日（星期一），葉聖陶日記載：「九時，與墨至嘉樂門附近買物，得土碗廿個，馬桶一個，餘無可買。城中店鋪倖存者亦將貨物搬運出城，故有錢亦難買貨物矣。回來後又聞汽笛大鳴，又傳警報，遂扶我母入山下蠻洞。洞中聚集三四十人，靜待至下午二時始解除。」「夜間在屋前看月，今日系陰曆七月初七，佳節於我們毫無所感矣。劉宏度將在此築一小屋，與藍君議工料之價；此小小空山，以後或將成為住宅區焉。我們所租屋現已動工修理，尚須二十餘天方完工也。」[114]

同日，王世傑日記載：「嘉定武漢大學被炸，教職員住宅被毀者二十餘家，其家屬有傷亡者，但教職員幸無傷亡。學生死者其人，傷者未詳。該地毫無軍事設備，亦無任何防空設備，敵人於轟炸前一日，適為重慶政府推遷嘉定之謠，隨即以敵機多架濫炸，誠為卑怯殘暴之極。」[115]

同日，黃炎培日記載：「聞嘉定被慘炸，武大遭劫，方剛恐已到校，因電青神，就近訪視之。得楊先得復告，方剛尚在三台。」[116]

22日（星期二），葉聖陶日記載：「晨與二官入城購零物，而所得甚少。至土橋街，一片瓦礫場，焦枯之氣撲鼻，死屍已起出，偶見一二白木棺而已。右折經玉堂街，焚燒至三餘味而止。入公園，中山堂正中中一彈……至武大宿舍，同學咸來致慰，余謝之。出宿舍遇劉南陔，共言彼此同命，苦笑而別。訪高晉生，而朱東潤亦寓其處，朱所寓安居旅館已坍塌。坐少頃，又訪子馨，其寓後之小學校中一彈，彈穴徑丈餘，毀屋一間。辭出，復遇晉生、東潤，共入一品香進餐。一品香居然照常營業，殊為難得。共進家常餅等北方食品而散。經東大街較場壩，無一遺留之屋。余寓門面尚在，佇立有頃，感不可言。」[117]

23日（星期三），葉聖陶日記載：「竟日未出。教授會有緊急會議，商善後及被災人之救濟，余未赴。」「晚飯後忽傳警報，余與劉師尚扶我母入山洞。緊急警報發後，小墨師尚共昇滿子下山。居洞中人多氣悶，殊覺煩熱。十時後解除。余扶母上山，小墨師尚共昇滿子。敵機若每日入川一次，我們生活即不得安定矣。」[118]

[113] 商金林編：《葉聖陶抗戰時期文集》第二卷（北京：人民教育出版社，2005年），頁31-33。
[114] 商金林編：《葉聖陶抗戰時期文集》第二卷（北京：人民教育出版社，2005年），頁33-34。
[115] 《王世傑日記手稿本》第二冊（臺北：中央研究院近代史研究所，1990年），頁136-137。
[116] 中國社科院近代史研究所編：《黃炎培日記》第六卷（北京：華文出版社，2008年），頁170。
[117] 商金林編：《葉聖陶抗戰時期文集》第二卷（北京：人民教育出版社，2005年），頁34。
[118] 商金林編：《葉聖陶抗戰時期文集》第二卷（北京：人民教育出版社，2005年），頁34。

　　24日（星期四），葉聖陶日記載：「入夜又傳警報。諸家大小聚集屋前，凡三十餘人。月色甚佳，田野如玉海。至九時後不聞汽笛聲，遂睡。」

　　25日（星期五），陳源、朱光潛、錢歌川到葉聖陶家慰問。

　　26日（星期六），葉聖陶日記載：「晉生來訪，言劉博平以國文系主任名義，將派定彼與朱東潤、蘇雪林及余專教基本國文；此似太叫人勞苦，亦復看不起人，約明日往彼寓所共商應付之方。午後，蟄居無聊，四時出外散步，遇孟實、中舒。中舒固相約同乘木船來嘉者也，彼以廿三日自蓉下行，昨午到此，凡行兩天半。三人偕訪通伯，彼二人先走，余與通伯長談。承告校中權力之轉移，現院長一職同於虛設。劉君以新舊門戶之見，頗欲排擠異己。相與歎惋。余本不欲為大學教師，去年貪於避難之得暫安，遂勉強來此。今乃為人所嫉視，意頗不快。任余之性，當作一書正告校中，國文系持抱殘守闕之見，絕非武大之福，亦非學生之福。而劉之所為如此，尤羞與為伍，但事實上又不能遽爾他往，只得忍之。」[119]

　　27日（星期日），葉聖陶日記載：「晨六時起，即入城訪蕭君絳先生，告以滿子服藥後情形。蕭謂此是好現象，昨所開方不妨連服之。遂至晉生、東潤所，蘇雪林已先到。忽下雨，俟其少已，共冒雨訪劉博平，告以不願專教基本國文之意。劉飾說再三，勸大家勿誤會，並言必將我們之意達學校。可謂無結果而散。」[120]

　　28日（星期一），夜晚八点後忽傳警報，至十二点方才解除。

　　本月，武大奉命正式設立訓導處，下設課外活動組、生活管理組、軍事管理組、體育組、衛生組。各組設主任一人，秉承校長、訓導長的意志，各組設有訓導員、軍事教官、醫生護士、體育指導員若干人，處理具體事務。

　　本月，武大法科研究所在樂山、重慶兩地招考研究生，招生專業為：經濟政策與經濟史、會計、財政金融、行政。

　　本月，錢歌川來到武大出任外文系教授。本來，錢歌川自重慶到樂山，是準備前往峨眉山下的四川大學任教。當時川大是以副教授的名義聘請他的。由於從沒有在大學教書的經歷，且沒經過講師級別，直接就當起副教授來，錢歌川也就覺得十分滿意和榮幸。不料在朋友李儒勉那裏逗留期間，武大外文系也正缺乏教

[119] 商金林編：《葉聖陶抗戰時期文集》第二卷（北京：人民教育出版社，2005年），頁35-36。
[120] 商金林編：《葉聖陶抗戰時期文集》第二卷（北京：人民教育出版社，2005年），頁36。

師，系主任方重想把錢歌川扣留下來講授基礎英語，不讓他去川大。「恐怕我不同意，便憑空又升了我一級，改為教授名義聘任。這樣一來，我當然只好留下在武大不走了。」[121]

本月，武大進步學生社團岷江讀書社成立，發起人是周繼武、吳春選、汪達慶（君浩）和張其名四人。周繼武的二哥抗戰爆發後即參加新四軍。不久，在茅山戰鬥中犧牲。周繼武本人長期顛沛流離、窮困潦倒、不滿現實。吳春選也不滿現實，勤思考、喜探索。汪達慶參加過兩年農村救亡運動，是由鄂中解放區入川的。張其名是東北流亡學生，飽受國破家亡之苦。四人意氣相投，立志改變現狀。於是分頭聯絡了周公南、劉師尚、張錦鑾、何代枋、路適、方慕管等人，集會於嘉州公園，正式建社。以「岷江」命名是取它源遠流長，又身在岷江邊的意思。在討論社章、談到吸收新社員的條件時，路適說：「就是不要三青團、國民黨員參加。」此話雖未形成明文，但實際上成了「岷江」的組織建設原則。其實他們建社初期對共產黨也缺乏理解，因此只要看不慣的，無論是左是右，他們都劈斧子，屬於激進派團體。「岷江社」下設學習、生活、牆報等四五個組，除採用一般的讀書、討論、辦壁報等活動形式外，還有許多獨特的地方。例如：各組長不採取選舉制，而是輪流擔任，半年一輪換；開會也是輪流當主席，培養社員的獨立工作能力。

九月

1日（星期五），武大聘劉秉麟為法科研究所主任，楊端六為法科研究所經濟學部主任。

同日，國民黨宣布正式成立三民主義青年團，蔣介石兼任團長，陳誠任書記長。

同日，德國進攻波蘭，第二次世界大戰全面爆發。

9日（星期六），川康兩省政府合建樂（山）西（昌）公路，正式動工。

同日，王獻唐致屈萬里信：「此次轟炸，僕居山中，幸安全（此間鄉親友人均安全）。而城中自公園縣街以東，至版場街江邊，北至高北門，南至蕭公咀繁華市街，全成焦土（保育院及絲廠被炸，和尚房屋尚支立，幸也）。此大區域剩

---

[121] 錢歌川：《苦瓜散人自述》（北京：中國華僑出版社，1994年），頁176。

餘之破房，尚支立者不過三四所。弟可意想其慘狀矣，死者均在三千，傷者不計
其數，已不忍言。所以忽來炸此處者，乃港滬報載，謠言國府遷嘉定所致，敵有
傳單可證此謠言，乃起於漢奸之淆亂作用，不知數千人口，數千萬財產，隨之去
矣。自抗戰以來，僕所經不少，從未目睹耳聞如此之慘。敵機卅六架同時投彈。
僕立大佛頭旁看之。看之煙火矗天，全城通紅，哀號四起。迄今思之，欲墜淚而
髮欲沖冠也。」[122]

11日（星期一），浙大校長竺可楨3：10自重慶水面起飛，6：12抵達樂山
水面。

12日（星期二），竺可楨日記載：「昨晚抵埠後即取行李由中航公司船泊
至碼頭，即遇通伯在碼頭相迎，乃相偕至嘉定飯店，住二號房。七點偕通伯至
其寓，在嘉樂門外半邊街57號，遇其妹允敏[123]並其幼弟。晚膳後八點半回。……
晨六點半起。八點至縣街上海五芳齋早餐，回。八點半通伯來，即偕至文廟。
途徑嘉州公園，花木頗佳，且有茶館多家，中山堂中一彈，屋全毀。聞武大一教
員挈妻子在此稍息，聞飛機聲始又走，夫妻得勉，其子受彈片死。又聞張鏡澄之
妾亦遭難，鍾興厚及楊端六之母均由火中背出。嘉定文廟遠較宜山為大，現武大
總辦公廳及文法兩院辦公室、圖書館均在此。大成殿為圖書館，極寬敞。主任皮
君云，武大有西文書三萬冊、中文書七萬冊，均攜出，但最重要之九十箱係西文
舊雜誌，因船沉致潮濕損失甚大。晤王星拱，以病住城外，由法學院院長劉南陔
（秉麟）代拆代行。知定本月廿五開課。次至葉嶠寓。葉，化學系主任，曾在中
央研究院任事，溫州人。在其寓可見烏尤、大佛二寺（凌雲山大佛寺唐海通造，
高三十六丈，視之僅如百尺許），並隱約望見峨眉山。偕葉嶠至西門李公祠理
學院。化學方面有機、無機、定量、燃料、藥品各有一室，在物理方面，遇馬思
亮、劉雲山。未幾警報，偕馬至其寓。同居者為前南開學生吳大任，大猷之弟
也，其夫人即陳衡哲之妹。又遇生物高尚蔭及政治教員劉君秉麟。十一點警報解
除，通伯來，偕至其寓中膳。拜見其七十四老母，現住鄉下，於今日迎至城中。
膳後桂質廷來。二點偕幼弟序叔[124]雇船至對江嘉陵，為大渡河與岷江匯合處，前

---

[122] 山東省圖書館編：《屈萬里書信集•紀念文集》（濟南：齊魯書社，2002年），頁23。按，原書中
「1938年」實為「1939年」之誤。

[123] 允敏：即陳汲，陳源之妹。後為竺可楨第二任夫人。

[124] 序叔：即陳洵，陳源之三弟。

者水急而後者緩。岷江為大渡河水所阻橫流。在烏尤寺爾雅樓之復性書院晤馬一浮,知林主席昨過此,熊十力上月十九幾被炸傷一腿。出至凌雲寺即大佛寺,在東坡樓測候所遇顧俠。」[125]

13日(星期三),竺可楨日記載:「早餐,回則序叔與允敏已先在,遂偕至船碼頭雇一舟赴五通橋。……至五通橋黃海化學研究所晤孫穎川,並遇傅爾攽、張克忠等。據云,永利城廠不久又將在五通橋開辦,資本五百萬元,以傅為廠長。侯德榜現在紐約,不日回國。……三點半由五通橋乘黃包車三輛,回至嘉定對江……上岸後,余與允敏徒步回半邊街57號。談及婚事,允敏雖不堅拒,但深疑吾二人相知不久、不能相處為慮。余則以為吾二人性情並無不合之處。在允敏家晚膳。」[126]

14日(星期四),竺可楨日記載:「中午在嘉定飯店中膳。膳後至東門,見一片焦土,在城碉上極目瓦礫之場。嘉定如此,瀘州亦如此。日人慘無人道,以飛機轟炸不設防城市。異日如再有東京之大地震,世界人將無一人能同情於倭奴矣。……嘉定城以玉堂街為最熱鬧,炸後則一片瓦礫,而舊有電燈,現則電杆盡成焦木矣。人家多用菜油等,一如余兒時所見者。城中走路均用火把,已恢復古代現象矣。」[127]

15日(星期五),竺可楨日記載:「由嘉定至峨眉行八十里,實只六十里而已。同行者通伯、允敏及武漢大學植物系助教張綱。」[128]又,「至蘇稽鎮,適值市集,鄉村來者達萬人。陳其可[129]在此相候已兩天矣。十一點余到,即至其寓中膳。……據其可云,撫五與鯁生、端六及通伯不睦,而與通伯尤甚,文學院教員亦有不滿於通伯者。在歷史系多係清華畢業生,故其可不安於位,慫他調。」[130]

16日(星期六),武大第十四次行政會議,推舉桂質廷先生為國聯教育科學文化組織中國委員會第二屆委員候選人。

[125] 竺可楨:《竺可楨全集》第7卷(上海科技教育出版社,2005年),頁158-159。
[126] 竺可楨:《竺可楨日記》第一冊(北京:人民出版社,1984年),頁360。
[127] 《竺可楨全集》第7卷(上海科技教育出版社,2005年),頁160。
[128] 《竺可楨全集》第7卷(上海科技教育出版社,2005年),頁159-160。
[129] 陳其可,即陳祖源。武大史學系教授。
[130] 《竺可楨全集》第7卷(上海科技教育出版社,2005年),頁161。

18日（星期一），國民參政會第四屆大會閉會，「議長在宣讀閉會詞前致詞，謂本屆議案最重要為通過川康建設方案及組織憲政期成會，促成憲政兩事」。周鯁生為期成委員會委員之一，並為召集人。[131]

19日（星期二），由於四川省政府主席王纘緒率部出川抗日，國民政府決定蔣介石兼任四川省政府主席。同日，前四川省政府主席劉湘國葬典禮在成都舉行。

同日，黃炎培日記載：「蔣議長就中四路103號官邸邀茶敘，討論外交問題，到者羅文幹、張季鸞、傅斯年、張君勱、張忠紱、王造時、王家楨、李璜、左舜生、羅隆基、章士釗、周炳琳、楊端六、胡景伊、胡石青、陶孟和、錢端升、杭立武、周覽、江庸、陳豹隱、陳博生、王世傑與余而二十三人，對蘇聯最近之動態加以詳盡之推測。」[132]

20日（星期三），教育部頒布《文化團體組織大綱》，社會部頒布《抗戰時期文化團體工作指導綱要》，規定凡有違反三民主義言論或行動者，不得為會員。文化團體不得於三民主義及法律規定之外進行政治活動。

同日，武漢特別市政府成立。直屬南京偽國民政府。

21日（星期四），法律系教授吳學義謂竺可楨：「武大校長與周鯁生、楊端六、陳通伯不睦。周、楊均將辭職，陳亦不安於位。」[133]竺可楨日記又載：「晚六點半在嘉定飯店與允敏二人出名請客，作為正式訂婚。……陳家到者：母親、允敏、通伯與序叔。……陳老太太之意，結婚以在嘉定為相宜。」[134]

22日（星期五），竺可楨日記載：「七點三刻別通伯、允敏上小舟至岷江上所泊之水上飛機，系雙葉獨輪發動機之郵航機，可坐六人。……自嘉定至敘府實飛45分鐘，敘府至瀘州卅分，瀘州至重慶五十三分。」[135]

23日（星期六），武大制定《國立武漢大學會計室組織規程》。

同日，葉聖陶日記載：「九時接通知，今日國文系開系務會議，遂乘車而往，會已將畢。所議為各人所擔任之課程。余任一年級基本國文兩班，及二年級各體文習作。並議定課文必須文言，作文亦必須作文言。在座諸君皆篤舊之輩，於教學無所見地，固應如此。余以一人不能違眾意，亦即隨和而已。會散，為滿

---

[131] 中國社科院近代史研究所編：《黃炎培日記》第六卷（北京：華文出版社，2008年），頁180。

[132] 中國社科院近代史研究所編：《黃炎培日記》第六卷（北京：華文出版社，2008年），頁181。

[133] 《竺可楨全集》第7卷（上海科技教育出版社，2005年），頁167。

[134] 竺可楨：《竺可楨日記》第一冊（北京：人民出版社，1984年），頁361。

[135] 竺可楨：《竺可楨日記》第一冊（北京：人民出版社，1984年），頁361-362。

子贖藥，至陝西街方、高、朱三君所，被留吃飯。飯後訪雪林女士，談校務，各抱消極觀念。二時辭出，至通伯處小坐而後歸。」[136]

24日（星期日），葉聖陶新屋已竣工，房東協助葉氏夫婦做清掃，很快即可遷入。

25日（星期一），葉聖陶與夫人「動手搬場，先騰出所占藍家之屋一間，讓他們早得安定」。[137]

27日（星期三），中秋節，葉聖陶「忽接學校通知，謂今日八時國文系開會商討教材，即趕至校中，則到者止三人耳，延至明晨八時再議」。[138]

28日（星期四），葉聖陶到校參加國文系會議，「商定本學期國文教材，皆文言，得五十餘篇」。[139]

29日（星期五），葉聖陶兒媳滿子病癒，於是全家「動手搬東西，一一從山上搬至山下新居，迄於下午時大抵就緒，居然可以坐定矣。六點半，在新居中進第一次晚餐。八時睡。九時半被母親喚醒，謂已兩次聞汽笛聲，至十時半而警報解除」。[140]

30日（星期六），葉聖陶日記載：「砌灶計兩天，今日完工，明日可以在新灶上燒飯矣。夜九時半有警報，余醒後即不能熟眠。」[141]

本月，推定周鯁生、劉秉麟、陶因三位先生審查劉廼誠教授著作《比較政治制度》中卷。

十月

1日（星期日），葉聖陶日記載：「夜二時醒，母親謂屋前小路有聲息，知是警報。遂聞轟炸機聲，惟距離甚遠。警報解除已近三點鐘矣。」[142]

2日（星期一），葉聖陶日記載：「夜十一時醒，又是警報，一連五夜矣。敵人之意蓋在造成我們心理上之不安與恐怖也。繼聞緊急警報，遂起床，開門月

---

[136] 商金林編：《葉聖陶抗戰時期文集》第二卷（北京：人民教育出版社，2005年），頁36。
[137] 商金林編：《葉聖陶抗戰時期文集》第二卷（北京：人民教育出版社，2005年），頁37。
[138] 商金林編：《葉聖陶抗戰時期文集》第二卷（北京：人民教育出版社，2005年），頁39。
[139] 商金林編：《葉聖陶抗戰時期文集》第二卷（北京：人民教育出版社，2005年），頁39。
[140] 商金林編：《葉聖陶抗戰時期文集》第二卷（北京：人民教育出版社，2005年），頁40。
[141] 商金林編：《葉聖陶抗戰時期文集》第二卷（北京：人民教育出版社，2005年），頁40。
[142] 商金林編：《葉聖陶抗戰時期文集》第二卷（北京：人民教育出版社，2005年），頁41。

色皎然，薄霧浮於山腰。至二時尚無所聞，遂煎茶煮雞蛋，飲之食之而後睡，未聞何時解除也。」[143]

3日（星期二），葉聖陶日記載：「今日聞警凡三次：午後二至四時一次，夜七至九時一次，十二時至二時許又一次。日來敵人大肆擾亂，每日以多架飛機入川，似欲炸盡各縣之城市。昨日炸敘府，來機五批，敘府幾乎炸光矣。」[144]

4日（星期三），夜晚八時半又傳警報，至半夜方才解除。

5日（星期四），葉聖陶日記載：「天氣轉涼，時有微雨。武大今日開學，而余之課程尚未定……十一時至二時有警報。夜八時即睡，殊酣適，聞夜半又傳警報。」[145]

同日，黃炎培日記載：「作致樂山馬一浮、王獻唐函，均介方剛往見。」[146]

6日（星期五），葉聖陶日記載：「至孟實處借火盆，以烘房屋。聞其言，知通伯已辭去文學院院長，法學院院長周鯁生亦辭職。學校之局殊為可厭。諸人為避難計，聊在此作教，不求長居也。」[147]

9日（星期一），葉聖陶日記載：「接佩弦[148]書，云已遷居昆明城外，步行到校須九十分鐘，此種情形殆各地皆然。湘省又傳捷報，云我軍大勝，殲敵至四萬，頗為欣然。」[149]

10日（星期二），葉聖陶日記載：「諸兒皆以晨間到校，參與慶祝大會。聞重慶成都等處且將慶祝三日。十時一刻忽傳警報，未幾而又傳緊急。遂將滿子异出，共往山腳之蠻洞。此洞即在寓所後面，走去亦不過二三十步耳。直至十二點半，警報始解除。據傳今日敵機襲自流井，曾發生劇烈空戰，然語焉不詳。在此居住之武大同事曾屢談修葺山腳下之蠻洞，以保安全，迄未實施。今日又議及，遂各醵錢，托藍君主持其事。余家亦加入，先交二十元，如或不足，再行募集。午膳吃麵，為中華民國祝壽。」[150]

11日（星期三），武大第360次校務會議通過《國立武漢大學各學系助理任

---

[143] 商金林編：《葉聖陶抗戰時期文集》第二卷（北京：人民教育出版社，2005年），頁41。
[144] 商金林編：《葉聖陶抗戰時期文集》第二卷（北京：人民教育出版社，2005年），頁41。
[145] 商金林編：《葉聖陶抗戰時期文集》第二卷（北京：人民教育出版社，2005年），頁42。
[146] 中國社科院近代史研究所編：《黃炎培日記》第六卷（北京：華文出版社，2008年），頁187。
[147] 商金林編：《葉聖陶抗戰時期文集》第二卷（北京：人民教育出版社，2005年），頁42。
[148] 朱自清，字佩弦。時在西南聯大任教。
[149] 商金林編：《葉聖陶抗戰時期文集》第二卷（北京：人民教育出版社，2005年），頁43。
[150] 商金林編：《葉聖陶抗戰時期文集》第二卷（北京：人民教育出版社，2005年），頁43。

用規則》。

　　同日，葉聖陶日記載：「日來晨必大霧，霧消日出，晴光大好。曝曬洗濯，墨乃大忙。十二時半警報，未入洞。邇日敵機殆將天天入川也。三時入城，至開明書店，係昨日開張，幼卿之友人劉君所經營也。」[151]

　　12日（星期四），葉聖陶日記載：「午後無事可做，乃伏案作詩，詠遇災遷居之事，作五言古，得二首，明日續為之。石工今日開工，鑿深我家屋後之蠻洞，更將通往右旁之一洞。觀其運椎，精力彌強，碎石紛紛而下，若甚鬆脆者，似比我人刻圖章為尤平易也。」[152]

　　13日（星期五），葉聖陶日記載：「晨起續作詩，第三首未竟而聞警報。十點半放緊急號，小墨趨歸，與老陳舁滿子入蠻洞。警報未解除而腹已饑，諸人輪流返舍吃飯。直至二時而解除，不知被炸之地又有若干人毀其家喪其生也。」[153]

　　14日（星期六），葉聖陶續作五古第四首，總題為〈樂山寓廬被炸移居城外野屋〉。

　　15日（星期日），葉聖陶日記載：「昌群來，留之吃飯。彼又退出復性書院，舉家遷入一尼庵中，閱寫自遣。蓋馬先生於學問之道褊狹特甚，與熊十力意見不相能，使熊不安而去。」[154]

　　同日，王獻唐樂山致屈萬里信：「此間轟炸後，紙店蕩然，宣紙更無論矣……邇來百貨俱缺，抬價至不可思議（一普通氈禮帽，從前一元至一元一二角者，現售十八元，購者且紛紛也）。生活程度較前約加一半。僕居山中，尚順適。前以受風寒，小病多日，今始平復。高晉生兄，亦來同寓。彼治易甚勤，有獨到處，惜不得與足下共研討也。來注易經，早被裝箱封入洞中，專為此事啟洞，則不必。」[155]

　　17日（星期二），蔣介石發表告四川省同胞書，勉以開發四川，發揚特長，以求抗戰勝利。

[151] 商金林編：《葉聖陶抗戰時期文集》第二卷（北京：人民教育出版社，2005年），頁43。
[152] 商金林編：《葉聖陶抗戰時期文集》第二卷（北京：人民教育出版社，2005年），頁43。
[153] 商金林編：《葉聖陶抗戰時期文集》第二卷（北京：人民教育出版社，2005年），頁43。
[154] 商金林編：《葉聖陶抗戰時期文集》第二卷（北京：人民教育出版社，2005年），頁44。
[155] 山東省圖書館編：《屈萬里書信集・紀念文集》（濟南：齊魯書社，2002年），頁24。書中「1938年」實為「1939年」之誤。

18日（星期三），葉聖陶日記載：「晨與墨至米市買米，每斗價二元五角。今年秋收大豐，而米價逐日高漲，不知是否政府有計劃的救濟豐災之故，抑係奸商從中操縱囤積也。」[156]

19日（星期四），王星拱校長向教育部保薦趙師梅教授為武大訓導長。

同日，葉聖陶日記載：「午後覺四肢寒冷，似有病意。而天氣晴明，天無纖雲，極宜出遊。因與二官渡江，沿山向凌雲寺而行，看一大片蘆花尚未開足，作嫩紅色。偶見幾樹紅葉，亦復可喜。在陽光中進行，漸漸流汗，精神便爽健矣。上凌雲山，入寺，訪晉生於客堂。屋僅一間，而租價至二十元，貴甚矣。少坐即共出，至東坡讀書臺一觀，即茗坐於大佛旁之亭前。眺望天色叢樹，心至快適。然俯瞰對江，則一片頹垣瓦礫，幾如廢墟，較場壩我家所居屋址亦約略可辨也。三時半下，渡江入福泉門，緩步而歸。」[157]

21日（星期六），重陽，「雨而寒」，「穿夾衣兩件猶嫌不足」[158]。

24日（星期二），葉聖陶日記：「夜八時，已睡矣，忽聞警報。今日為陰曆十二，敵人遇月夜必來夜襲，幾如其常課。至十時而聞緊急警報，遂偕起身入洞……至十二時始解除。」[159]

25日（星期三），葉聖陶日記載：「十二時警報，二時解除。馬文珍來，言不樂居此，已向學校辭職，將返清華大學，至遲於月底往昆明矣。其人豐於情，多所感，在不投機之諸人間宜其多鬱鬱也。」[160]

26日（星期四），教育部指令撥發1萬元為樂山「八一九」被炸救濟費。實際善後費用為1.47萬元。教育部後增撥5583元。

同日，葉聖陶日記載：「校中送來功課表，余本學期教基本國文兩班，計六小時，二年級各體文習作一小時，比上學期少一小時；分排四日，星期一、五無課。又接通知，明日開始授課矣。」[161]

27日（星期五），桂林《掃蕩報》「星期專論」發表吳其昌〈國際形勢好轉的保證〉。

[156] 商金林編：《葉聖陶抗戰時期文集》第二卷（北京：人民教育出版社，2005年），頁44。
[157] 商金林編：《葉聖陶抗戰時期文集》第二卷（北京：人民教育出版社，2005年），頁44-45。
[158] 商金林編：《葉聖陶抗戰時期文集》第二卷（北京：人民教育出版社，2005年），頁45。
[159] 商金林編：《葉聖陶抗戰時期文集》第二卷（北京：人民教育出版社，2005年），頁45。
[160] 商金林編：《葉聖陶抗戰時期文集》第二卷（北京：人民教育出版社，2005年），頁45。
[161] 商金林編：《葉聖陶抗戰時期文集》第二卷（北京：人民教育出版社，2005年），頁46。

同日，葉聖陶日記載：「雨竟日。上午助墨翻絲綿，製余之背心。絲綿漲價一倍有餘，每斤七元，我家僅買一斤耳。」「傍晚，王功品來談，語我今日之趨勢，投考大學文理學院者大減，多因出路奇窄。今年全國大學錄取新生五千餘人，專習國文者僅卅餘人耳。」[162]

28日（星期六），葉聖陶日記載：「晨六時起，漱餐畢，步行四十分而到校，借此練足力，亦佳事也。今日有第十一組兩課。該組為各科之新生，到者僅十數人，乃為談國文學習方面事一小時。午後天放晴，泥濘之地略乾。」[163]

29日（星期日），葉聖陶日記載：「午刻至通伯所。通伯為馬文珍作餞，同座者尚有孟實、東潤，皆至熟，飲啖笑談甚歡。二時辭出，與文珍為別，彼以明後日登程赴昆明，此後不知何日何處再見矣。」「我家以去年此日到樂山，今周年矣，其間兩易其居，可喜可愁之事亦不少，不知明年又何如也。」[164]

30日（星期一），葉聖陶日記載：「上午預備二年級各體文習作之細目⋯⋯飯後入城，擬購商務之人名大辭典，但成都且無之，此間當然更難得矣。結果買了一部《事類統編》而歸，價四元二角。」[165]

31日（星期二），武大以建校紀念日放假。

本月，國民政府頒發《處理異黨實施方案》。

十一月

1日（星期三），葉聖陶日記載：「晨到校上十一組一課，二年級一課。步行往還，徐徐而行，未覺其疲。飯後選文三篇，供二年級揣摩。上午嫩晴，及暮，雲陰復合，且下微雨，人心隨而黯然。」[166]

2日（星期四），葉聖陶日記載：「晨到校上第四組一課，初次與學生見面，致開場白而已。飯後於所選『記物之文』三篇之後作一短敘，言此項文章之要，預備付印，供二年級下星期閱讀。」[167]

3日（星期五），葉聖陶日記載：「午後晉生來，共商量文字。偕往訪東

[162] 商金林編：《葉聖陶抗戰時期文集》第二卷（北京：人民教育出版社，2005年），頁46。
[163] 商金林編：《葉聖陶抗戰時期文集》第二卷（北京：人民教育出版社，2005年），頁46。
[164] 商金林編：《葉聖陶抗戰時期文集》第二卷（北京：人民教育出版社，2005年），頁46。
[165] 商金林編：《葉聖陶抗戰時期文集》第二卷（北京：人民教育出版社，2005年），頁46。
[166] 商金林編：《葉聖陶抗戰時期文集》第二卷（北京：人民教育出版社，2005年），頁47。
[167] 商金林編：《葉聖陶抗戰時期文集》第二卷（北京：人民教育出版社，2005年），頁47。

潤，快談久之。上樓訪通伯，通伯自其夫人歸北平後，獨居二室，有寥廓之感。
晉生將返大佛寺，通伯倡言陪之過江曝日，余亦願往。秋陽浴身，竟體溫暖。至
半途與晉生別；遂往訪小學主任梁先生之新居。依山小築，簡陋殊甚，然亦費三
百元也。其後有一較大之蠻洞，實有並列二洞，地位均稱，其前方為廣堂，兩壁
有雕刻，皆簡單之禽獸器物之形，謂是蠻王坐朝之所。通伯言最近梁思成君來考
察，斷為漢代之墳墓，廣堂蓋祭堂也。梁君精於考古，於我國建築，究心多年，
所言當非虛也。仍買舟而歸。」[168]

5日（星期日），偽湖北省政府在漢口成立，省長何佩蓉。

6日（星期一），黃炎培日記載：「微率三兒從三台來，將赴樂山。」[169]

8日（星期三），葉聖陶日記載：「上午到校上課。得武大畢業女生為國文
教師者潘興週一信，問關於國文教學之事。大學中文系所習功課與國文教學多不
相干，出而任教必須自摸門徑也。下午作成〈水龍吟〉一首，寫近懷。首二句得
之已多日，自以為切合當前情景。」[170]其詞錄於後：

> 舉頭黯黯雲山，秋心飛越雲山外。風陵渡口，洞庭湖畔，捷音遲至。戰
> 士無衣，哀鴻遍地，西風寒厲。聽連番烽警，驚傳飛寇，又幾處教摧毀。
>
> 悵恨良朋悠邈，理身車、願言難遂。雨窗翦燭，春盤薦韭，談何容易。
> 江水湯湯，寫愁莫去，夠嘗滋味。更何心、懷土悲秋，點點灑無聊淚。[171]

9日（星期四），葉聖陶日記載：「晨到校上一課。歸途經土橋街昌言書
莊，主人周季濱拉入憩坐。此屋獨未燒，亦幸也。據周言此次被炸，損失最大者
為天主堂，房屋及儲藏共值二百萬。其次為楊家，為紗布綢匹之商家，損失一百
數十萬云。」「傍晚與二官出外，購得受汙之皇后牌毛線四分之一磅，價四元，
每磅價十六元矣；如非受汙則每磅二十四元也。近來物價刻刻增高，肉已至四
角，菜油至六角六分，比諸去年此時漲一倍矣。」[172]

10日（星期五），陰曆九月晦日，葉聖陶四十六歲生日。

[168] 商金林編：《葉聖陶抗戰時期文集》第二卷（北京：人民教育出版社，2005年），頁47。
[169] 中國社科院近代史研究所編：《黃炎培日記》第六卷（北京：華文出版社，2008年），頁187。
[170] 商金林編：《葉聖陶抗戰時期文集》第二卷（北京：人民教育出版社，2005年），頁47-48。
[171] 商金林編：《葉聖陶抗戰時期文集》第一卷（北京：人民教育出版社，2005年），頁171。
[172] 商金林編：《葉聖陶抗戰時期文集》第二卷（北京：人民教育出版社，2005年），頁48。

13日（星期一），葉聖陶日記載：「竟日雨，天氣大寒。余初禦新棉長袍……今日改文八篇，又改同學祭文健文一篇。原稿皆空泛語，亦不能改之使充實，惟使文句通順而已。」[173]

15日（星期三），葉聖陶日記載：「同學張貼迎新壁報，歡迎新同學，請余作文，作一詩付之。」[174]其詩曰：

> 此日尤宜志節先，輒持此語語青年。志惟專一節貞堅，以應萬變始綽然。
>
> 今與諸君初識面，仍贈此語罔所變。非曰能之誨時彥，乃願交勖永無倦。[175]

16日（星期四），早晨大霧彌漫，萬象俱失。

18日（星期六），葉聖陶日記載：「晨冒霧到校，上二課，歸來時則晴光滿街矣。午後，改文四本。昌群來，前日方自馬邊歸。謂二十餘年，家鄉已非舊觀，昔固甚殷富，今衰落矣。夷人種鴉片出售。散兵流氓以販賣鴉片為生。販賣之外，復持槍劫煙，遂成盜匪橫行之世界。昌群之來回，由鄉人三四十持槍護送，且通知在匪中可以說話之人，乃得成行。途中親見三屍倒臥於地，皆被槍殺者也。所見種種，非他處人所能預想。」[176]

下旬，中共武大特支書記余明（余有麟）赴延安學習，其職由錢祝華（後改名為錢聞）接任。

20日（星期一），財政部核准了武大的四次外匯申請。第一次金額為英金140鎊，由中信局核付，用於向華西公司訂購無線電儀器；第二次金額為327元，由中信局核付，用於向興華公司訂購化學藥品；第三次金額為美金286元，由中信局核付，用於向興華公司訂購電錶；第四次金額為美金45元，由中信局核付，用於向興華公司訂購藥品及儀器。

同日，王世傑在國民黨五屆六中全會上被任命為國民黨中央宣傳部長。

---

[173] 商金林編：《葉聖陶抗戰時期文集》第二卷（北京：人民教育出版社，2005年），頁48。
[174] 商金林編：《葉聖陶抗戰時期文集》第二卷（北京：人民教育出版社，2005年），頁48。
[175] 商金林編：《葉聖陶抗戰時期文集》第一卷（北京：人民教育出版社，2005年），頁172。
[176] 商金林編：《葉聖陶抗戰時期文集》第二卷（北京：人民教育出版社，2005年），頁49。

同日，葉聖陶女兒收拾行李往夾江住校讀書。夾江雖不算遠，而交通工具不便，女兒不常回家，家中清寂多了。

22日（星期三），王星拱校長聘朱光潛為教務長，高翰為文學院院長、劉秉麟為法學院院長、桂質廷為理學院院長、邵逸周為工學院院長；劉賾為中文系主任、方重為外文系主任、高翰為哲學系主任、方壯猷為史學系主任、周鯁生為法律系主任、劉迺誠為政治系主任、陶因為經濟系主任、曾昭安為數學系主任、桂質廷為物理系主任、黃叔寅為化學系主任、張鏡澄為生物系主任、陸鳳書為土木工程系主任、郭霖為機械工程系主任、趙師梅為電機工程系主任、邵逸周為礦冶工程系主任；劉秉麟為法科研究所主任、楊端六為法科研究所經濟學部主任、邵逸周為工科研究所主任、俞忽為工科研究所土木工程學部主任。

同日，葉聖陶日記載：「到校上課，十一時歸。案頭無作文本，心裏便安靜。閑將前作詩詞寫若干首，預備送給孟實看。余所錄詩詞稿一冊已焚毀矣，其中並有雪村詞稿多首焉。昨日余以一元七角買瓜皮小帽一頂，今日戴之到校，在全校師生中戴此者惟我一人耳。西式呢帽價太貴，十元十二元者猶是最劣之品，犯不著買。十餘年前固慣戴瓜皮小帽，今返於其夙，無不便也。」[177]

24日（星期五），葉聖陶日記載：「得二官信，告安抵學校，其地曰杜公場，教室宿舍均假人家祠堂充之，尚未上課……三官之學校放遷校假一個月。彼已家居數日，迄下月中旬，即須往牟子場矣。」[178]

26日（星期日），葉聖陶日記載：「晨與墨及三官自迎春門渡江，往訪昌群之居。登岸，雇車至涼橋，方登車而見昌群出來購物，遂約定待之於涼橋。望陵雲叢翠中，頗有紅樹點綴其間，秋色深矣。及昌群趕到，即左折登山，至其所寓之白雲庵。庵在山半，群山圍繞，石工鑿石之聲外，不聞他響，幽靜極矣。其寓所在殿左，紙窗中惟見山翠，果能息心為學，誠是佳處。昌群夫人餉吾輩以饅頭，繼以湯圓。至三時而吃飯，余飲酒兩杯。」[179]

27日（星期一），王星拱聘鄔保良[180]教授為化學系主任（因黃叔寅出國進

---

[177] 商金林編：《葉聖陶抗戰時期文集》第二卷（北京：人民教育出版社，2005年），頁49。

[178] 商金林編：《葉聖陶抗戰時期文集》第二卷（北京：人民教育出版社，2005年），頁49-50。

[179] 商金林編：《葉聖陶抗戰時期文集》第二卷（北京：人民教育出版社，2005年），頁50。

[180] 鄔保良（1900-1955），廣東龍川人。1922年赴美國留學，就讀列度大學、華盛頓加多里大學，獲化學博士學位。1928年回國後任廣州中山大學教授、安徽大學教授。1933年起任國立武漢大學教授、化學系主任、理科研究所所長等職。1949年8月至1952年10月任武大校務委員會主任委員（即

修）。

28日（星期二），葉聖陶日記載：「晨起即趕速到校，令第四組學生作文，題與第十一組同，收得四十餘本，望而生畏……回家閱報，乃知日軍在廣東欽防進犯，已攻至南寧。意殆切斷我西南國際路線。但桂省民眾訓練特佳，軍隊復勇饒，想可予寇以重創也。」[181]

30日（星期四），葉聖陶日記載：「一段姓學生來，托改其所作送人家之壽文，文殊不通，而偏欲弄此等把戲，殊可厭也。有一學生錢祝華者來訪，往歲余曾贊其刊布於《文學》之新體詩者也。其人返自延安，述共產黨在彼處之設施，有可聽者。」[182]

十二月

3日（星期日），葉聖陶日記載：「昌群來，飯後偕入城，訪劉百閔於嘉定飯店。劉為復性書院事自重慶來，告昌群謂將看余，故訪之，坐一時許。與昌群同訪楊人楩，他們在浙大為同事也。然而至通伯所，則劉已先在。通伯邀劉吃夜飯，並留昌群與余。」[183]

4日（星期一），葉聖陶「晨起即改文，至午後三時，得七本耳，已精神困頓。與墨上小山，觀李儒勉、錢歌川兩家合築之新屋，將完工矣。房間寬大，眺望甚曠，勝於吾廬」。[184]

7日（星期四），葉聖陶日記載：「早起匆匆到校，又遲了七分鐘。曉霧未散，課室內昏暗不辨人面目，書面與黑板之文字，僅能模糊認識耳。一課畢，即歸。動手改文，迄於午後三時，得八本，算是成績甚好矣。」[185]又作〈浣溪沙〉曰：

> 曳杖鏗然獨往還，小橋流水自潺潺。數枝紅葉點秋山。
> 漸看清霜欺短鬢，稍憐瘦骨怯新寒。中年情味未闌珊。

校長）。長期從事化學教學和科學研究工作，講授物理化學、無機化學、原子構造等課程。

[181] 商金林編：《葉聖陶抗戰時期文集》第二卷（北京：人民教育出版社，2005年），頁50。
[182] 商金林編：《葉聖陶抗戰時期文集》第二卷（北京：人民教育出版社，2005年），頁50。
[183] 商金林編：《葉聖陶抗戰時期文集》第二卷（北京：人民教育出版社，2005年），頁51。
[184] 商金林編：《葉聖陶抗戰時期文集》第二卷（北京：人民教育出版社，2005年），頁51。
[185] 商金林編：《葉聖陶抗戰時期文集》第二卷（北京：人民教育出版社，2005年），頁51。

9日（星期六），葉聖陶日記載：「午後三時，欣安來，偕至孟實所。孟實屋後小山有蠻洞二，內有石棺，遂往探之。二洞皆頗深，且有橫通之道，入口狹窄，匍匐而入，各有一石棺，以原處之石鑿成，其大視今日之棺加半倍。一棺之旁且有一石蓋，則為墳墓無疑矣。曾聞人言嘗於蠻洞中撿得瓦棺之碎片；又復性書院同人在對江賃所掘一蠻洞，得殉葬之土偶數事，皆足為『墳墓說』之確證。」[186]

10日（星期日），葉聖陶日記載：「晨起作文題〈青年日記〉，取前所作贈新同學一詩而敷演之，凡六百言，即寄快信與雪舟。久不作文，作此短文已疲甚，吾其不復能寫作乎！下午，從藍君處乞得洋槐二株，海棠一株，慈竹一叢，栽於庭前。」[187]

13日（星期三），葉聖陶作〈浣溪沙〉一首：

> 野菊蘆花共瓦瓶，蕭然秋意透疏櫺。粉牆三兩欲僵蠅。
> 章句年年銷壯思，音書日日望遙青。可堪暝色壓眉棱！

14日（星期四），葉聖陶日記載：「上午上一課。歸時往銀行取錢，經大碼頭，見新搭浮橋，從此渡河不須買舟矣。浮橋系浮竹捆於江面，以極粗之竹索繫著兩岸，竹捆上更鋪木板，其寬可容四五人並行，兩旁有簡單之竹欄焉。此橋原為聞警時市民疏散之用，然亦便於平時之渡涉者。」[188]

15日（星期五），葉聖陶日記載：「晨見大霧，霧散仍不見太陽。改文三本，預備明日之功課。」[189]飯後作〈浣溪沙〉兩首：

> 盡日無人叩竹扉，家雞鄰犬偶穿籬。羅階小雀亦忘機。
> 觀釣頗逾垂釣趣，種花何問看花誰？細推物理一凝思。

> 幾日雲陰鬱不開，遠山愁黛鎖江隈。鄉關漫動庾郎哀。
> 風葉灑空疑急雨，昏鴉翻亂似飛灰。入房出戶只徘徊。

[186] 商金林編：《葉聖陶抗戰時期文集》第二卷（北京：人民教育出版社，2005年），頁51-52。
[187] 商金林編：《葉聖陶抗戰時期文集》第二卷（北京：人民教育出版社，2005年），頁52。
[188] 商金林編：《葉聖陶抗戰時期文集》第二卷（北京：人民教育出版社，2005年），頁52。
[189] 商金林編：《葉聖陶抗戰時期文集》第二卷（北京：人民教育出版社，2005年），頁52。

16日（星期六），吳其昌作〈春秋的民族主義和復仇主義〉，刊於《春秋》1940年一卷一期。

17日（星期日），葉聖陶日記載：「午刻，至洙泗塘久大精鹽公駐嘉辦事處，應其主任闔幼甫君之邀也。其公司有一《海王旬刊》，近懸賞求抗戰歌詞，邀我校同人為之評比，被邀者王撫五、高公翰、吳子馨、朱孟實與余，孟實未到。投稿只十件，皆平庸，就中錄取二名發表云。午飯肴饌頗精。飯後閑談，撫五先生談徐錫麟、熊成基起義故事，甚有味。」「日來我軍大舉出擊，江西攻南昌九江，河南攻信陽，湖南攻嶽陽，皆甚得手。若此數處皆能攻克，武漢敵殆將不戰而走矣。燈下闔家談此，各興奮，轉移局勢，取得最後勝利，為期其非遠乎。」[190]

18日（星期一），葉聖陶日記載：「難得見太陽，今日放晴，心為一暢。然十一時後即傳預行警報，至十二時半而解除。昌群來，饋我美人蕉三棵，即栽於籬內。」[191]

22日（星期五），黃炎培在樂山公幹，「午餐後，李孺勉、錢歌川來」。[192]

同日，葉聖陶日記載：「晨起抄《范滂傳》，預備付印，供二年級閱讀……小墨之校長劉君近被任為西康省建設廳長，教部派一周君來繼任。同學以周君資歷較差，且前任四川中學校長頗不為學生所喜，擬拒絕之。昨已致電周君及教部，若周堅欲來就任，則校中必起風潮。小墨在技專功課頗好，教師皆重視之，頗為得所。若因起風潮而不得不散出，則大為損失矣。」[193]

23日（星期六），黃炎培日記載：「武大教授韋潤珊、胡稼胎（穋成[咸]），皆南高師畢來」，「午後，偕朱鐸民、韋潤珊、馬玉泉及方剛過江，先至烏尤寺，復往書院訪晤馬一琈，談次並觀諸生讀宿所，次至大佛寺旁，訪晤王獻唐款談，贈以新寫〈望峨眉〉。」[194]

24日（星期日），黃炎培日記載：「上午八時半，武大演講：《最近憲政運動之經過及對抗戰前途之關係》。自問講得精當。聽者六七百人，均表滿意，約重來開討論會。代表政治學會周繼武、抗戰問題研究會端木正、憲政問題研究會

---

[190] 商金林編：《葉聖陶抗戰時期文集》第二卷（北京：人民教育出版社，2005年），頁52-53。

[191] 商金林編：《葉聖陶抗戰時期文集》第二卷（北京：人民教育出版社，2005年），頁53。

[192] 中國社科院近代史研究所編：《黃炎培日記》第六卷（北京：華文出版社，2008年），頁220。

[193] 商金林編：《葉聖陶抗戰時期文集》第二卷（北京：人民教育出版社，2005年），頁53。

[194] 中國社科院近代史研究所編：《黃炎培日記》第六卷（北京：華文出版社，2008年），頁220。

左應瑜。」「午，李儒勉夫婦招餐，其夫人周慧專（嘉樂門外水井沖八號），同席王撫五、陳通伯、高公翰、劉南陔、陳登恪等。」又，「陳專員炳光長談。王撫五、陳通伯來。」[195]

同日，葉聖陶日記載：「晨起見大霧。改作文，得四本。得滬蜀第廿一號信……現在蜀滬郵遞較慢，一信到達殆須半個月矣。」又，「昌群送來一小幅，書其贈余之五律一首，字極端雅，擬裱而掛之。」[196]據考，賀昌群所寫五律為〈贈聖陶時同客樂山〉：

> 廿載謬知己，詞林拜主盟。萬方多難日，一往故人情。
> 庾信思南國，江淹厭舊名。何時得歸棹，煙波下百城。[197]

25日（星期一），黃炎培日記載：「晨六時三十分，到中國航空公司，楊新泉、姚蓬仙、高公翰、方剛、微華蘭、三孫孩皆送行，張良國為早餐以餉行者及送者，氣候不佳，遲遲出發。」[198]按，黃炎培此行是從樂山飛瀘州。

同日，葉聖陶日記載：「日來物價又漲，肉至五角半，白糖至九角，米三元二角一大斗。諸人相見，惟聞談物價耳。」[199]

29日（星期五），葉聖陶日記載：「昨夜夢看報，知我軍大敗，忍辱與敵言和，氣憤之極而醒，胸次猶感不舒。當初醒時，報紙文句一一記憶，敗於何地，簽和約者何人，皆清楚，少頃即不能復省矣。」[200]

30日（星期六），葉聖陶日記載：「與母親偕至浸禮會會所，觀各公團新年獻金公演。今晚為武大抗戰問題研究會表演，劇名《自由魂》，依據《夜未央》而改編者也。會堂甚小，座位擁擠，坐其中動彈不得，腰背俱酸。先為口琴表演，次為西樂演奏，然後演劇。余等觀兩幕即出，尚有兩幕也。表演技術不甚高明，固不足深責。到家已十時，竟體不適，又老鼠出擾，久久不成睡。」[201]

---

[195] 中國社科院近代史研究所編：《黃炎培日記》第六卷（北京：華文出版社，2008年），頁220。

[196] 商金林編：《葉聖陶抗戰時期文集》第二卷（北京：人民教育出版社，2005年），頁53。

[197] 賀昌群著：《賀昌群文集》第三卷（北京：商務印書館，2003年），頁609。

[198] 中國社科院近代史研究所編：《黃炎培日記》第六卷（北京：華文出版社，2008年），頁221-222。

[199] 商金林編：《葉聖陶抗戰時期文集》第二卷（北京：人民教育出版社，2005年），頁54。

[200] 商金林編：《葉聖陶抗戰時期文集》第二卷（北京：人民教育出版社，2005年），頁54。

[201] 商金林編：《葉聖陶抗戰時期文集》第二卷（北京：人民教育出版社，2005年），頁54。

31日（星期日），葉聖陶日記載：「晨起佐理餐事。作文本尚有十餘本，既是假日，亦懶不復改，且如債務一般賴過年矣……今年告終，未知明年又將如何也。」[202]

本月，《武漢大學理科報告》第二期出版，由生物系主編。

本月，直至1940年3月，國民黨發動了第一次反共高潮。

本年，武大修訂《國立武漢大學行政組織大綱》，規定本大學設立下列委員會：聘任委員會、考試委員會、圖書委員會、儀器委員會、財務委員會、訓育委員會、體育委員會、衛生委員會、出版委員會、免費及公費審查委員會、學生貸金審查委員會、社教推行委員會。

本年，武大病死學生14人：楊傑（22歲，物理系一年級）、郭孟卿（25歲，政治系一年級）、高石麟（25歲，數學系二年級）、劉遠東（25歲，外文系四年級）、宋金海（24歲，機械系三年級）、方景堪（24歲，法律系三年級）、汪惕乾（24歲，外文系二年級）、陳上皋（21歲，女，外文系四年級）、甄陶坤（21歲，女，外文系三年級）、吳國藻（21歲，外文系一年級）、劉鼎文（21歲，經濟系一年級）、黃乃修（20歲，經濟系一年級）、姚光盍（22歲，土木系一年級）、方珪（21歲，農藝系一年級）。

本年，武大接收戰區借讀生132人。

---

[202] 商金林編：《葉聖陶抗戰時期文集》第二卷（北京：人民教育出版社，2005年），頁54-55。

1940年（民國二十九年）

毛澤東發表《新民主主義論》──蔡元培病逝──汪精衛偽國民政府成立──日本提出「大東亞共榮圈」──國民黨掀起第二次反共高潮──汪精衛正式就任偽政府主席

一月

1日（星期一），蔣介石廣播，勉勵國民加緊實行精神總動員。

同日，毛澤東發表〈新民主主義論〉，將三民主義分為新舊。

同日，葉聖陶日記載：「仍早起，九時到校，赴同事之茶話會，到者不及半數，吃果物而已。有八個孩子隨其父而來，合唱兩歌，算是點綴。」「夜，對河有提燈會經過，鑼鼓喧然，火把如龍，似比去年元旦為盛。大家鬱悶已久，殆借此一舒其情也。」[1]

2日（星期二），葉聖陶日記載：「晨大霧彌天。十時至子馨所，通伯亦至。談半時許，蘇雪林、袁昌英二女士繼至，遂偕從蕭公嘴過江，訪晉生。晉生近由凌雲寺遷往塔旁之姚莊，與王獻唐同居。其處有花木，眺望頗佳。晉生獻唐所撿石子陳二十餘盆，彩色花紋出人意表，人必不信此江中石子乃有此大觀也。蘇袁二女士爭向主人索取，各得數十枚。午刻聚餐，王之廚夫製饅頭特佳，各進二枚；又食小米粥。其小米係王之友人所贈，自西安航空寄來數升，運費至七十元，亦太豪舉矣。食畢觀莊中花木，梅樹碧桃樹俱已含苞。茶畢，余與晉生、子馨、雪林下凌雲，自烏尤寺後山登，至復性書院訪馬先生。久不見此老矣，坐談一時而辭出。」又，「到家，知三官今日回來，已隨小墨往觀劇。獻金公演，今日為技專表演之《鴿子姑娘》，小墨為舞臺監督也。」[2]

3日（星期三），葉聖陶日記載：「晨復大霧。上午書一篆字聯，聯語即『觀釣頗逾垂釣樂，種花何問看花誰』，小墨今晚攜往劇場中拍賣，以所得為獻金。連日拍賣成績很好，昨晚居然賣得四百餘元也……夜，墨與滿子往觀劇，十

[1] 商金林編：《葉聖陶抗戰時期文集》第二卷（北京：人民教育出版社，2005年），頁56。
[2] 商金林編：《葉聖陶抗戰時期文集》第二卷（北京：人民教育出版社，2005年），頁56。

一時歸。余之對聯賣得卅一元也。」[3]

4日（星期四），葉聖陶日記載：「錢歌川來，云李儒勉有一子，欲從余補習國文，余應之。獻金公演團來人言，今日為演出之末日，須得余一聯拍賣。余即篆書清真句『新筍已成庭前竹，落花都上燕巢泥』，令滿子送往劇場。八時半，滿子歸，言余之聯拍賣得二百元，真是奇跡。全家人大歡笑。」[4]

5日（星期五），劉永濟聞廣東韶關大捷，作五律〈歲首愁枯坐〉一首。

7日（星期日），葉聖陶日記載：「晨起閱報，見有柳州五日電一通，則柳州固未失也。思作一詞答酬昌群，吟哦半日未能完篇。午後晴明，看梅樹花蕾綠色可愛，惜為數不多也。夜，錢歌川夫婦宴鄰人，余與墨偕往，此外則劉宏度夫婦程迺頤夫婦耳。八時半散。」[5]

8日（星期一），葉聖陶日記載：「續作昨未完之詞，及午而成。詞調為〈金縷曲〉『八表昏塵霧。……』即繕正贈與昌群。」[6]其詞曰：

> 八表昏塵霧，又何斯青衣江畔，故人重遇。君近家鄉吾益遠，各受艱辛無數，幸未改生平襟素。半剪淞波曦月共，更芳春並響蘭亭路，情似昨，笑相顧。
>
> 鴻光偕入深山住，喜登堂成行兒女，翳如林樹。展誦藏雲盈尺稿，此是超超玄著，枉見諷無涯馳騖。名士經師猶爾爾，歎知人論世紛何據。君默默，守貞固。

10日（星期三），葉聖陶日記載：「夜，去蠶桑學校，為文藝組之同學講一小時。大意謂且不言文藝而言文字，文字既有造詣，即漸至於文藝矣。八時半歸。」[7]

15日（星期一），葉聖陶日記載：「午刻，至通伯、東潤處，應二君招飲。讀東潤之《西征賦》，長五千餘言，歷敘其離鄉西行之所經。如此長賦，今亦難得矣。」[8]

[3] 商金林編：《葉聖陶抗戰時期文集》第二卷（北京：人民教育出版社，2005年），頁56-57。
[4] 商金林編：《葉聖陶抗戰時期文集》第二卷（北京：人民教育出版社，2005年），頁57。
[5] 商金林編：《葉聖陶抗戰時期文集》第二卷（北京：人民教育出版社，2005年），頁57。
[6] 商金林編：《葉聖陶抗戰時期文集》第二卷（北京：人民教育出版社，2005年），頁57。
[7] 商金林編：《葉聖陶抗戰時期文集》第二卷（北京：人民教育出版社，2005年），頁57。
[8] 商金林編：《葉聖陶抗戰時期文集》第二卷（北京：人民教育出版社，2005年），頁58。

　　17日（星期三），葉聖陶日記載：「欣安夫婦來，饋紅梅六枝，即插於瓦瓶中，香溢於室外。傍晚，與墨及三官乘車至校中之禮堂，將觀青年劇團之《殘霧》，老舍所編劇本也。禮堂內學生擁擠，非但無坐位，且無立足地。臺上止一汽油燈，更無他燈，而幕又久久不啟。遂返身出，仍乘車歸。日本阿部內閣又辭職矣，繼起者曰米內。自與我啟釁，敵已三易其內閣，終將不能挽其厄運也。」[9]

　　18日（星期四），葉聖陶日記載：「晨上一課。學生劉法彝來，請面改其文，即為執筆，費二小時。午後改文六本，預備功課……小墨校中，新校長周君將來接事，教部派員來訓話，謂學生不宜拒絕校長，而學生猶主非拒周不可。結果如何，數日內當見分曉也。」[10]

　　19日（星期五），葉聖陶日記載：「昨夜得雨，雖不大，足慰農人矣。今日猶細雨半天。」「夜，劉宏度、程痷頤兩家宴鄰居，余與墨偕往，同座尚有錢歌川夫婦、李儒勉夫婦。李家猶未搬來，及其來時，則依藍家小山而居者凡五家矣。」[11]

　　20日（星期六），中央信託局保險部賠償武大遷校途中巴東青竹標沉船的圖書機件損失保險費國幣19457元。

　　同日，川康科學考察團通過近6個月考察，完畢返校。

　　22日（星期一），葉聖陶日記載：「上午改文四本，宿債全清，然明日又逢作文矣。夜，祭祖先。自被炸以來，此事不復舉行，今日為先父冥誕，母親主一祭，並祭祖先。買一鴨一魚，祭畢全家宴飲。天氣大寒，生火爐竟日。」[12]

　　23日（星期二），王星拱校長聘請錢歌川教授為導師。

　　同日，葉聖陶日記載：「今報載高宗武、陶希聖二人脫離汪精衛，至香港披露汪與敵人議訂之賣國條款，並將文件拍照，寄至中央政府。高陶二人此舉尚可取，然其當初脫離抗戰陣線，秘密隨汪，參與汪與敵之密議，終不易得國人之諒解也。或者漢奸團體已起內訌，此二人被擯，故借此以為復歸於政府方面之地步。果爾，則此二人益不可問矣。」[13]

　　24日（星期三），葉聖陶日記載：「聞小墨校中風潮已可平息，學校讓周

[9] 商金林編：《葉聖陶抗戰時期文集》第二卷（北京：人民教育出版社，2005年），頁58。
[10] 商金林編：《葉聖陶抗戰時期文集》第二卷（北京：人民教育出版社，2005年），頁58。
[11] 商金林編：《葉聖陶抗戰時期文集》第二卷（北京：人民教育出版社，2005年），頁58-59。
[12] 商金林編：《葉聖陶抗戰時期文集》第二卷（北京：人民教育出版社，2005年），頁59。
[13] 商金林編：《葉聖陶抗戰時期文集》第二卷（北京：人民教育出版社，2005年），頁59。

君入長其校，而以增加經費、派遣實習、津貼費用為條件。教部似以不損體面為主，務令周君得居其位，於學生之要求咸允從焉。報上批露汪精衛與敵人所訂之『日支新關係調整要綱』全文，凡我國之一切權益，均奉與敵，讀之殊憤憤。好在汪係漢奸而非政府之代表，其與敵人所訂之約當然不生效力。我方惟有抗戰到底，將來驅敵人於海外，是等荒謬當自不值一顧矣。」[14]

25日（星期四），葉聖陶日記載：「晨起見濃霜，田野屋頂如積雪，來嘉以後猶為初見也。到校上一課，即歸，改文至下午四時，得十三本，成績可謂不惡。吳學義來，談及高陶發表汪與敵人訂約事，據言此殆為二人復歸於政府方面之禮物。又言近有傳說，有人為汪至重慶設法，謀得一下場之方式。余以為此舉果實現，亦足使敵人大憝，然汪猶得蒙原宥，實非正名之道也。吳又言今之米內內閣猶是過渡，將來或將有純屬軍人組織之內閣，其時搜括愈烈，民怨愈甚，而其總崩潰亦近矣。」又，「小墨同學一班，每人得校中津貼三十元，至成都參觀工廠。他明日與一李姓同學先行。參觀工廠蓋其名，實際則乘此到成都玩一趟而已。拒校長而得此結果，殊出所料，且可笑也。」[15]

26日（星期五），葉聖陶日記載：「伏案改文，竟日得十一本……報載蔣委員長兩篇長文，為汪與敵人之秘約告友邦及全國軍民。」[16]

27日（星期六），葉聖陶日記載：「閱報，知日來鄂北我軍又大勝，敵傷亡萬餘，地點在隨縣附近。浙省錢江北岸之敵渡江犯紹興，亦被我大創。紹興兩年以來未受兵災，友好家居其地者頗多，殆亦受驚矣，為之深念。飯後二時半再到校，參加中文系系務會議。無甚要事而遲遲不了，至五時半始散。」[17]

30日（星期二），武大「抗研」總務長顧謙祥（經濟系四年級）向學校呈文，寒假期間各團體赴樂山、五通橋等地演出所獲獻金2900餘元上繳學校，請轉交前方抗戰將士。後來，趙師梅教授將收條送交「抗研」公布，大家很受鼓舞。

本月，袁昌英作散文〈生死〉熱情歌頌前方戰士英勇殺敵，「我們現在前方作戰的青年，在那愛同胞、愛國家、愛民族的狂熱情緒中過日子，雖然也許短暫得只有一年半載，卻比在後方那些牌酒終年，專為私人利益經營地位的行屍走肉

[14] 商金林編：《葉聖陶抗戰時期文集》第二卷（北京：人民教育出版社，2005年），頁59。
[15] 商金林編：《葉聖陶抗戰時期文集》第二卷（北京：人民教育出版社，2005年），頁59-60。
[16] 商金林編：《葉聖陶抗戰時期文集》第二卷（北京：人民教育出版社，2005年），頁60。
[17] 商金林編：《葉聖陶抗戰時期文集》第二卷（北京：人民教育出版社，2005年），頁60。

比較起來，實在是有生與死、存與亡的分別。」[18]

二月

1日（星期四），凌叔華在上海致信胡適，請求他幫助在美國代售自己製作床罩等手工藝品，所得款項捐助國內戰時兒童保育院。又說到武大校長排斥陳源等人的矛盾，云：「王撫五為人一言難盡，他在我們朋友中的外號叫王倫（水滸上的），嫉才妒德，不一而足，且聽信小人，不擇手段行事。因此武大幾根臺柱如端六、鯁生、南陔、通伯都辭了職了。現在都打算走，不過雪艇攔著他們，仍在教書，遲早怕都得走。通伯為撫五壓迫得也辭了文院事。現在校中一切開倒車，武漢聲譽遠非前比。因為通伯身體不強，我想他這樣犧牲下去，太不值了，故寫信同你商量。」[19]

同日，黃炎培日記載：「訊方剛、微，附信條，憲政問答致武大同學。」[20]

2日（星期五），葉聖陶日記載：「天氣大晴，竟日陽光普照。改文，得九本……陰曆歲除日將近，日來不無點綴，昨裹粽子，今蒸饃，而墨大忙矣。作文本改不完，殆又將欠債過舊曆年也。」[21]

3日（星期六），葉聖陶日記載：「晨起到校，已過了十分鐘矣。上二課即回家。欣安來，談政局前途。李儒勉送來一火腿，大麴一瓶，蓋其子從余之束脩也，受之有愧。」[22]

4日（星期日），葉聖陶日記載：「伏案竟日，改文八本，此事越做越無聊，時時有拍案而起之想。近來各地物價高漲，昆明尤甚。大學教師有質衣度日者，有分學生之餘食者。張君勱嘗與數友上館子，點菜而非整席，身懷四十餘元，自以為無恐，而算賬乃至八十元，借債而後付與，亦駭人聽聞也。」[23]

6日（星期二），葉聖陶日記載：「晨濃霧，似甚於往日。出門至張公橋，為兵士所阻，不許通行。詢知係在清鄉，城內外各街道皆由兵警搜查，其目標在匪徒煙犯。不得已折回，功課只好缺席矣。回來改文，至午後五點半得八本，第

[18] 袁昌英：《行年四十》（上海：商務印書館，1945年），頁7。
[19] 陳學勇編：《凌叔華文存》（下）（成都：四川文藝出版社，1998年），頁921。
[20] 中國社科院近代史研究所編：《黃炎培日記》第六卷（北京：華文出版社，2008年），頁239。
[21] 商金林編：《葉聖陶抗戰時期文集》第二卷（北京：人民教育出版社，2005年），頁60。
[22] 商金林編：《葉聖陶抗戰時期文集》第二卷（北京：人民教育出版社，2005年），頁60。
[23] 商金林編：《葉聖陶抗戰時期文集》第二卷（北京：人民教育出版社，2005年），頁61。

十一組之文課算是改完矣。頭昏腦脹，精神委頓，此工作不知何時始了也！」[24]

7日（星期三），葉聖陶日記載：「上午到校上二課。歸來無作文本之迫，即覺適然。今日為陰曆除夕，伯麟、師尚、國安、龔之琪四人同來，各有饋贈，人情之厚可感。入夜，祭祖先。祭畢，全家共四人吃年夜飯。聽四人談老舍《殘霧》一劇中之警句，皆絕妙。九時半，四人始去。」[25]

8日（星期四），葉聖陶日記載：「晨起到校，路上寂無人，間聞爆竹聲。學生來者僅十餘人，即不復上課。同事中頗有索性不到者。除夕元旦，其實亦無甚干係，而皆欲借此賴一天。聞同學中縱博者不少，學校當局殆非不知，而不思所以禁之，亦可憂也。」[26]

9日（星期五），葉聖陶作〈樂山被炸〉一文，後刊於《中學生》戰時半月刊第20期（1940年4月5日）。他在文章結尾寫道：

> 粗陶碗，毛竹筷子，一樣可以吃飯；土布衣衫穿在身上，也沒有什麼不舒服；三間面對田野的矮屋，比以前多了好些陽光和清新空氣。轟炸改變了我的什麼呢？到現在事隔半年了，在曾經是鬧市區的瓦礫堆上，又築起了白木土牆的房屋，各種店鋪都開出來了。和被炸的別處地方以及淪為戰區的各地一樣，還是沒有一個人顯得頹唐，怨恨到抗戰的國策；這是說給日本軍人聽也不會相信的。[27]

12日（星期一），法律系教授李浩培[28]在總理紀念周上作《關於英國的觀察》的演講。

13日（星期二），郭沫若自重慶致函吳其昌，謂友人擬將戚繼光事跡編為劇本，苦於材料甚少，希望協助。

14日（星期三），敵偽迫令漢口特二區英商新泰堆棧武大財產保管人員交出

---

[24] 商金林編：《葉聖陶抗戰時期文集》第二卷（北京：人民教育出版社，2005年），頁61。

[25] 商金林編：《葉聖陶抗戰時期文集》第二卷（北京：人民教育出版社，2005年），頁61。

[26] 商金林編：《葉聖陶抗戰時期文集》第二卷（北京：人民教育出版社，2005年），頁61。

[27] 商金林編：《葉聖陶抗戰時期文集》第一卷（北京：人民教育出版社，2005年），頁184。

[28] 李浩培（1906-1997），國際法學家。上海寶山人。1928年東吳大學法律系畢業，1936-1939年在英國倫敦經濟政治學院研究國際公法、國際私法、比較民法。1939年底回國後任國立武漢大學法律系教授，1941年兼法律系主任。武大復員武昌後轉任浙江大學教授兼法學院院長。

校產，被嚴詞拒絕。

　　同日，葉聖陶與小墨二官遊白崖山觀蠻王洞，一路行於菜花豆花香中，有如江南三月。

　　15日（星期四），葉聖陶日記載：「晨到校上一課，歸來看新到各種期刊。飯後修剪庭前之梅樹……報紙來，知此次桂南大勝，殲敵二萬餘，殘敵現局於南寧一帶，若能更與攻擊，或可悉殲之焉。」[29]

　　16日（星期五），武大第366次校務會議通過《本大學學生話劇壁報等管理規則》。

　　同日，衛生署醫療防疫隊總隊向武大贈送霍亂疫苗及傷寒霍亂混合疫苗各四十瓶。

　　同日，葉聖陶為幼子至誠、李儒勉之子李凡批改作文。水利專家章元羲來訪，為葉聖陶全家照相兩張，一在屋角，一在籬外。

　　17日（星期六），敵偽三十餘人，在武大留駐人員的辦公處強行檢查，並將棧門封閉。

　　18日（星期日），葉聖陶日記載：「晨九時，通伯來，邀余同訪昌群。即偕往嘉林公寓，會欣安、人梗，然後買些肉與雞，恐昌群家一時無法供客也。自大佛沱渡江，循公路而行，四人談笑間作，不覺路之遠。至昌群家，昌群適於昨日往竹根灘上墳，以今日傍晚歸。其夫人留我們坐，先餉我們以醪糟蛋，次即為我們做菜。我們坐在屋前曝日，沿階桃樹有作花者矣。四山青翠，閑談無禁，身心俱適。二時，飲酒食飯，余與人梗各飲四盅，醺然矣。食已，又談一時許，始辭賀夫人而行。」[30]

　　19日（星期一），葉聖陶九時到校，參加中文系會議，討論大考出題閱卷等事項，直至十二時才散會回家。

　　20日（星期二），葉聖陶日記載：「晨起續改二年級作文兩本，於是宿債全清。校中以後日起考試，試後放假三星期。在此期間，案頭不復有作文本，在余實為幸福也。」[31]

　　22日（星期四），葉聖陶日記載：「上午到校監試。每場兩小時，應自始至

[29]　商金林編：《葉聖陶抗戰時期文集》第二卷（北京：人民教育出版社，2005年），頁61-62。
[30]　商金林編：《葉聖陶抗戰時期文集》第二卷（北京：人民教育出版社，2005年），頁62。
[31]　商金林編：《葉聖陶抗戰時期文集》第二卷（北京：人民教育出版社，2005年），頁63。

終，而他人往往徘徊少頃即走，余亦立半小時而歸來。」[32]

23日（星期五），葉聖陶日記載：「昨夜為元宵節，夜月頗明。此間有『偷青』之俗，偷人家圃中之菜，謂可得吉利。於是種菜者必以人守圃。一偷一守，遂起爭鬧，至深夜尚人聲沸揚也。」[33]

24日（星期六），葉聖陶日記載：「天氣大好，溫暖如江南之季春。午後，與墨及小墨出外郊行。自浮橋過江，沿對岸行，見新築草屋頗不少，皆城中人避難之所。至龍泓寺，觀山腳石刻佛像。渡江而返，計步行兩小時。」[34]

26日（星期一），葉聖陶日記載：「晨八時前到校，八至十時考國文。十時後回家，自公園中行，看楊柳梅樹之新綠。十一時，見各店中人皆離去，僅留一二人看守，此係遵行縣政府之疏散辦法，將市面分為兩截，以十一時至六時為避走時間。」[35]

27日（星期二），教育部編寫《升學指導》一書，函請楊端六教授撰寫「法學院」一章，朱光潛撰寫「文學院」一章。

同日，葉聖陶晨即到校，與同事共看國文考卷。「一年級國文共分十二組，每人看三組，每卷凡作文一篇，翻譯一篇。迄於五時而看畢。中午校中備飯，且設酒。明日尚須到校結算分數。統觀諸生之文，幾無一篇通體順適者，是非國文之難，實由不用心之故耳」。[36]

28日（星期三），葉聖陶日記載：「午後再至校中結算分數。余所教第四組四人不及格，第十一組全班及格。下學期將依教部之令，與程度較差之學生特為開班，令多所練習。余將第四組中抽出八人，第十一組中抽出一人。議畢，本學期於是結束矣。」[37]

本月，程千帆應聘到樂山中央技藝專科學校任國文教師。甫一抵樂，即攜習作詩詞拜謁劉永濟。劉永濟與程千帆之叔祖父程頌萬（別號石巢居士）及父親程康先生係世交。

[32] 商金林編：《葉聖陶抗戰時期文集》第二卷（北京：人民教育出版社，2005年），頁63。
[33] 商金林編：《葉聖陶抗戰時期文集》第二卷（北京：人民教育出版社，2005年），頁63。
[34] 商金林編：《葉聖陶抗戰時期文集》第二卷（北京：人民教育出版社，2005年），頁63。
[35] 商金林編：《葉聖陶抗戰時期文集》第二卷（北京：人民教育出版社，2005年），頁63。
[36] 商金林編：《葉聖陶抗戰時期文集》第二卷（北京：人民教育出版社，2005年），頁63。
[37] 商金林編：《葉聖陶抗戰時期文集》第二卷（北京：人民教育出版社，2005年），頁64。

三月

2日（星期六），葉聖陶日記載：「王校長為『傷兵之友社』徵求社員，余復函加入，納入社費五元。此社遍於各界，為廣大組織，宗旨為撫慰傷兵，予以精神上物質上之援助。若辦理者得法，確甚有意義之舉也。」[38]

3日（星期日），葉聖陶日記載：「午後，為鄭若川看其畢業論文，即指示其缺點。」[39]

4日（星期一），上午10時，日軍搶劫漢棧，武大存棧物資被劫。武大遷校時存放漢口特二區英商怡和棧房（即新泰堆棧）的儀器圖書，被敵偽派來海軍士兵數人、苦力60餘人，載重汽車28輛，將堆棧前後門包圍，辟門而入，盡載所有器物書籍而去。據當時統計，此次損失中外圖書42128冊，原價值48517元；損失儀器設備16017件，原價值275410元；損失器具5609件，原價值88 351元。總共810箱，原價值達412278元。另有會計室和建委會的賬冊、圖紙7大箱亦被劫走。這是日寇第四次直接對武大犯下的罪行。

同日，葉聖陶日記載：「雨已於昨止，今日頗有晴意。十時，昌群來。彼之父親於前十日去世，彼將返馬邊料理喪葬，未久坐即去。午後續昨所作文三四百言。」[40]

5日（星期二），蔡元培病逝於香港，終年74歲，「今之學術上人才，半皆其所提攜者也」（葉聖陶語）。[41]

同日，武大生物系購得金錢豹標本一只，重約80餘斤，計價70元。

同日，黃炎培日記載：「訊方剛，附致撫五，為林炳光從辰溪湖南大學政治系一年商轉武大事。」[42]

9日（星期六），葉聖陶日記載：「上午續作文數百言，完篇，題曰〈樂山被炸〉，記轟炸所引起之感想……今日天氣晴明，飯後與小墨三官由浮橋過江，自陳莊右側登山。入陳莊，茗於竹林下，頗暢快。坐一時許，仍由原路歸。」[43]

---

[38] 商金林編：《葉聖陶抗戰時期文集》第二卷（北京：人民教育出版社，2005年），頁64。

[39] 商金林編：《葉聖陶抗戰時期文集》第二卷（北京：人民教育出版社，2005年），頁64。

[40] 商金林編：《葉聖陶抗戰時期文集》第二卷（北京：人民教育出版社，2005年），頁64。

[41] 商金林編：《葉聖陶抗戰時期文集》第二卷（北京：人民教育出版社，2005年），頁65。

[42] 中國社科院近代史研究所編：《黃炎培日記》第六卷（北京：華文出版社，2008年），頁252。

[43] 商金林編：《葉聖陶抗戰時期文集》第二卷（北京：人民教育出版社，2005年），頁65。

10日（星期日），《掃蕩報》刊載吳其昌〈長期抗戰的國民意志〉一文。

11日（星期一），武大工程委員會改組，改請邵逸周、郭霖、鄔保良、繆恩釗為委員，邵逸周為主席，繆恩釗為幹事。

12日（星期二），葉聖陶為上海徐調孚作短文〈人生觀〉。文章說：「人生觀或是自覺的，或是不自覺的，都必然在行動中表現出來。將士們在前線浴血苦戰。運輸工人在日本飛機的威脅之下，淌著汗運送軍械和貨物……學校師生聚集在破廟宇破祠堂裏，不管設備怎樣簡陋，只是往知識和技術的高處爬，深處鑽。在這些人的心裏，不一定想著人生觀的名詞，然而他們這樣做，不是在表現了那個唯一的基本的人生觀嗎？」[44]

15日（星期五），葉聖陶日記載：「報載蘇聯與芬蘭已於十二日簽訂和約，戰事即此終止。芬蘭當然讓步，租地與蘇，然尚不損害主權。評者謂此後蘇聯國際地位益高，其欲推行和平政策，可以影響世界也。竟日下雨，農家謂是好雨。傍晚提早飲酒，眺望窗外雨景，頗有佳趣。」[45]

16日（星期六），武大向陝西防疫處訂購了一批醫用藥品。這些藥品包括狂犬病預防液二人份，猩紅熱治療血清一支，流行性腦脊膜炎治療血清一支，破傷風抗毒血清一支，並要求所訂購之各種血清的免疫單位應為最高，且製品為最近出廠，可保存長久。但陝西防疫處僅有狂犬病疫苗，並將此藥二盒交由郵局寄送武大，不過，陝西防疫處告知武大，昆明中央防疫處擁有上述藥品。最終，所缺藥品從昆明中央防疫處購得。

18日（星期一），上午微雨。葉聖陶到校領取二月份薪水。

20日（星期三），葉聖陶日記載：「午後二時，東潤來，與偕出散步。歸家知孟實已來過，言蕭軍來嘉，約余至其家便飯，一晤蕭君。六時往，見蕭，東北人，年三十左右，爽直健談。此君多作小說，其長篇《八月的鄉村》曾轟動一時也。遂小飲，飯後，蕭先走。人楗方自成都歸，來訪孟實、儒勉。據言成都曾發生搶米風潮，搶米者似有組織，紀律頗好，專搶農民銀行、農本局等機關儲米之倉庫。余思政府儲米原有道理，而因儲米而提高了米價，此殆是調度不周之咎，當有他法以濟之。近政府已有令致儲米機關放米平糶，不知實效如何。又聞汪精

---

[44] 商金林編：《葉聖陶抗戰時期文集》第一卷（北京：人民教育出版社，2005年），頁185。

[45] 商金林編：《葉聖陶抗戰時期文集》第二卷（北京：人民教育出版社，2005年），頁66。

衛即將在南京組織政府,已派定各部人選,狐狗一群,醜聞彌多。」[46]

21日(星期四),葉聖陶日記載:「今日開學,晨起到校上第四組一課。歸來,見張公橋北經余寓門前之路,有兵士數十在掘土平地,將路開闊。聞將直通白崖蠻王洞,以備空襲時疏散之用。午後又下雨,天氣轉寒。」[47]

22日(星期五),傅作義率軍在內蒙古力戰日寇,犧牲官兵1100餘人,擊斃日軍3000餘人。是日,五原新城光復。劉永濟聞訊後作詩〈傅作義軍百戰克五原〉:

> 宿將聲威在,名城百戰全。艱難當大敵,勇決陷中堅。
>
> 日射長河赤,霜乾朔漠壇。前埋輸萬骨,歌吹莫輕憐。[48]

23日(星期六),葉聖陶日記載:「晨到校,我家門外路上之石板悉被修路之兵士掘去,昨日天雨,泥濘沒足,難走極矣。當時初修石板路者,不意其功之毀如此之速也。久未講說,連講二時,頗感吃力。」[49]

28日(星期四),葉聖陶日記載:「飯後預備功課。昌群來,言今日即動身往竹根灘,明日乘滑竿回馬邊;在鄉料理喪葬,約有旬日之留。學生考君來,他編一文藝副刊,屬於此間將出版之一種周報,囑余作文。俟其去,作一五六百字短文應之,題曰〈談宣傳〉。傍晚散步野間,遇東潤,與偕行。其家鄉泰興於二月初淪陷,報紙所未載也。江蘇六十餘縣,縣城未陷者僅泰縣、興化耳。據云如是,未知確否。」[50]

29日(星期五),葉聖陶日記載:「天氣大晴,室內始見蒼蠅。下午,為三個孩子改文講書。小墨滿子出遊,折得千葉海棠數株而回,嬌豔特甚。余大喜,插於瓶中。三年離家,此次所見海棠為最滿意,然猶不及青石弄余家中所種之一棵也。」[51]

30日(星期六),在日本操縱下,汪精衛偽國民政府在南京成立,汪自任代理主席。

---

[46] 商金林編:《葉聖陶抗戰時期文集》第二卷(北京:人民教育出版社,2005年),頁66。

[47] 商金林編:《葉聖陶抗戰時期文集》第二卷(北京:人民教育出版社,2005年),頁67。

[48] 徐正榜等編:《劉永濟先生年譜》,《誦帚詞集‧雲巢詩存》(北京:中華書局,2010年),頁345。

[49] 商金林編:《葉聖陶抗戰時期文集》第二卷(北京:人民教育出版社,2005年),頁67。

[50] 商金林編:《葉聖陶抗戰時期文集》第二卷(北京:人民教育出版社,2005年),頁67。

[51] 商金林編:《葉聖陶抗戰時期文集》第二卷(北京:人民教育出版社,2005年),頁68。

同日，武大向內政部衛生署訂購校醫室亟需的霍亂傷寒聯合免疫苗五十瓶。

31日（星期日），葉聖陶日記載：「看高爾基短篇小說一篇。學生錢祝華來，談及陝北有中央軍攻八路軍事，西康有康滇軍隊協力繳中央軍軍械事。此等消息皆報紙所不載，而言者甚眾，或誠有之，皆政治猶未能明朗之征，前途之隱憂也。午後，與母親小墨出外閑步。觀浮橋。至較場壩舊居廢墟，與小墨入內一觀，猶有商務印書館存書之殘灰。至後進當日憩息之所，惟滿地瓦礫而已。在迎春門一家茶館內吃茶，借蘇足力。坐半時，仍緩步以歸。」[52]

四月

1日（星期一），教育部准聘趙師梅教授為武漢大學訓導長。

同日，葉聖陶日記載：「今日本不必到校，而校中招收機械專修班，今日閱卷，余被邀，遂到校。同看國文卷者為蘇雪林、劉博平，二人皆未到，余遂獨看全部之卷一百卅六本。」「今日所看機械班國文考卷，其題為〈荀子謂『事強暴之國難，事之彌順，其侵入愈甚』，試申論之〉。應考者百卅六人中，有半數不明題旨，有以『國難』作今日通行之『國難』解者，有以『事』字作『臣事君』之『事』解者，有簡直不知所云者。此似是學生程度之壞，實乃出題者之咎，此等題目即能作得很好，亦有何意義。且此等題目皆平時所不常遇，惟於考試時遇之，不能作得好亦其宜也。」[53]

同日，國民黨中宣部在成渝兩地成立新聞檢查所，實施新聞送檢。

2日（星期二），葉聖陶日記載：「傍晚忽有來訪者，握手細認，則陳調甫也。陳與余在中學時同學二年，後即他往，留學美國習化學，回國後服務於永利公司，殆是最高級之技術人員。余從人聞其行蹤，離校以後似未嘗晤見，迄今卅餘年矣，而彼此尚能相認，可見無多改觀也。詢其年，已五十，頂禿，鬢髮半白矣。此次來嘉，係往五通橋永利公司。該公司規模極大，今退入四川，定居於五通橋，視前迥不及矣。君或將久居於此，或將他往，尚未定。天津永利被日人占去後，君猶留津自營其小規模之油漆廠，今尚無恙。」[54]

4日（星期四）至6日（星期六），武大連放春假三天。

---

[52] 商金林編：《葉聖陶抗戰時期文集》第二卷（北京：人民教育出版社，2005年），頁68。

[53] 商金林編：《葉聖陶抗戰時期文集》第二卷（北京：人民教育出版社，2005年），頁68-69。

[54] 商金林編：《葉聖陶抗戰時期文集》第二卷（北京：人民教育出版社，2005年），頁69。

5日（星期五），《中學生戰時半月刊》（第二十期）發表葉聖陶〈樂山被炸〉。文中說：「粗陶碗，毛竹筷子，一樣可以吃飯；土布衣衫穿在身上，也沒有什麼不舒服；三間面對田野的矮屋，比以前多了好些陽光和清新空氣……和被炸的別處地方以及淪為戰區的各地一樣，還是沒有一個人顯得頹唐，怨恨到抗戰的國策；這是說給日本軍人聽也不會相信的。」[55]

6日（星期六），趙師梅作〈祝父親壽朝〉詩：

> 春來草綠百花香，夜短畫巳長，千秋誕辰佳節至，遙拜壽無疆。何物倭寇三年倡狂，幾時將它蕩。但願明年今日裏，凱歌膝下獻觴。[56]

8日（星期一），葉聖陶日記載：「東潤來，偕出散步。據告日來有銀行職員數人，集資收買火柴，火柴乃大貴，漲至每匣兩角，去年夏間才兩分耳。邇來各物昂貴，其原由大率類是。」[57]

9日（星期二），葉聖陶日記載：「晨起仍不舒服，緩步到校，令第四組作文，收得四十本，人數較上學期為少，蓋分攤於他組矣。」[58]

10日（星期三），葉聖陶日記載：「昨夜發熱甚高，今晨尚未退淨，乃令煙客持條往學校請假。墨為余開一湯頭，希望能出一身汗。臥於竹榻上，看《天下事》雜誌。午後三時，伯麟偕三同學來，謂見余請假，故來探視，情意彌可感。據他們說，今日學校收聽中央社電訊，言德突然進兵丹麥、挪威，丹麥已承認受德之保護，挪威京城即將被占，已遷都於他地云。歐局變化誠未知所屆。德之此舉，顯係對於英之報復。昨日報載，英為求封鎖德國益加嚴密，於挪威領海內安放水雷，且派軍艦任搜檢船隻之責。德針對此舉，遂突攻擊丹麥、挪威。小國幾無不為魚肉，思之悵悵。」[59]

11日（星期四），葉聖陶日記載：「昨夜有微熱，今晨得汗，傷風殆可就瘥矣。墨勸再請假一天，遂未到校……前日寫信與伯祥，曾托其在上海買鹽酸奎寧

---

[55] 商金林編：《葉聖陶抗戰時期文集》第一卷（北京：人民教育出版社，2005年），頁184。
[56] 《趙師梅部分詩詞》，俞大光、陳錦江編著：《無私奉獻一生的趙師梅先生傳略》（武漢：華中理工大學出版社，2000年），頁114。
[57] 商金林編：《葉聖陶抗戰時期文集》第二卷（北京：人民教育出版社，2005年），頁70。
[58] 商金林編：《葉聖陶抗戰時期文集》第二卷（北京：人民教育出版社，2005年），頁70。
[59] 商金林編：《葉聖陶抗戰時期文集》第二卷（北京：人民教育出版社，2005年），頁70。

粉末，於每次寄信時附來。瘧疾可怕，此地金雞納丸昂貴，故想了這一法。午後，師尚來探問；傍晚，歌川來探問。」[60]

12日（星期五），葉聖陶日記載：「報紙來，知日來江西我軍又有捷報，克復靖安、永新，進迫南昌。北歐方面，挪威對德宣戰，英表示竭力支挪。瑞典仍表示守中立。」[61]

13日（星期六），齊魯大學教授Lantinschlages來武大演講《歐戰及其對中國之關係》。

14日（星期日），葉聖陶日記載：「東潤與陳其可來訪。其可家居古里墉[62]，每星期五到校上課，星期六上午復上課，即出城回家。昨以有事未歸，故來訪，猶是第一次到余寓所也。據東潤談歐洲戰局，謂昨報載英德海戰於挪威附近，英有摧毀德海軍主力之可能。果爾，則戰局或將從速結束，而英之勝利，與我間接有利焉。」[63]

16日（星期二），葉聖陶日記載：「得頡剛及鄭心南信。頡剛受川省教廳長郭子傑之托，招余往教廳所辦之教育科學館任審查中小學國文教材之事；心南則招余往福建省立大學附設之師範專修科，任國文科主任之職。福建相去遙遠，無法前往，成都之事則可考慮，容與墨商量後答之。」又，「子愷寄來兩小畫，贈蘇雪林、袁昌英二女士，余所代求也。觀其郵戳為遵義，知浙大已遷於遵義也。」[64]

17日（星期三），葉聖陶日記載：「傍晚，通伯來，言郭子傑昨曾來嘉，托其向余致意，勸余赴蓉應其招。此人為教育廳長，似有做出一點成績來之想望，亦難得也。」[65]

18日（星期四），蘇雪林在陝西街住所作〈煉獄——教書匠的避難曲〉。

19日（星期五），葉聖陶日記載：「上午作書復頡剛，言教廳之事固所願往，然一懼遷徙之勞費，二懼成都生活之昂貴，三懼居於成都，人事較煩，將不得寧定，故請婉謝郭君云云。」又，「閱報，知江西我軍向南昌合圍，距城僅四華里矣。德有侵荷蘭之勢，日本則欲乘機攫取南洋之荷屬東印度。果爾，則日將

[60] 商金林編：《葉聖陶抗戰時期文集》第二卷（北京：人民教育出版社，2005年），頁71。
[61] 商金林編：《葉聖陶抗戰時期文集》第二卷（北京：人民教育出版社，2005年），頁71。
[62] 古里墉：即韋李墉，樂山地名，現成樂高速入口處一帶。
[63] 商金林編：《葉聖陶抗戰時期文集》第二卷（北京：人民教育出版社，2005年），頁71。
[64] 商金林編：《葉聖陶抗戰時期文集》第二卷（北京：人民教育出版社，2005年），頁71。
[65] 商金林編：《葉聖陶抗戰時期文集》第二卷（北京：人民教育出版社，2005年），頁71。

與美衝突，似與我有利也。」[66]

20日（星期六），武大工學院與航委會所屬宜賓第六修理工廠制定合作計劃。

同日，葉聖陶日記載：「作書答鄭心南，告以事實不能全家徙閩，而介東潤與之。此蓋通伯之意，東潤亦願往也。」[67]

21日（星期日），陳源致信駐美大使胡適，言及：「抗戰時期後方生活稍苦，一般人們的脾氣也較大，許多學校都有摩擦或風潮，武大也不例外。」[68]

同日，葉聖陶日記載：「午後晉生來，彼已應民族文化學院（在大理）之聘，暑中即離去武大矣。」[69]

22日（星期一），葉聖陶日記載：「晨起改二年級文，三本而止。傳有預行警報，走避者紛紛，今年第一次也……入夜，余飲酒未畢，又傳警報；八時而發緊急，遂避往洞中。久未入洞，頗覺氣悶，至十時猶未解除，乃回家。上床後已朦朧，乃聞解除笛，時已十一時矣。」[70]

25日（星期四），葉聖陶日記載：「昨夜十二時半聞警報，我們皆未起，至三時許解除。今晨聞人言，敵機轟炸遂寧也。到校上一課。見校中張貼所收中央社昨日電訊，言我軍克復開封，各省省會之克復，此其首矣。」[71]

26日（星期五），蔣介石主持四川省政府會議，並約見成都各校校長，宴請成都紳士。

28日（星期日），桂林《掃蕩報》刊載吳其昌〈蠻族侵略歷史性的比較〉。

30日（星期二），教育部派陳泮藻、徐湧明、章益等視察武大，回重慶後寫有《視察武大報告》，對武大教學工作給予充分肯定，對實施導師制不力，頗有微詞。

本月，劉永濟為傷兵之友社捐洋5元。

五月

1日（星期三），張自忠將軍在宜棗戰役中殉國。

---

[66] 商金林編：《葉聖陶抗戰時期文集》第二卷（北京：人民教育出版社，2005年），頁72。

[67] 商金林編：《葉聖陶抗戰時期文集》第二卷（北京：人民教育出版社，2005年），頁72。

[68] 轉引自陳學勇編：〈凌叔華年表〉，陳學勇著：《高門巨族的蘭花：凌叔華的一生》（北京：人民文學出版社，2010年），頁332。

[69] 商金林編：《葉聖陶抗戰時期文集》第二卷（北京：人民教育出版社，2005年），頁72。

[70] 商金林編：《葉聖陶抗戰時期文集》第二卷（北京：人民教育出版社，2005年），頁72。

[71] 商金林編：《葉聖陶抗戰時期文集》第二卷（北京：人民教育出版社，2005年），頁72。

同日，葉聖陶日記載：「傍晚接頡剛書，謂郭君意殊誠，以允之為是。頡剛又言我們兩人住在一起，可合力成一文學的通史，期以四年，當可有成，亦我們所以報社會之道也。其言殊懇切，余頗為所動。余在武大本不見有興趣，每日改文，又嫌其苦，今得改途，為中學國文教學謀改進，又得從事著述，是不啻開一新天地也。余決去武大而就教廳之事矣。至於移家問題，暫且不提，先與墨二人住成都再說耳。」[72]

2日（星期四），葉聖陶日記載：「到校上一課，天氣熱甚，回來汗流滿面。改作文十本，作書復頡剛，告以決就郭君之聘。」[73]

5日（星期日），世界學生會美國學生代表慕禮條先生，由世界學生會中國分會書記宋如海陪同來武大參觀，並在大禮堂作講演。

同日，葉聖陶日記載：「飯後訪通伯、東潤。通伯前邀余往對江山上看杜鵑，余以無暇辭之，今日天晴又無事，可一往也。遂至凌雲門渡江，登山訪晉生，不遇。循小徑行，不見杜鵑花，就村人家招一女孩為導。女孩導向山陰，無路，則攀援而下，果見杜鵑，然不多也不好，聊采數枝以行。回望另一山，樹蔭下紅豔茂美，則趨之，其處即由凌雲往烏尤之道旁也。各棄向之所采，別擇可愛之條折之，頃刻盈把。此花又名映山紅，聞紹興等地多有之，而余則僅見花圃所栽耳，見之於山上，叢茂如是，猶是第一回也。爛漫遍山，確是大觀。通伯失其手杖，往回覓之不得。遂至大佛寺旁吃茶，坐半時許而行。再訪晉生，則已歸矣。坐半時許而下山，循浮橋回來，六時到家。」[74]

8日（星期三），葉聖陶日記載：「通伯為言明日將附乘人家汽車至峨眉，兩宿而返，不登山頂，唯看山花，招余同行。余以四肢無力，恐不得登陟辭之。失此良機，殊可惜也。午後改文，至五時而止，得十三本。日來歐洲戰事，英法聯軍在挪威境內大敗，聞之頗為不快。我國則鄂豫境內皆與敵戰甚烈，據通訊社消息皆言我得手也。」又，「前日買米三斗，每斗八元，昨日漲至八元半，今日則九元矣。人心已失常態，物價飛漲如此，大可憂慮。」[75]

12日（星期日），葉聖陶日記載：「晨與墨至孟實所，孟實夫人將返南充母

[72] 商金林編：《葉聖陶抗戰時期文集》第二卷（北京：人民教育出版社，2005年），頁73。
[73] 商金林編：《葉聖陶抗戰時期文集》第二卷（北京：人民教育出版社，2005年），頁73。
[74] 商金林編：《葉聖陶抗戰時期文集》第二卷（北京：人民教育出版社，2005年），頁73-74。
[75] 商金林編：《葉聖陶抗戰時期文集》第二卷（北京：人民教育出版社，2005年），頁74。

家，故往一別。坐少頃出，過米市，詢米價每斗九元三角……從街頭見收到的無線電訊，荷蘭比利時已對德宣戰。英國首席張伯倫辭職，代之者丘吉爾。歐局變化，以這幾天為最關緊要矣。」[76]

13日（星期一），袁昌英和友人一起坐著汽車上成都。中途在三蘇故里眉山吃了一餐清爽的午飯，在東坡祠改為公園的綠蔭深處度過了正午的酷暑。

14日（星期二），袁昌英一行在成都逗留一日。

15日（星期三），葉聖陶日記載：「午刻至東潤所，承招吃午飯也。同座有英人李那，此人嗜酒，諸友慫恿余與之並飲，各飲黃酒兩斤餘。余醉矣，歸來即睡，六時始醒。」[77]

同日，袁昌英一行在灌縣參觀水利。

16日（星期四），葉聖陶日記載：「晨大風雨。余起來疲甚，到校上一課，講說無氣力。……傍晚得頡剛書，同時得四川省立教育科學館聘書，余之名義為該館專門委員。該館性質如何，余所未詳，以意度之，蓋是研究機關，輔佐教育之推行者也。頡剛書中附郭君書，言專門委員之薪實得二百卅元，余由五月起薪，以資補劑（依規定須以到館之日起薪也）。並言將由省府派余視察國文教學，最好於暑假前出發數回云。於是余今後之職務約略明曉，而余之生活決定改一方式矣。」[78]

17日（星期五），葉聖陶日記載：「傍晚東潤來，與偕出散步。據告德軍已侵入法之馬奇諾防線，荷蘭陸軍投降。德用降落傘運兵，頗著成效；此法創於蘇聯，蘇與芬蘭戰爭時曾用之，而無大效，德則奏效矣。計希特勒當政以來，迄於最近，吞國家凡七：奧地利、捷克、波蘭、丹麥、挪威、盧森堡、荷蘭。亡國敗家幾不當一回事，世運將不知轉變到如何也。」[79]

同日，袁昌英一行上青城山。

18日（星期六），葉聖陶日記載：「到校上兩課。飯後昌群遣僕人將書至，約明日到彼寓一敘，並囑代約通伯、欣安、人楗三位。因走往一一約之。……夜飯後忽傳警報，懼洞中蚊多且氣悶，不往。八時半傳緊急，待至十時半猶未解

[76] 商金林編：《葉聖陶抗戰時期文集》第二卷（北京：人民教育出版社，2005年），頁74。
[77] 商金林編：《葉聖陶抗戰時期文集》第二卷（北京：人民教育出版社，2005年），頁75。
[78] 商金林編：《葉聖陶抗戰時期文集》第二卷（北京：人民教育出版社，2005年），頁75。
[79] 商金林編：《葉聖陶抗戰時期文集》第二卷（北京：人民教育出版社，2005年），頁75。

除。倦甚，皆就睡。忽於睡夢中聞轟炸機聲，不止一架，乃急起趨屋後之洞。機在頭頂過，未投彈。有人得訊，敵機在雙流與我空軍激戰，此殆其遁歸者也。又久之，始解除警報，已一點過矣。」[80]

同日，袁昌英一行為了要儘快趕回成都，一清早就去上清宮。

19日（星期日），葉聖陶日記載：「晨八時至通伯所，與偕往嘉林公寓會人梗、欣安，遂趨凌雲門。墨與三官候於路旁茶肆，即買舟渡江。江水已漲，沙灘俱不可見矣。既登岸，墨與三官以人力車先行，我們四人以徒步，陽光不驕，徐徐而行，不熱，不疲。至涼橋，折入登山小徑，昌群迎出。既入白雲庵，憩坐閑談無拘。昌群夫人入廚治菜，墨助之。三官與昌群之諸兒登山采映山紅。十二時聚餐，共盡大麯一斤。食已再談，四時始下山，大家步行，買舟渡江而歸。晚餐方畢又傳警報。月色絕佳，共坐於廊下守候，鑒於昨夜之倉皇起床，不敢遽睡，直待至一時，聞解除信號。兩夕欠睡，困倦已甚。」[81]

20日（星期一），王星拱校長聘桂質柏為圖書館主任。楊端六握著桂質柏的手說：「圖書館管理是一門科學，要我兼任主任是用名氣做事，你是學圖書館學的博士是專才，只有用專業水準的精神思想做事才能勝任，這一塊就拜託你了。」[82]

21日（星期二），葉聖陶日記載：「教部新定各大學學業競賽辦法，先於校中競賽，學生自由參加，選其優者再合而試之。得分多者有獎金。武大定今明兩日競賽，課悉停授。余輪到為今日上午監試員，依時到校。學生參加者殆不及十分之三。」又，「傍晚看報，知我軍克服信陽，鄂豫各地均有勝利，可喜也。而歐洲方面，德軍距巴黎止六十餘里，英法似將抵不過德國，卻是可慮。夜間在床上又聞警報，自初發至解除相距殆有兩小時。」[83]

24日（星期五），葉聖陶日記載：「入城，至浸禮會門口觀所收當日電訊。英法聯軍勢頗危急，德軍益近巴黎，義大利或將參戰。土耳其已加入聯軍。日本則增兵華南，似有侵安南之意；又請上海各國軍隊離開，其語氣儼然如主人翁。歐戰之影響必及於我國，以今日之情勢觀之，於我殆害多利少也。」[84]

[80] 商金林編：《葉聖陶抗戰時期文集》第二卷（北京：人民教育出版社，2005年），頁75-76。
[81] 商金林編：《葉聖陶抗戰時期文集》第二卷（北京：人民教育出版社，2005年），頁76。
[82] 桂裕民：〈父親與楊端六和袁昌英的關係〉，桂裕民新浪博客。
[83] 商金林編：《葉聖陶抗戰時期文集》第二卷（北京：人民教育出版社，2005年），頁76。
[84] 商金林編：《葉聖陶抗戰時期文集》第二卷（北京：人民教育出版社，2005年），頁76。

25日（星期六），川康科學考察團在科考結束後，經中英庚款董事會同意，將剩餘之大量藥品和器材贈送給武大。

26日（星期日），葉聖陶日記載：「上午改文，得九本。飯後傳警報，歷三點鐘而解除。李凡來言見防空指揮部揭示，今日敵機六十架炸重慶也。欣安偕蕭化之（贊育）來訪。前嘗聞人言，蕭係蔣委員長所派，令長駐嘉定，監察專科與大學者也。是否每有大學之區均有監察，又何以必須檢查，均不之知。談少頃即去。」[85]

27日（星期一），日機轟炸重慶黃桷鎮的復旦大學，教師宿舍王家花園被炸毀，年僅38歲的教務長孫寒冰教授殉難；同時罹難的學生6人。

28日（星期二），重慶市民為張自忠將軍舉行隆重葬禮，劉永濟聞訊後作〈悼張自忠將軍〉詩曰：

> 窮豕方犇突，長星落帥營。熊羆悲蔡死，螻蟻恥曹生。
> 己分身輸國，寧知鼎勒銘。失機如可貸，未見賞刑平。[86]

29日（星期三），葉聖陶日記載：「上午上兩課。歸途中又聞警報，到家即吃午飯。數日來敵機俱襲重慶，來必在一百架以上，報紙雖不詳載，聞死傷頗眾也。午後警報解除。余伏案改文，迄四時得九本。入夜，東潤來，言校中要我們看國文競試試卷，而此次文題之一，系劉博平說出，曰『試將下文改為恒言』。『恒言』二字有其習用之意義，今用此殊覺不妥，若隨同閱卷，將來且為之分謗。共商之結果，絕不往評閱，作一信復競試委員會，署東潤、晉生與余之名焉。」[87]

31日（星期五），葉聖陶日記載：「晨起改文，半天得五本。午後抄嵇康〈養生論〉，備付印，供二年級閱讀。……及晚，報紙至。比國王忽下令停戰，投降德國，使英法方面更益困窘。義大利亦將參戰，如涉及巴爾幹半島，則蘇聯將出兵敵意。此後變化，正未料也。」[88]

---

[85] 商金林編：《葉聖陶抗戰時期文集》第二卷（北京：人民教育出版社，2005年），頁77。
[86] 徐正榜等編：〈劉永濟先生年譜〉，《誦帚詞集・雲巢詩存》（北京：中華書局，2010年），頁347。
[87] 商金林編：《葉聖陶抗戰時期文集》第二卷（北京：人民教育出版社，2005年），頁77。
[88] 商金林編：《葉聖陶抗戰時期文集》第二卷（北京：人民教育出版社，2005年），頁77。

　　本月，地下共產黨員楊仁政（後名楊葦堤）和進步學生丁宗仿、孫冰叔等人，經中共武大黨總支書記錢祝華批准，加入「岷江社」。

　　本月至年底，重慶米價指數增加了四倍。米價暴漲的原因，不止是糧食歉收，滇緬路的中斷與宜昌失守導致了人心惶恐，一般主婦有點餘錢就多買些日用品，而地主與商人都開始囤積糧食。

六月

　　1日（星期六），高亨於凌雲山上姚氏揖峨廬為其《老子正詁》作自序，說：「大戰既作，應武漢大學之聘，棲止嘉州。國丁艱難之運，人存憂患之心。唯有沉浸陳篇，以遣鬱懷而銷暇日。爰取舊著，重為審纂。校勘則折其中，訓詁則循其本，玄旨則闡其要，翦翦之愚，管窺之陋，不敢自云有當；然補闕正偽，發幽淪滯，用力勸勤，亦或不無一得也。」[89]

　　2日（星期日），葉聖陶日記載：「劉師尚來，言聞同學言，劉博平以我們指其疵謬，向校長辭職云。此人氣度至狹，我們並非攻訐其人，不過不滿彼之行事，而彼以為與之搗亂，實亦過矣。即訪東潤，告以所聞。東潤言既已至此，自當與之周旋耳。談良久，偕出散步而後歸。」[90]

　　3日（星期一），葉聖陶日記載：「晉生、東潤偕來，共商致一書與校長，言我們所以不看競試文卷之故。並言劉反對於國文選讀用標點，實屬頑固。由東潤起草，余繕寫之，三人皆自署其名焉。」「六時半，與母親及墨至浸禮會禮堂觀峨眉劇團之《雷雨》。七時餘開演，演畢第三幕已十一時，乃放棄末幕不觀，燃火把徒步而歸。該社演來殊不惡，余因得重以耳朵讀萬家寶之著作一遍。其劇富有詩趣，節節皆可誦也。」[91]

　　4日（星期二），葉聖陶日記載：「晨到校遲十分鐘。上兩課畢，訪蘇雪林，以昨日所擬致校長信示之，征其同意。蘇謂取此手法近於進攻，攻必期其克，而今日學校情勢，劉博平似未易打倒，徒然樹敵，不如其已，勸我們再考慮。余因訪東潤。東潤言敵已樹矣，信不發亦未必減人之怨恨。察其語氣，似以余再與商量為多事。又謂如倒劉成功，我三人須在此支撐下去。余言余之去此已

[89] 參見《高亨著作集林》第五卷（北京：清華大學出版社，2004年），頁14。
[90] 商金林編：《葉聖陶抗戰時期文集》第二卷（北京：人民教育出版社，2005年），頁77-78。
[91] 商金林編：《葉聖陶抗戰時期文集》第二卷（北京：人民教育出版社，2005年），頁78。

決，晉生亦或將他就，即東潤，是否有他處來聘尚未可知，然三人固將走散也。取一快意而走散，亦未始不可。東潤乃謂且與晉生商量之再說。初不意為了不去閱卷一點小事，引出如許多糾纏也。」又，「接湯茂如一信，略告教學科學館之情形。湯其副館長也。附夾省政府訓令一件，派余兼任國文科視導員。」[92]

5日（星期三），葉聖陶日記載：「上午課畢，與東潤、晉生共談。東潤仍勸余勿決然言去，余不肯應；遂言既將走散，則不必致書校長，向劉作積極之進攻，以後但取消極之一致耳。到家得鄭心南復書，云東潤能到閩，甚為歡迎。又接仰之一信，告平安，上月下旬重慶轟炸之烈殊甚，數日間死傷數千人，郊外機關學校多數被炸，重大、中大、復旦，均有師生被炸死。飯後持心南書訪東潤，東潤言容考慮些時再決定。」[93]

7日（星期五），葉聖陶日記載：「午後，晉生來，言彼決意去滇，無心留武大正與余同。旋共訪東潤。東潤聞人言，謂校中有人以為我們將掀起波瀾，又謂劉博平既辭職，將由學校及教授會出面挽留之，而於我們三人，則采有效之處置云云。造言生事之環境中，自然有此現象，姑靜觀其發展可耳。」[94]

10日（星期一），袁昌英在石烏龜農舍裡寫作散文〈成都、灌縣、青城山紀遊〉。

同日，葉聖陶日記：「校中決於下月四日起考試，各班再作一次文即可了事矣。作一書致郭子傑、湯茂如，告以學校課畢後當到蓉接洽。」又，「今日為端午，略添菜。十一時三刻忽傳警報，我們照常吃飯。炊事較遲之人家必將餓肚皮過節矣。至下午二點一刻始解除。」[95]

11日（星期二），十二點三刻至二點半傳警報。

12日（星期三），葉聖陶日記載：「晨到校上兩課。見劉博平已到校上課，既已堅決辭職，忽又腆然而來，聞前此亦有類似之事，固非第一次矣。無線電訊，言意國已宣布參戰，進攻英法，美國勸阻無效。德攻巴黎，距離已甚近云。」[96]

14日（星期五），周鯁生於美國致羅家倫信：「來美快又兩年，今年四五月初間原擬動身返國，嗣以適之先生勸留，故迄今尚未能成行也」，「近來國際

---

[92] 商金林編：《葉聖陶抗戰時期文集》第二卷（北京：人民教育出版社，2005年），頁78。
[93] 商金林編：《葉聖陶抗戰時期文集》第二卷（北京：人民教育出版社，2005年），頁78-79。
[94] 商金林編：《葉聖陶抗戰時期文集》第二卷（北京：人民教育出版社，2005年），頁79。
[95] 商金林編：《葉聖陶抗戰時期文集》第二卷（北京：人民教育出版社，2005年），頁79。
[96] 商金林編：《葉聖陶抗戰時期文集》第二卷（北京：人民教育出版社，2005年），頁79。

局勢又緊，美國參戰之期或不遠。此間有力的言論界及名流公然主戰，蓋以英國之地位危急，非美國起而採取有效之行動，不足以挽回頹勢也。不過美國如在太[大]西洋方面作戰，如何兼顧太平洋則頗成問題，此則美方當局之所顧慮，而日美妥協之空氣所由放出也。今後半年中將為世界及遠東局勢之大難關，如能安全度過去，明年局勢可望好轉，前途大可樂觀矣。」[97]

16日（星期日），葉聖陶日記載：「東潤來，謂間接聽到劉博平系得王校長之勸留信而回來。王之信大意言『恆言』之不錯，以後如再有人指摘，學校必力為解決云云。及其去，改文五本。傍晚看報，似宜昌尚未失陷。而歐戰局勢則聯軍益危急，巴黎已失陷。」[98]

17日（星期一），葉聖陶日記載：「晉生來，以所撰《老子正詁》一稿交余，余為介紹於開明也。藍君來言，人傳昨日重慶之炸最為慘重，所扔皆重磅炸彈，以戰鬥機圍繞上空，而以轟炸機肆虐。重慶殆完矣。又言傳日軍廣播，此後將大炸成都云。大好錦城，不免為瓦礫之場，思之淒愴。」[99]

18日（星期二），葉聖陶日記載：「到校上兩課，領五月份薪水。歸途看浸禮會所收廣播消息，謂法國準備與德作榮譽之和議，而德宣稱除非法軍全體投降，和議即不行。英則謂法德即議和，英必單獨抗戰到底。蘇聯忽以兵臨立陶宛、愛沙尼亞、拉脫維亞三國，似即此占之，並無戰事。余看了此諸消息，殊有悶鬱之感。飯後預備功課，至於五時。得伯才信，言十六日巴蜀學校被炸，誘誨堂、廁所、浴室及附近之校產盡毀。防空洞口亦落彈，幸無人受傷。我與此校有半年之感情，聞之殊悵悵。」[100]

19日（星期三），葉聖陶日記載：「到校上兩課。看無線電訊，有云德意謀分配戰敗國之殖民地，將以安南界日本。此說果確，與我妨害大矣。」又，「飯後，有孩子劇團之二女團員來訪，年皆十四五歲。言其團組織於廿六年九月，自上海出發，轉徙各地，今屬於軍委會政治部。現有團員五十餘，最長者十九歲，最幼者八歲。月受生活費廿元。團分演劇、音樂、進修、總務等組，自己教育，一切皆自己料理。宣傳演劇為其工作，共同研討以為進修。察其言動似頗精幹，

---

[97] 羅久芳編著：《五四飛鴻──羅家倫珍藏師友書簡集》（天津：百花文藝出版社，2010年），頁109。

[98] 商金林編：《葉聖陶抗戰時期文集》第二卷（北京：人民教育出版社，2005年），頁79-80。

[99] 商金林編：《葉聖陶抗戰時期文集》第二卷（北京：人民教育出版社，2005年），頁80。

[100] 商金林編：《葉聖陶抗戰時期文集》第二卷（北京：人民教育出版社，2005年），頁80。

誠所為時代之產兒也。」[101]

20日（星期四），葉聖陶日記載：「晨到校上一課。至三餘味麵館會墨林，至欣安所。其夫人方自湖南鄉間攜兩兒來此，途行一月而達。墨與談別後情況，一時亦不能盡也。欣安於我國前途，就國際情勢觀察，推得極可哀之結論。余覺其言非過慮，為之悶悶……夜，與墨至儒勉家，應其招宴，同座者孟實、昌英女士，又有一周小姐。食後閑談，孟實言川中中學教師及中學生無適當之刊物可看。於語文教學，尚須如十數年前一樣，再來個啟蒙運動。若能集合同志辦一刊物，不無意義。余深以為然。九時歸。」[102]

21日（星期五），四川省衛生實驗處贈送武大「奎寧片」匣，共二千粒。

22日（星期六），葉聖陶日記載：「晨到校上二課。歸與東潤同行，承告晉生不復往大理，但亦不復留武大，將有他行。東潤自己之閩與否仍未決，正向他處接洽，俟得報再定奪。……四時後，孩子劇團九人來，彼輩皆習文藝，向余發問甚多。」[103]

23日（星期日），葉聖陶日記載：「上星期東潤來時，嘗寫示其所作詩兩首，風格頗勁。……東潤平日持論，以為詩詞已為古人作盡，任爾嘔盡心肝，輒為古人所已言，故作詩詞之人實為大愚。然東潤亦不免偶一為之。余以為以此自遣，自抒其情，要無不可，固不必與古人爭短長也。」[104]朱東潤〈自成都水道返嘉定〉云：

齊唱榜人踏棹歌，正南江上見微波。村煙漸近山居遠，便下嘉州可奈何。

24日（星期一），葉聖陶日記載：「午後方為三個孩子講書，忽聞警報，不聽此聲一星期矣。歷兩小時而解除。夜觀報紙，知荊宜一帶仍在激戰，雖報紙標題大書困敵，實則勝負未判。法國已派代表就希特勒議和。美國改以史汀生為陸軍部長，頗引起世界注意，謂是或將參戰之先聲。史汀生發表演說，謂美當監視太平洋，此則與我國局勢有關矣。」[105]

[101] 商金林編：《葉聖陶抗戰時期文集》第二卷（北京：人民教育出版社，2005年），頁80。
[102] 商金林編：《葉聖陶抗戰時期文集》第二卷（北京：人民教育出版社，2005年），頁81。
[103] 商金林編：《葉聖陶抗戰時期文集》第二卷（北京：人民教育出版社，2005年），頁81。
[104] 商金林編：《葉聖陶抗戰時期文集》第二卷（北京：人民教育出版社，2005年），頁81-82。
[105] 商金林編：《葉聖陶抗戰時期文集》第二卷（北京：人民教育出版社，2005年），頁82。

25日（星期二），四川省政府規定：學校設軍訓團；軍事教官之任免，由省軍管區政治部辦理。

同日，葉聖陶日記載：「晨到校上兩課。觀學校所收電訊，德法和約已簽訂，其大要凡三點：一、德意與英作戰期間，由德意兩軍占領法之疆土；二、法之阿爾薩司、勞倫二州割於德國；三、法之軍備、礦產、外匯基金等，悉讓於德國。此亡國條款也，不知法之人民及軍隊果悉能默認乎。到家，改作文四本，於是完全改畢。此後不復作教師，將與此項勞苦工作不為緣矣。傍晚，錢歌川夫婦邀余與墨至高北門果爾佳菜館小敘，蓋餞別之意。更邀通伯同宴。天氣熱甚，汗出不止，猶飲大麯，閑談甚適，八時半歸。歸讀報紙，知安南忽阻我之貨運，外交當局已向法大使抗議。法國乞和於德之政府為英國所不齒，已斷絕關係。別有人在英國組織新的法國政府，英美均將支持之。」[106]

27日（星期四），葉聖陶日記載：「晨到校上一課。已與第十一組說明，星期六之課不復上，下星期即將考試。故余在武大上課，以今日此課為終結。兩年之間，於同學自問無甚幫助，不免愧惡。午後三時，食自製之包穀饃，香美可口。忽雲起風作，似將有陣雨，而作勢久之，仍見晚晴。今年雨少，川中殆將歉收。戰事不利，又益之以荒歉，至可憂矣。」[107]

同日，日機轟炸重慶中央大學。

29日（星期六），葉聖陶日記載：「晨至郵局寄上海信，並晉生之《老子正詁》稿。到學校，諸同事集會討論基本國文之考試問題。劉博平為主席，余與晉生、東潤視之如不相識。徐君主不須如前一般會同閱卷，其理由為警報時作，走避多不便。共以為然。遂謂既不會同閱卷，即不須共同出題，各自出題試其所教之班可矣。此殆劉與徐預先商定者，以免如上次出共同之題而發生糾紛也。會散，東潤招余偕行，謂本已決定之閩，而昨夕通伯、孟實勸之甚堅，謂不妨留此，遂決留。乃共往電報局發一電致鄭心南，曰『渝途艱，朱君不克行，請別聘，余函詳』。他無可說，只得托之於行路艱難矣。過東潤所，入內少坐，承交余《中國文學批評論集》《史記考索》兩稿，將付開明出版也。飯後一時許又傳警報，歷一點多鐘而解除。日來重慶仍日日被炸，敵機不復西飛，此間即不發警報也。」[108]

---

[106] 商金林編：《葉聖陶抗戰時期文集》第二卷（北京：人民教育出版社，2005年），頁82。
[107] 商金林編：《葉聖陶抗戰時期文集》第二卷（北京：人民教育出版社，2005年），頁82-83。
[108] 商金林編：《葉聖陶抗戰時期文集》第二卷（北京：人民教育出版社，2005年），頁83。

　　30日（星期日），葉聖陶日記載：「昨夜得雨，今乃轉涼，連日酷熱，少得蘇息。作書復鄭心南，告以東潤不能之閩之故，且致歉意。明日擬往夾江，觀省立樂山中學，從郭君之意，先就近處視察也。乘便一看二官。其校原名嘉屬聯中，今名係新改也。」[109]

七月

　　1日（星期一），葉聖陶抵夾江縣省立樂山中學視察。

　　3日（星期三），葉聖陶自夾江返回樂山，聽說嘉樂紙廠鍋爐爆炸，數名工人受傷。

　　4日（星期四），重慶中央大學、重慶大學被炸。

　　同日，葉聖陶日記載：「四時半，與墨應方欣安夫婦之招宴。暑甚，只得坐人力車。他客為李儒勉夫婦，錢歌川夫婦，朱孟實，楊人楩，闔幼甫。欣安夫人治菜甚不壞，於庭中聚食，食畢天尚未黑，坐談有頃而後歸。」[110]

　　5日（星期五），葉聖陶日記載：「清晨聞雨聲，即起，七至九時二年級有考試也。至高北門，雨勢忽大，余竟體淋漓。九時考畢，至繕印處自寫一年級考題，備下午四至六時用。遂至銀行，為昌群代取重慶匯款。雨復大，思下午將再次入城，不如弗歸，乃修髮，吃麵，入茶館吃茶，以消磨時刻。午後一時又傳警報，茶館且關門，不得已至欣安所。三時解除，依學校規定，考試須改期矣。」[111]

　　6日（星期六），國民黨特務機關在地方駐軍的協同下，在樂山進行大逮捕。特務們手持黑名單包圍了武大各學生宿舍，採取叫學生出來會客的方法，以便誘捕。黑名單上有武大學生60多人，當晚捕去的進步學生有：李昌濂（共產黨員）、張是我、楊博文、盧楨、盧秉彝、馬祖壽、端木正、顧謙祥等20餘人。生活書店也遭破壞，許多學生就是從這裏被綁走的。有些人如女生楊亞男被捕時，由於老校工楊某營救，倖免拘捕。捕去的學生被關押在駐軍17師政治部。被逮捕的「罪名」是誣蔑共黨地下組織鹽工定於7月7日暴動。事件發生後，校長王星拱、訓導長趙師梅等多方奔走營救，被捕學生被陸續釋放回校。

---

[109] 商金林編：《葉聖陶抗戰時期文集》第二卷（北京：人民教育出版社，2005年），頁83。
[110] 商金林編：《葉聖陶抗戰時期文集》第二卷（北京：人民教育出版社，2005年），頁84-85。
[111] 商金林編：《葉聖陶抗戰時期文集》第二卷（北京：人民教育出版社，2005年），頁85。

7日（星期日），晚上，中共地下黨員莊惠林召集會議，決定已暴露的黨員都要撤退和暫避。莊惠林、蔣傳漪、沈立昌、翁盛光等隨後撤離了武大，留下陳尚文繼續領導共黨地下工作，留下的黨員有王夢蘭[112]、陸蘭秀、顏竹丘、廖新運、蕭吟娥等人。

同日，樂山籍進步女青年、機械系盧秉彝也被逮捕。據其回憶：「老姚（按，指武大女舍門房）記性很好，而且警惕性也高，他對女同學住宿的寢室記得相當清楚。這一點我平常並沒感覺到，直到1940年7月7日那天下午接近黃昏時分，他走到我住的寢室來向我說，有一個員警模樣的人要會你。在此之前他從沒有用這種方式傳呼人，都是在外面高聲呼喊。但我當時腦子裏少了根弦，並未引起警覺，因為7月6日晚上我姐姐盧祥麟（讀武大時名叫盧貞）一夜未歸，我很著急，以為是有人來給我報信了，所以完全沒在意老姚通知我的方式，忽略了他的良苦用心，結果當晚我就懵懵懂懂地被抓走了。後來我才意識到這是老姚在暗示我不能去見那人，因為我姐姐就是在女生宿舍門外和我未來的姐夫楊博文一同被抓的，也許老姚當時見證了那一幕。」[113]

同日，葉聖陶日記載：「『七七』三周年矣，而余日記適易此新冊。避寇以來已得日記五冊，前三冊毀於去年『八一九』之轟炸。此後不知將更書若干冊，始可不復題『西行』二字也。觀近來戰局，與夫國際情勢，似於我不利，抗戰或不復延至四周年紀念日乎？頗有人盼能早日了結，以便歸其家鄉視其田舍者，余則殊不作此想。非真能取勝，寧願其繼續延長下去也。然客觀條件是否能如余之願，實不可知也。晨九時得註冊組通知：上星期五因警報未及考試之國文，改於今日九時分補考。乃疾忙到校，至則學生已散矣。詢註冊組中人，知為送信工人所延誤，只得再行定期。」[114]

8日（星期一），葉聖陶日記載：「精神昏昏，閑坐無所事事。十一時半又傳警報，延至二點五十分而解除。為三個孩子講魯迅之小說《藥》，未畢而束潤來，遂輟講。束潤自言其為學博采而約取，夙不肯苟且，至可欽佩。又言研究魏晉六朝文學，必須通觀佛書，然後真能明其淵源與影響。此言至當，而循此途者

---

[112] 王夢蘭，據楊靜遠《讓廬日記》云：「湖北人，抗戰初期投身革命參加共產黨。到樂山後，一面靠微薄的貸金勤奮學習，一面作為地下黨員積極為黨工作。在白色恐怖中，1940年繼陳慶紋任女生部黨支書。身患嚴重肺病，一直戰鬥到生命的最後一刻。」

[113] 盧秉彝：〈難忘樂山四年的大學生活〉，《武大校友通訊》2007年第2輯。

[114] 商金林編：《葉聖陶抗戰時期文集》第二卷（北京：人民教育出版社，2005年），頁85。

似無所聞也。五時，東潤去。」[115]

　　9日（星期二），葉聖陶晨起看二年級試卷，並將分數結畢。

　　10日（星期三），上午陣雨，天氣較涼。十時半傳警報。日機炸三台縣。

　　11日（星期四），天氣轉熱。吳學義訪葉聖陶，同坐庭前乘涼，閑談武大十年來之往事。

　　12日（星期五），葉聖陶清早到校考試國文。考完到銀行取上月份薪水。

　　13日（星期六），葉聖陶晨起續看考卷，至午後一時畢，「結算分數迄，兩年武大任教，即此了事矣」。[116]

　　14日（星期日），葉聖陶日記載：「接心南電，促東潤速啟程，其電發於一日，而今日始到，可謂遲緩。前此電告東潤不能成行，發此電時尚未接余電也。」[117]

　　15日（星期一），竺可楨日記載：「抗戰後，中大、武大校長均升格為簡任一等，俸680元，而浙大仍只600元。」[118]

　　16日（星期二），葉聖陶日記載：「晨起寫篆字四張，皆學生請書者。將考卷送往註冊組。見新來報名之學生甚多，本星期內即將舉行入學考試也。午後一時，又傳警報，歷半小時即解除。……酒後，通伯來，在廊下坐談半時許而去。」[119]

　　17日（星期三），三女學生午後拜訪葉聖陶，「其二人畢業於國文系，將為中學國文教師，平常未嘗留意於國文教學，驟出任教，茫無頭緒。余略為講說，恐亦無多裨益也。」[120]

　　19日（星期五），葉聖陶傍晚看報，「知日本迫英國停止滇緬路之貨運，英將允之。美國務卿赫爾則正式表示不滿，謂是屈辱之外交。我國亦表示抗議。此路貨運一斷，我更無通海之路，關係誠重要也。日本米內內閣已辭職，繼之者為前此之近衛。其內閣屢更，可見其政治之不安矣。」[121]

　　20日（星期六），葉聖陶整理行裝，準備明日前往省教育廳科學館就職。

---

[115] 商金林編：《葉聖陶抗戰時期文集》第二卷（北京：人民教育出版社，2005年），頁86。
[116] 商金林編：《葉聖陶抗戰時期文集》第二卷（北京：人民教育出版社，2005年），頁86-87。
[117] 商金林編：《葉聖陶抗戰時期文集》第二卷（北京：人民教育出版社，2005年），頁87。
[118] 竺可楨：《竺可楨日記》第一冊（北京：人民出版社，1984年），頁441。
[119] 商金林編：《葉聖陶抗戰時期文集》第二卷（北京：人民教育出版社，2005年），頁87。
[120] 商金林編：《葉聖陶抗戰時期文集》第二卷（北京：人民教育出版社，2005年），頁88。
[121] 商金林編：《葉聖陶抗戰時期文集》第二卷（北京：人民教育出版社，2005年），頁88。

21日（星期日），葉聖陶早上坐車前往成都就職。他此行是應四川省教育廳之聘，到教育科學館做研究工作。但是他的家眷暫時還在樂山，直到1941年初才搬到成都。

22日（星期一），日本第二屆近衛內閣上臺，制定了《基本國策綱要》和《適應世界形勢處理時局綱要》。

30日（星期二），劉永濟偕家人放棹至柿灣訪草堂，飯後坐化學系教授鄔保良岩下屋，涼既宜人，頓忘炎暑，曛黑始歸。填詞〈江城子〉一首：

> 岷江如掌水如油，櫓聲柔，逐輕鷗。三五人家，茅舍柿灣頭。回首市聲浮水外，身已在，白蘋州。
>
> 碧壺攜酒且相酬，竹林幽，為遲留。話到瀛寰，卻在一凝愁。最愛鄔家岩底屋，炎傘下，冷颼颼。[122]

本月，武大對學生進行體格檢查統計，全校學生1363人，其中男生營養不良者144人，占總數10.56%，營養中等者916人，占總數67.2%，營養比較良好者117人，僅占學生總數的8.58%。學生中有痧眼者更是不計其數。[123]

本月，盧作孚出任全國糧食管理局長，擔負戰時最艱難的糧食供應任務。他提出著名的「幾何計劃」運輸糧食，基本解決供糧問題。

八月

1日（星期四），日本外相松岡洋右在為德國駐日大使奧特舉行的招待會上，第一次提出了「大東亞共榮圈」的計劃。大東亞共榮圈的範圍為中國、朝鮮、日本、「滿洲國」、法屬中南半島、荷屬印尼、新幾內亞等大洋洲，及澳洲、紐西蘭、印度及西伯利亞東部等地。大東亞共榮圈中，日本本國與滿洲國、中國為一個經濟共同體。

同日，廣西大學校長馬君武卒於桂林。

6日（星期二），王星拱校長聘蔣湘青兼體育組主任。

---

[122] 徐正榜等編：〈劉永濟先生年譜〉，《誦帚詞集·雲巢詩存》（北京：中華書局，2010年），頁347-348。

[123] 吳貽穀主編：《武漢大學校史》（武漢大學出版社，1993年），頁146。

8日（星期四），葉聖陶自成都坐船回樂山。

9日（星期五），午後傳警報，歷兩時才解除。

10日（星期六），葉聖陶午後走訪陳源和朱東潤，閑談數小時。

11日（星期日），午後二時又傳警報，歷一點鐘而解除。

同日，蔣介石為實行糧食管制，發表告四川民眾書。

12日（星期一），葉聖陶日記載：「飯後甚熱，又倦甚，方欲午眠，而空緊急警報連續而至，遂趨洞中。余久未入洞矣。旋聞飛機數架結隊而過，眾皆惴惴。辨其聲，非轟炸機，少頃即飛遠。歷時兩小時而解除，共謂適之飛機蓋我國者也。」[124]

14日（星期三），葉聖陶日記載：「午後，與東潤過江訪晉生。江水大漲，過渡須逆流而上，然後橫舟疾下，歷半點鐘以上。在任家壩登岸，沿江行，至篦子街，登山至晉生所。通伯儒勉已先在。坐一時許，至凌雲寺。」[125]

15日（星期四），葉聖陶日記載：「傍晚，晉生來，贈余邢千里君山水畫一幅，頗雅潔。邢君河北人，年才二十四，今從王獻唐學畫，與晉生同寓。晉生下學期決往三台東北大學任教，不日將動身矣。」[126]

17日（星期六），葉聖陶日記載：「街上傳言，昨日五通橋老龍壩被炸。昨在洞中時曾聞轟轟之聲，以為雷鳴，不知真是爆炸聲也。其地距此約四十里，而能聽到，其炸彈殆不輕……十一時三刻又傳警報，續傳緊急。躲洞中三點多鐘始解除。」[127]

同日，劉永濟受賀昌群邀約，全家遊烏尤山、大佛寺，歸來填詞〈減字花木蘭〉兩首。

18日（星期日），葉聖陶日記載：「昨夜十一時、三時兩次聞警。起來開門而望，月色明澈如晝。寇機不以夜間來襲已數月於茲，今復其舊，令人睡眠不足，最受其累也。」[128]

19日（星期一），中國化學學會第八屆年會在峨眉川大法學院舉行，到二百餘人。會期五天。

[124] 商金林編：《葉聖陶抗戰時期文集》第二卷（北京：人民教育出版社，2005年），頁98。
[125] 商金林編：《葉聖陶抗戰時期文集》第二卷（北京：人民教育出版社，2005年），頁98。
[126] 商金林編：《葉聖陶抗戰時期文集》第二卷（北京：人民教育出版社，2005年），頁99。
[127] 商金林編：《葉聖陶抗戰時期文集》第二卷（北京：人民教育出版社，2005年），頁99。
[128] 商金林編：《葉聖陶抗戰時期文集》第二卷（北京：人民教育出版社，2005年），頁99。

同日，葉聖陶日記載：「（昨）午夜後兩點有警報，三點解除……十二時又傳警報，至二時一刻解除。去年今日嘉定被炸，我家逃竄來張公橋，頗為狼狽。今又一年矣。」[129]

同日，劉永濟憶去年今日日寇空襲樂山，全城被毀，文廟獨存，遂填詞〈浣溪沙〉曰：

> 魯殿孤存氣自尊，古懷幽恨待誰論。亂來弦誦雜兵塵。
>
> 隔水遠山煙冪冪，出城喬木雨紛紛。小車歸去市燈昏。

20日（星期二），日寇轟炸重慶，武大駐重慶辦事處（西三街）被燒毀，所幸人員無傷亡，房屋及文件、器具被毀，財產損失價值為3840元。這是日寇第五次直接對武大犯下的罪行。

同日，葉聖陶日記載：「王鳳崗君來，探聽教育科學館情形。王君本屆未得續聘書，高公翰介紹之於郭君也。」[130]

20日（星期二）至12月5日（星期四）的三個半月中，八路軍在華北發動的百團大戰，共進行大小戰鬥一千八百多次，計斃傷日軍二萬多人，偽軍五千多人；俘日軍二百八十多人、偽軍一萬八千多人；破壞鐵路九百多里、公路三千里；破壞橋梁、車站二百五十八處；並繳獲了大批武器和軍用物資。

22日（星期四），葉聖陶日記載：「接王撫五校長信，允余辭職。信殆是秘書所書，僅一張八行箋又兩行，乃有兩甚不通之句。可見國文之不通者不僅學生也。」[131]

同日，黃方剛在宜賓為四川第六行政區幹部訓練班演講。[132]

23日（星期五），葉聖陶日記載：「夜飯後，通伯、晉生、東潤偕來，繼而欣安亦至。晉生言明日如能得車票，即往成都矣。談半時許，皆去。」[133]

27日（星期二），葉聖陶日記載：「乘人力車就蕭君絳診病。蕭謂頸際腫脹，中醫名之曰『發頤』，感冒之後未得發表，往往致此。為開一方，謝之而

---

[129] 商金林編：《葉聖陶抗戰時期文集》第二卷（北京：人民教育出版社，2005年），頁99-100。
[130] 商金林編：《葉聖陶抗戰時期文集》第二卷（北京：人民教育出版社，2005年），頁100。
[131] 商金林編：《葉聖陶抗戰時期文集》第二卷（北京：人民教育出版社，2005年），頁100。
[132] 中國社科院近代史研究所編：《黃炎培日記》第六卷（北京：華文出版社，2008年），頁327。
[133] 商金林編：《葉聖陶抗戰時期文集》第二卷（北京：人民教育出版社，2005年），頁100。

出。」又，「日來米價大漲，每斗至十六元（此間之斗，他處為二斗），且市上不多見米。各物及工價以米為標準，亦隨而增漲。」[134]

29日（星期四），桂林《掃蕩報》刊發吳其昌〈再論不屈服即勝利〉。

同日，陳源致信胡適，言及對武大完全絕望，很想應聘最負盛名的西南聯大，但因老母高齡且有病等家累，不得已辭謝北大的聘請。

30日（星期五），葉聖陶日記載：「八時半乘車入城，請蕭君絳重診。蕭開方與前無大異，並令購紫金錠塗患處。至武大，取七月份薪水，贖藥購紫金錠以歸。」[135]

九月

1日（星期日），葉聖陶日記載：「傍晚看報，知日人真欲在安南有所行動。我王外交部長前日已發表聲明，如日人在安南登陸，我大軍即開入安南，以謀自衛。其聲明甚得體。特不知我之實力究何如耳。英德仍互炸，規模比日本之轟炸大得多。蘇聯與羅馬尼亞曾有軍事衝突，似將啟戰禍，但今已和平解決云。」[136]

2日（星期一），武大制定1940學年度校務行政計劃：

甲、行政及總務：一、修訂各項章則；二、分配經費用途；三、擴充學生宿舍；計劃在斑竹灣建兩幢男生宿舍；四、限制消耗物品；五、購置教職員工食糧，成立糧食購置委員會；六、提高教職員待遇：七、救濟教工生活；八、利用實習工廠製造產品。

乙、教務：一、補充教學設備，利用假期由生物系師生赴峨眉山採集生物標本，培植苗圃，採購圖書；二、救濟學生購書閑難，由印刷廠將課本摘要列印成講義；三、實行課外指導；四、實行新生基本課程補習；五、兼辦社會教育：舉辦民眾學校，進行學術介紹，為社會服務，利用廣播播放國內外新聞；六、與樂山附近各工廠合作，訂合同；七、充實教學刊物，原一度停刊之《文哲季刊》、《社會科學季刊》、《理科季刊》、《工科季刊》本年度仍復刊；八、籌設選礦室及冶金實驗室。

---

[134] 商金林編：《葉聖陶抗戰時期文集》第二卷（北京：人民教育出版社，2005年），頁101。
[135] 商金林編：《葉聖陶抗戰時期文集》第二卷（北京：人民教育出版社，2005年），頁101。
[136] 商金林編：《葉聖陶抗戰時期文集》第二卷（北京：人民教育出版社，2005年），頁102。

丙、制定訓導實施計劃：一、研究三民主義，組織研究會；二、新生入學訓
練：在導師指導下新生入校施行兩周軍事管理訓練；三、實行小組座談
會，以訓導小組為單位；四、實行團體登記，新團體成立，須有導師參
加；五、嚴密壁報刊物及劇本之審查，自本學期起擬由訓導處對核准
發行的壁報刊物及劇本等按期加以嚴格審查，並負責指導；六、嚴密
宿舍管理；七、努力戰時服務；八、加緊體育訓練；九、舉行體格總
檢查；十、擴充醫療設備，擬增聘醫師一人，於城外建大規模療養室
一所；十一、注意學生營養：因物價昂貴，積極採取措施，解決伙食
衛生問題；十二、舉辦同學會，擬將各音樂隊、歌詠、話劇團體加以調
整，每月舉行同樂會一次；十三、舉辦各科競賽，擬舉辦演講競賽、清
潔競賽。

丁、研究：一、增加研究生名額及待遇；二、實行研究助理工作之審查。

10日（星期二），竺可楨日記載有「民廿九年度統一招生各校人數」，其中
武大「共取學生380，文院78，法院77，理院29，工院196」。[137]

同日，葉聖陶日記載：「今日為武大發薪期，而余未接通知單，令三官往
欣安所，托代為探問。十一時，欣安來言庶務組接校長條，余八月份之薪不復發
給。此殊不合於理，學校聘書以九月始，則年度終了自應迄於八月也。余擬作一
書嚴詞質問校長，欣安云姑婉言之，但指明年度應至八月為終可耳。即從其言，
且看下文如何。」[138]

11日（星期三），葉聖陶上街買雞一隻、蘋果十餘个，前往蕭君絳家酬謝。

13日（星期五），午後有警報，歷一小時許才解除。

14日（星期六），陰雨，一天無警報。

15日（星期日），葉聖陶日記載：「今日買米三斗，每斗價十四元二角，尚
不夠一個月之食用。下次再買，當又超此數，真感到生活之壓迫矣。一個月不飲
酒，今日始買眉山酒一斤，飲兩杯。酒價漲至九角，不能常飲矣。」[139]

16日（星期一），中秋節。劉永濟填詞〈浣溪沙〉一首：

---

[137] 竺可楨：《竺可楨日記》第一冊（北京：人民出版社，1984年），頁454。
[138] 商金林編：《葉聖陶抗戰時期文集》第二卷（北京：人民教育出版社，2005年），頁104。
[139] 商金林編：《葉聖陶抗戰時期文集》第二卷（北京：人民教育出版社，2005年），頁105。

不放歌頭玉笛吹，不教狂客翠尊飛。燒燈清坐讀秋詞。

古恨還從今世得，今愁爭遣古人知。人生何似莫情癡。

18日（星期三），『九一八』紀念日，「日本占我東三省迄今已十周年矣。我非特未能恢復東北土地，而且失地益廣，抗戰三年，尚無勝利之眉目，誠不勝其感慨矣」。[140]

19日（星期四），葉聖陶日記載：「午後四時，昌群來，聞李儒勉將移家江津，任事於女子師範學院，念李所租藍家山上房屋，可以由彼租來居住（昌群居對岸山中，究多不便，近回馬邊老家，亦有種種麻煩）。余遂與昌群偕訪儒勉，儒勉答稱房屋已轉讓與武大同事楊姓矣。但四川習俗，房客並無自由轉讓房屋與他人之權。則藍君與儒勉必將有一番小小口舌矣。」[141]

21日（星期六），葉聖陶日記載：「接王校長復書，以已請新教員，八月份薪歸新教員，不能再致送於余為言。此強詞奪理也。余心憤憤，即草一書嚴詞質問之。」[142]

24日（星期二），葉聖陶日記載：「午後，東潤來談，言今日開系務會議討論本學期課程，劉博平謂語言學即聲韻學；以聲韻學為語言學，乃教育部定名之誤，此大可笑也。又謂劉對於彼多方表示排擠，彼自謂尚能忍之。東潤去後，孟實來談，彼方自南充經重慶到此也。」[143]

26日（星期四），葉聖陶日記載：「王撫五送來復書，以本年新聘教師均以八月起薪，舊教師他去者發薪均至七月止為言。這總算說明瞭原則，余亦不想再與他打筆墨官司矣。通伯送來中秋兩絕，文稿一篇（評施蟄存對於魯迅小說〈明天〉之解釋）。」[144]

27日（星期五），葉聖陶日記載：「午後二時，訪通伯。君曾見二十五日報紙，言安南境內法軍與日軍對抗作戰，此與我為好消息也。」[145]

28日（星期六），葉聖陶日記載：「四時，吳子馨來談，言曾見今日之廣

[140] 商金林編：《葉聖陶抗戰時期文集》第二卷（北京：人民教育出版社，2005年），頁106。
[141] 商金林編：《葉聖陶抗戰時期文集》第二卷（北京：人民教育出版社，2005年），頁106。
[142] 商金林編：《葉聖陶抗戰時期文集》第二卷（北京：人民教育出版社，2005年），頁106。
[143] 商金林編：《葉聖陶抗戰時期文集》第二卷（北京：人民教育出版社，2005年），頁107。
[144] 商金林編：《葉聖陶抗戰時期文集》第二卷（北京：人民教育出版社，2005年），頁107-108。
[145] 商金林編：《葉聖陶抗戰時期文集》第二卷（北京：人民教育出版社，2005年），頁108。

播記錄，德意日三國軍事同盟已公布，其對象係為美國，此一大轉變也。並言如此之後，中日戰爭乃與歐戰合流，於我為有利。余未能遠矚，惟願其言不虛耳。」[146]

30日（星期一），葉聖陶日記載：「觀最近三天報紙，消息頗不壞。美國近以二千五百萬美元貸與我國，議定以我國之鎢售與美國為抵。因此法幣地位轉見鞏固，人心頗為振奮。此一事也。以德意日三國之締結同盟，美國態度愈益堅強鮮明，對日本絕不讓步。此二事也。日軍雖侵入安南，而安南已得美國之保證，決與以援助。此三事也。一般評論，均認德意日之同盟益使英美接近，在德日僅以鼓勵民氣，無裨實際，而日本尤將受此同盟之牽累。此四事也。」[147]

十月

1日（星期二），葉聖陶日記載：「物價又飛漲，米每斗至十六元，油每斤至一元九，藍布每尺至三元。墨以余與小墨之絲綿袍交縫工做，縫價每件為十四元，亦駭人聽聞也。絲綿袍之面子系紅蕉送我們之美亞綢，絲綿係前此買入者。若以時價計，一件之材料將在百元以上矣。」[148]

2日（星期三），葉聖陶日記載：「午後入城寄信，乘便訪蘇雪林閑談，向之借胡適《白話文學史》，以便將其中《南北朝民歌》抄寄佩弦，為《精讀指導》之材料之一。經公園，見今日之廣播新聞，滇緬公路殆可開放，美將考慮禁止日絲入口。此為英國美國對於日本加入三國同盟之答覆，於我當然至有利也。」[149]

3日（星期四），葉聖陶日記載：「接二官信，言本學期將補繳飯食費八十元。數目之大可駭。不知夾江地方何以特別貴。二官說或可以戰區學生名義請求貼饌。余意如請不准，只有退學而已。即以此意復二官，胸中頗不快。」[150]

4日（星期五），葉聖陶日記載：「午後聞警，且傳『緊急』，遂入洞。不聞警者將近一月矣。歷兩點鐘而解除……東潤來，交文珍寄余一箋。即與偕出散步，共談生活艱困，相與歎息。遇吳學義，吳謂聞人傳言，美國俟大選以後，確

[146] 商金林編：《葉聖陶抗戰時期文集》第二卷（北京：人民教育出版社，2005年），頁108。
[147] 商金林編：《葉聖陶抗戰時期文集》第二卷（北京：人民教育出版社，2005年），頁109。
[148] 商金林編：《葉聖陶抗戰時期文集》第二卷（北京：人民教育出版社，2005年），頁109。
[149] 商金林編：《葉聖陶抗戰時期文集》第二卷（北京：人民教育出版社，2005年），頁109-110。
[150] 商金林編：《葉聖陶抗戰時期文集》第二卷（北京：人民教育出版社，2005年），頁110。

將有驚人之舉，壓迫德日意三國。雖非必參戰，而其力雄厚，足以制服侵略國家。甚冀此言之不虛也。」[151]

5日（星期六），葉聖陶日記載：「今日又買米一斗，漲至十九元二角矣。燈下聚談家庭經濟情況。開銷益大，收入有限，即吃食一項，已不能與收入相抵。墨因主張辭去煙客，小墨不以為然，謂如是則母親將更為勞苦。煙客工資八元，其膳食以時值計，在三十元以外，共計四十元，占余收入之五分之一矣。」[152]

6日（星期日），葉聖陶日記載：「早起即伏案，迄於午後三時得千七百言，聊可補償昨日之短失。一時許仍有警報，然不久即解除。前此兩日，均係轟炸成都。敵人曾廣播，重慶將入霧季，此後擬炸成都。若日日來炸，成都恐將為重慶之續矣！」[153]

8日（星期二），葉聖陶日記載：「今日向煙客說明，我家擬節省不再用人，本月工錢滿了即解雇。此人甚誠實，我們與他感情甚好，頗有不捨之情，解雇誠不得已也。三官以三時回來，精神似比上次回來為佳。云校中須補交膳費八十元，合前交之八十元，一學期一百六十元矣。與二官之膳費合計，即為三百元，如何得了。」[154]

12日（星期六），葉聖陶日記載：「午後有警報，我國飛機有二十架光景飛過，殆自成都南飛避敵機者。歷兩時餘而解除。閱報，知英國決於本月十七日重行開放滇緬路。美國對日益不客氣，而日亦有不怕一戰之表示，或者美國真將與日一戰也。」[155]

13日（星期日），葉聖陶日記載：「藍君為買米一石，價百八十二元半。尚有一石，價已付而米須後至。墨謂有此兩石，可吃到明年三四月間矣。昨日成都又被炸，傳言受災甚重……」[156]

同日，日機轟炸昆明，炸毀聯大師範學院男生宿舍和西倉坡清華大學辦事處。

14日（星期一），葉聖陶日記載：「錢被二官取去補交膳費，手頭已無錢。惟母親在銀行尚存有二百元耳，因入城，取其一百元應用。……傍晚與墨出外閑

---

[151] 商金林編：《葉聖陶抗戰時期文集》第二卷（北京：人民教育出版社，2005年），頁110。
[152] 商金林編：《葉聖陶抗戰時期文集》第二卷（北京：人民教育出版社，2005年），頁110。
[153] 商金林編：《葉聖陶抗戰時期文集》第二卷（北京：人民教育出版社，2005年），頁110-111。
[154] 商金林編：《葉聖陶抗戰時期文集》第二卷（北京：人民教育出版社，2005年），頁111。
[155] 商金林編：《葉聖陶抗戰時期文集》第二卷（北京：人民教育出版社，2005年），頁112。
[156] 商金林編：《葉聖陶抗戰時期文集》第二卷（北京：人民教育出版社，2005年），頁112。

行。於學校膳費如此之貴，二官三官又不可不入學，墨想得一解決辦法，即移居夾江，令三官轉入省立樂中，與二官皆回家吃飯，『添客不添菜』，兩人一學期之所耗必不至三百元也。此說余極贊同，我們本無住樂山之必要，學校所在地杜公場殊清曠，且可見峨眉，余亦愛之。只搬動稍稍麻煩耳。其事殆將於本學期終了後行之，且令二官留心有無適當房屋耳。」[157]

18日（星期五），吳學義夜訪葉聖陶來，「論國內外局勢。謂美如與日戰，日軍必將自我國步步退卻，先自宜昌而武漢，而京滬，而徐海，而平津，而山海關，而完全出我國境。我追之愈急，勝利愈大云云。此君極端樂觀，而言之有理，余與墨皆為之興奮」。[158]

19日（星期六），葉聖陶日記載：「午後一時不思再寫，乃過竹公溪，訪東潤於其新居。東潤示余以〈木芙蓉歌〉，富於詞藻，余所不能為也。其所居窗外有木芙蓉兩樹，高出屋面，開花甚繁，朵大，初開者白色，漸轉淡紅而後深紅，絕豔。江浙所見者皆高及短垣，無此大本也。少坐，偕出閑行，至徐家塢，登渡船逆流而上，至於溝兒口。小墨前謂其地蘆花彌望，今已吹散大半，不復成片。東潤就近察之，謂非蘆而為荻，其莖尤細者並荻而非是，其鄉所謂『紅草』也。在小茶館吃茶，閑談甚適。五時，仍買渡過江。到家，適孟實來招飲酒，即隨之返其寓。又有通伯、人楳兩位同飲。通伯告我今日是孟實生日，人楳知孟實有三十年陳白蘭地一瓶，請其開來同祝長壽云。酒菜由人楳自提食器，從城中買來，小食數色而已，酒確芳烈，余飲三茶杯。酒後，閑談至九時而歸。」[159]

24日（星期四），葉聖陶日記載：「煙客以今日去。彼在我家工作十有三月，誠樸謹飭，大家滿意，辭去之時不免悵悵。於是買菜、掃地、燒火、劈柴，均須由自己幾個人分任之矣。」[160]

26日（星期六），葉聖陶日記載：「天氣甚好，午刻有警報，且傳緊急，我國飛機近十架往下游飛避，殆仍炸成都。兩點鐘而解除。」[161]

27日（星期日），葉聖陶日記載：「午刻仍有緊急警報，歷兩時而解除。錢歌川來，談半時許。東潤來，談一時許，言文章須能『真』能『新』能『變』，

---

[157] 商金林編：《葉聖陶抗戰時期文集》第二卷（北京：人民教育出版社，2005年），頁113。
[158] 商金林編：《葉聖陶抗戰時期文集》第二卷（北京：人民教育出版社，2005年），頁113。
[159] 商金林編：《葉聖陶抗戰時期文集》第二卷（北京：人民教育出版社，2005年），頁113-114。
[160] 商金林編：《葉聖陶抗戰時期文集》第二卷（北京：人民教育出版社，2005年），頁114。
[161] 商金林編：《葉聖陶抗戰時期文集》第二卷（北京：人民教育出版社，2005年），頁115。

方是佳文。其言頗有理。」[162]

　　29日（星期二），葉聖陶日記載：「聞通伯之母夫人病危，脈息幾於無有。本是衰老之身，殆無外感，自然機能壞耳。如果不諱，異鄉客地，頗多為難之處。余亦同有老母，惟冀其身體常保佳健，得安然東返也。閱報紙，知德國又唆使西班牙與法國參戰。西已允之，法則名義上不參戰，而其一切均歸德國利用，事實上已是參戰矣。英德互炸益臻激烈。美國準備亦益積極。我國戰事無甚變化。」[163]

　　31日（星期四），國立中正大學在江西成立。

　　本月至翌年三月，蔣介石掀起第二次反共高潮。

十一月

　　1日（星期五），葉聖陶日記載：「滿子往一家毛線廠承攬編織衣物，居然成功，攜毛線三磅以歸。於是墨與滿子皆動針指。每織毛線一兩，工資二角云。武大教師之夫人頗有業此者，亦見薪水階級之窘況矣。」[164]

　　3日（星期日），葉聖陶日記載：「飯後，東潤來邀作野行。攜杖偕出，沿竹公溪而北。至一處，溪曲折過小灘，流水有聲。上橫石橋，即坐橋面小憩。東潤謂柳子厚〈永州八記〉所記景物，大致不過如此，子厚過稱之，遂若真為了不起之勝境耳。過橋循樂西公路行，茗於路旁一小茶店。談戰局、人生、武大逸事，均有趣。四時半歸。」[165]

　　5日（星期二），葉聖陶午後入城寄信，回來訪朱光潛未遇，又訪陳源，閑談兩時許。

　　6日（星期三），羅斯福第三次當選美國總統。

　　8日（星期五），葉聖陶日記載：「午後，孟實來，謂已得消息，羅斯福破美國舊例，當選為第三任連任總統。傳宜昌、廣州均大火，似敵人有撤退模樣；皆可喜之消息也。孟實以所作《詩學通論》稿示余，當細讀之。」[166]

　　9日（星期六），重陽節，劉永濟填詞《水龍吟》「客懷如夢如煙」一首，又填詞〈江城子〉一首：

---

[162] 商金林編：《葉聖陶抗戰時期文集》第二卷（北京：人民教育出版社，2005年），頁115。

[163] 商金林編：《葉聖陶抗戰時期文集》第二卷（北京：人民教育出版社，2005年），頁115。

[164] 商金林編：《葉聖陶抗戰時期文集》第二卷（北京：人民教育出版社，2005年），頁116。

[165] 商金林編：《葉聖陶抗戰時期文集》第二卷（北京：人民教育出版社，2005年），頁116-117。

[166] 商金林編：《葉聖陶抗戰時期文集》第二卷（北京：人民教育出版社，2005年），頁117。

　　蕭蕭風葉飄回廊。小軒窗，雨淋浪。無酒無花，此日忒淒涼。眼底河
山殘晉宋，高會散，騎臺荒。

　　避災何處覓長房。歲紅羊，海紅桑。重把茱萸，不語暗神傷。斷雁雲
羅千萬疊，愁極目，夠回腸。

　　同日，葉聖陶日記載：「自出沽大麯，已漲至每斤四元，只得買半斤以歸。
又買毛茶，每斤三元七，二元僅得九兩耳。」[167]

　　11日（星期一），王星拱校長聘定高翰為文學院院長、劉秉麟為法學院院
長、桂質廷為理學院院長、邵逸周為工學院院長；劉賾為中文系主任、方重為外
文系主任、高翰為哲學系主任、方壯猷為史學系主任；周鯁生為法律系主任、劉
迺誠為政治系主任、陶因為經濟系主任、曾昭安為數學系主任、桂質廷為物理系
主任、鄔保良為化學系主任、張鏡澄為生物系主任、陸鳳書為土木工程系主任、
郭霖為機械工程系主任、趙師梅為電機工程系主任、邵逸周為礦冶工程系主任；
朱光潛為教務長，趙師梅為訓導長。

　　12日（星期二），葉聖陶日記載：「余欲至成都，小墨之同學李光普君代往公
路局登記。車票已漲至三十四元有餘，來回一趟即需七十元，真不勝負擔矣。」[168]

　　13日（星期三），四川省教育廳設川籍學生清寒獎學金。清寒大學生每人每
年發五百元，中學生三百元。

　　同日，葉聖陶日記載：「吳子馨來，談半小時。傍晚通伯來，托余在成都買
書。看報，知義大利侵希臘，吃一大敗仗，喪兵士一萬以上。日寇南進，似尚不
致遽成事實。」[169]

　　15日（星期五），行政院議決任命張群為四川省政府主席（代蔣介石）。

　　同日，武大校內掀起「倒王」運動，少數國民黨、三青團組織的右派學生偽
造三百多名學生簽名上書教育部長陳立夫，向其控告王星拱校長。

　　同日，葉聖陶辭別樂山家人往成都。

　　20日（星期三），王星拱校長聘定：劉秉麟為法科研究所主任、邵逸周為工
科研究所主任、楊端六為法科研究所經濟學部主任、俞忽為工科研究所土木學部

---

[167] 商金林編：《葉聖陶抗戰時期文集》第二卷（北京：人民教育出版社，2005年），頁117。
[168] 商金林編：《葉聖陶抗戰時期文集》第二卷（北京：人民教育出版社，2005年），頁118。
[169] 商金林編：《葉聖陶抗戰時期文集》第二卷（北京：人民教育出版社，2005年），頁118。

主任、白鬱筠[170]為附設機械專修科主任。

22日（星期五），陳源母親在樂山去世。

25日（星期一），蘇雪林為《屠龍集》（商務印書館）作自序。她說：「現在，我要把毒龍比作『生命的煩悶』，寫文章等於『啜蜜』，我們要以蜜的甘露味，暫時忘記毒龍的壓迫，佛家所謂『降龍伏虎』，也無非是象徵著這個意思，這在我個人又算是一個小小的『屠龍』的快舉。」[171]

同日，國民黨中央常委會通過黨與三民主義青年團之關係辦法。

29日（星期五），汪精衛正式就任偽南京國民政府主席。

30日（星期六），據統計，武大圖書館藏書共計141362冊，其中中日文書籍108233冊，西文書籍33129冊，另有中日文期刊2868冊，西文期刊13438冊，期刊共計16306冊。武大在樂山現館藏圖書共計91751冊。因西遷途中被淹、被炸損失圖書共計7483冊，存漢口堆棧圖書尚有42128冊。

十二月

5日（星期四），葉聖陶從夫人來信中知悉陳源母親作古，特感悵惘。

10日（星期二），葉聖陶自成都回到樂山。

11日（星期三），葉聖陶日記載：「飯後至孟實所，將托帶件交與。少坐，至通伯所，在其母靈前行禮。靈柩明日將移寄大佛寺石洞中，喪禮絕簡，一切俗節均不用。東潤適亦在，共談約一時而後歸。」[172]

12日（星期四），葉聖陶日記載：「入城寄信，將吳子馨托買書交去。……三時上山至歌川所閑談。觀其所作木刻工致有力。承示所用之各種刀子，有法國式者，有日本式者，皆用純鋼，煉鑄頗精。又承示早年所作印章數十方，尚不壞。此君癖嗜之方面甚多也。」[173]

13日（星期五），吳學義訪葉聖陶，閒談片刻。

14日（星期六），葉聖陶日記載：「下午二時又入城寄信，順便至公園看廣播新聞。近來鄂省我軍大勝，斬敵二萬。英美兩國皆竭力援助我國。德與英僅有

[170] 白鬱筠：國立清華大學工學士、英國伯明翰大學機械工學士。曾任上海交大講師、國立武漢大學教授兼機械系主任、京滬鐵路機械工程師、鐵道部總機廠工程師等。

[171] 蔡清富：《蘇雪林散文選集》（天津：百花文藝出版社，1991年），頁186。

[172] 商金林編：《葉聖陶抗戰時期文集》第二卷（北京：人民教育出版社，2005年），頁132。

[173] 商金林編：《葉聖陶抗戰時期文集》第二卷（北京：人民教育出版社，2005年），頁132。

空戰，德之勢焰似漸減。意國為希臘所敗，已成弩末。自國內國際情形觀之，皆可喜也。」[174]

15日（星期日），葉聖陶日記載：「天氣溫暖如春……一時半，劉師尚、唐宏鎔二人來。他們組一文藝協會，會友十餘人，約作郊遊之會，遂隨之往，孟實、歌川二君亦被邀。至半邊街，遇全體會友，即買舟渡江。先至龍泓寺一觀，在寺前攝影。次至江邊藉草圍坐。云談文藝，而所說殊散漫，學生集會大都如此也。」[175]

16日（星期一），教育部視察員王風喈在大禮堂向全校學生訓話。

同日，葉聖陶日記載：「十時，武大女學生蕭若華、劉孔淑二人來。劉將在教育哲學系畢業，所擬論文題為《初中國文教材研究》，就余商談。余以所作關於讀寫之書籍八九種假與之。且囑以後有所懷，盡可來此共商。」[176]

18日（星期三），下午四時半，朱光潛、朱東潤訪葉聖陶。

21日（星期六），晚上，武大峨眉劇社借嘉樂門內浸禮會公演話劇《塞上風雲》（陽翰生編劇），所收門票作為抗戰捐款。

22日（星期日），葉聖陶日記載：「午刻，鄭若川來，言正準備畢業論文，題為《小學教師之訓練、進修與待遇》也。下午四時，子馨來閑談，約於下月二日下午，同往烏尤山，拜馬先生年。」[177]

23日（星期一），教育部部長陳立夫視察武大。上午九點半，陳立夫在大禮堂作報告，內容大意是國內國際形勢對中國抗戰極端有利的資料，最後終語「戰則存，和則亡」。有人提問，今日抗戰正酣，有人在國內搞「摩擦」，居心叵測。陳部長答曰：「我是學工程的，摩擦者，Friction也，是一種相對運動，你要摩，我就摩。你不摩，我不擦。誰亦說不清楚。目前大敵當前，應以國事為重。兄弟鬩於牆，外禦其侮。」大家紛紛議論，陳部長言之有理，不是以勢壓人。有人提到了「八寶飯」問題，陳立夫說：「現在就要吃飯了，你們第一件事就是這個問題，『民以食為天』，可能有些人要吵罵，說政府不關心你們的生活，武漢大學師生來川避難，堅持教學，經歷千辛萬苦，實非易事。你們的貸金是以糙米為準。四川父老子弟支持抗戰，深明大義，獻糧出人，作了很大努力。

[174] 商金林編：《葉聖陶抗戰時期文集》第二卷（北京：人民教育出版社，2005年），頁133。
[175] 商金林編：《葉聖陶抗戰時期文集》第二卷（北京：人民教育出版社，2005年），頁133。
[176] 商金林編：《葉聖陶抗戰時期文集》第二卷（北京：人民教育出版社，2005年），頁133。
[177] 商金林編：《葉聖陶抗戰時期文集》第二卷（北京：人民教育出版社，2005年），頁134。

政府發放貸金，以米為準，很不容易，至於米內滲水滲砂，以劣易好，實乃奸商發國難財所為，並非政府本意。政府雖三令五申禁止，但地方勢力把持，政令有禁難止。中國有句名言『雖鞭之長，莫及馬腹』，萬望諸生體意諒解。」[178]

同日，峨眉劇社繼續演出《塞上風雲》。

同日，國民黨封閉各地共軍及共黨辦事處。

25日（星期三），蔣介石面囑周恩來，黃河以南之八路軍、新四軍必須如期北撤。

同日，前成都市長楊全宇以囤積糧食處死刑。

同日，葉聖陶日記載：「三時，東潤偕程千帆君來訪。程為技專國文教師，長於校勘目錄之學。談有頃，共出散步，至樂西公路而折回。」[179]

29日（星期日），上午，錢歌川訪葉聖陶閑談。

30日（星期一），武大經濟學會編印《四川嘉定戰時物價特刊》出版。

同日，葉聖陶日記載：「十一時忽傳警報，至午後一時半而解除。入城至銀行取館中匯來之本月份薪水。順便往公園看廣播新聞。言日本又將發動南進攻勢，或即襲新加坡。德國助之，以商輪來太平洋，將改為軍艦，為日策應。」[180]

本月，中共中央青委在重慶召開國統區青年工作會議，傳達中央提出的在國統區「隱蔽精幹」的方針，總結青年運動的經驗教訓。會後，成渝等地城市青年工作有很大轉變，學運的重點由校外轉入校內，利用合法組織，開展群眾工作。

本月，陳源由其表舅、國民黨元老吳稚暉推薦，任國民政府第二屆國民參政會參政員。以後又在第三、第四屆中連任。

月底，蘇雪林奉國民黨中宣部之命，撰寫《南明忠烈傳》。此時抗戰正進入艱苦階段，「所有公務人員學校教師待遇微薄，而物價高漲，法幣貶值幾不能生活，莫不志氣消沉不能振作。」該書介紹南明幾百個志士仁人，「處極端困厄之境，仍茹苦含辛，萬死無悔，挽魯陽之頹波，捧虞淵之落日，足以激勵軍民的堅貞，發揚其志氣，全國團結一氣，用以抵抗暴倭，自問對抗戰不失為一種貢獻。」[181]

---

[178] 王良瑜：〈追憶一代師表王故校長星拱先生〉，臺灣《珞珈》（1994年10月）第121期。
[179] 商金林編：《葉聖陶抗戰時期文集》第二卷（北京：人民教育出版社，2005年），頁135。
[180] 商金林編：《葉聖陶抗戰時期文集》第二卷（北京：人民教育出版社，2005年），頁136。
[181] 蘇雪林：《浮生九四——雪林回憶錄》（臺北：三民書局，1993年），頁123-124。

　　本年，武大接收戰區借讀生73人；法科研究所經濟學部招收研究生2名。

　　本年，武大因病及失事死亡學生4人：徐漢滔（30歲，政治系畢業生）、范中一（22歲，物理系一年級）、余紹堯（24歲，法律系畢業生，夜間失足墜城而亡）、張恒德（23歲，工學院一年級）。

1941年（民國三十年）

「皖南事變」發生——蘇德戰爭全面爆發——日本偷襲珍珠港（太平洋戰爭爆發）
——第三次長沙會戰

一月

2日（星期四），葉聖陶日記載：「吳學義來談，謂我國或將與英美訂軍事同盟，如有必要且將出兵緬甸，保護滇緬路，甚而至於出兵新加坡云。余思此言如成事實，則中日之戰與歐洲戰爭合而為一。左派或不贊成，以為歐洲戰爭為帝國主義間之衝突，我之對日抗戰為民族革命戰爭，我而參加歐戰，抗戰則變質矣。其言亦有理，然似有機械論之嫌。英美與德意日為敵對，我與日為敵對，在對日期其取勝一點上，我與英美一致，則訂軍事同盟亦何嘗不可。此等事余實不甚了了，姑記其直覺而已。」[1]

3日（星期五），蔣介石電葉挺，指定新四軍北移路線。

同日，朱東潤開始動筆撰寫《張居正大傳》。

同日，葉聖陶日記載：「飯後，入城至子馨所。子馨示余以最近收到之武大學生要求改革校政宣言。少坐，與偕出，自蕭公嘴渡江。青山丹崖，舟人挽纖，此景不見者久矣。循公路行，至石橋而右折，以為可以至馬翁之居，而不知中隔馬濠也。沿岸行，至凌雲山腳，始得自小板橋過馬濠。然後沿烏尤山腳西行，至馬翁之濠上草堂。馬翁似甚健，一年不見，初無變易，惟鬚髯益見其白耳。子馨談理學方面之罕見書，談漢墓，其辭汩汩，余聽之而已。坐一時許，辭出。登凌雲山，經大佛寺下山，買渡過江，步行回家。半日之行，亦殊疲矣。馬翁書室中懸自書篆字聯，集杜句曰『側身天地猶懷古，獨立蒼茫自詠詩』，甚佳。」[2]

5日（星期日），桂林《掃蕩報》刊發吳其昌〈第二次世界大戰抉微〉，《春秋》同載。

6日（星期一），國民黨第三戰區司令長官顧祝同部包圍皖南涇縣之新四軍。

[1]　商金林編：《葉聖陶抗戰時期文集》第二卷（北京：人民教育出版社，2005年），頁137。
[2]　商金林編：《葉聖陶抗戰時期文集》第二卷（北京：人民教育出版社，2005年），頁137-138。

同日，葉聖陶日記載：「《正聲報》社募款，由幾個團體演評劇，考昭緒[3]送來戲券二紙，入夜，小墨、二官兩人入城觀之。」又，「前日馬翁談此間刻書工價，去年上半年每萬字四十五元，木板由刻工供給；至於最近，每萬字將近二百元，木板自備，且須供刻工膳食。」[4]

8日（星期三），葉聖陶日記載：「三時許，歌川來談。君謂中學生讀英文，費工力多而收成效少。將來如能多訓練翻譯真才，即一般人不須再讀英文，亦可得異域新知。余以為其善良是。然數十年來，英文為必修科目，教育界已存成見，未必能革之也。」[5]

11日（星期六），方壯猷攜夫人訪葉聖陶，談起他最近為教育部所編《中國社會史》之大概。

12日（星期日），新四軍與國民黨軍奮戰七晝夜後，彈盡糧絕，除約2000人突圍外，大部分被俘或犧牲；新四軍軍長葉挺與國民黨軍隊談判時被扣押，項英、周子昆被殺害。

同日，葉聖陶日記載：「午後二時，與墨及滿子入城，至欣安家回訪，通伯、東潤亦在。欣安夫人自製包子餉客。四時半辭出，入公園看梅花。」[6]

13日（星期一），葉聖陶日記載：「東潤來，以所作文〈文章之標準〉交余，係投《國文月刊》者。文甚長，將近萬言，俟明日看之。談次，余以君時稱其師唐蔚芝（文治）先生讀文之神妙，請摹讀數篇，俾余得其仿佛。君遂為余誦歐陽修《五代史‧伶官傳序》及《秋聲賦》兩篇，字字咬清楚，為其長處，其抑揚頓挫，與蘇人無大異。」[7]

14日（星期二），武大選派土木工程系助教兩人，學生15人參加航空委員會緊急工程，分別擔任工程員和監工員，歷時四個月，於4月21日返校。

同日，葉聖陶日記載：「午後十二時半聞警報，至二時解除。小墨有一同學往遊峨眉，托其帶回峨眉茶葉二斤，每斤價六元半。價雖貴，而味亦平常。」[8]

---

[3]　考昭緒：筆名蒂克（T.K.），作家，當時就讀武大外文系，小有名氣，寫過《小蘭花》）（朱光潛作序）、《秦淑的悲哀》。1957年被劃為右派，病逝於下放地。

[4]　商金林編：《葉聖陶抗戰時期文集》第二卷（北京：人民教育出版社，2005年），頁138。

[5]　商金林編：《葉聖陶抗戰時期文集》第二卷（北京：人民教育出版社，2005年），頁138-139。

[6]　商金林編：《葉聖陶抗戰時期文集》第二卷（北京：人民教育出版社，2005年），頁139。

[7]　商金林編：《葉聖陶抗戰時期文集》第二卷（北京：人民教育出版社，2005年），頁140。

[8]　商金林編：《葉聖陶抗戰時期文集》第二卷（北京：人民教育出版社，2005年），頁140。

18日（星期六），葉聖陶日記載：「作書與上海諸友，告余家決遷成都。與墨訪藍君，告以余家將遷，房屋即退還。詢知桌椅等物，可托運貨船帶往成都。」[9]

19日（星期日），中共中央南方局軍事組根據周恩來的指示，編印了《新四軍皖南部隊慘被圍殲真相》，通過各種管道散發給在渝部分政界人士和國內外記者，打破了國民黨當局的新聞封鎖。

20日（星期一），葉聖陶日記載：「上午，程廼頤夫婦來，敘別意。程於寒假後改就女子師範學院，亦將動身往江津矣。飯後，訪吳學義，復訪東潤、孟實、通伯，告以將離此。袁昌英本約通伯來余家敘別，遇之於通伯所，謝其殷勤，請勿復枉駕。到夜，送行者咸集，計武大同學五人，技專同學二人，藍君亦來，合我家七人，分兩桌聚餐。」[10]

21日（星期二），葉聖陶日記載：「晨訪孟實，知昨晚特為我往樂西公路辦事處道地，附載可不成問題。十時，劉弘度君下山來訪，敘別。……下午無所事事，望庭前原野，頗有不捨之意。得通伯、東潤、孟實、昌英等四人之請柬，邀余與墨明晚斂餐，地點在陳家。友情之深，頗可感也。」[11]

22日（星期三），葉聖陶日記載：「六時，與墨應邀往通伯家。主人除通伯、東潤、孟實、昌英外，又加入雪林一人。客則我兩人外，有欣安夫婦與楊人楩。菜係通伯家之老嫗所製，色色俱佳。酒各適可而止，最為得當。八時半散。」[12]

23日（星期四），葉聖陶日記載：「飯後與母親及墨上山，至錢家辭別。歌川夫婦斟酒相餉，佐以花生餅乾之類。酒係以橘汁和大麴，味至清。余飲獨多，殆有六七兩。歌川言今年暑假中或將去此，在武大任教甚乏味也。坐一時許，辭出。又至劉家，晤弘度君，至程家，晤廼頤君，皆未晤其夫人。至藍家，晤藍太太。」[13]

24日（星期五），葉聖陶僱七輛人力車，載著人和物去車站。方壯猷夫婦、錢歌川夫人以及來武大、技專一些學生前來送行。後因赴蓉汽車不能成行，遂成虛願。

26日（星期日），葉聖陶日記載：「飯後，與墨共到歌川所閑坐，觀其所藏之各種畫片。其夫人出一手冊囑題，即為作一絕曰：『竹公溪上經年住，欣與鴻

---

[9] 商金林編：《葉聖陶抗戰時期文集》第二卷（北京：人民教育出版社，2005年），頁141。

[10] 商金林編：《葉聖陶抗戰時期文集》第二卷（北京：人民教育出版社，2005年），頁141。

[11] 商金林編：《葉聖陶抗戰時期文集》第二卷（北京：人民教育出版社，2005年），頁142。

[12] 商金林編：《葉聖陶抗戰時期文集》第二卷（北京：人民教育出版社，2005年），頁142。

[13] 商金林編：《葉聖陶抗戰時期文集》第二卷（北京：人民教育出版社，2005年），頁142。

光為比鄰。別去未須深惆悵，春回歡敘在淞濱。』甚不佳，有打油風矣。」[14]

27日（星期一），葉聖陶日記載：「陰曆元旦，清晨聞稀疏之爆竹聲，小兒弄扯鈴與喇叭之聲。飯後，歌川全家下山來小坐。李光普、陶允和來。欣安來，伯麟來。我家一切雜亂，茶果都不曾備，殊慚無以款客。」[15]

28日（星期二），葉聖陶日記載：「通伯、東潤來，共出散步，行頗遠。於路旁一小茅店中憩坐，各飲乾酒一杯，眺望野景，至覺怡心。」[16]

29日（星期三），葉聖陶日記載：「所居仍此屋舍，但心情已異，如在旅居，徘徊坐立均覺無聊。飯後往訪東潤，自嘉樂門外右折，偕行於山間，頗賞竹樹丘壑之勝。會心曠遠，正不須名山勝地也。前年春間，記曾與通伯、子馨一經其地，此後殆亦不復經行矣。」[17]

30日（星期四），武大呈文三青團成都青年勞動服務營，保釋1940年「七六」事件中被捕的武大學生張是我、李昌瀛兩人。

31日（星期五），教育部幾位職員對武大學生控告校長王星拱之控詞簽署具體意見，他們堅定地站在王星拱一邊。

同日，葉聖陶坐上樂西公路的順風卡車赴蓉，「車出嘉樂門，遇通伯及孟實，皆招手為別。兩年樂山住，至此與樂山別矣，余亦殊無所感」。[18]

本月，「皖南事變」爆發不久，有關揭露事變真相的小冊子，寄到了岷江社社員手裏，暗中進行傳播。這時武大的反共分子也聞出了氣味。他們立即在壁報上發表文章，攻擊周恩來的題詞是「故意散佈懷疑」。結果，引起更多學生對國民黨暴行的痛恨。這時，岷江社面臨考驗：是保持緘默，或是仗義執言，反映廣大群眾的正義呼聲？社員們經過醞釀，選擇了後者。在《燎原》壁報頭條位置，發表了由姬野藜、胡開駟分別執筆的兩篇政論性短文：〈七步詩〉和〈不准懷疑〉，以「賊喊捉賊」、「此地無銀三百兩，隔壁王二不曾偷」等多項比喻，來影射國民黨政府破壞團結抗日戰線的反共行為。壁報貼出以後，國民黨團察覺了文章的用意，通過武大訓導處勒令立即撤下這兩篇文章。社員們針鋒相對，在版面原來位置上，貼出白紙，寫上原標題和「奉令免登」四字，以示抗議。

[14] 商金林編：《葉聖陶抗戰時期文集》第二卷（北京：人民教育出版社，2005年），頁143。
[15] 商金林編：《葉聖陶抗戰時期文集》第二卷（北京：人民教育出版社，2005年），頁143。
[16] 商金林編：《葉聖陶抗戰時期文集》第二卷（北京：人民教育出版社，2005年），頁143。
[17] 商金林編：《葉聖陶抗戰時期文集》第二卷（北京：人民教育出版社，2005年），頁144。
[18] 商金林編：《葉聖陶抗戰時期文集》第二卷（北京：人民教育出版社，2005年），頁144。

　　本月，武大學生先後成立「文談社」、「海燕社」、「風雨談社」、「政談社」、「凌雲社」，各社團均辦有壁報。

　　本月，吳其昌在樂山浙江同鄉會演講：《中日戰爭的一個歷史看法》。後刊於《春秋》二卷一期及《中央週刊》三卷卅一期。

二月

　　1日（星期六），黃炎培「托中行匯嘉定方剛505.00」。[19]

　　5日（星期三），武大放寒假了，朱光潛、楊人楩、袁昌英三位和葉至善乘樂西路卡車赴蓉訪葉聖陶。

　　6日（星期四），教育部發出部長批示，摘錄武大學生呈控密函王星拱校長參考。

　　8日（星期六），四川省教育廳負責人說：由外地遷入四川的專科以上學校共31所。全川共有中等學校300餘所，學生共10餘萬人。

　　9日（星期日），劉永濟聞湘捷，再用堅字韻賦喜「街頭聞好語」一首。

　　14日（星期五），教育部召開學術審議會，「立夫主席，報告近年高等教育之困難，學生之貧苦，學校之顛沛以及設備之遺失而不得補充。據謂救濟學生即每年用三千萬元。次謂部中不再設新高等教育機關。次吳士選[20]報告，謂去年高等教育經費為一千四百萬元，追加六百四十八萬元，今年則為一千六百八十九萬元，加建設費一百六十萬元，添班費二百萬元。至於購書籍儀器，去年撥二十萬元，本年財政部已允撥八十萬元。……士選又謂：本年全國預算七十六萬萬元；約三十萬萬元政費，其中一萬二千萬元為教育費，除去軍事教育費六千萬元（其中中央軍訓團二千五百萬元），教育占不達1%，而戰前則占政費4.5%。」[21]吳士選提供的卅年度各校經費情況：中央大學196.9萬，浙大118.4萬，川大101萬，武漢大學96.3萬，雲大80萬，西大70餘萬。其中武漢大學經費細目為：原有797760，

---

[19] 中國社科院近代史研究所編：《黃炎培日記》第七卷（北京：華文出版社，2008年），頁62。

[20] 吳俊升（1901-2000），字士選。江蘇如臯人。1928年赴法留學，1931年獲巴黎大學文科博士學位。1938年初，應陳立夫之邀，擔任教育部高等教育司司長至1944年底。在此期間，吳隨政府西遷，致力於安置流亡師生，賡續弦歌。不僅遷移原有院校，並根據當時需要增設院校，造就人才。他倡行貸金制度，使流亡青年能完成學業，又挺議政府資助學生赴英美留學。抗戰勝利後曾出任國民政府教育部次長。

[21] 竺可楨：《竺可楨日記》第一冊（北京：人民出版社，1984年），頁486。本條後文經費數據同。

增班費48000，加一成35350，訓育4000，專修班30000，建設專款50000，增加數165000，合共963000。

18日（星期二），竺可楨日記載：「余等在附近茶店商本夏大學招生事，以教部既不辦統一招生，則勢必各大學須商榷一共同辦法。余擬約中大、湖大、唐山、廣西、武大、川大合浙大作聯合考試，擇定成都、重慶、長沙、貴陽、昆明及桂林為六個考試地點。」[22]

同日，葉聖陶成都日記載：「三時返陝西街，途遇楊端六、陳通伯。兩人昨自樂山來，將赴重慶出席參政會議，匆匆之間，未獲暢談為憾。」[23]

19日（星期三），生物系教授高尚蔭與四川省農業改進所食糧組合作，開展豆科植物試驗，並訂立具體計劃大綱。

本月，中共樂山中心縣委書記徐堅離開樂山，其職務由張黎群接任，領導中共武大特支工作。

三月

7日（星期五），行政院撥款100萬元，救濟遷川之復旦、金陵、朝陽、南開等51所私立大、中學校。

15日（星期六），美國總統羅斯福演說，中國必可獲得美國之援助。

21日（星期五），葉聖陶日記載：「得孟實信。孟實今任武大教務長，謂王撫五如能從其主張，則幹下去云。」[24]

22日（星期六），武大向衛生署麻醉藥品經理處訂購了一批藥品。

23日（星期日），教育部訓令：「據密報稱：國立武漢大學助教常振楫在校內主編戊寅壁報，於1月20日創刊號中著〈中國內在的危機〉一文，以筆名『千里』發表，誣抵本黨並舉事實，為共黨張目，核其字跡，又為親筆，等情，據此，合承抄發〈中國內在的危機〉原文一件，仰即嚴密注意並切實糾正為要。」

同日，《武漢大學週刊》第321期刊載朱光潛〈說校風〉一文。朱光潛把校風看成是學校生命的表現。他指出，優良的校風必須具有四個特點：第一，應有家庭般和睦的氣氛。其次，一個優良的大學，必須養成尊重紀律的風氣，為社會

---

[22] 竺可楨：《竺可楨日記》第一冊（北京：人民出版社，1984年），頁488。

[23] 商金林編：《葉聖陶抗戰時期文集》第二卷（北京：人民教育出版社，2005年），頁155。

[24] 商金林編：《葉聖陶抗戰時期文集》第二卷（北京：人民教育出版社，2005年），頁162。

樹一個好榜樣。所謂紀律含有兩種意義：一是個人生活的紀律，一是團體生活的紀律。第三，優良的學校必定有很濃厚的研究學術的風氣。第四，優良的校風必須養成宏毅豁達的胸襟氣宇。

27日（星期四），葉聖陶日記載：「方欣安一信，托買書。馬文珍一信，附來近拍小影。鄭若川一信，托為留意其將來之就業地，並錄其試作詞稿囑改削。」[25]

31日（星期一），竺可楨日記載：「去年舉行之第一屆各大學學業競試結果已發表……最多中央13人，次嶺南10，浙大、重大各七人，廈門五人，武漢四人，東湖[？]四人，西南、復旦、師範、金陵、中山各三人。每人得書券三百元至二百元。」[26]

本月，朱光潛正式接替曾昭安先生出任武大教務長。

本月，吳其昌聘請錢穆到武大講授《中國政治制度史》及《秦漢史》兩月。

本月，武大經濟學會主編的《武漢大學經濟學會會刊》創刊。

四月

10日（星期四），竺可楨重慶日記載：「四點開聯大、中大、浙大三校招生聯合會議，到志希、潘光旦與余三人，決定聯合招生以浙大、中大、聯大及武大四校為限。地點在重慶、成都、昆明、貴陽，外加麗水（浙大）及衡陽或耒陽，[與]湖南教廳接洽後再定。考試由聯大主持，衡陽閱卷由浙大主持。題目一律，浙大出國文、中外史地、中外歷史；中大出英文、生物、中外地理；武大出數學甲、乙，公民；聯大出物理、化學、理化。報名考試限八月一日至十日內。閱卷歸主持考試學校。志願分四個，但額滿時招生委員會有分配之權。費用依照各院預算之多寡。學生旅費概由自出，報名費五元。」[27]

12日（星期六），梅貽琦日記載：「晚飯後光旦方自渝歸來，談與竺、羅二校長商四校聯合招考經過（武漢王校長未到）。」[28]

16日（星期三），西南聯大大事記：「潘光旦在渝與中央大學、武漢大學、浙江大學商洽聯合招生事宜。」[29]

[25] 商金林編：《葉聖陶抗戰時期文集》第二卷（北京：人民教育出版社，2005年），頁163。
[26] 竺可楨：《竺可楨日記》第一冊（北京：人民出版社，1984年），頁499。
[27] 竺可楨：《竺可楨日記》第一冊（北京：人民出版社，1984年），頁501-502。
[28] 黃延復、王小寧整理：《梅貽琦日記（1941-1946）》（北京：清華大學出版社，2001年），頁23。
[29] 西南聯大北京校友會編：《國立西南聯合大學校史》（北京大學出版社，2006年），頁391。

19日（星期六），葉聖陶成都日記：「得楊人梗、錢歌川、錢畊莘來信。人梗問起《文史教學》徵稿事，即復之。附一箋與通伯。歌川示近作詩……」[30]

30日（星期三），葉聖陶成都日記：「得通伯、東潤信，於米價之高漲，社會秩序之不易維持，皆深憂慮。」[31]

本月，武大留守珞珈山護校工友余景華、李濟生、查潤生3人，在武昌青龍巷被日本憲兵殺害。

本月，武大工學院與交通部公路總管理處合設公路研究實驗室，制定合設公路研究實驗室實施辦法。

本月，繆經田先生贈送武大三箱藥品。

五月

7日（星期三），葉聖陶成都日記：「得楊人梗信，附來一稿，投《文史教學》者，即作一書復之。」[32]

30日（星期五），武大準備購書，各種書籍共579種，共計約為7480美元。[33]

本月，武大訓導處向教育部呈報《學生體格總檢查表》。全校男生共1237人，其中營養良好的177人，占14.31%；中等的916人，占74.059%；不良的144人，占11.649%；全校女生共126人，其中營養良好的28人，占22.229%；中等的93人，占73.82%；不良的5人，占3.96%。

本月，蘇雪林著《南明忠烈傳》由重慶國民出版社出版。

本月，教育部為統一各校教師休假進修辦法，規定專任教授滿7年以上且成績卓著者，可休假在國內考察研究半年或一年，但事前須提出研究計畫送部審核，並在考察兩個月後，將研究所得報部審核。

六月

3日（星期二），國民政府行政院第517次會議通過了《教育部設置部聘教授辦法》，其中第二條規定，部聘教授須具備三個條件：1、在國立大學或獨立學

---

[30] 商金林編：《葉聖陶抗戰時期文集》第二卷（北京：人民教育出版社，2005年），頁167。

[31] 商金林編：《葉聖陶抗戰時期文集》第二卷（北京：人民教育出版社，2005年），頁170。

[32] 商金林編：《葉聖陶抗戰時期文集》第二卷（北京：人民教育出版社，2005年），頁171。

[33] 相關數據參見涂上飆主編：《樂山時期的武漢大學》（武漢：長江文藝出版社，2009年），頁41。

院任教十年以上者；2、教學確有成績、聲譽卓著者；3、對於所任學科有專門著作且具有特殊貢獻者。

12日（星期四），武大第382次校務會議通過《修正本大學各學系研究助理任用規則》。

14日（星期六），竺可楨遵義日記載：「曉峰[34]來談《思想與時代》社之組織。此社乃為蔣總裁所授意，其目的在於根據三民主義以討論有關之學術與思想。基本社員六人，即錢賓四（穆）、朱光潛、賀麟、張蔭麟、郭洽周、張曉峰六人。」[35]

22日（星期日），希特勒撕毀蘇德互不侵犯條約，以事先擬訂好的一份代號叫「巴巴羅沙」的計劃，軍分三路以閃電戰的方式突襲蘇聯德軍進攻蘇聯。

28日（星期六），成都發生搶糧風潮。葉聖陶此日日記載：「城中貧民成群結隊，搶劫米麵鋪即小食鋪者甚多。有一二家銀行亦被攻擊，非欲搶錢，蓋為泄憤。米貴至此，一升將近十元，教貧民如何為生。」[36]

本月，中共樂山中心縣委書記張黎群調回南方局，其職務由張文澄接任，領導中共武大特支工作。其時，武大有兩個男生支部，分別由陳尚文、吳中垺負責，共有黨員十幾人；另有女生支部，書記為陸蘭秀，有黨員四人。

七月

1日（星期二），糧食問題的日益嚴重使得政府決定設立糧食部，於此日成立。徐堪任首任部長，田賦歸中央統一徵收。

2日（星期三），劉永濟作〈謁金門〉詞二首，鈔寄馬邊賀昌群索和。

3日（星期四），史達林向蘇聯人民發表廣播演說，號召全體蘇聯人民團結起來，全力以赴同希特勒法西斯做殊死的鬥爭，蘇德戰爭全面爆發。

6日（星期日），國民黨武大區黨部改選，楊端六、趙師梅、普施澤、丁景春、李浩培當選為執行委員，王鐵崖、楊先譽當選為候補執委，王星拱當選為監察委員，邵逸周當選為候補監察委員。

9日（星期三），西南聯大校長梅貽琦和語言學家羅常培、史學家鄭毅生遊

[34] 曉峰，即張其昀（1900-1985），浙江寧波鄞縣人。地理學家。曾任浙大史地系主任、文學院長等。
[35] 竺可楨：《竺可楨日記》第一冊（北京：人民出版社，1984年），頁515。
[36] 商金林編：《葉聖陶抗戰時期文集》第二卷（北京：人民教育出版社，2005年），頁184。

歷蜀地，來到樂山，住縣街嘉林公寓。晚上，高翰、方重、吳其昌到訪。

　　10日（星期四），梅貽琦、羅常培、鄭毅生一行在方重與陸鳳書的陪同下，到文廟看望王星拱、朱光潛、陳源三位。當時，王星拱「穿著一件灰色羅衫，頭髮全白了，臉下還有好些黑痣」。羅常培不由感歎，「回想二十年前，我在北平漢花園的紅樓裏聽他講科學方法論的時候，他正在革履西裝，精神飽滿，那是何等少壯英俊！幾年沒見就變成這樣，可見在學校裏管行政事務也會讓人老的快。孟實雖然兩鬢斑白，精神卻還煥發。那位好說『閒話』的西瀅，雖然唇有黑髭，鬢雜白髮，背部也稍微有些拱起，可是一穿起亮紗的藍衫來，還依稀有點兒當年住在北平東吉祥胡同時候的風度。梅先生向撫五表示聯大盼望孟實返校的意思很懇切，撫五正顏厲色的說，『武大對於朱先生比聯大更需要，請你們就暫時借給我們幾年罷』。於是這一場交涉就這樣談判中止。下午一點半有空襲警報，等到兩點半解除後，武大的陸鳳書和桂質廷兩位領著我們先到李公祠參觀理學院，後來又到觀斗山參觀工廠，到三育中學參觀工學院的實驗室。……晚七點，撫五孟實在公園路中西餐館設宴招待。」[37]餐後，梅貽琦回到寓所，「樓邦彥夫婦、王鐵崖來談」。[38]

　　11日（星期五），早晨七點半，羅常培「到嘉樂門外，去看孟實，並會到陳通伯、朱東潤、徐天閔、楊人楩幾位，和北大中國文學系二十四年度畢業生丁賢書」。[39]十點多，吳其昌、謝文炳、普施澤等人到嘉林公寓看望梅貽琦、羅常培一行，領著他們從安瀾門外的蕭公嘴渡江去烏尤寺，然後再登凌雲山到大佛頂。「清華同學在經樓下設宴歡迎，共有三桌：桂、陸、繆、高、方、謝、普、吳、樓、王[40]之外，則有方壯猷、顧如、李家光、孟昭彝、夏鼐諸君。飯罷成立嘉定校友會，推桂為會長。後余為報告母校近況，約四點始下山過江回寓。」[41]

　　12日（星期六），梅貽琦一行離開樂山向峨眉進發，下午在普賢寺邂逅徐中舒和張洪沅[42]兩位，晚上住報國寺。

---

[37] 羅常培：《蜀道難》，《蒼洱之間》（合肥：黃山書社，2009年），頁35-36。

[38] 黃延復、王小寧整理：《梅貽琦日記（1941-1946）》（北京：清華大學出版社，2001年），頁65。

[39] 羅常培：《蜀道難》，《蒼洱之間》（合肥：黃山書社，2009年），頁36。

[40] 桂、陸、繆、高、方、謝、普、吳、樓、王：分別指武大教授桂質廷、陸鳳書、繆恩釗、高翰、方重、謝文炳、普施澤、吳其昌、樓邦彥、王鐵崖。

[41] 黃延復、王小寧整理：《梅貽琦日記（1941-1946）》（北京：清華大學出版社，2001年），頁65。

[42] 張洪沅（1902-1992），字佛寧。四川華陽（今成都市）人。化學工程學家，教育家。1916年考入清華留美預備班。1924年畢業後赴美留學，在加州理工學院和麻省理工學院攻讀化學工程。1928年

13日（星期日），梅貽琦日記載：「六點羅念生[43]約余等至其家食水餃，甚好，蓋其夫人生長北平，頗能烹飪也。」[44]

14日（星期一）至17日（星期四），梅貽琦一行遊覽峨眉山。

17日（星期四），袁昌英攜女兒楊靜遠進城。先到陳西瀅凌淑華夫婦家，然後買了些小東西，送給楊靜遠的中學老師劉年翠（高尚蔭夫人）。繼而到蘇雪林家，送給她兩個大西紅柿。再到顧如家話別，她後天要坐飛機到仰光去消夏。

19日（星期六），教育部公布《設置部聘教授辦法》，外交部公布《延聘外籍教授辦法》。

同日，梅貽琦日記載：「12：30雇洋車進縣城至水西門街徐中舒家午飯，方壯猷亦尚住此。主人除外叫數菜外，又自做三四樣，蓋昨晚即準備吾等來食者，聞之益不安。午後與鄭、羅、方太太徐及其男孩二三人步出向東門繞行新舊兩橋後，至公園、大佛寺（未得入殿看，因有中研院器物為隊兵防護）。」[45]

20日（星期日），晚上，袁昌英和女兒飯後聊天，說到蘇雪林，「她是一個完全的好人，但現在卻眼看著要餓死。她以前捐金救國那番熱烈偉大的事，現在沒人提了，大概人們都忘了。我想以後能著作的時候，一定要替她寫下來，使她名垂千古。」[46]

27日（星期日），樂山上午10時來空襲警報，下午2時才解除。

28日（星期一），連著5個鐘頭警報。下午，吳學義往楊端六家，告訴廣播消息：英美對日斷絕一切貿易關係。還有一個消息是，中國人民在美國銀行的存款被美國政府存封。

晚上，袁昌英勸楊端六到重慶做事，楊端六認為不可能。

獲麻省理工學院碩士學位。1931年回國，先後在中央大學、南開大學任教。1939年受聘為四川大學教授，兼任化學系主任和理學院院長。1942年出任重慶大學校長。

[43] 羅念生（1904-1990），原名懋德。四川威遠人。古希臘文學翻譯家。1929年至1933年先後進美國俄亥俄大學、哥倫比亞大學研究院和康乃爾大學研究院。1934年回國任教北京大學。抗戰爆發後，羅念生到四川大學任教。1939年秋，隨川大遷峨眉山。1941年8月，由以前川大同事謝文炳介紹到武漢大學外文系任教授，擔任英文、古典文學、英國文學史等課程。

[44] 黃延復、王小寧整理：《梅貽琦日記（1941-1946）》（北京：清華大學出版社，2001年），頁66。

[45] 黃延復、王小寧整理：《梅貽琦日記（1941-1946）》（北京：清華大學出版社，2001年），頁71-72。

[46] 楊靜遠：《讓廬日記》（武漢大學出版社，2003年），頁4-5。

八月

1日（星期五），岷江水漲得很厲害，離公路只有兩尺左右。楊端六一家人住在江邊石烏龜，急得什麼似的，連忙理東西，連鋪蓋都捆了搬上自建的小閣樓；晚上又把鋪蓋盤下來睡。院子裡的西紅柿全採下，一個大南瓜也採了。

2日（星期六），岷江水退去。楊靜遠日記中感歎：「人生在這時代，真正是要備受折磨。天下雨怕水，天晴了又怕空襲。」[47]

6日（星期三），朱東潤歷時七個月完成《張居正大傳》這部洋洋灑灑30萬字的著作。

8日（星期五），王世傑日記載：「武漢大學學生王道勝新自晉南返渝。據云整軍工作為目前急要之圖。」[48]

9日（星期六），楊靜遠日記載：「早上白先生（楊靜遠自注：機械系教授白鬱筠，和我家合住一宅）來報告好消息，說川軍決定退馬邊、峨邊。問題大概是解決了。我們高興極了，想著又過了一險關。不料下午全華公司[下江人開的醬油廠]的鍾先生來了。報告可怕的消息。聽說兩方面今晚8時開動。這一來，把我們嚇得面無人色，也商量不出什麼辦法來。好消息和壞消息夾著來，不知怎樣置信。好像是城裏安全些，但我們不能去。媽媽要我一個人在解除警報後就進城到蘇先生家去。天啊！此生此世想不到也遇到這種的事。」[49]

14日（星期四），劉永濟推薦程千帆自中央技專來武大文學院任講師，是日到校。據《勞生志略》（程千帆口述、張伯偉整理）載：「記得有一年夏天，大概是1941年，我知道武漢大學要進人，添一個教大一國文的，我就去見劉先生，劉先生問我願不願意到武漢大學教課，我說當然願意……原來是要我教三個班大一國文，劉先生就同中文系主任劉博平先生商量，把中文系本科一年級的國文提出來，單獨成立一個班，講得深一點，每週五個小時。所以那個時候大家都是三個班，九個小時的課，我是教十一個小時。中文系是五小時，教的內容就是《文論十箋》，這是後來的名稱，當時叫《文學發凡》。」[50]

---

[47] 楊靜遠：《讓廬日記》（武漢大學出版社，2003年），頁6。
[48] 《王世傑日記手稿本》第三冊（臺北：中央研究院近代史研究所，1990年），頁125。
[49] 楊靜遠：《讓廬日記》（武漢大學出版社，2003年），頁6-7。
[50] 程千帆：《桑榆憶往》（上海古籍出版社，2000年），頁18-19。

　　同日，日軍轟炸昆明，聯大損失慘重，圖書館、教室、宿舍、飯廳都被炸彈擊中。

　　16日（星期六），武大向衛生署戰時醫療藥品經理委員會請購四安司（即四分之一磅）愛米丁針。但此藥品已發售完畢，請求沒有實現。

　　同日，竺可楨日記載：「今日武大、聯大、中大、浙大四校聯合招生在昆明、成都、重慶、貴陽、衡陽等地同時舉行，預期參加者約一萬人左右。」[51]

　　同日，楊靜遠到到文廟參加新生考試。上午考國文，題目是〈自述在中學學習國文的經過〉，下午考理化。

　　17日（星期日），來了一次警報，十餘架飛機從樂山上空飛過。

　　武大新生考試第二天。上午考英文，作文題是 *My English Teacher*[我的英文老師]，下午考地理。

　　18日（星期一），武大新生考試繼續。上午考數學，下午考生物。

　　19日（星期二），武大新生考試最後一天。上午考公民[高中設的政治、法律常識課]，下午考歷史。

　　同日，樂山大轟炸二周年。日機來了四批，一批炸內江，一批炸自流井，兩批炸樂山，中途遇雨，只得將炸彈送給自流井。

　　23日（星期六），楊追奔主編《樂山大轟炸》載：「民國30年（1941年）8月23日，日本飛機7架，排一字隊形經青神、夾江，於13時58分串至樂山縣城上空，向城區白塔街、陝西街、土橋街、河街、君子巷、任家壩投炸彈38枚，燃燒彈20枚，其中未爆的4枚，投入河中4枚，共計58枚，並用機槍掃射人群。於14點20分向東飛去。隨後竄入樂山縣屬蘇稽鎮上空，投炸彈多枚，並以機槍掃射人群。據民國樂山防空指揮部檔案記載：此次轟炸樂山縣城共造成人員傷亡48人，其中死亡13人，傷35人。炸毀房屋40餘間，震壞房屋60餘間。轟炸蘇稽鎮共造成人員傷亡112人。其中死亡65人，傷47人。死牲畜無數。」另據樂山文史學者魏奕雄撰文云：「1941年8月23日，日本海軍航空兵出動8架飛機轟炸樂山城區，同日7架飛機轟炸樂山城區西北方12公里的蘇稽場……《四川省樂山縣（民國）三十年度遭受空襲傷亡人數報告表》載明8月23日死亡82人，重傷105人（特等傷16人、一等傷89人），輕傷66人，炸毀和震壞房屋100多間。」[52]

[51] 竺可楨：《竺可楨日記》第一冊（北京：人民出版社，1984年），頁48。
[52] 魏奕雄：〈日軍第二次轟炸樂山〈戰鬥詳報〉現身〉，《樂山日報》2009年12月4日。

轟炸這天，防空警報響後，武大教職員工都跑進防空洞，蘇雪林因所住房子很小，以為敵機不會以此為投彈目標，不願意離開屋子，是同人強行將她們姐妹倆拉入洞的。忽然就聽到「機聲軋軋，其聲重濁」，蘇雪林尚敢出洞觀看，但見遠處一座銀行大樓轟然倒下，黑煙騰起煙散。敵機也由遠及近。「敵機盤旋漸近我們住所，像又在上面同人所居投下一彈，我們時已入洞，只覺天搖地動，洞頂泥屑紛落，似亦將崩塌，同人相顧失色，以為將遭活埋之厄，死在當頭了。幸聞敵機遠去，警報解除，出洞一看，同人所住下面屋子屋頂之瓦，盡皆掀去，灰塵下落半寸厚，室中什物盡皆湮沒。原來敵機所下炸彈係在相隔十餘家之遠的一處公家建築，那所建築當然全毀了，震餘力尚將半里內屋瓦盡皆掀飛，幸未投燃燒彈，不然災情當更大。我入小丘上小屋一看，我所居那間屋子朝外板壁盡皆震落，靠壁有一櫃式高几，上面我擺了幾件瓶罐瓷像之屬盡皆震落在地，看板壁穿有一彈孔。再細細循跡追查，原來敵機所放機槍之彈自板壁斜斜射入，飛過小客廳，飛入了家姐所住房子，將她一只小箱射穿，箱中幾件綢段類盡皆穿過，再自板壁穿到室外，斜射入土數寸深始停住。此彈丸射穿四層板壁，一只小箱，其威力之大，誠使人咋舌不已。若我姐妹那時尚在室中不肯入防空洞，則兩人皆肺腑洞穿無疑。」[53]

轟炸之日警報響起時，錢歌川正在寫作，但沒理會。一小時後又響起緊急警報，他還是沒有停止工作。直到聽到隆隆的轟炸機聲音後，才走進防空洞。在七架獸機投下了百多顆小炸彈獰笑飛去後，錢歌川便趕進城去觀察炸後的情形──

　　當我剛走進市塵，簡直使我忘於市上剛才被炸的這回事，仿佛是在一個假日似的，人們都帶著一顆平靜的心出來逛街，面上雖沒有一點笑容，也沒有絲毫憂色。每個人的心，鎮靜得和池水一樣。店家的門都重開了，甚至小販也照常在叫。只有從各處赴災區的救火車，急馳而過，才表現出平靜的市上，發生了一件不平常的事情。於是進城的人，腳步加快了一點，可是從城裏出來的朋友，卻曳著一根手杖，像午後郊原散步似地在走著，我用不著問他，單看他的神氣，已經知道「沒有什麼大了不得」。

[53] 蘇雪林：《浮生九四──雪林回憶錄》（臺北：三民書局，1993年），頁128-129。

　　這次全城死傷也有幾十人，因為是炸毀了一兩個防空洞的緣故。可是等我出去了的時候，除在文廟坪裏發見三個犧牲者而外，其餘一點血痕也沒有見到，縣街的火，雖則還在燃燒，但已無擴大危險。有幾處炸毀的房屋，已經有人開始去挖東西了。孩子爭著去找尋炸彈的碎片，河邊的人忙著在拾炸死的魚。前年被炸時那種紛紛搬運東西下鄉的情形，這次沒有了。甚至在城裏的人，對於轟炸，也就滿不在乎，沒有一個人因此而想搬家下鄉的。

　　我在城裏逛了一遍，沒有得到什麼異常的印象。除了一處火光，幾家破瓦而外，實在看不出這是一個剛被轟炸了的城市。敵人的轟炸，已經不足以使我們發生一點驚恐了。敵機臨頭，我們躲避一下，敵機一去，一切又恢復了常態，炸彈擲下來，就像擲在池中的石子，至多只能使水面起一種波紋，向四方散開，散開之後，水面又平靜如常。這種散開的波紋，便是電報局的職員，代轉本地的居民所拍出去的平安電報。我甚至連電報都懶得去拍，因為知道別人對於樂山被炸的事，也並不會怎樣重視。[54]

　　錢歌川感歎到，「現在前線既沒有人畏懼日本兵，在後方的也沒有人怕日本的飛機了。這也許就是我們支持長期抗戰的主力罷。」

　　朱東潤後來回憶，轟炸這天「正在吾廬裏抄集的時候，空襲警報來了，是夏天，身上著的白衣服不宜於跑警報，只好伏在窗下。凶惡的敵人在附近轟炸以後，揚長而去。我從窗下爬起來，依舊抄錄《惠遠傳》，作為這部作品的附錄」。[55]

　　24日（星期日），丘吉爾向美國保證，如美日談判不成，英國將立即援助美國。

　　25日（星期一），希特勒與墨索里尼會晤，決心繼續戰爭至勝利結束。

　　28日（星期四），葉聖陶日記載：「又一信係通伯所寄，言樂山此次被炸，受之頗輕，死二十餘人，燒去縣街一小段。武大師生無有受害者。讀之心慰。」[56]

---

[54] 錢歌川：〈炸後巡禮〉，《錢歌川文集》第一卷（瀋陽：遼寧大學出版社，1988年），頁524-525。

[55] 《朱東潤自傳》，《朱東潤傳記作品全集》第四卷（北京：東方出版中心，1999年），頁256。

[56] 商金林編：《葉聖陶抗戰時期文集》第二卷（北京：人民教育出版社，2005年），頁198。

29日（星期五），竺可楨日記載：「四校聯合招生，決定限各地於九月十號將成績單送到，九月十五、六開四校聯合招生委員會，並電武大、聯大。」[57]

本月，武大外文系莎士比亞學會在大禮堂上演英國《可佩之克華頓》四幕諷刺劇。

本月，礦冶系教授王進展帶領二年級學生到峨眉山作地質調查實習。

本月，在宜賓同濟大學生物系任教的石聲漢教授，被老師張珽請到樂山武大生物系任教。

本月，教育部公布設置部聘教授辦法。

九月

5日（星期五），四川省立重慶大學解散。

6日（星期六），日本御前會議，軍部表示不惜對美一戰，天皇持不可。

7日（星期日），是日微雨。鑒於樂山空襲不斷，楊端六母親動身回湖南老家。

12日（星期五），楊靜遠考取武漢大學，並且是成嘉二區外文系第一名。

中旬，中共樂山中心縣委書記張文澄調離樂山，其職務由王慎宇（後名羅明）接任，領導中共武大特支的工作，直到1946年6月復員武昌為止。

20日（星期六），王世傑日記載：「武漢大學教授（政治學）樊德芬為予學生，欲離校入外交部，予力阻之，彼甚不悅。」[58]

21日（星期日），樂山日蝕。「到10點半鐘，那太陽已成了一彎新月，非常奇觀。」[59]

22日（星期一），報載湘北激戰，楊端六後悔不該送母親回湖南。

23日（星期二），楊端六為老母之事煩躁不安，袁昌英也為諸事哭泣不已。

25日（星期四），四校聯合招生委員會在重慶中央大學召開，「考生連衡陽、貴陽、渝、築、滇五區報名8460人，與會者7360人，總平均分30分以上1996人，廿九分以上2238人，廿八分以上2487人。結果決定以卅分為及格，計一組831人，二組1116人，三組149人，但國、英、算有一門不及格（按，實為零分之誤）者不

[57] 竺可楨：《竺可楨日記》第一冊（北京：人民出版社，1984年），頁530。

[58] 《王世傑日記手稿本》第三冊（臺北：中央研究院近代史研究所，1990年），頁154。

[59] 楊靜遠：《讓廬日記》（武漢大學出版社，2003年），頁10。

取。廿八、九分取入浙大、聯大先修班。所取名額除教部保送外，中大800人，聯大600人，武大520人，浙大480人。定廿八號再開會選取學生，十月一日出榜。」[60]

同日，袁昌英一早上成都看眼病。

28日（星期日），竺可楨日記載：「十點開會討論四校招生事。以前次議決卅分及格，但國、英、算不能為零分，計中大可取546，聯大390，武大145，浙大127人。武大代表葛毓桂等二人以武大太少，且成都卅分者只占16%，重慶21，昆明28，衡陽38，貴陽46%。後查考卷，知成都公民考卷分數打太少，與重慶、貴陽差20分之譜，而貴陽國文太寬，故決計將成都錄取分數降三分，即廿七分錄取。……又以一、兩組算數0分太多，又將一、三組之已達平均卅分，而算學0分者，如國英二各將70分者亦錄取。……故共取：中大640，聯大479，武大206，浙大143，共為1468人。」[61]

本月，法學院經濟系與經濟部資源委員會簽訂《為造就國營事業會計人才合約》，並補助武大圖書設備費國幣35000元。

本月，武大制定1941年計劃：甲、添辦文科研究所，內設歷史學部、中國文學部，所長由文學院院長兼任；乙、法科研究所添辦政治學部；丙、添辦理科研究所，下設數學部、物理部、化學部、生物部，主任由理學院院長兼任；丁、工科研究所添設電機工程學部（原有土木工程學部）；戊、礦冶系分設選礦及冶金試驗室各一所；己、利用原有實習工廠設備製造出品；庚、添辦化工系（1939年8月奉部令，經校務會議議決推定理工兩院教授陶延橋、鄔保良、邵逸周、邵象華等擬定計劃），隸屬工學院，設系主任1人，教授5人，助教4人，遵照部頒課程規定外，增加燃料研究，電化工程研究；辛、設立邊疆民族文化研究會，設委員9人；壬、兼辦社會教育，舉辦科學展覽會，會計補習班，民眾讀物編輯，民眾補習學校，民眾娛樂教育，通俗演講。

本月，武大學生群眾組織，除各系會、同鄉會、校友會以外，新成立的團體有：文藝協會、樂風聲歌協會、ABCDKB經緯社、圍棋社、珞珈劇團研究社、海風歌詠團、岷江讀書社、求實讀書社、未名實驗劇團、詩社（專門研究古典詩詞寫作）、課餘平劇研究社、新聞學會等。[62]

---

[60] 竺可楨：《竺可楨日記》第一冊（北京：人民出版社，1984年），頁537。
[61] 竺可楨：《竺可楨日記》第一冊（北京：人民出版社，1984年），頁538。
[62] 轉引自駱鬱廷主編：《樂山的回響》（武漢大學出版社，2008年），頁482-484。

本月，涂允成教授白手起家，苦心籌措的武大附中開學了。面向社會正式招考高中、初中學生各一班，共100人。附中實行的是男女同校，這在當時封建意識比較濃厚、中學男女分別辦校的樂山算是一個創舉。眾多的少男少女平時在一起接觸多了，見怪不怪，大多把主要精力集中在學習上，互相切磋，共同提高，也不存在早戀早婚的現象。

十月

1日（星期三），楊端六因坐骨神經炎，腿痛得極厲害。

2日（星期四），袁昌英自成都回樂，眼睛雖沒治好，但經過嚴密的檢查，沒有什麼病。

3日（星期五），楊端六早起腰痛得不能動，吃過早飯進城找數學系教授蕭君絳診治。晚上白鬱筠往楊端六家，報告今天廣播湘北大捷的情形，說日本幾十萬軍隊被我軍包圍在長沙附近，沒有接濟，大潰，分三路向北竄逃。

4日（星期六），四校聯合招生之「新生蓉、渝、滇、築四區在《大公報》《中央日報》出榜」。[63]

5日（星期日），劉永濟聞湘北大捷，特填詞〈浣溪沙〉「電語流空夜正賒」一首，又作〈琵琶仙〉「秋老山空」一首。

8日（星期三），朱自清搭小船從成都順岷江而下，在樂山耽擱一天，朱光潛全程陪伴。

13日（星期一），楊端六的腿痛稍好些，自己進城找校醫董道蘊[64]打針。上午朱光潛訪楊端六，告宜昌收復的消息。

17日（星期五），楊靜遠日記載：「昨晚媽媽和爹爹商量搬家進城的事。爹爹說，要搬進城也可以，只是現在還不能，因為存的用品太多，搬不動家，並且蘇先生的房子[即讓廬]還沒空出來。要進城，得等蘇先生的房子空出來、存的東西快用完，那時就可以輕輕鬆鬆地去了。媽媽覺得也對，就決定暫時住在鄉下。我先住校，弟弟再晚一年上學。」[65]

---

[63] 竺可楨：《竺可楨日記》第一冊（北京：人民出版社，1984年），頁539。

[64] 董道蘊：浙江慈溪人。1924年畢業於東京帝國大學醫科，與郭沫若同學。曾任北伐軍軍醫院院長、蔣介石任北伐軍總司令部侍從軍醫處長。1938年全家遷往樂山，出任武大校醫。抗戰勝利後，出任湖北醫學院教務長、內科主任、教授。1972年逝世。

[65] 楊靜遠：《讓廬日記》（武漢大學出版社，2003年），頁15。

26日（星期日），朱自清致信朱光潛：「在樂山承兄帶著遊烏尤大佛，又看了蠻洞龍泓寺。烏尤大佛固然久在夢想，但還不如蠻洞龍泓寺的意味厚。」[66]

28日（星期二），重陽節。劉永濟填詞〈浣溪沙〉「裹黍纏絲事已陳」一首。

本月，「課餘平劇社」成立，負責人是一位四川籍的學生全甸，社員大半都是四川學生多。全社長多才多藝，具有川戲根基，加上天賦記憶力強，所以，他不但唱做俱優，對於排練大場面之武戲，尤有獨到之處。因為他腦子裏，少說也有個四五十出整本戲，鑼鼓，身段，無不透熟，平時還戴副深度近視眼鏡。

十一月

3日（星期一），楊靜遠到文廟上課。第一堂是謝文炳教基本英文。第二點鐘紀念周，第三點鐘外文系主任方重教本系英文。下午三個多鐘頭的軍訓。

10日（星期一），楊端六獲准擔任武大與經濟部資源委員會合作造就會計人才講座人選。

14日（星期五），晚上樂山唯一的一家岷江電影院放映《戀之火》，許多武大學生前往觀看。

19日（星期三），今天是防空節，樂山街上家家戶戶掛著旗，九十八師師部的門口都裝了彩架。「公園裏更熱鬧，樹枝上牽著繩，繩上掛著紅紅綠綠的標語。月珥塘[67][文廟大門前的一個半月形的池塘以及毗連的一個大廣場，全城的群眾集會都在這裏召開]熱鬧極了，站滿了各色各樣的市民。講臺上正在布置，大概要演戲。遊動的人群，塞滿了街巷。前幾天在牆上畫的飛機，今天也快完成了。許多人手中提著紙飛機。」[68]

21日（星期五），楊靜遠受同學張韻芳之邀參觀高年級女生宿舍。「我們兩人還有俊賢、鍾慧四人一同上去，遇見媽媽的學生王夢蘭，她也是南開校友。我們看了三樓、四樓、五樓。四樓是她們的寢室。和我們的一比，真是天堂。尤其是王夢蘭的小房，只有兩人睡，靠窗放兩張小桌子，鋪了白臺布，光線好極了。坐在桌前，可以眺望整個嘉定城，望到對面的江、峰，眼界很廣。往下看，就是我們那可憐的睡房，黑壓壓一片破瓦，吞聲忍氣地俯在這高樓的勢焰之

---

[66] 轉引自吳泰昌：《我認識的朱光潛》（上海文藝出版社，2008年）。

[67] 月珥塘：樂山人如今通常寫作「月咡塘」，不過郭沫若在文章中寫作「月兒塘」。

[68] 楊靜遠：《讓廬日記》（武漢大學出版社，2003年），頁18-19。

下。」[69]

24日（星期一），楊靜遠晚上沒事做，和同學四人外出買小吃，「街上很黑，我們挽手走到白塔街盡頭，到糍粑攤上，一人吃了一個五角錢的白糖豆粉糍粑。還不滿足，又走回來到湯圓攤上，一人吃了五角錢一碗的湯圓。因為怕人看見，就面牆坐在一張條凳上，那樣子簡直笑死人了。回宿舍又買了兩塊錢的花生吃。」吃過晚飯，「我們四人出高西門逛。下午還有一線蛾眉月，現在已給雲遮住了。我們走出高西門[即瞻峨門，晴天可遙望峨眉山]，順著大路走，一路上許多工學院的同學。一群群的影子移過來，又晃過去。工廠的煉鐵爐正在噗噗地噴火，紅紅的火光在黑影的山中閃著，同時發出警報般的嗚嗚聲，令人感到神秘。從路的左手望下去，是大渡河。暗藍、淺灰、深黑組成和諧的線條。河對岸有黃澄澄的燈火，在水中拖著長而顫動的光影。」[70]

28日（星期五），海風歌詠團晚上開會。楊靜遠決定了這學期不參加海風歌詠團，下學期再說。

29日（星期六），楊靜遠和堂姐楊宜福等一幫女生同到基督教殷牧師家去玩遊戲，熱鬧極了。

本月，武大在香港訂購電話試驗機七箱，體積160立方，重約900公斤，醫用藥品十箱，重約500公斤，化學玻璃一箱，重約30公斤。

十二月

4日（星期四），武大推選余上沅教授為教育部學術審議委員會藝術科委員候選人。

7日（星期日），袁昌英用油渣炒豆腐乾和豆豉，裝了一罐給楊靜遠帶到學校去吃。因為女生宿舍現在已經分桌，私菜公添的一桌，私菜私添的一桌。楊靜遠和王星拱女兒煥理、煥葆等人是私菜私添的一桌。

8日（星期一），日本空軍偷襲夏威夷珍珠港，炸沉美戰艦八支，輕巡洋艦三只，驅逐艦三只，飛機一百五十架，官兵三千三百餘人。[71]當時有個日本詩人

---

[69] 楊靜遠：《讓廬日記》（武漢大學出版社，2003年），頁19。
[70] 楊靜遠：《讓廬日記》（武漢大學出版社，2003年），頁19-20。
[71] 郭廷以編著：《中華民國史事日誌》（臺北：中央研究院近代史研究所，1985年），頁187。

高村光太郎[72]在一片戰勝的氣氛中寫下題為〈十二月八日〉的詩，歌頌翻開世界歷史新的一頁的日本帝國：

> 請記住，十二月八日。
> 這一天世界歷史已改變。
> 盎格魯撒克遜的霸權，
> 在東亞的大陸和海洋無影蹤。
> ……
> 我們養精蓄銳，一躍而起。
> 男女老幼，全民皆兵。
> 直戰至強敵認輸。
> 世界歷史已判然兩分，
> 記住，十二月八日。[73]

　　同日上午，日軍進入上海公共租界。從此，租界及香港、東南亞諸國都不再是安全避難所，而是新的囚籠。

　　同日，蔣介石告美、英、俄三國大使，中國決定對軸心國家宣戰，並已準備對香港、越南、緬甸與各國友軍一致行動。

　　同日，葉聖陶日記載：「忽通伯推門而入，欣然握手。謂適至我家，不遇，又轉來茶店子，盛意可感。遂共入小食店小酌，談生活瑣事，談國事，談世界局勢，久未得此樂矣。君勸余多為文藝，奈余近來思路已不復趨於此方面何！食畢，復往吃茶，盤桓共兩小時，珍重握手而別，君明日返樂山矣。」[74]

　　10日（星期三），蔣介石對日、德、意宣戰，發表告全國軍民書。

---

[72] 高村光太郎（1883-1956），號碎雨，日本詩人、雕刻家、日本近代美術的開拓者。二戰期間，光太郎寫過一些鬥志昂揚的「愛國主義」的詩歌。1945年他在東京的家被美國空軍投擲的燃燒彈燒毀，雕刻作品和文稿毀於一旦，他也是勉強逃生。戰後他在岩手縣山間小棚中藝居7年以示反省。在1947年發表的《愚人小傳》和1950年的《典型》中，他嚴厲反省了自己在戰爭中的思想和行為，獲得讀賣文獎。

[73] 轉引自李繼鋒：《從沉淪到榮光：抗日戰爭全記錄1931-1945》（呼和浩特：遠方出版社，2008年），頁372。

[74] 商金林編：《葉聖陶抗戰時期文集》第二卷（北京：人民教育出版社，2005年），頁223。

11日（星期四），武大呈報遴薦部聘教授13人：朱東潤、陶因、章蘊胎、湯璪真、鄔保良、劉迺誠、方重、高翰、劉賾、蔣思道、蕭君絳、余熾昌、郭霖。

同日，楊端六回家告訴家人一個消息：英國的主力艦威爾士親王號和一主力巡洋艦被日本飛機炸沉。又說，「武大的教授們好多沒有sense[頭腦]的，蔣××固不必說，婁××是個學政治的，怎麼也這麼糊塗，竟說出『我們何不給英國作附庸』的話來。」袁昌英說，諷刺怎麼可以這樣說？太不像話了。楊端六還說，「蔣××說：『日本既然這樣強盛，我們何不與它聯合攻英美？』這真使我驚奇極了。日本留學生，是親日派，但儘管心裏親日，怎麼有這大的膽子說出來？」[75]

17日（星期三），武大制定與中央工業試驗所木材試驗室進行技術合作的實施辦法，開展中國木材性質研究。

20日（星期六），美國空軍飛虎隊（空軍志願隊）在昆明首次與日機作戰。

24日（星期三），楊靜遠日記載：「接到蘇[雪林]先生一個條子，說是替戴[銘巽]先生訂的高望山莊的房子許多人要搶，要我晚上睡進去，占住房子。我一想不妥，一個人睡那樣一間房子怎麼好，就立刻找蘇先生。她告訴我現在還不急，以後必要時再通知我。她叫進小狗來，逗牠玩。那小狗肥得像隻小肉蟲，蹒跚地爬著。她逗著牠，以一種慈母（年輕的）逗她的頭生子的那種溫柔與滿足。我心裏很感動，很同情她，一顆熱情無處寄託的心呀！」[76]

25日（星期四），民族復興節，各處的軍隊都在檢閱、遊行，樂山各个街道上兵多極了。

同日，日軍占領香港。

28日（星期日），劉永濟作詩〈奉酬登恪八兄俾壽之作，且約後日過飲〉一首：

> 勁草驚風力，塘蒲敢望年。知天殊不易，得地應非偏。
> 文字情彌篤，茗柯語至妍。惟君最溫克，傾釀約須堅。

31日（星期三），羅斯福函請蔣介石擔任中國戰區盟軍最高統帥。

---

[75] 楊靜遠：《讓廬日記》（武漢大學出版社，2003年），頁24-25。
[76] 楊靜遠：《讓廬日記》（武漢大學出版社，2003年），頁24。

下旬至翌年1月中旬，第三次長沙會戰（日方稱為第二次長沙作戰）。這是太平洋戰爭爆發以後，盟軍方面獲得的第一個勝利。

本月，外文系袁昌英教授以〈不言而教〉為題作演講說：

> 所謂「十年樹木，百年樹人」的偉大使命，應當是由大學來負擔。不過執行的時候，似乎不必採用固定的形式，而盡可以仿效古人所謂「潛移默化」或「不言而教」的暗示方法，以便那些十分討厭直接訓導的青年，能在一種不著痕跡的純潔氛圍裏面，接受並繼承我國數千年來藉以立國而又實為我們今日所最需要的道德文化。這種文化的要點就是總理指出的「忠孝、仁愛、信義、和平」。
>
> 可是風氣之養成，並非一朝一夕所能奏效，必得有一部分大學教授，確確實實地承當得起「一代師表」的尊稱，以盡畢生之精力以赴之，始克有濟。[77]

本年，武大接收戰區借讀生30人。法科研究所政治學部招收研究生1名，工科研究所電機部招收研究生2名。

本年，武大各委員會負責人名單：《文哲季刊》委員會，編輯主任劉永濟；《社會科學季刊》委員會，編輯主任陶因；《理科季刊》委員會，編輯主任湯璪真；《工科年刊》委員會，編輯主任余熾昌；圖書委員會，主任委員劉永濟；儀器委員會，主任桂質廷；財務委員會，主任張鏡澄；出版委會員，主任劉秉麟；體育委員會，主任趙師梅；群育委員會，主任余熾昌；女生指導委員會，主任趙師梅；第一外國語委員會，主任方重；聘任委員會，主任朱光潛；考試委員會，主任朱光潛；社會教育推行委員會，主任王星拱；學生貸金審查委員會，主任王星拱。

本年，武大因病死亡學生11人：張聿斌（21歲，理學院一年級）、何長柏（23歲，理學院一年級）、王福民（21歲，礦冶系一年級）、李林培（19歲，理學院一年級）、方明誠（20歲，文學院一年級）、馮元鈁（23歲，機械系三年級）、金泉生（25歲，經濟系三年級）、祝祖訓（25歲，化學系三年級）、潘英

---

[77] 原載重慶《讀書通訊》（1942年1月）第33期，轉引自《名人名師武漢大學演講錄》（武漢大學出版社，2003年），頁337。

華（25歲，機專一年級）、洪喜仁（25歲，土木系二年級）、史鏘濟（21歲，機械系二年級）。

本年，武大已登記的壁報有：科學壁報、中流、抗研宣傳隊壁報、北辰、抗研旬刊、明天、城近郊宣傳隊工作報告、新潮、黑白、之人、燎原、哲教、春蕾、星火、抗建、汶上、大家看、法意、力訊、理工茶話、錦痕、點滴、文藝、青年、Looker-on、蕩蕩、新評論、野風、曉角、老實話、文藝崗位、晦夜燈、今天、大地、政談、星星、晦鳴、綠星、追蹤、Radi News Bullefin。

1942年（民國三十一年）

延安整風運動──中國遠征軍入緬作戰──毛澤東在延安文藝座談會上講話──
美日中途島戰役──史達林格勒戰役

一月

　　1日（星期四），蔣介石對國人廣播，謂抗戰已進入新階段，應加強動員，
貫徹勝利。

　　同日，劉永濟論文〈奠定勝利基礎論〉在《黃埔季刊》第3卷3～4期上發
表。該文開篇即說：「自抗戰軍興，政府即揭櫫勝利屬我四字以勵全國。全國
人士，亦莫不同具抗戰必勝之信心，雖淪失廣土未克收復，陷落民眾未克拯救，
侵我之敵未他擊毀，援我之友未能盡力，而此信心幸終未搖動。然試一檢討此信
心，果奠定於何種基礎之上，憑恃何物而能百折不撓，在憂時愛國之士，自非無
說以解之。愚猶以為在種種說解之外，有一至真至要至有力之說在。此說也，或
尚未為當世人士所曾計及，而實為奠定吾民族勝利之基礎，且不自此次抗戰始，
即謂為建立吾國家垂數千年而屹然不敗者，皆此之故，亦非適當。然則此說也，
不盡抗戰所憑以取勝，亦建國所賴以求成之基礎，而欲確定勝利者所當深切瞭解
者也。」提出「我之民性，譬之則水。凡謂我為沙者，皆皮相之談也，皆據一事
故、一現象之論也。何言乎我民性如水邪？夫水之為德也，有美惡焉，易合而不
可分，美德也；至柔而常勝剛，美德也；百折而終達於海，美德也；受天下之垢
而能清焉，美德也。氾濫則害物，惡德也；停滯則生穢，惡德也。」「我挾百川
入海之勢，浩瀚汩沸，奔騰滂沛，日夜不息以東注，又豈汙泥之堤所能障哉！」
「然則最後勝利之誰屬，可不煩言而解矣。」[1]

　　3日（星期六），同盟國宣布，蔣介石任中國戰區（包括泰國越南）盟軍最
高統帥。

　　4日（星期日），武大學生年假的最後一天。早上，袁昌英帶着女兒到半邊

---

[1]　徐正榜等編：〈劉永濟先生年譜〉，《誦帚詞集·雲巢詩存》（北京：中華書局，2010年），頁378。

街買皮鞋。

5日（星期一），是日有號外報道湘北三次大捷，殲滅日寇三萬五千人。

6日（星期二），教育部訓令：「武大實施導師制以來，功效未著，應予改進辦法，原由系主任兼導師，現改由校長指定專任教師充任。以青年守則為訓導的準繩，不堪訓導的學生，立即除名。導師每月舉行訓導會議一次，匯報討論學生的思想言行。」

16日（星期五），武大第387次校務會議議決：因文學院院長高翰辭職，院長一職由劉永濟接任。其時，文學院下設中文、外文、哲學、史學4系，劉賾、方重、高翰、方壯猷兼任各系系主任；文學院在校學生共有183人。其中，中文系36人，外文系55人，哲學系17人，歷史系75人；一年級64人，二年級64人，三年級30人，四年級25人；師資力量方面，文學院共有教師45人。其中，教授33人，占全院教師總數73.3%；講師7人，占全院教師總數15.6%；助教5人，占全院教師總數11.1%。[2]

22日（星期四），武大主任導師向教育部呈文：當前生活費高漲，若不按指導學生數量的多少，分別予以津助，導師制恐不易推行。

二月

1日（星期日），中國共產黨發起整風運動，建立毛澤東中心思想。

2日（星期一），美國宣布以五億美元貸予中國。

6日（星期五），凌叔華攜女兒陳小瀅取道廣州回到樂山。兩年前她帶著女兒回北平奔母喪，此時才回。

8日（星期日），楊靜遠19歲生日，在家宴客。蘇雪林先到，一個鐘頭後陳源、凌淑華夫婦和女兒小瀅才來。「乾媽、小瀅已有兩年半沒看見了，乾媽胖了，小瀅高了。她們送我一個頂美的黃緞子小盒，上面繡有珠花。」[3]

10日（星期二），袁昌英回家告訴女兒，日軍已在新加坡登陸，這是死灰色的消息。

15日（星期日），舊曆大年初一。整天下著鵝毛雪花。劉永濟作〈壬午元日，慕陶過訪，不及迓，復辱贈詩。賦二章報之，前章為謝，後章以奉寥天一

---

[2] 徐正榜等編：〈劉永濟先生年譜〉，《誦帚詞集·雲巢詩存》（北京：中華書局，2010年），頁378。

[3] 楊靜遠：《讓廬日記》（武漢大學出版社，2003年），頁35-36。

翁〉曰：

> 避地三千里，春風又一年。草仍池上綠，梅憶嶺頭妍。
> 過我皆王粲，多君似魯連。兒童迷姓字，但記帽簷偏。

> 詩是君家物，長城五字堅。驊騮初騁步，蘭芷有餘妍。
> 客裏喜相遇，眾中情獨偏。還憑貽老鳳，句法可容傳。[4]

19日（星期四），袁昌英告訴女兒，武大有一位職員因時局問題急得發瘋，睡在床上玩一根繩，用手指撚著畫圈子，說是和羅斯福打電話。一會笑嘻嘻地告訴大家不要緊，羅斯福說有辦法，放心好了。

20日（星期五），夜晚，機械系主任郭霖教授因患黃疸肝炎和肝硬化逝世，終年48歲。

21日（星期六），楊靜遠日記載：「今天得到一個頂壞的消息：郭霖伯伯死了。他得病不到一個月，想不到竟死了。一個人的生命是如此脆弱的。郭伯伯真是個好人。他的學問、道德、人格修養、待人接物都是無缺點的。我永遠忘不了在東湖游泳池的情形。他那瘦精精的身子上套著一件黑線游泳褲，蹲在架子上伸手伸腳做姿勢，和下面水裏的一個人大聲談笑。媽媽說：『郭霖真是個好人，待人那麼誠懇！記得剛到樂山不久，在鼓樓街，他和我們在一起住過一個多月，天天騙弘遠吃飯，故事都不知講過多少，真有耐心。唉！想不到現在就這樣去了。十幾年的同事，傷心！』為什麼好人都早死？該死的人卻不得早死？郭伯伯這樣去了，留下一大家子的妻兒，以後怎麼辦？」[5]

23日（星期一），中國遠征軍第五軍開始進駐緬甸。不久，第六軍也開入緬甸。

25日（星期三），楊靜遠日記載：「晚上白先生來，說起重慶的和平消息。日本人現在是盡力拉攏我國，說只要我們和它講和，可以答應一切條件，什麼東三省、新加坡、緬甸都給我們。顯然，這是可笑的利誘。『他知道我們現在是什麼都沒有了，僅有的只是那點不屈不撓的精神力量，現在只需用利誘來破壞這種

4　徐正榜等編：《劉永濟先生年譜》，《誦帚詞集・雲巢詩存》（北京：中華書局，2010年），頁379。
5　楊靜遠：《讓廬日記》（武漢大學出版社，2003年），頁38-39。

精神，中國就完了，一切由它擺布。以後它解決了英美，中國還成什麼問題？』我說：『日本人失策了。它激起這麼深的仇恨，是無法挽回的了。還想我們和它講和？』」[6]

27日（星期五），教育部第263號密令致武大：「據報：該校學生張高峰、唐宏鎔等。近倡所謂『五十日計劃』。在組織方面，利用各種交際方式暨各種會議場合，考察同學思想，以圖吸收；在訓練方面，利用『岷江讀書社』及『文藝協會』訓練×黨黨員。更於每日晚間舉行小組會議，對於×黨政策，採取暗示之宣傳方式，並竭力攻擊我政府，企圖爭取群眾等。……仰嚴密注意。」[7]

28日（星期六），郭霖下葬的日子，袁昌英一早就坐車去了。楊靜遠吃過早飯也出去，「由高北門下來，遇見一大群人，原來是給郭伯伯送葬的隊伍。我看見一個黑木棺材，外面罩著花圈。後面跟著兩乘人力車，坐著兩位女人，正倒在車背上哀哀地哭，那是郭太太和他的妹妹，棺材前面，是白帶子牽著的家屬。兩邊和更前面的就是送葬的同事和學生了。我難過極了，想想那黑箱子中躺著的是那活生生的人，矮個兒，一團和氣，天哪！他睡在裏面不氣悶嗎？我的臉燒紅了，我忍住眼淚。我知道媽媽一定在前面的人群裏，穿過人叢找到她。她的臉色真難看，黃蠟一般，她愁苦地望著我，要我同行，我因菁在等著，只得匆匆離去。走了不遠，眼淚止不住地湧出。」[8]

三月

1日（星期日），元宵節。歷史系教授楊人梗結婚，袁昌英前往賀喜。

2日（星期一），成都行轅主任張群，用「嶽軍書箋」寫給王星拱校長親筆信。內稱：「武大奸偽與西南聯大奸偽密切聯絡，擴大反孔（孔祥熙）運動。……『岷江讀書社』提出孔的四大罪狀：（一）壟斷金融；（二）購買外匯；（三）假公濟私；（四）囤積居奇。希注意防範。」[9]

10日（星期二），蔣介石委派史迪威為中國入緬部隊指揮官。

6　楊靜遠：《讓廬日記》（武漢大學出版社，2003年），頁40。
7　轉引自馬同勛：〈一代學人，典範永存──深切懷念恩師趙師梅教授〉，俞大光、陳錦江：《無私奉獻一生的趙師梅先生傳略》（武漢：華中理工大學出版社，2000年），頁157。
8　楊靜遠：《讓廬日記》（武漢大學出版社，2003年），頁40-41。
9　馬同勛：〈一代學人，典範永存──深切懷念恩師趙師梅教授〉，俞大光、陳錦江：《無私奉獻一生的趙師梅先生傳略》（武漢：華中理工大學出版社，2000年），頁158。

13日（星期五），黃炎培「匯與方剛嘉定300.00（支）」。[10]

15日（星期日），蔣介石派衛立煌為中國入緬遠征軍總司令。

19日（星期四），袁昌英帶女兒楊靜遠進城買雞蛋，送給肺病中的學生王夢蘭。

25日（星期三），黃炎培日記載：「訊方剛（1）生活經濟絮述；（2）許月濟200元⋯⋯」[11]

26日（星期四），吳其昌作〈趙望雲先生畫理序〉。是年春，趙望雲在樂山辦畫展。

28日（星期六），楊靜遠日記載：「下午回家，走到全華公司倉庫，看見家了，忽然後面皮鞋聲響，原來又是那個鬼兵[一個多次在路上騷擾我的兵]！他還是滿臉堆笑，問道：『今天下午沒有課？』我氣得說不出話來，只說：『請你走開！』我不能讓他知道我家在哪裏，立刻掉轉頭來跑。一直走到陳家，直走進去遇見媽媽，喘著氣告訴她，她叫等她開完會一同回去。⋯⋯快到家時她叫我不要告訴爹爹，那會使他氣死的。可憐他那麼大年紀，一天到晚苦惱，讓他平靜一點吧！我心酸了，哭起來，到門口，她給我擦淚，然後敲門。」[12]

30日（星期一），學生張學孔要求學校辦理身份證明，經訓導長趙師梅批示，出具證明如次：「查學生張學孔，係四川巴縣人，肄業於本大學外文系一年級，為該系優秀學生，平日尚能恪守校規，並未有越軌行動，特此證明。」

四月

4日（星期六），劉永濟作詩〈清明前一日，鳳九將赴西昌，道經嘉定，師梅、拱之兩君招予陪遊烏尤，遂及凌雲，歸成廿九韻，以記一日之樂，兼呈復性書院馬湛翁主講〉「烏尤宛神山」一首。「鳳九」即周鳳九，湖南寧鄉人，時任川滇西路工務局局長。「師梅」即趙師梅，時任國立武大電機系主任。「拱之」即文拱之，時任國立武大電機系教授。

9日（星期四），楊靜遠和同學聊天，「夢蘭說她很喜歡方重先生，他懶的時候就念過去，高興時講得真好。她說朱光潛先生學問好，是用功得來的，可是

---

[10] 中國社科院近代史研究所編：《黃炎培日記》第七卷（北京：華文出版社，2008年），頁235。

[11] 中國社科院近代史研究所編：《黃炎培日記》第七卷（北京：華文出版社，2008年），頁241。

[12] 楊靜遠：《讓廬日記》（武漢大學出版社，2003年），頁46。

只能做個高深的學者，不能憑天才創作。他講書吸引人極了，叫人不能分心，因為內容太豐富了。他在黑板上寫的都是書上來的，從不自己寫什麼。她又說陳通伯[陳西瀅]先生她不喜歡，說他自作聰明，專好損人。我們又談到教授們的家庭狀況。她說以我家和陳家最好。我告訴她我家比陳家差遠了，她也說知道我家被燒過。說到苦的，是謝文炳家、陶因家等。她說陶因有骨氣，韓文源[13]曾請他教書，他拒絕了。另外兩個像方重和某某就答應了。聽說每星期三個鐘頭，一月500元哩！軍人有了錢有了勢，就想和文人結交結交，博個名聲。文人欠清高的就何樂而不為。像陶因這樣清高的有幾個？」[14]

13日（星期一），桂林《掃蕩報》刊發吳其昌〈拯救淪陷區的忠誠青年〉。

15日（星期三），進步學生社團文談社第一期名《文談》的壁報出刊。它是高耀墀創辦的，主要刊登他自己寫的兩篇文章：一是《評武大的壁報》，贊揚當時的另外三種進步壁報《燎原》、《文藝崗位》、《大渡河邊》；另一篇是《評曹禺的〈雷雨〉和〈日出〉》，肯定曹禺在藝術上的卓越成就和進步傾向，同時也指出了一些不足。壁報出刊不久，錢忠槐約鮑汝麟、涂正甫參加文談社，這時共有社員8人。

同日，楊靜遠日記載：「文廟布告板上一條長東西，是什麼人責罵峨眉劇社的啟事。說劇社演《北京人》，既無任何名義，票價又貴得不合理，5元起價，最高達50元。說自備發電機，恐怕是調用學校公物。又不是捐助公益事業，難道想自己賺錢嗎？現在這種學生團體簡直不像話，比如上次的音樂會，聽說收入6000元，支出6000元哩！他們兩三個人在三天之內開伙食帳就是200元哩！大家唱歌前吃雞蛋，唱歌後吃湯圓，全是公帳。請了一位張會之先生來小提琴獨奏，住上五六天就是一千元，凌安娜女士連同先生、小公子大概也不會少。一切是靡費，是為己。幸虧我沒有加入任何團體，太亂了！」[15]

19日（星期日），晚飯後，楊靜遠和同學去中山公園看三幕戲《北京人》，從7點多演到12點。

21日（星期二），早上楊靜遠和同學劉年芬為女舍食堂買菜。中午的菜是四樣「豆」：豆腐、豆渣、蠶豆、豆芽。

---

[13] 據楊靜遠自注：「韓文源，樂山駐軍三二補訓處首腦，地方軍政勢力。」
[14] 楊靜遠：《讓廬日記》（武漢大學出版社，2003年），頁48。
[15] 楊靜遠：《讓廬日記》（武漢大學出版社，2003年），頁51。

22日（星期三），武大學生馬同勳、路見可、陳安磐三人操行體育成績特優，獲教育部頒發榮譽獎狀。

27日（星期一），王世傑在《中央日報》（重慶版）發表題為〈中國與英國〉的社論，盛贊英國輿論對中國抗日戰爭的聲援。

29日（星期三），日軍佔領緬甸東北部之臘戌，遠征軍自臘戌撤退，英軍退入印度。滇緬路30日為日軍阻斷。

30日（星期四），武大校方退給學生沒有用完的貸金。

本月，王星拱校長前往重慶向教育部呈遞增設文史研究所與理科研究所的申請。

五月

月初，法律系學生胡壽聃和陳仁寬發起成立「回聲俱樂部」（Echo-club）。他們找了經濟系同學朱磐遠和沈法淳，又找了外文系的幾位同學——謝文津、劉曾韞、劉景芳、邰浩和楊靜遠，一共九人。宗旨是互相切磋，共同學習英語。之所以起名「回聲」，楊靜遠說「大概是取鸚鵡學舌的意思」。

3日（星期日），日軍佔領雲南邊界之畹町鎮。4日又占芒市、陷龍陵，10日又佔據騰沖城。中國遠征軍部分撤回國內，另一部分留緬開展游擊戰。

4日（星期一），進步學生社團岷江社組織大型的紀念活動，壁報《燎原》出了專號，發表了胡開馴寫的〈反基督的五月〉和〈不是詠歎歷史的時候〉兩篇戰鬥檄文。趙騏主持紀念會，除眾多同學踴躍到會外，還邀請了楊東蓴、彭迪先、陳家芷等進步教授參加。

9日（星期六），楊靜遠做完國文作文〈五九國恥紀念感言〉，和同學四人到婆媽街明星照相館照相。

10日（星期日），王世傑參加武大校友會，「勉以避免一般校友會兩大通病：一為散漫，一為狹隘」。[16]

13日（星期三），楊靜遠下課後，和同學花費兩塊錢買了一斤杏子，拿回來剝了，用白糖拌好，中午蒸了給病中的王夢蘭吃。

15日（星期五），楊靜遠晚上到宿舍四樓陪王夢蘭。

---

[16] 《王世傑日記手稿本》第三冊（臺北：中央研究院近代史研究所，1990年），頁293。

18日（星期一），楊靜遠下午到宿舍對面陳仁寬的哥哥家開英文會。四男四女，沒有猜忌，空氣自由、極其融洽。

21日（星期四），樂山街上很多鋪子關門罷市，以此抵抗政府徵收營業稅。

22日（星期五），下午來了警報，人們慌張奔跑。一會兒才明白，原來是中國飛機。楊靜遠日記載：「同學們又退四月份的貸金了，每人有50元左右。我卻要交七十幾元。同樣是吃一個月飯，我的家境也許比有些人更差，卻有這樣不公平的待遇。」[17]

24日（星期日），武大舉行全校第一屆演講競賽，邀請劉廼誠、余熾昌、高尚蔭、趙師梅、李浩培等11位教授擔任評委。參賽者演講以10分鐘為限，評分標準為思想35%，結構材料30%，口才20%，姿態15%。演講優勝者為楊先譽、姚善炯、劉伯芩、甘士傑、劉梧等18人。

25日（星期一），教育部第312號密令：「據密報該校×黨動態：（1）該校奸偽分子趙騏、張高峰、蔡瑞武、唐宏鎔、汪達慶、許一揆、丁宗岱、胡開馳等，於4月13日在月呵塘5號召開會議，復以目前同盟國失敗為建立新政權之最好機會，應盡力造成民眾暴動，以達到爭取民眾之目的。（2）組織時事座談會、哲學研究會等攻擊我政府。……令仰查明具報。」趙師梅先6月2日閱後批示：「查許一揆二十九年離校，現在重慶。再哲學研究會並無此種組織。」[18]武大秘書室按此意見呈報教育部。對所謂趙騏等在月呵塘召開會議一事，則不置可否。

28日（星期四），教育部指令：准予聘請朱光潛教授為武大教務長，徐賢恭教授為武大總務長。

30日（星期六），晚飯後武大學生開南開校友會，改選幹事。數學系吳大任教授和夫人與會。

31日（星期日），大雨，外文系舉辦英文演講比賽。裁判是三位：黃方剛、朱光潛和陳源，方重是主席。

本月，四川省政府密令各校，對進步學生可按非常時期維持治安緊急辦法，取消其學籍，由當地警察局押送至戰時青年訓練團（1941年10月1日在巴縣興隆場五雲山成立，實為勞動營），對學生家屬詭稱奉令調訓。

[17] 楊靜遠：《讓廬日記》（武漢大學出版社，2003年），頁60。
[18] 馬同勳：〈一代學人，典範永存──深切懷念恩師趙師梅教授〉，俞大光、陳錦江：《無私奉獻一生的趙師梅先生傳略》（武漢：華中理工大學出版社，2000年），頁158。

本月，毛澤東出席延安文藝座談會並講話，包括5月2日所作引言和5月23日所作結論兩部分。

六月

1日（星期一），女生王夢蘭病情加重，住進仁濟醫院一間三等房，8元一天。

3日（星期三）至7日（星期日），美日中途島戰役展開。美國海軍不僅在此戰役中成功地擊退了日本海軍對中途島環礁的攻擊，還得到了太平洋戰區的主動權，因此成為二戰太平洋戰區的轉折點。

4日（星期四），武大向教育部呈報推薦1942年度部聘教授名單：陶因、湯璪真、章蘊胎、劉賾、蕭君絳、余熾昌、郭霖、邵逸周、俞忽、蔣思道、楊端六、張鏡澄、笪遠倫、劉秉麟、桂質廷等。

7日（星期日），楊靜遠聽母親說陝西街讓廬房子空出來了，十分歡喜，因為下學期可以不住校了。

12日（星期五），劉永濟出席國立四大學（武大、川大、東北大、西聯大）聯合招生考試委員會第一次會議。

13日（星期六），楊靜遠日記載：「下午熱極了，還得上通史課。陶振譽先生也真做得到，三個鐘頭講完五代、宋、元、明、清。最後還照例發一通牢騷：什麼清朝的藩屬觀念現在可以不要，除東三省外，如外蒙、新疆我們應不應該爭為己有，還是大問題。我覺得稀奇，這是很新的議論。不過他說到梁啟超說的只要本國內地強，邊疆自然不成問題，也有道理。他又說中國人不願接受西洋科學，為的怕它奪去固有文化。如果這次抗戰勝利，許多人將要提出什麼『孝悌忠信』的要了。這是什麼意思？難道他反對這些舊道德嗎？但隨後他又說，新文化與舊文化的接觸是要經過『拒』、『受』、『調和』三個階段的，這樣說又似乎舊文化有存在的價值了？」[19]

14日（星期日），本學期最後一個星期日，也是最後一次上課。

23日（星期二），行政院通過「鈔票統一發行辦法」。

26日（星期五），武大暑假的第一天。

27日（星期六），晚上英文會開同樂會，玩遊戲。第一次玩的是烏龜賽跑，

---

[19] 楊靜遠：《讓廬日記》（武漢大學出版社，2003年），頁65。

四個紙烏龜穿在繩上，手牽著繩扯動，烏龜慢慢前行。第二個遊戲是把一個指環穿在繩圈上，大家坐成一圈，手裏拿著繩，一人站在中間猜指環在誰手裏。還有一個遊戲是每人背上貼一張地名，每人想法去看到別人背上的，卻不讓別人看到自己的。接著吃茶點。

28日（星期日），楊靜遠和同學到醫院看望王夢蘭。她生命垂危，同學們已在給她預備後事。

本月，教育部批准武大增設文科研究所，由文學院院長劉永濟兼任所長，下設文史學部，學部下設史學門（組）和文學門（組），全所每年經費3萬元。

本月，武大女生蕭吟娥（後改名為蕭靜）被捕。此後，又在重慶北碚將武大經濟系女生陸蘭秀誘捕。陸蘭秀利用特務要照片的機會逃脫虎口。

七月

1日（星期三），王星拱校長聘請譚聲乙教授為工學院院長兼工廠廠長，聘萬卓恆教授為哲學系系主任。

2日（星期四），清晨4點鐘，武大女生王夢蘭病逝，上午九點開始送葬。作為她身前好友，楊靜遠參與了送葬，並在當天的日記中寫道：

> 一進寢室門，只見一屋子人都在忙著，滿桌滿地的紙花，同學們在紮花圈。弄好以後，就一同到醫院去。剛進門就聽見唱詩的聲音。找到一個小房子後面，見一小方地，許多人站在周圍，每個人的眼都是濕的紅的。小塊地的正中擺著一具白木棺材，前面是一些花圈。一邊站著一個外國人，一邊站著一個中國人，正在做禱告──這就是我看見的王夢蘭了！本來沒有眼淚，但看見大家都哭得悲切，自己的眼淚也止不住流了出來……我們上一座小山，墳場在山頂。到了山頂，荒涼的景象觸目驚心。這是武大的公墓，也就是所謂「第八宿舍」，近年來死的學生都葬在此地。一座座圓圓的新墳，表示他們骨骸的所在。夢蘭的棺材停在空地上，旁邊是挖掘的墓穴，但只有5寸深，大家一看，大鬧起來，這麼淺怎麼放得下棺木！於是叫工人臨時趕挖，大約又等了一點鐘左右，墓穴算做成了，馬上就要下棺。冼岫、徐有悌等叫我過去學一首送葬歌，在下棺時唱。接著就蓋土。王曉雲掩著臉哭起來了，我一見她哭忍不住眼淚也出來了。這時墳已大體

築成，只需往上加高。時候不早，5點多了，負責人報告可以散了。於是把三只小碟子放在墓前的土地上，放一些蛋糕果子之類，插兩枝燭，劉素容拿起一串鞭炮放起來。情況太淒慘了。我含著要迸出的眼淚，跟大家一同鞠了一躬就掉頭下山。和乾爹從原路回來，到乾爹家休息了很久才動身回家。[20]

6日（星期一），訓導長趙師梅親臨第二宿舍找到剛畢業的歷史系學生馬同勛，約他到外面散步談心。趙問：「你畢業了，工作有著落沒有？留你在學校工作，你願不願意？」馬同勛半信半疑地問：「訓導長說哪裏話，留助教哪能輪到我頭上？不過真留我，我願意。」趙說：「那好吧，你明天上午先到訓導處上班，具體工作，屆時詳談。」

7日（星期二），獻金日無金可獻，劉永濟賦詩一首：「囊橐蕭然澀一金，無金可獻只空吟。蓬蒿沒徑茫茫坐，隔岸人喧笳鼓音。」

同日，政治系教授劉廼誠、王鐵崖先後到楊端六等同仁家中派送結婚請帖。

同日，歷史系畢業生馬同勛在校訓導處上班的第一天，趙師梅就向他交代訓導處工作原則與具體任務，說：「大學教育首先重視學生道德品質的培養，使學生具備健全的人格，配合以高等理論和技術，才能報效國家使國家康樂富強。訓導處的工作主要是承上啟下，教育部的規定，我們要貫徹執行；學生的具體情況，我們要結合實際，合理對待。」並著重指出：「各大學情況不同，我們學校有我們的傳統，就是學術研究可以自由，言論行動不能越軌。」接著，他提出對馬同勛個人的要求：「訓導處除一位負責抄寫文件的錄事人員外，就是我們兩個人，責任較大，任務也較繁重。你必須以身作則，不僅要勤勤懇懇工作，更重要的是清清白白做人。你是教育部在全國大學中評選的『三優大學生』[21]，要在學生中起表率作用。」

10日（星期五），上午，文廟第六教室開王夢蘭追悼會。房裏掛滿了輓聯，擺了許多花圈，正中掛上夢蘭的畫像。

13日（星期一），數學系李國平教授與文學院女生鄭若川舉行婚禮，劉永濟

---

[20] 楊靜遠：《讓廬日記》（武漢大學出版社，2003年），頁69-71。

[21] 三優大學生：抗戰期間教育部在全國大學舉辦了一次操行、學業、體育三優競賽，武大評選上的為馬同勛、路見可、陳安磐三人。

應邀作主婚人，席間當場揮毫賦詩〈李鄭合婚歌〉慶賀：

> 白也嵚奇歷落人，豐順先生豈後身。襟懷碧海波瀾闊，囊句綠水芙蓉新。
> 巨眼喜逢通德女，學成師範行成矩。韻事欣傳下玉臺，同心端合修蕭譜。
> 瓏瓏曉日射梅梁，並蒂交枝入鏡妝。今宵風月真無價，不羨劉郎復阮郎。
> 我來作歌前致賀，更有一言歡四座。今年賀罷賀明年，仙李蟠根結子大。

中旬，趙師梅教授回湖北巴東老家探親。

16日（星期四），陳寅恪自香港淪陷後，取道廣州灣於7月6日抵達廣西桂林良豐雁山。是日，於雁山致函劉永濟，告知：「九死一生得至桂林，忽奉手教，感激惶恐之至。下情已詳寄舍弟書中，請索觀。」

29日（星期三），日寇入侵江西，吳其昌同學姚名達壯烈犧牲。是日，吳作〈哀念姚名達教授〉，發表於7月31日《誠報》[22]。

同日，葉聖陶日記載：「八時半，二官歸來，言考試題目又洩漏，今日罷考。此次武大與東北、川大三校聯合考試，題目係由東北洩漏出去，其間即有人趁機圖利。學生與學校有關人陷溺至此，真可痛惜。因發現作弊，前昨兩日所作試卷均不算數，須待重考。於是不作弊之人吃其虧矣。」[23]

同日，王煥葆找楊靜遠玩，告訴她一件事：「盧×被開除了，因為做了妓女！這真是難以置信，可這是實在的。盧×不但做妓女，還偷東西，她家裏並不是很窮，她做這種事完全是自己墮落。」晚上，楊靜遠在白鬱筠家門口乘涼，「白先生講起韓文源，媽媽說，×先生有一次請了他和幾位外文系女同學一同吃飯，意思是想讓韓物色一位對象，聽說韓有意娶武大女同學哩！」[24]

本月，燕京大學物理系學生謝家麟來武大借讀，半年後返回燕大。他後成為著名高能物理學家、中科院院士。

---

[22] 《誠報》：抗戰時期樂山的第一家地方報紙，創刊於1942年元旦。日刊，每天上午七點出版。鉛印，四開四版。該報第一版為國際國內新聞，刊登中央通訊社電訊；第二版上半部分是地方新聞，下半為廣告；第三版上半為綜合性副刊（副刊名「嘉州公園」），下半為廣告；第四版為本埠新聞。該報有收報機及譯電員，每天收譯中央通訊社電訊稿，次日刊出。報社社長先後有韓文源、劉仁庵、李至剛、黃冑，總編輯先後有王華錦、羅潤芝、駱星一、陳雪年、莫劍農、黃冑。

[23] 商金林編：《葉聖陶抗戰時期文集》第二卷（北京：人民教育出版社，2005年），頁303。

[24] 楊靜遠：《讓廬日記》（武漢大學出版社，2003年），頁77。

八月

1日（星期六），陳寅恪自廣西桂林雁山致函劉永濟，詳述剛由香港至桂林身心疲倦，夫人久患心臟病，交通又不便利，暫時難以來樂山武漢大學講學。並請代向王星拱、朱光潛二位致意。

3日（星期一），住城郊石烏龜農舍的機械系主任白鬱筠教授家被盜。毛賊晚上從園門弄進來，在白家後門弄開門，進堂屋偷了一只白瓷面盆，一頂帳子，一只溫水瓶，還有杯子、肥皂、毛巾之類，損失相當大，價值總有上千元。

7日（星期五），袁昌英一早去學校評閱招生考卷，回家後說起武大這次和川大、東大聯合招生的不幸。成都大作其弊，試題早洩露了，不知是哪個學校幹的好事，聽說有人專門做這生意，賣了10萬元的試題。聽說印題是川大負責，所以有些蹊蹺。但武大試場發現了這事就鄭重其事地宣布重考（數學），川大就含糊了事，結果武大的名譽傳壞了，川大卻若無其事！

12日（星期三），教育部指令武大法律系增設司法組一班，注重司法實務訓練，招收新生12名。

同日，竺可楨日記載：「今日第二次招生，為中央、武大、浙大及雲大四校，考生只171人……上午6-9考數學，下午3-6考物理化學。」[25]

15日（星期六），武大第391次校務會議通過了由劉永濟、桂質廷等教授起草的《本大學文科研究所簡章》和《本大學理科研究所簡章》，正式增設文、理兩個研究所。

16日（星期日），袁昌英進城看房子打灶，回來告訴家人房子修好就可以搬進城去了。

18日（星期二），葉聖陶日記載：「三官入城，取得東潤與歌天信各一封。東潤言下學期將往中央大學，緣在武大意不甚適。」[26]

19日（星期三），陳寅恪自廣西桂林雁山又致函劉永濟：「弘度老兄先生，連奉大作及與撫五先生署名唁電，感佩之至。又接舍弟一函，更得知其詳。弟此次歸回頗承親友慰問，然情意之懇切未有如老兄及武大諸公者，令人感激涕下，

---

[25] 竺可楨：《竺可楨日記》第一冊（北京：人民出版社，1984年），頁611。
[26] 商金林編：《葉聖陶抗戰時期文集》第二卷（北京：人民教育出版社，2005年），頁307。

此生所不能或忘者也。」[27]又詳述因目前病體之不能耐汽車之震動，固不能不滯留於桂林之苦衷。

　　同日，楊靜遠堂姐楊安祥考取了武大，從此楊氏四兄妹楊叔湘、楊宜福、楊安祥、楊靜遠都在武大。

　　20日（星期四），教育部訓令，為加強專科以上學校學生道德訓練，自1942學年入學新生起，設置倫理學，2-4學分，為一年級學生共同必修課。

　　同日，葉聖陶看報見武大廣告，「二官已見錄，但須補考數學；數學合格，方可入學」。[28]

　　23日（星期日），劉永濟致函貴州遵義浙江大學文學院繆鉞，云：「武大文學院高公翰（文學院院長）去職後，撫老（即王星拱校長）以院事付弟，而院中內容複雜，殊不易處理，固辭不得，深以為苦，他日有便，終當擺落也。」[29]

　　同日，楊靜遠日記載：「上午到讓廬收拾房子。11點左右蘇先生過來，邀我們三個[宜姐、叔哥]去吃中飯。蘇先生做了許多菜，多半是她自己的『產品』。她又生怕我們吃少了，拚命把菜塞在我們碗裏，可是她自己卻吃得很少，她的身體那麼壞，卻只管刻苦自己。然後我和宜姐到白塔街。我先去找乾媽，她們住在林春猷先生家。我進去看見乾媽、小澄，給她紀念冊，她們都驚奇我的畫。他們吃午飯時，林先生一定要我吃一塊蘋果pie，又強迫我吃半個小麵包，最後又是一小塊pie。我看看他們的餐桌，真沒有一絲抗戰氣，還是那麼豐富，中西合璧的。飯後小澄帶我參觀房子。我對那一派富麗堂皇的景色，心裏頗起反感。白牧師們真不像傳教牧師，這麼享受！」[30]

　　25日（星期二），教育部密令致武大稱：「據密報：該校奸偽分子所組織的『岷江讀書社』，最近曾在大佛寺召開暑假工作討論會，由丁宗岱主席，趙騏、楊仁政、唐宏鎔、汪達慶、向勳、潘道璋、蔣貽曾、胡開馴等均曾出席，決定暑期工作方針等情。……令仰注意防範，並查明實情具報。」[31]

　　26日（星期三），教育部第354號密令：「據報國立武漢大學學生何代枋於

---

[27] 徐正榜等編：〈劉永濟先生年譜〉，《誦帚詞集‧雲巢詩存》（北京：中華書局，2010年），頁382。

[28] 商金林：《葉聖陶抗戰時期文集》第二卷（北京：人民教育出版社，2005年），頁308。

[29] 徐正榜等編：〈劉永濟先生年譜〉，《誦帚詞集‧雲巢詩存》（北京：中華書局，2010年），頁382。

[30] 楊靜遠：《讓廬日記》（武漢大學出版社，2003年），頁81-82。

[31] 馬同勳：〈一代學人，典範永存〉，俞大光、陳錦江：《無私奉獻一生的趙師梅先生傳略》（武漢：華中理工大學出版社，2000年），頁158。

民國十九年在桂林加入奸偽組織，曾任武大支部幹事會幹事兼小組長。在校極為活躍。……又該校學生蔣貽曾亦為×黨分子，任奸偽樂蓉雅聯絡員。……並附該何代枋、蔣貽曾二人姓名、略歷及公開組織活動事實一份（內容涉及『反孔運動』、《燎原》壁報、唐宏鎔、趙騏、胡開駟等——引者注），仰該校查明具報，以憑核辦為要。」[32]

28日（星期五），王星拱校長聘請劉永濟為文科研究所主任，桂質廷為理科研究所主任。

29日（星期六），葉聖陶日記載：「二官今日往應武大之第二場考試，試數學。自謂不錯，有錄取希望。」[33]

30日（星期日），楊端六一家受蘇雪林之邀搬入陝西街讓廬居住，直至抗戰勝利。

本月，武大學生進步社團「風雨談社」成立。它的取名是援引《詩經》中的「風雨如晦，雞鳴不已」，表示要在「風雨如磐暗故園」時，共同擔負起天下興亡之責。它由經濟系的張應昌、潘道璋和歷史系的趙隆侃等共同發起。第一批參加的有陳邦幸、牟文智、劉克儉、胡鍾達、章潤瑞、張師韓、郭明達等。他們思想進步，知識面寬，分析能力強，理論修養高，是「風雨談社」的奠基人。此後又有蒿日升、俞紹勳、金聲穆、李軍、楊俊賢、湯元森、湯家駒、王良順、陳仁寬、趙宰平、胡宗嶽、丁璿、徐奕昌、丁應瑞、唐春旭、柴玉、戴健等17位學生陸續參加。

本月，程千帆離開任教一年半的武大，和夫人沈祖棻一起到成都的金陵大學任教。「因為武大的怪規矩，夫妻倆不能在一所學校工作」[34]。

本月，劉永濟推薦武大中文系1933年畢業生胡守仁來武大任講師。胡守仁時在雲南大理華中大學任教，得到劉永濟的邀請函後，立即趕往樂山。胡守仁有詩回憶赴樂山的路途：「早歲曾為萬里行，鯨波鳥道命毛輕。妻孥隨我添愁苦，到達嘉州慶更生。」胡守仁抵樂山後，與劉永濟為鄰生活了四年。教學之餘，從劉永濟、徐天閔二師再習詩詞，名聲大震。

---

[32] 馬同勳：〈一代學人，典範永存——深切懷念恩師趙師梅教授〉，俞大光、陳錦江：《無私奉獻一生的趙師梅先生傳略》，華中理工大學出版社，2000年），頁159。

[33] 商金林編：《葉聖陶抗戰時期文集》第二卷（北京：人民教育出版社，2005年），頁310。

[34] 程千帆口述、張伯偉整理：〈勞生誌略〉，程千帆著：《桑榆憶往》（上海古籍出版社，2000年），頁22。

九月

4日（星期五），經訓導長趙師梅批示，致教育部具報稱：「查汪達慶、唐宏鎔、胡開駟、蔣貽曾等四生，均已於畢業前後離校，其餘丁宗岱、趙駟、楊仁政、向勳、潘道璋等五生平日在校尚無越軌行動。除對該生等注意防範外，謹將實情具報。」

6日（星期日），經濟系韋從序教授遷家至陝西街讓廬居住，與楊端六家為鄰。

9日（星期三），王星拱校長聘請江仁壽為理科研究所物理部主任，聘請鄔保良為理科研究所化學部主任。

同日，劉永濟致函廣西桂林雁山陳寅恪先生，再次誠邀來樂山武大講學。9月23日，陳寅恪自廣西桂林復函，詳述暫留桂林其原因非面談不能詳深，病體不耐旅行諸原因。

10日（星期四），蘇雪林丈夫張寶齡，自雲南應聘來武大機械系任教授，住進讓廬。蘇雪林九十多歲時回憶張寶齡說：「他來後即住在我家裏。那時物價愈高漲，雇女傭甚難，好容易雇到一個做不久即辭去，炊洗之事即由家姐代勞。我做修補屋子的土木工，他也做點劈柴掃除的工作。一家過得還算和睦。」[35]

14日（星期一），葉聖陶日記載：「晨起作書，致通伯、孟實、人楗，令二官帶去。二官既取入武大，擬於日內偕伯麟動身往樂山，余致書三君皆申所願，予二官以指導與照顧。於致人楗書中，並與商編高中外國史之事。前承叔湘告知，言人楗有此意也。」[36]

15日（星期二），吳稚暉從敦煌考察完畢途徑樂山，看望陳源、凌叔華夫婦，並為其女陳小瀅畫作題字：「我從千佛來，來見嘉定佛。千佛是小瀅前生，大佛我與父親所見。」[37]

18日（星期五），葉聖陶日記載：「二官以六時動身，與伯麟偕，趨東門外乘木船赴樂山。乘船需兩日或三日，費用約須八十元；乘汽車則倍之，亦未必當日可達。二官從此離家入學，恐以後在家之日常少矣。」[38]

[35] 蘇雪林：《浮生九四──雪林回憶錄》（臺北：三民書局，1993年），頁132。
[36] 商金林編：《葉聖陶抗戰時期文集》第二卷（北京：人民教育出版社，2005年），頁314。
[37] 陳小瀅講述、高艷華編選：《樂山紀念冊》（北京：商務印書館，2012年），頁39-42。
[38] 商金林編：《葉聖陶抗戰時期文集》第二卷（北京：人民教育出版社，2005年），頁314。

21日（星期一），武大訓導處向教育部作呈文具報：「案奉鈞部三十一年八月二十六日密字第354號密令，略以據報學生何代枋、蔣貽曾等在校公開組織從事奸偽活動，並抄附何代枋、蔣貽曾二人活動事實一份，令飭查明具報等因奉此，遵經詳密偵察，本年一月間西南聯大反孔運動之起，各地似有響應趨向，當即嚴加注意，故當時本校學生得安然上課，絲毫未受影響。又該生等在校所編《燎原》壁報，平時尚無越軌言論。現查何代枋一名，前應徵為國外翻譯人員，已於本年三月間離校赴湘受訓了；蔣貽曾一名，考取留美空軍學生，於本年五月間離校赴滇。學生唐宏鎔、胡開駟二名，均於本年暑假畢業離校。其餘趙騏一名，平日在校尚無越軌行動。」

24日（星期四），中秋節。陰天無月。

25日（星期五），《世界學生》（世界學生月刊社編印）雜誌第一卷第9期刊登陳俊〈武大在嘉定〉一文。

26日（星期六），礦冶系王若怡（進展）教授貧血症逝世，享年48歲。

28日（星期一），熊佛西太太[已離婚]朱君允來武大，她是新聘的女生指導。

30日（星期三），法學院政治系新聘名教授孟雲橋[39]到校。

本月，武大與資源委員會簽訂技術合作合約。內容為研究有關工礦管理會計專題，補助本校研究經費國幣7萬元一次撥付，請本校舉行工廠管理會計專題講座或特約講座，給本校機械、礦冶、土木、經濟（著重會計）等4系設置獎學金。合約有效期為1年。

本月，武大學生馬建武、顧公泰、丁宗岱、金惠穆、雋雅珍、王樹藏、田惠民等7人在樂山城內白塔街附近的顧公泰家開會，秘密發起組織「馬克思主義小組」。此後，劉兆豐、張寶鏘、廖成溥、趙萌蘭、陳鳳簫、劉詩秀等加入該小組。小組的主要活動是研究馬列主義理論，毛澤東已發表的著作，研究和推動武大學生運動。第一階段為研讀馬列毛澤東著作、共黨文獻、新華日報。第二階段為勤學勤業交友，聯繫群眾，組織學運。第三階段為籌備成立「核心小組」，發展隊伍。

本月，武大籌資在萬佛寺建設教授住宅40間。

---

[39] 孟雲橋（1904-1988），山東章丘人。1930年畢業於國立北京大學哲學系。後到英國倫敦大學哲學系讀書，又入牛津大學攻讀研究生，獲碩士學位。1938年回國後，歷任重慶國立中央學院、樂山國立武漢大學、重慶中央政治學校、山東大學、國立政治大學教授、青島市教育局局長、南京立法院立法委員等職。

十月

3日（星期六），武大公布新生補修班辦法，從本年度起，增設中文、英文、數學三科補修班。

5日（星期一），朱光潛在樂山體育運動大會上作《談體育與運動》演講：

> 在聰明智慧方面，我們並不比西方人差；但在學問事業方面的成就，我們常趕不上他們。原因固然很多，身體羸弱是最重要的一種。……
>
> 體格羸弱不但影響學問事業，還可以影響到性情和人生觀。我常分析自己，每逢性情暴躁，容易為小事動氣時，身體總有點毛病，如頭痛牙痛之類；每逢心境頹唐，悲觀厭世時，精力大半很疲憊，所以供給的精力不夠應付事務的要求。……我們青年中，許多人都很悲觀厭世，暮氣沉沉，我敢說這大半由於身體不健康。……
>
> 彌補的方法很多，最重要的是運動的普遍化。我們必須放棄以往一般學校送選手裝門面的陋規，要把運動推到每一個城市裏，每一個鄉村裏去，使它成為日常生活中一個重要節目，有如睡覺、穿衣、吃飯。我們應該提倡個人運動，尤其要提倡團體運動。我們一向團體紀律最差，合作互助的精神幾乎沒有。團體運動不但可以提高民族的生活力，還可以培養尊重秩序與合作互助的習慣。[40]

9日（星期五），趙師梅教授自湖北老家返校，途中經過夔門有感賦詩道：

> 十過夔府，未曾一登陸，舟輪今夕此間宿。東門進，西門出，街市破敗一塌糊塗。自幼聞傳鮑爵府，而今風韻一點無。自古功德有口碑，物質誇張總不如。寄語當今權位者，多留德義在人間。[41]

---

[40] 原載樂山《誠報》1942年10月20日，轉引自徐正榜、陳協強主編：《名人名師武漢大學演講錄》（武漢大學出版社，2003年），頁424-425。

[41]《趙師梅部分詩詞》，俞大光、陳錦江編著：《無私奉獻一生的趙師梅先生傳略》（武漢：華中理工大學出版社，2000年），頁116。

　　同日，樂山《誠報》消息：「名聲樂專家蔡紹序將於十一月中旬來樂舉辦個人音樂演奏會，正托此間友人尋覓適當地址及租借鋼琴，按蔡氏曾為國立音樂學院教授，今在南虹藝專任音樂科主任。」

　　10日（星期六），國慶日。楊端六在家清理東西，準備到重慶開參政會。

　　11日（星期日），顧如到袁昌英家談起新女生指導朱君允，說學生們和她大吵。袁昌英頗同情她，顧如這位前任女生指導卻有點幸災樂禍。

　　12日（星期一），武大舉行了第二屆「科學展覽會」。這是在抗戰大後方開展的一次規模巨大、意義深遠的科學大宣傳、大動員、大普及。它喚起民眾：要學文化，學科學，要增強科技意識，提高全民文化、科技素質，以科技為本，走科技興國之路。誠如《武大科學展覽會》前言所云：「中國之抗戰不僅在爭取最後的勝利，亦所以奠定建國之基礎，故科學運動實為必要。倡議科學之道有二：一曰提高國民科學興趣；二曰培養科學專門人才。科學人才之培養固極重要，而提高國民科學興趣，普及科學教育尤為必要。科學展覽會之意義，即所以使此項運動社會化也」；「舉行科學展覽，俾提高國民科學興趣，啟人及時把握世界文化的動力——科學。則國家的興隆，計日可待。」[42]展覽會按其內容分三個部分：物理、化學展館在李公祠理學院，機械、電機、土木、礦冶展館基本上集中在三育學校的工學院，生物展館則在北斗山。各展館資料詳實，圖文並茂，陳列有序。在解說員的引導、解釋下，無數的實物、儀器儀表，各型號的機器，數不清的模型、圖表和標本，真正是目不暇接，恍惚進入科學海洋，啟人科幻遐想。電機大樓展廳由紅綠燈組成「電氣化」三個閃閃發光的大字，遠遠地印入人們的眼簾。電訊研究室展出飛機上用的方向尋覓器、放大器和發話器，電訊實驗室陳列的大型發射管和兩百多個蓄電池，電話實驗室展出自動電話機，格外引人注目。生物系有八個展室和許多苗圃，集中在風景秀麗、東眺凌雲大佛、烏尤，西臨巍峨的北斗山上。在脊椎動物展室裏有一種名叫蚨蠮魚的珍稀動物，引起人們的興趣；在叢林、在沙灘有形形色色的鳥兒構成了鳥的世界；鱗翅目蝶亞目中的鳳蝶、弄蝶、粉蝶、斑蝶、眼蝶、絹蝶⋯⋯多姿多彩。各個展館、室集中了一冊冊記錄武大師生科研成果的專著和論文，一幅幅散發著歷史厚重氣息的圖片、標本，使人駐足留連，嘖嘖贊歎。在兩天展期內，觀眾達兩萬餘人之多，誠為抗戰後方一大盛事。[43]

---

[42] 轉引自《北京珞嘉》總第1期，原載樂山《誠報》1942年10月13日。

[43] 胡承寬：〈武大科學展覽會片斷〉，載《北京珞嘉》（1996年4月）創刊號。

13日（星期二），武大力訊社編印《國立武漢大學科學擴大宣傳展覽特刊》。

15日（星期四），資源委員會主任錢工黎來武大演講。

18日（星期日），四川省第五行政區大專學校運動會，在樂山高北門外嘉樂紙廠附近的牛咡橋體育場舉行開幕典禮，王星拱校長訓辭。參加運動會的單位分為社會組（各縣代表隊）、中等學校組（各縣中學、中專）和大專院校組。[44]大專院校除了樂山的武漢大學、中央技專和江蘇蠶專外，還有由成都遷到峨眉山下的四川大學。

19日（星期一），劉永濟在武大「總理紀念周」上為全校師生作題為《孔子之所以為聖》的演講，演講稿刊於1942年11月16日《國立武漢大學週刊》第338期1版。該演講首述文化為立國之本，凡久立於世之民族，必有優良之文化，而優良文化，在於有聖人能承前啟後；次述何為聖人，聖人不是天生的，而是致力於學以求其至尊；再述孔子所學為何，及孔子求學之方法等。

20日（星期二），袁昌英同蘇雪林買了二百捆柴，還有一些零碎東西。因錢不夠，要向學校預支。

21日（星期三），羅念生開始為外文系學生教文學史課程。

22日（星期四），楊靜遠日記載：「下午陸先生叫住我，告訴我平價布已到了，爹爹、媽媽每人一丈五，叫我寫一張條子請總務處不要剪斷。走到白塔街，碰見安祥、方葦、馮家祿、余憲逸四人，她們拉我去看運動會。到會場時正趕上武大女生和技專女生賽排球，看得真開心，我們大勝，3：0。」[45]

24日（星期六），大專學校運動會結束。各項競賽武大成績最佳，足球賽武大勝中央技專。當時獲得勝利的獎品，團體的還不興獎金、獎杯；個人的也不是獎金、銀、銅牌。只獎銀盾、錦旗，只不過大小不同而已。為了慶祝勝利，武大代表舉行了一次盛大的環城遊行。男女運動員身穿禮服，女生在前，男生在後，最前面由劉年美、凌忠揚、李車元等學生組成的鼓樂隊為前導，鼓樂喧天，招搖過市。先是把大會會旗送到住半邊街的王星拱校長家報喜，然後沿岷江邊進嘉樂門，入興發街，經土橋街、玉堂街等鬧市區班師回校。一路上昂首闊步，吹吹打

---

[44] 陳文欽：〈回憶一九四二年牛咡橋運動會〉，《犍為縣文史資料》第六輯（政協犍為縣文史委編印，1997年），頁108。

[45] 楊靜遠：《讓廬日記》（武漢大學出版社，2003年），頁91。

打，好不熱鬧。沿途吸引了很多的群眾圍觀，有的說盛況只有王靈官[46]榮歸故里時的熱鬧可比；有人說，想不到武大學生不都是文質彬彬、埋頭讀書的迂夫子，還有不少能跑會跳的飛毛腿呢！

同日下午，楊靜遠到山上去看武大正在蓋的教職員宿舍。[47]「那山上風景卻是美極了。站在城牆上，一眼望去是寂寥的群山，山間和峪中墾著梯田，像一層層的樓梯，山上的梯田好像盤在頭上的髮辮。田邊，鏡子般發光的一小片，是一口小塘。城牆下是草地。城上的紅土、石階，引人遐想。我不能抵抗那發狂的好奇心，一定要從一處斷壁上爬下來。那石級很陡，被太陽曬得發白。我爬下來，禁不住心底泛著野性的喜悅，好像變成了一個神仙。背後，遠處的山巔上就是老宵頂，有一個灰色的圓形堡壘，頗富中古傳奇故事的神秘森嚴意味。我簡直瘋狂地愛上了這個地方，但也許房子造好後它就要變樣了！」[48]

26日（星期一），武大校長王星拱被推為樂山滑翔運動會會長，並為樂山滑翔運動題刊名。

同日，趙師梅和戴銘巽晚上訪楊端六。趙師梅剛從巴東老家回來，現在他們兩個單身漢同居。

29日（星期四），王星拱校長聘請葉嶠教授為化學系主任。

同日，楊靜遠第一次上經濟課，彭迪先主講。

30日（星期五），學生蔣炎武因在運動會上和人打架被開除學籍。

31日（星期六），武大校慶[49]，放假一天，並且舉行各種慶祝活動，像球賽、書畫展覽、菊花會、平劇、話劇等等。

月底，武大叢叢劇社上演名劇《生死戀》。

本月，生物系石聲漢教授到峨眉四川大學講學一月。

---

[46] 王靈官，即王陵基（1883-1967）雅號。樂山關廟人。王陵基是川軍五行中資格最老的人物，早年留學日本學習軍事，曾任四川陸軍軍官速成學堂教官，是劉湘、楊森的老師。本來他也是有自己的武裝的，但後來因為死保北洋被打成光杆，才投奔劉湘，幫助劉湘稱霸全川，他也重掌兵權，但因倚老賣老一度又被撤去一切職務。抗戰初期爭奪四川省主席失敗，編組16個保安團組成第30集團軍出川抗戰，後來為第九戰區副司令，抗戰後任第7綏靖區司令，江西省主席和四川省主席。樂山城區現存其公館。

[47] 楊靜遠自注：「陝西街盡頭山坡上一處叫萬佛寺的平地，武大借來為無房教職員蓋了幾排簡易平房。乾媽凌叔華自費在此蓋了幾間帶一小樓的房。」

[48] 楊靜遠：《讓廬日記》（武漢大學出版社，2003年），頁92。

[49] 武大校慶：1928年10月31日，國立武漢大學正式開學上課。1929年10月，武大校務委員會議議決以每年10月31日為本校成立紀念日（校慶日）。

十一月

1日（星期日），王星拱校長聘定：劉永濟為文學院院長兼文科研究所所長、劉秉麟為法學院院長、桂質廷為理學院院長、譚聲乙為工學院院長；劉賾為中文系主任、方重為外文系主任、吳其昌為歷史系主任、萬卓恒為哲學系主任、李浩培為法律系主任、劉廼誠為政治系主任、劉秉麟為經濟系主任、曾昭安為數學系主任、桂質廷為物理系主任、葉嶠為化學系主任、張鏡澄為生物系主任、陸鳳書為土木工程系主任、陳季丹為電機工程系主任、周開基為礦冶工程系主任、白鬱筠為附設機械專修科主任。

此時，武大文學院在校學生共有236人。其中，中文系55人，外文系68人，哲學系25人，歷史系88人；一年級96人，二年級49人，三年級58人，四年級30人。另外，文科研究所一年級研究生7人。師資力量方面，文學院共有教師49人。其中，教授34人，占全院教師總數69.4%；副教授3人，占全院教師總數6.1%；講師5人，占全院教師總數11.2%；助教7人，占全院教師總數14.3%。[50]

2日（星期一），日本設置大東亞省，廢止拓殖省。

3日（星期二），趙師梅農曆四十九歲壽辰，於樂山賦詩〈生朝〉：

> 生有四十九，事業無所有。自信秉道義，是誰出我右？
> 奈逢亂離世，誰能辨苗莠。玉石俱焚碎，人命如豬狗。
> 不憂志未達，但悲人誰救，逢茲思母天，使兒痛心首。[51]

7日（星期六），政治系教授孟雲橋作首次學術講演，講題為《如何建立世界和平》。

10日（星期二），學校公布各學院主任導師名單：工學院：余熾昌；文學院：葉孟安；法學院：孟雲橋；理學院：高尚蔭。

同日，法律系教授劉經旺在樂山縣街亞洲藥房設立的律師事務所開業。

同日，楊端六自重慶開參政會回校，走了恰一個月。

---

[50] 徐正榜等編：〈劉永濟先生年譜〉，《誦帚詞集‧雲巢詩存》（北京：中華書局，2010年），頁390。

[51] 《趙師梅部分詩詞》，俞大光、陳錦江編著：《無私奉獻一生的趙師梅先生傳略》（武漢：華中理工大學出版社，2000年），頁116。

　　11日（星期三），中央大學全體教授發出《致全國大學教授書》，表示不願意接受友邦給與的生活補助費，以顧全國家體面。

　　12日，史學系教授徐中舒利用在教學之暇，為成都即將創刊的《三人行》撰寫〈中國歷史上的民族主義與抗戰前途〉一文。

　　13日（星期五），楊靜遠到中國銀行取稿費的路上听到一樁駭人的新聞：「鄢××做賊被發覺，席捲而逃了。現在學校要開除他。我才知道鄢××就是鄢教授的兒子。回來我告訴爹爹，他也很吃驚：『這真是奇怪得很，教授的獨生子做賊……可見現在的教育，現在的大學是什麼東西了。』」晚上白鬱筠到楊端六家閒坐，「他說現在法國維祺[即維希，法國親德的政府]政府已反德了，貝當已自動向美國投降加入同盟國，因為德軍不遵守和平條約，開入法境。他們又談了些國外的戰況，最近形勢很有好轉。但一談到國內，都歎氣。爹爹講了些軍界吃空餉的事，說到處都是一樣，一層層地瞞上去。像公共汽車『帶黃魚』[52]就是一例。」[53]

　　14日（星期六），楊靜遠日記載：「晚飯後，我們到蘇先生房裏聽她的侄子蘇經國講他從臘戍[緬北城市]逃回的經過。他是西南聯大機械系畢業的。他說到日本坦克怎樣夾在成千上百的汽車中混入中國國境，在惠通橋隔岸向寶山開炮，敵機怎樣肆虐寶山城，他們又怎樣在紛亂中棄寶山逃走，把自己的東西都丟在寶山了。他說橋對岸的敵兵，被一營國民黨軍隊抵住了，終不得過河，最後橋被我們自行炸毀。他們逃難曾四五天沒吃東西，餓得吃生豆子。在緬甸我軍死亡無數，而英軍保養得很好，逃進中國受優待。美國現在已有八九架運輸機從印邊飛到昆明，但完全由美國人管理，不許中國人插手，並且飛機到昆明下貨後就起飛，因為美國人不信任中國人，說如果讓他們自己管理一定要帶化妝品之類的東西。我們覺得這也是事實，中國人應該慚愧。回來後，我的感情起伏。我想像戰場上的悲壯，比較我們後方的死寂，覺得自己簡直是個無用之人。我渴望著去前方，親眼看看戰鬥中的祖國，親自做一個戰鬥中的一分子。我要面對戰爭，不要讓戰爭拖著我跑。戰爭啊！這以無可計量的物質、精神、熱情、生命的犧牲換取來的無價的treasure of pain[痛苦之寶藏]！我對我的祖國產生了無限的愛，祖國！這胸懷廣闊、能夠容納一切善惡的慈祥老人！我愛她，因為我只看見她的美麗，

---

[52] 楊靜遠自注：「汽車司機收受賄賂夾帶非法乘客。」

[53] 楊靜遠：《讓廬日記》（武漢大學出版社，2003年），頁95-96。

不在意她的缺陷，如果用得著我報國，我的生命。」[54]

15日（星期日），楊端六全家、劉秉麟、楊人楩同赴湖南同鄉會。九點半到江邊，坐船到對岸，越過卵石灘，到目的地——楠木林。會場在河邊沙灘上，布置得很好。節目有歡迎詞、答詞、選舉、介紹等。

16日（星期一），武大、中央技專兩校選拔出席樂山防空節演講競賽者，武大學生李秉祥獲第一名，湯朝彭獲第三名。

18日（星期三），教育部派周思漢來武大視察，瞭解學生生活狀況，學生反映物價增長三四十倍之多，而貸金不能隨物價指數增加，要求國民政府採取措施，改善學生生活。

同日，武大開教授會，蘇雪林與會。開會的結果，要打電報給教育部反對加薪制度（院長加400元，系主任加300元，普通教授加0）。

19日（星期四），武大教授會在大禮堂召開緊急會議，議決電請教育部實行本屆國民參政會《改善教授待遇》的議案，並書面表示贊同中央大學教授會拒絕接受「美國救濟金」的宣言，要求政府「尊重師道」，使教授們集中力量從事大學教育。

同日，史達林格勒戰役開始。

20日（星期五）至23日（星期一），陸鑣少畫展在泊水街嘉定飯店舉行。

26日（星期四），王星拱校長聘請白鬱筠教授為機械系主任，葉芳哲教授為機械專修科主任。

同日，晚上叢叢劇社在川劇院舉行首次晚會公演《毋寧死》招待各界。

27日（星期五），袁昌英應峨眉劇社的請求而撰寫《關於〈莎樂美〉》一文，「峨眉劇社諸同學欲出一種刊物，請我寫文章。我聽得他們不久將公演《莎樂美》，故寫此數語以供參考。」[55]

29日（星期日），叢叢劇社即日起在浸禮會為文化勞軍再演《毋寧死》三天。

十二月

1日（星期二），武大政談社在民眾教育館舉行座談會，題目為《戰時思想之檢討》，出席30餘人，政治系孟雲橋教授列席指導。

---

[54] 楊靜遠：《讓廬日記》（武漢大學出版社，2003年），頁96-97。
[55] 載《峨眉叢刊》1943年元旦創刊號，後收入《行年四十》（上海：商務印書館，1945年），頁39。

同日，武大峨眉劇社開始排演《莎樂美》，定於元旦公演。

2日（星期三），燕京大學在北平被敵封閉後遷蓉，於本日復課，梅貽寶任代理校長。

4日（星期五），武大法律學會主辦的壁報《法律知識》復刊。

5日（星期六），武大法律學會在民眾教育館開辦的民眾法律詢問處正式辦公。

6日（星期日），武大法律學會邀請李浩培教授演講《外僑在國際公法之待遇》。

7日（星期一），國民黨中央常務委員會決議以張道藩代王世傑為中央宣傳部長。

8日（星期二），武大《社會科學季刊》復刊，由李浩培教授任主編。

同日，武大四川籍同學會為提倡正當娛樂，特籌組川劇社，由劉述暄負責籌備。

11日（星期五），女生宿舍出了一件可羞的事情：「老姚管掛號信，忽然發覺丟失了一封，他知道裏面有一千元的匯票，急得要命，去郵局通知，叫他們不要付款。郵局說後來是有一個女同學來取款，他們沒給她，並且把她認清楚了。現在決定在星期日全體女生排隊，讓郵局的人來認。」[56]

14日（星期一），峨眉劇社要演《莎樂美》和《群鬼》[王爾德和易卜生的劇]，出了很引人注目的預告。

16日（星期三），武大歷史學會邀請中央研究院考古組主任吳金鼎[57]來校演講《彭縣金鼎崖墓與巴蜀文化》。

17日（星期四），晚上女生宿舍開座談會，討論《莎樂美》和王爾德。請了蘇雪林、袁昌英、朱君允講。開始由陳玉美講《聖經》裏莎樂美的故事，然後丁景雲（女主角）講劇情。接著袁昌英講王爾德研究，像活圖書館一樣，她把每個劇本請一個同學介紹內容，如《少奶奶的扇子》、《The Importance of being Eanest》[《名叫歐內斯特的重要性》]、《不相干的女人》等，然後她才開始講

[56] 楊靜遠：《讓廬日記》（武漢大學出版社，2003年），頁100-101。

[57] 吳金鼎（1901-1948），字禹銘。山東安丘人。1926年考入清華大學國學研究院攻讀人類學專業。1930年到中央研究院史語所考古組任職。其間，參加了河南安陽殷墟、山東章丘城子崖、安陽後崗等著名遺址的發掘。1933年赴英國留學，1937年獲博士學位。回國後先後在雲南、四川從事考古發掘和研究工作。

王爾德的生平、教育的影響、環境的影響、唯美派的主張。講完以後，朱君允也講了她的意見。

19日（星期六），武大四川籍同學會邀請葉允競[58]教授演講《20年前四川學生之特點與將來之希望》。

20日（星期日），教育部訓令：大學一年級增設倫理學，由校長、各處長、各院長講授。武大由朱光潛教務長開始第一講，講題為《部令增設本課程之意義及學習本課程之方法》。

21日（星期一），王星拱校長聘請葉允競教授為工科研究所電機工程學部主任。

同日，王世傑參加武大重慶畢業同學會，「到者百餘人。予對同學言：十年前予計劃武漢大學時，預定本校規模可應武漢為倆工商業發達後之偉大需要；假定學生可達一萬人，學院之數為八，即文、理、法、工之外更設農、商、醫及藝術學院。予並謂甚望此一理想能觀其成。」[59]

23日（星期三），國民黨中央組織部部長朱家驊致函教育部渝字第18005號公函說：「為武漢大學《燎原》牆報社密查情況函特參考由。案據直屬國立武漢大學區黨部執行委員××同志，本年11月29日來函略稱，《燎原》牆報自動停刊，兼旬以來，實未再見該牆報之張貼，而與該刊有關之學生唐宏鎔則確已於本年暑假畢業後，離校赴桂林。本校區黨部招開執監會議時，曾將此案提出討論，愈謂嗣後應仍加切實注意，以期勿負中央之命令，特此具函陳明，尚祈察核等情到部。查燎原牆報一案，係奉總裁申豔代電查詢，除分函有關部門參考外，特節錄原報告，轉貴部參考為荷。」教育部陳立夫、賀耀祖等人也簽署了意見。

同日，國防科學技術策進會在中央圖書館召開，武大桂質廷、譚聲乙與會。

同日，楊靜遠日記載：「我們班討論這次郊遊的計劃，決定每人出25元，到烏尤寺去玩。可憐家裏這一向正鬧錢荒，學校裏預支薪水，還有20天才有新的，所以每天算就了只有30元以下可以用。今天一天裝玻璃、買電燈開關等已用了近百，緊得很，可是錢還是得出，真是苦！」[60]

[58] 葉允競（1905-1951），原名葉用鏡。廣東文昌（今屬海南）人。1929年畢業於上海交通大學，1930年獲公費到法國留學，1934年回國，出任上海交通大學教授。1939年到樂山國立武漢大學任電機系教授，主講交流電路、無線電原理、電磁波與天線等課程。

[59] 《王世傑日記手稿本》第三冊（臺北：中央研究院近代史研究所，1990年），頁410。

[60] 楊靜遠：《讓廬日記》（武漢大學出版社，2003年），頁101-102。

24日（星期四），竺可楨日記載：「晤士選，知本年高等教育經費費凡一萬八千萬元，其中中央政治學校9000000，中央大學6600000，中山及聯大各6000000，浙大4000000，雲大、川大各3300000，西大3000000，武大2900000，中央研究院3370000，氣象局1600000。」[61]

26日（星期六），武大學生為防止疤病流行，特組織防疤委員會，簽名參加者達千餘人。

27日（星期日），楊端六全家和張寶齡、蘇雪林夫婦到山上去看已完工的武大新教職員宿舍。房子雖不好，上面的空氣、風景卻好極了。袁昌英晚上在家宣布，她的五幕抗戰劇《飲馬長城窟》完成了。

29日（星期二），行政院決議，省立重慶大學、山西大學、英士大學均改為國立。同日，行政院任命國民黨四川黨部主任委員黃季陸為四川大學校長。

31日（星期四），竺可楨日記載：「十點晤雪艇於和園，知武大將派周鯁生為留美教授，周不允，改派政治系主任劉君。雲大為費孝通，川大未定……中午在中英文化協會中膳，到潤章、月涵、曾昭掄、任之恭、桂質廷、譚聲乙、胡秉正，埃及公使林東海，東北大學朱君。」[62]

本年，武大各委員會負責人名單：《文哲季刊》委員會編輯主任劉永濟、《社會科學季刊》委員會編輯主任李浩培、《理科季刊》委員會編輯主任高尚蔭、《工科年刊》委員會編輯主任余熾昌；圖書委員會主任劉永濟，儀器委員會主任桂質廷、財務委員會主任張鏡澄、出版委員會主任劉秉麟、體育委員會主任趙師梅、群育委員會主任余熾昌、女生指導委員會主任趙師梅、第一外國語委員會主任方重、聘任委員會朱光潛、考試委員會主任朱光潛、社教推行委員會主任王星拱、貸金審查委員會主任王星拱。

本年，法科研究所經濟學部招收研究生2名；法科研究所政治學部招收研究生1名；理科研究所物理學部招收研究生2名；理科研究所化學部招收研究生3名。

本年，武大因病死亡學生11人：王夢蘭（23歲，女，外文系四年級）、王世榮（24歲，政治系四年級）、汪頤（25歲，土木系三年級）、嚴子瑾（24歲，經濟系二年級）、吳承寅（26歲，機械系三年級）、段杞梓（23歲，經濟系四年

---

[61] 竺可楨：《竺可楨日記》第一冊（北京：人民出版社，1984年），頁632。

[62] 竺可楨：《竺可楨日記》第一冊（北京：人民出版社，1984年），頁636。

級）、王文林（20歲，電機系一年級）、劉純可（22歲，土木系二年級）、余紹文（23歲，物理系三年級）、曾樂泉（20歲，政治系一年級）、沈錫湘（22歲，化學系三年級）。

　　本年，武大接收戰區借讀生32人。

1943年（民國三十二年）

史達林格勒保衛戰勝利——蔣介石發表《中國之命運》——共產國際解散——義大利投降——中美英三國首腦發表《開羅宣言》

一月

1日（星期五），峨眉劇社主編的社刊《峨眉叢刊》創刊。編纂委員會由丁景雲、宋培榮、李守極、李靖亞、殷國俊、熊匯萱和鄭德信等7人組成，其中熊匯萱為編輯負責人。發行負責人是范國瑛，中國文化服務社（嘉定分社）總經售。創刊號目次如下：

　　關於莎樂美　袁昌英
　　阿爾刻提斯引言　澤拉謨著，羅念生譯
　　談演戲　朱光潛
　　華克坦戈夫與鄧琴科　路星譯
　　白色的旅程（一幕三場劇）　田年
　　編後記

編後記正文題名《編後三記》。其「一」云：「本期雖說是創刊號，但我們並沒有寫下什麼獻言，與其說是我們的疏忽，不如讓我們坦白的釋明：這乃是我們過於謹慎而已。在戲劇理論的探討上，我們正以熱烈而處口（按：原刊此字不清）的心追求著她的真理，我們所以出版叢刊，亦無非藉以得先進者的指導並獲學習上的激勵罷了。在我們尚很幼稚的今天，我們不應也不敢說些輝煌的話。因此，本刊沒有創刊詞，雖然我們也有自己的夢。」這一段說明何以沒有創刊詞的文字，或許可以視作《峨眉叢刊》的「發刊詞」。《峨眉叢刊》有出版第二期的計畫，據創刊號內頁「下期預告」，第二期除擬刊載羅念生的《希臘悲劇》、袁昌英的《〈群鬼〉及易卜生的哲學與思想》和田年的《跳躍的海》（三幕悲劇）外，另有凌叔華、洗德岫等文稿數篇。武大文學院陳建軍教授考證說：「定

於1943年2月底出版的《峨眉叢刊》第二期，我一直無緣得見。查《1833-1949年全國中文期刊聯合目錄》增訂本（書目文獻出版社1981年8月版），在『峨眉叢刊』條目下，也只著錄創刊號資訊。因此，我懷疑《峨眉叢刊》的創刊號就是它的『終刊號』」。[1]

1日至3日（星期日），育賢街縣商會舉辦劉朝東畫展。

1日至4日（星期一），《莎樂美》在嘉樂門的浸禮會[2]連續公演了幾場，效果非常好。楊靜遠是1月2日觀看的，她在當天的日記中寫道：「晚上看話劇《莎樂美》。到浸禮會，我們的座位在第四排中央，最好的位置。看後覺得不錯。我喜歡莎樂美（丁景雲飾），跳舞好看極了。燈光、服裝、音樂合成很美的情調。在戰時看到這種軟性的舞蹈當然很不容易，也就不用苛求了。」[3]

3日（星期日），聯青歌詠團在白塔街舉辦新年聯歡會。有個人表演，如丁景雲的七面紗舞、劉嘯雲的女聲獨唱；團體表演如楊宜福等人合演的《十六歲的小姑娘》，劉蘊、常紹溫等人的《秋子》[日本人民反戰歌舞]。

9日（星期六），武大政治學會邀請朱光潛教務長作學術講演，講題為《文學與政治》。

15日（星期五），各地開始限價，藍布匹每匹二千四百五十元，米每石五百二十元，較戰前約高百倍。

16日（星期六），樂山《誠報》上刊發劉永濟〈觀醴陵吳君龍丘畫記〉。

同日，葉聖陶日記載：「晨起作書復人梗，仍為高中外史事。」[4]

16日至18日（星期一），樂山公園舉辦三湘畫家吳龍丘書畫展覽。

19日（星期二），楊端六早上帶女兒上街買魚，買了四條青波[5]，261元，14.5元一斤。

同日，行政院通令，違反限價者按軍法懲治。

26日（星期二），武大礦冶、機械、土木、經濟系學生莊孝偶等19人榮獲經

---

[1] 陳建軍：《袁昌英作〈關於莎樂美〉》，《博覽群書》2010年1期。

[2] 楊靜遠自注：「就我所知，樂山的基督教會有三：位於白塔街的美以美會（衛理公會），沒有大教堂；位於鐵門檻的內地會屬加拿大，是封閉型的；位於嘉樂門的浸禮會有座大教堂，武大常借用來演戲、開音樂會等。」

[3] 楊靜遠：《讓廬日記》（武漢大學出版社，2003年），頁106。

[4] 商金林編：《葉聖陶抗戰時期文集》第三卷（北京：人民教育出版社，2005年），頁6。

[5] 青波：樂山當地常見的一種名優魚類，具有個體大、生長快、食性雜、肉質鮮嫩、適應性較強等特性。亦稱中華倒刺鲃，俗稱烏鱗、青板，分類上隸屬鯉形目、鯉科鲃亞科。

濟部資源委員會獎學金，共計國幣7600元，每人400元。另外為研究有關工礦管理會計專題補助本校研究經費國幣7萬元。

30日（星期六），楊靜遠日記載：「戴銘巽先生送來一張東西，是許多畢業學生為爹爹發起的『端六獎學金』，發起人有一百多，可見爹爹對於學生的影響。」[6]

本月，私立樂嘉中學改為國立武漢大學附屬中學。

本月，武大進步學生文談社舉行「托爾斯泰文藝作品座談會」。邀請同學參加，並吸收了一批新的成員。

本月，楊東蓴受聘於武大法學院教授，主講「中國政治思想史」和「中國政治史」兩課。他初到樂山，與胞弟楊人楩（武大史學系教授）同住嘉樂門外武聖祠一個較好的四合院內。

本月，武大湖南同鄉會開始排練《雷雨》，將於2月19日元宵節演出。

二月

1日（星期一），楊靜遠日記載：「下午去找冠瑛[蔣思道教授之女]，我們又一同去看何海平[何定傑教授之女]。她趿著一雙破布鞋在一寸深的爛泥裏踩，環境真夠壞的，連她自己都弄不清院裏住有多少家，四川人，女人，小孩，還駐了一隊兵。我們就在海平房裏談，門外就是天井，也是廚房，她媽媽在熬藥，藥氣滿房。可是海平還是那樣有講有笑，也只有她這樣隨遇而安的好性子才能忍受這樣的環境。她說下半年也許轉到武大，我高興極了。本來川大太不是讀書的地方了，連先生都沒有。她說朱光潛罵了程天放[川大校長]，帶了一批先生到武大來，川大只剩下一些膿包了。」[7]

2日（星期二），歷時五個多月的史達林格勒保衛戰以德寇的慘敗而結束。

3日（星期三），教育部頒發《中央圖書報刊審查委員會查禁書刊一覽表》。

4日（星期四），教育部批准國立武漢大學文、法、理、工四個研究所碩士學位考試委員會，王星拱為主任委員。文史研究所校內委員：劉永濟、劉賾、吳其昌，校外委員：錢穆（齊魯大學教授）、龐俊（華西大學國文系主任）、法科研究所經濟學部校內委員：劉秉麟、楊端六、陶因、鍾兆璿；校外委員：劉大

---

[6] 楊靜遠：《讓廬日記》（武漢大學出版社，2003年），頁109。
[7] 楊靜遠：《讓廬日記》（武漢大學出版社，2003年），頁109。

鈞、張直夫。政治學部校內委員：劉廼誠、鮑揚廷、方壯猷、吳其昌；校外委員：蕭公權、樊德芬。理化研究所校內委員：桂質廷、江仁壽、鄔保良；校外委員：周同慶（中央大學物理系主任）、張違如（四川大學化學系教授）。工科研究所土木工程學部校內委員：譚聲乙、俞忽、涂允成；校外委員：張含英（全國水利委員會委員長）、王助（航空研究院副院長）。電機工程學部校內委員：譚聲乙、陳季丹、葉允競；校外委員：顧毓琇、包可慶。

同日，農曆壬午年除夕，劉永濟填詞〈南柯子・除夕〉一首，又作詩〈倒用茶字韻奉和撫五、靜伯昆仲除夜之作〉二首：

> 莫愁兵氣減春華，兩見茆堂燕寄家。不散林鴉喧櫪馬，且捐私酒煮官茶。（時方禁酒）
> 新詩已作承平語，老眼留看爛漫花。此夕雲巢亦輝麗，高燒紅燭放兒嘩。

5日（星期五），楊靜遠日記載：「下午爹爹、媽媽出去拜年，我們出去散步，雨漸漸下大了。回來後，聽見遠遠的鑼鼓聲，知道是火炬提燈會的行列來了，打傘跑出去看。就在鐵門檻看見他們走下來。隊伍是相當熱鬧的，各種的燈籠、紙屏、旗子，花花綠綠。最有趣的是幾乘紙紮的花轎，抬著一個個很小的小孩，扮成軍人、農人等模樣，怪神氣的。還有一條大龍，是綢子紮的，可是還沒點燈。這是慶祝解除不平等條約的活動，可是恰巧定在舊曆大年初一，恐怕一般民眾還以為是慶祝新年哩！」[8]

8日（星期一），楊靜遠20整歲的生日，她自己本無意「做生」，「爹爹、媽媽還是請了客，不過並不專為我，因為乾爹和桂質廷要到美國去[9]，上午忙著洗地板，到廚房切菜、切肉，到12點才弄得像個樣子。小瀅、乾媽來了。乾媽送我一個訂做的大蛋糕，奶油很多，好看極了；又送我兩支小洋蠟，預備插在蛋糕上的。最難得的是一把小折刀，銀色，很精緻結實，正是我所沒有的。我又把我的畫掛在飯廳牆上，一共大小15幀。不久桂先生、太太也來了，就上桌。先把糕上的小蠟點著，然後吹滅移開，吃飯。最後的雞湯是用我們餵了一年的大母雞煨

---

[8]　楊靜遠：《讓廬日記》（武漢大學出版社，2003年），頁109-110。
[9]　陳源、桂質廷兩位教授實際上是分赴英國、美國進行為期一年的研究。

的，足足六斤半重。」[10]

12日（星期五），陳源離開樂山赴英國主持中英文化協會工作，留下凌叔華和女兒在樂山。他們「所賃西門外那幢房子甚幽靜，後屋主將屋轉讓別人，新屋主自己要住，她不得不遷」。[11]

13日（星期六），楊靜遠日記載：「下午媽媽叫我和弟弟去看乾媽，昨天乾爹走了，她一定很寂寞。我們走到縣街，就看見街上塞滿了人，街心停著一乘乘的花杠子，抬著穿彩衣的小孩兒，有的小極了，乖乖地坐在上面，有些還擺著姿勢。到乾媽家，小瀅聽說有龍燈，一定要拉我出去看。過一會隊伍來了，的確是相當可觀，彩杠不知有多少乘，沒數，還有兩條龍，一些鍍金的古兵器，許多羅傘、旌旗，滿眼花花綠綠的，夾著震耳的鑼鼓，真夠一般民眾享受的了。原來今天是陰曆初九，農民節，特地慶祝的。據說款子是商會捐的。」[12]

14日（星期日），中央團部召集各大學校長到渝訓練，其中由團聘顧孟余、王星拱及竺可楨為指導，其餘十七人為幹事。[13]

同日，武大河南同鄉會編印《豫災特刊》，詳載豫災實況，呼籲救濟。武大學生將本月伙食節餘費145.35元捐助。

17日（星期三），楊靜遠日記載：「午飯後我們出去看農民節的提燈會，和上次差不多，只是更擴大了。通江壩有一條草龍很精彩，花費既少，又脫俗，非常聰明。花杠子裏有小孩扮的簽訂新約、同盟國外交陣容等，算是新東西了。」[14]

19日（星期五），樂山《誠報》報導：「武大教聯籃球隊內部近已調整一新，實力極為雄厚，訂於明日下午二時半在三清宮（老霄頂下）籃球場與武大校隊作首次友誼賽。」

同日，國民政府任命蔣介石兼任國立中央大學校長。

20日（星期六），下午三時武大教聯與校隊籃球比賽，在老霄頂籃球場舉行，觀者如堵。結果以二十四對二十四成和局。

23日（星期二），楊靜遠與堂兄堂姐們在五通橋參觀工廠，看舊式鹽井。

26日（星期五），竺可楨日記載：「晚閱《世界學生》月刊，乃杭立武等所

[10] 楊靜遠：《讓廬日記》（武漢大學出版社，2003年），頁110。
[11] 參見蘇雪林：〈悼念凌叔華〉，臺灣《珞珈》（1990年7月），第104期。
[12] 楊靜遠：《讓廬日記》（武漢大學出版社，2003年），頁111。
[13] 竺可楨：《竺可楨日記》第二冊（北京：人民出版社，1984年），頁649。
[14] 楊靜遠：《讓廬日記》（武漢大學出版社，2003年），頁111-112。

主持者。一卷九期有陳俊〈武大在嘉定〉一文。行文流利而敘述詳盡，使閱者能知武大之一般、教授人選、設備與學生之活動。」[15]

27日（星期六），武大向教育部呈報《理、工學院與校外各工廠合作情形》：本校自遷移嘉定後，與嘉華水泥廠合作試驗水泥，與中央工業試驗所木材試驗室試驗各地各種木材之特性。為航空委員會製造拉力試驗機，以及其他設計翻造校準等工作。並指導樂山附近各公私事業經營機械工廠，改進技術等事項。

本月，教育部明令武大「於一年級增設倫理學一課」，由王星拱校長親自向武大學生解釋共通校訓「禮義廉恥」及武大校訓「明誠弘毅」。

三月

3日（星期三），楊靜遠日記載：「上午四堂課只上最後一堂英詩，好不洩氣。聽說羅念生先生到成都去了，因為一位美（？）國研究古希臘文學的學者久仰他的大名，特來拜訪他。也許他就不再回來，到燕大去了。回家後，媽喊我一同到蘇先生那邊聽故事。蘇先生的故事真的有趣，講的是明末一個遺臣獨孫的遭遇。這是一篇真實的自述，作者在寫成後就病死了，還不到20歲。蘇先生把它改編為白話文[16]，用一種別出心裁的方法寫出來，把他經歷的事在臨死時迴光返照的一剎那重演出來，根據柏格森[法國哲學家]的時間主觀學說。」[17]

8日（星期一），國際婦女節。上午月呫塘市民開會，袁昌英被請去演講。晚飯後袁昌英、蘇雪林和楊靜遠去女生宿舍開會，請的教授有朱光潛、趙師梅、葉孟安，還有桂質廷夫人許海瀾、Mrs Hockin[韓牧師]等，主席方秀如，司儀劉珍寶。

同日，葉聖陶日記載：「致書楊東蓴，擬一合同稿與之，約編高中本國史。」[18]

9日（星期二），楊靜遠日記載：「上午陪彭智慧去方重先生家問書。方先生告訴我們，羅念生先生在成都一家英文日報做事，文學史改由他教。晚上劉弘度[劉永濟]伯伯、伯母和戴先生在家吃飯。劉伯伯大誇我的畫，真是沒想到。他這樣一位崇拜國故的老夫子居然欣賞西洋美人畫，我真不勝榮幸。」[19]

---

[15] 竺可楨：《竺可楨日記》第二冊（北京：人民出版社，1984年），頁658。

[16] 楊靜遠自注：「這篇小說大概就是《回光》，載《文學創作》1943年6月號，後收入《秀峰夜話》。」

[17] 楊靜遠：《讓廬日記》（武漢大學出版社，2003年），頁114。

[18] 商金林編：《葉聖陶抗戰時期文集》第三卷（北京：人民教育出版社，2005年），頁16。

[19] 楊靜遠：《讓廬日記》（武漢大學出版社，2003年），頁116。

10日（星期三），蔣介石發表《中國之命運》，為第三次反共高潮作思想和輿論準備。

12日（星期五），總理逝世紀念，武大放假。

13日（星期六）至14日（星期日），泊水街樂山縣銀行舉辦衛學樵畫展。

13日至16日（星期二），樂山公園舉辦聶嵐遠（百仗樓主）金石書畫藤仗展覽。

16日至19日（星期五），英國牛津大學陶德斯教授應邀來校講學。16日講演《近三十年英國教育之民主化》，18日講演《近代英詩》，19日講演《希臘劇場的研究》。

17日（星期三），楊靜遠日記載：「下午是教授座談會，和Dodds教授座談，張先生和爹爹都說有許多先生發問幼稚，使Dodds面子上不好看。我們決定星期六請Dodds來家，爹爹要我畫一張畫送給他做紀念，媽媽提議畫『East and West』[東方與西方]，以兩個女孩子做代表。」[20]

18日（星期四），楊靜遠日記載：「第三堂又是Dodds的，題目是Modern Poetry[現代詩歌]，可是我們聽不大懂。試著畫送給Dodds的畫，畫了兩個小孩坐在樹上同看一本書。」[21]

20日（星期六），楊靜遠日記載：「回來後不久，房子已布置得很好，一會Dodds教授來了。乾媽和林春猷先生也在場，我簡直不敢啟口，沒有說一句話。Dodds似乎不很欣賞畫，當我把畫送給他時，只客套地誇了兩句，並不十分感興趣。」[22]

24日（星期三），中國史學會在重慶成立，顧頡剛任理事長。系教育部所策動，僅開一次成立會。

25日（星期四），武大向教育部補報法科研究所碩士學位候選人名單：楊勝惠（1939年度畢業）、劉滌源（1941年度畢業）、劉恃讀（1941年度畢業）、李謀盛（1941年度畢業）、余長河（1941年度畢業）。

同日，葉聖陶日記載：「作書致錫光，以昌群《漢唐文化研究》、人梗《德國民族之侵略性》兩稿寄與，請其發排。……又作書覆人梗，寄與稿費及契約。

---

[20] 楊靜遠：《讓廬日記》（武漢大學出版社，2003年），頁116-117。

[21] 楊靜遠：《讓廬日記》（武漢大學出版社，2003年），頁117。

[22] 楊靜遠：《讓廬日記》（武漢大學出版社，2003年），頁117-118。

作書致子愷。子愷於上月遊樂山，云將由樂山來蓉，而至今未到，大約已順流返渝，故以書問之。」[23]

27日（星期六），中華全國文藝界抗敵協會，在重慶舉行第五屆年會，改選老舍、郭沫若、茅盾、朱光潛等26人為重慶及外埠理事。

29日（星期一），黃花崗紀念日放假。楊端六全家過河到劉秉麟家過一天。

29日（星期一）至4月12日（星期一），三民主義青年團第一次全國代表大會在重慶召開。

30日（星期二），《誠報》報導：此間武漢大學一宿舍同學，目前在對河草原舉行盛大春遊會。除簡單之野餐外，上午有划船、自行車、球類等比賽及跑馬表演。午後實彈射擊。戴春洲教授（按，實為講師）等亦參加表演。各項成績優勝者，將由該會名譽會長朱光潛教授等特備錦標以資紀念。

31日（星期三），陳寅恪自桂林雁山寄示新詩〈癸未春日感賦，寄呈弘度道兄教正〉一首：

> 滄海生還又見春，豈知春與世俱新。讀書漸已師秦吏，鉗市終須避楚人。
> 九鼎銘詞爭頌德，百年粗糲總傷貧。周妻何肉尤吾累，大患分明有此身。

31日（星期三）至4月3日（星期六），南開學友會劇社（南友劇社）為賑濟豫災在興發街浸禮會公演《日出》四天。

本月，教育部明令不准開設「俄文」課，部分師生學習俄文心切，自發地組織了一個「俄語學習班」，邀請外文系繆朗山教授任教。開辦不久，為當地特務機關發現，派來全副武裝軍警包圍了學習班，宣稱「教俄文的教員就是共產黨員」，「教學俄語就是傳播共產主義思想」，企圖逮捕俄語教師繆朗山，並強令解散學習班。後經王星拱校長據理辯駁：「教俄文的是共黨？那教日文的豈不是漢奸！」繆朗山才免遭毒手。

本月，據統計，在校學生共計1650人，其中文學院228人，法學院552人，理學院142人，工學院691人，機械專修科47人，研究生21人。男生1484人，女生166人。

---

[23] 商金林編：《葉聖陶抗戰時期文集》第三卷（北京：人民教育出版社，2005年），頁20。

本月，豐子愷「不遠千里，親自到嘉定來」（朱光潛語），請馬一浮先生替他的老師弘一法師作傳。《豐子愷年譜》載：「（1943年3月）赴樂山，帶了工友連新同去。途經瀘州、自貢、五通橋。在五通橋即景畫了《長橋臥波》一畫。」「在樂山舉行畫展。會見當時在武漢大學任教的葉聖陶、朱光潛。」[24]朱光潛特意寫了一篇《豐子愷先生的人品與畫品——為嘉定豐子愷畫展作》，說「我對於子愷的人品說這麼多的話，因為要瞭解他的畫品，必先瞭解他的人品。一個人須先是一個藝術家，才能創造真正的藝術。」[25]另據外文系畢業的孫法理回憶：「公園那幾間平房還展覽過豐子愷的畫。子愷漫畫從三十年代起就膾炙人口，大家都熟悉。這次展覽的有不少清新雋永的漫畫，還有不少山水畫，仍然是那種粗線條自然流暢的寫意風格，淺絳山水，設色單純，畫面清新。畫展時豐子愷本人也在場。他個子不高，國字臉，大鬍子。」[26]

四月

1日（星期四）至3日（星期六），樂山公園舉辦風吟畫展。

4日（星期日），楊靜遠日記載：「安祥來告訴我明天南開校友會校友到馬鞍山郊遊，每人只出兩元，馬鞍山水泥廠的校友請我們吃兩頓飯。又是一天不能做事，可是我的小說恰好完成，而文學史又考過了，兩天春假，該當慰勞一下，痛快地放懷耍耍。」[27]

5日（星期一），張伯苓校長的生日，馬鞍山的南開校友請武大的校友去吃飯。女校友除劉珍寶、張凌燕外全體出動，有王煥葆、楊安祥、余憲逸、馮家祿、魯巧珍、章寧華、翟一我、鍾可儀和楊靜遠九人，在安瀾門等齊了人，坐船直下馬鞍山。

6日（星期二），豐子愷訪晤凌叔華，並作一兒童漫畫贈陳小瀅。畫面是：「一個女孩舉著噴壺，正為一盆剛出土的嫩苗澆水，她做得那樣認真，生怕幼苗經受乾渴；這樣專心，期望幼苗快快長大。右側題字：『努力惜春華』，左邊書款『子愷』落印。」當時朱光潛也在座，又為她題字：「小瀅，今晚你看見蕭先

---

[24] 據《上海文史資料選輯》2003年第3期總第108輯，頁410。

[25] 朱光潛：〈豐子愷先生的人品與畫品〉，《朱光潛全集》第9卷（合肥：安徽教育出版社，1993年），頁154。

[26] 孫法理：〈樂山時期武大文化生活〉，臺灣《珞珈》（1992年7月）第112期。

[27] 楊靜遠：《讓廬日記》（武漢大學出版社，2003年），頁122。

生開藥方,豐先生畫畫,豐先生似乎比蕭先生更健旺快樂。假如你一定要學醫,也不要丟開你所擅長的文藝,文藝也是醫人醫自己的。」[28]

7日(星期三),《誠報》報導:「奉准可折價繳交,稻穀每市石1550元,以便向瀘州、宜賓採購。」

9日(星期五),《誠報》報導:「武大體育組主辦之籃球公開賽,定於本月十日開始。已有十餘隊報名參加。」

10日(星期六),楊靜遠晚上練歌後回家,一路在陝西街高歌,「到家爹爹、媽媽說我們不該在街上唱,擾亂治安是其次,這陝西街不是安靜的地方,時代不是太平時代,街上的駐軍[『三二補訓處』]對我總不利。我自己也感到有危險。我崇拜前線打仗的兵,但痛恨後方駐紮的兵!」[29]

12日(星期一),《誠報》報導:武大體育組主辦之籃球賽,業於昨日在三清宮球場舉行,觀眾極為踴躍。上午豫隊對平平,三十對十五豫隊勝;機四對樹德,樹德勝;下午,岷流對海克斯,三十六對二十三岷流勝;教聯對活力,作友誼賽,十八對十二教聯勝。

13日(星期二),成都市各大學遵照國民政府規定,自本年上期起,學生一律受軍事訓練,實行軍事管理。

14日(星期三),《誠報》報導:武大校友會嘉定分會定於本月十八日(星期日)舉行郊遊,聞地點已定為牟子場。

同日,楊靜遠日記載:「晚飯後全家人到城牆上散步,到白家坐了一陣。白先生講了一件奇事:最近領的平價物並不是學校要求來的,而是私人用學校合作社的印去冒領來的,哪知不機密,落到學校手裏,學校將錯就錯照收了。現在那人已查出,但不知道是誰。」[30]

15日(星期四),生物系教授陳恕田病逝。

同日,國民黨當局公布《非常時期報社、通訊社、雜誌社登記管制暫行辦法》,加強對新聞出版事業的控制。

19日(星期一),總理紀念周,楊東蓴講「談生活」。「聽的人真多,許多人沒位子坐,站在旁邊。他講的很短,也沒有一個具體的論點,不過很動聽,穿

---

[28] 吳令華:〈豐子愷先生的一幅畫〉,《文匯報》筆會副刊,2006年12月31日。

[29] 楊靜遠:《讓廬日記》(武漢大學出版社,2003年),頁124-125。

[30] 楊靜遠:《讓廬日記》(武漢大學出版社,2003年),頁126。

插一些逗笑的句子，叫人不得不笑。」[31]

23日（星期五），《誠報》報導：「三青團武大技專樂山三分團部為紀念五四青年節，提倡康樂活動，定於是日舉辦越野賽跑，已聘武漢大學體育主任郭謹安為競賽組長，張以敬為副組長，張耀庭為評判長……。凡本縣男女青年皆可報名參加……」

23日（星期五）至25日（星期日），泊水街嘉定飯店舉辦周悟莊國畫展覽。

25日（星期日），葉聖陶日記載：「人梗擬作西洋人物志，投寄《中學生》。」[32]

同日，《誠報》「樂山點滴」欄報導：日來糧價有波動，米每斤售34元；土面由30元陡漲到56元。

26日（星期一），彭迪先在經濟課上大談通貨膨脹，「講得有聲有色，眉飛色舞」。[33]

28日（星期三），《誠報》報導：「……青年越野賽跑……規定凡參加越野競賽能到達終點，而在中途未曾犯規者，除前十名由大會給以獎品外，其餘各名皆由競賽組頒發榮譽獎狀以資鼓勵。競賽路線已由大會決定：自公園門口紀念碑前十五碼處起，經玉堂街、土橋街、高北門、張公橋至技專門前（即今徐家堝一中）再循原路折返至公園門口止。全程約六千公尺。」

29日（星期四），袁昌英在寓所菜園鋤地，「矮小的身體好像要給鋤頭帶倒了似的」。[34]

本月，政治系主任劉廼誠教授應美國國務部邀請，任中美第一屆交換教授。系務由孟雲橋教授代理。

五月

1日（星期六），葉聖陶日記載：「午後，看孟實文《我與文學及其他》，為校正誤字，以便付排。孟實要余作序，思動筆而未果。」[35]

2日（星期日），《誠報》報導：武大女子排球賽，文學院對理學院，定於

[31] 楊靜遠：《讓廬日記》（武漢大學出版社，2003年），頁126-127。
[32] 商金林編：《葉聖陶抗戰時期文集》第三卷（北京：人民教育出版社，2005年），頁27。
[33] 楊靜遠：《讓廬日記》（武漢大學出版社，2003年），頁127。
[34] 楊靜遠：《讓廬日記》（武漢大學出版社，2003年），頁128。
[35] 商金林編：《葉聖陶抗戰時期文集》第三卷（北京：人民教育出版社，2005年），頁28。

今日上午八時在三清宮球場舉行。

3日（星期一），公務員改善待遇委員會下午開會，「教部提出一案，以目前薪水為標準，依生活指數之倍數之十分之一，加其薪給之倍數（將米貼等一概取消），與楊端六及戴季陶所提相似。但低薪級以薪水作150元為限。苦難在於如此則須增二、三十萬萬元。……難望通過。」[36]

同日，《誠報》報導：「昨日三清宮籃球賽，黑白隊力戰勝岷流。」

4日（星期二），竺可楨日記載：「推定馮芝生、鄒數文與余三人為監票人，開四十六校院長所選下屆學術會議會員。晚膳後開票，計文：馮友蘭14票，柳翼謀5；理：吳正之12，竺可楨12；法：周鯁生6，錢端升6；商：劉大鈞6；工：茅唐臣5，（與振吾同）；農：鄒樹文11；教育：茂如8；醫：徐誦明8；美術：徐悲鴻10；體育：郝更生7。」[37]

5日（星期三），《誠報》報導：「越野賽於昨日上午九時半舉行。參加人數共五十餘人……高級組第一名洪從道（武大），成績25分40秒，第二名范俊才，第三名鄭建基；中級組第一名謝國清；第二名傅文濱；第三名王海澄。除各組前十名另給獎品外，計跑達終點之二十八人均發紀念章一枚。」

6日（星期四），楊靜遠日記載：「晚上沒燈，我們和蘇先生、張先生坐在廊下閒談，談到孔祥熙要來嘉定，又說起他在成都同各大學開談判的故事。我們都恨他恨得要死，我罵他是董卓，肚子可以點燈。漸漸談到中國民性的不可救藥，張先生說日本人的長處是認真，有紀律，守法。我心裏著急，就說：『我們盡替日本人宣傳。』他說：『這並不是宣傳，人家的好處我們應該虛心學。』」[38]

7日（星期五），午飯時楊端六告訴家人：「現在米漲成8元一斤，外面很不安靜，搶劫的事出了不少。……」

9日（星期日），《誠報》報導：「今日上午八時三清宮籃球賽，黑白對海克斯，黑白為東北健兒，海克斯多兩廣宿將，爭奪錦標，定有一番血戰。」

同日，《誠報》第2版廣告：「季秋萍 黃方路 李夢浦 利巴爾（即孫順潮）聯合畫展時間：5月9日至11日。地點，公園圖書館。」

---

[36] 竺可楨：《竺可楨日記》第二冊（北京：人民出版社，1984年），頁677。
[37] 竺可楨：《竺可楨日記》第二冊（北京：人民出版社，1984年），頁678。
[38] 楊靜遠：《讓廬日記》（武漢大學出版社，2003年），頁129。

　　10日（星期一），《誠報》報導：「昨日三清宮男子籃球決賽，海克斯勝黑白，榮獲本屆冠軍。女子排球武大理院勝文院。」[39]

　　15日（星期六），共產國際主席團為適應新的鬥爭形勢的需要，提議解散共產國際。中共中央表示「完全同意」這項決議。

　　同日，《誠報》報導：「名畫家豐子愷氏應此間浙江同鄉急請，以近作四十餘幅寄樂舉行畫展，提收入之二成捐賑浙災，現正籌備中。」

　　16日（星期日），楊靜遠日記載：「早上是外文系歡送會，不想去……這是團契的歡送會。我又禁不住暗笑：『什麼團契，借宗教的名義結交異性的場所。』我對於他們也許過於苛刻一點……我罵她們並不是因為我對她們任何人有惡感。對她們每個人我是喜歡的。她們是很坦白的、有生氣的女孩子。我的牢騷是針對她們行為的一種抽象而發的。」[40]

　　17日（星期一），《誠報》「樂山點滴」欄報導：「今日物價，蘇稽米每雙市石2700元；上河來及雅河米每雙市石價2400元，如能及時下雨，有下跌之勢。」

　　20日（星期四），武大學生路見可、王德中、俞大光三人榮獲教育部頒發的「全國大學生學業操行體育成績特優」獎，由王星拱校長在紀念周親自代為頒發。

　　21日（星期五），叢叢劇社為三二補訓處特黨部在中山堂公演《邊城故事》。

　　同日，葉聖陶復信武大學生考昭緒。

　　23日（星期日），武大舉行張鏡澄教授講學三十周年紀念慶祝典禮，武大師生及校外企業團體代表共800餘人參加紀念會。王星拱校長報告張教授三十年在學術上之成就，尊之為「一代人師」。文學院院長劉永濟作《鏡澄先生講學三十周年紀念賦贈》：「桐城耆舊最清華，曾看瑤池閬苑花。自有詩書傳世業，肯緣溫飽作生涯。洽聞不數司空老，珍獲還同博望楂。卅載上庠桃李盛，升堂入室盡侯芭。」楊靜遠在日記中寫道：「張先生是生物系教授，自武昌高師時就開始在這裏任教，直到現在，沒有一天離開過，而生活極清苦。像這種正氣確實值得提倡。這樣大大慶祝一下，不但給老先生一種精神安慰，也振興這種堅貞的風氣。聽說賀禮很重，送了他一雙青緞鞋，一床紅被面，一根拐杖，還有對聯之類的東西。」[41]

---

[39] 翁先禮、晁清源：〈武漢大學在樂山的體育活動〉，《樂山市志資料》1984年第1-2期合刊。

[40] 楊靜遠：《讓廬日記》（武漢大學出版社，2003年），頁132。

[41] 楊靜遠：《讓廬日記》（武漢大學出版社，2003年），頁134。

24日（星期一），即日起叢叢劇社為豫災募捐公演四天。

24日至28日（星期五），教育行政檢討會召開。

26日（星期三），劇作家丁西林在樂山為陳小瀅題字：「你的爸爸是我認識的最老的朋友，你是我認識的最小的朋友。我們多年不見，你不認識我，我可一看見就認識了你。」[42]

28日（星期五），上午10點，著名中國科學史家、英國劍橋大學教授李約瑟博士，應邀在大禮堂給武大師生們做有關「生物化學」的專題演講。

同日晚上，聯青合唱團在浸禮會禮堂舉行音樂會。男同學都穿白西裝，女同學穿淺藍裙子，很整齊。朱光潛訓話後開始音樂節目。陳仁寬晚年回憶這次音樂會說，「音樂會很成功，受到聽眾的歡迎，團員們的情緒很高，這可為聯青的全盛時期。然而，好景不常，經過一個暑假，情況就大不一樣了。聯青的一些積極分子畢業離校，特別是指揮黃培永和陳仁烈也離開武大他去，使聯青合唱團元氣大傷。以後，黃建權接任指揮，陳仁寬連任總幹事。」[43]

28日至6月5日（星期六），李約瑟博士第一次來武大考察，參觀了文廟圖書館及理、工學院的各個實驗室，每到一處與武大教師進行親切交流，詳察細問並作了許多卡片筆記。

29日（星期六）至30日（星期日），豐子愷賑濟浙災畫展在公園圖書館舉行。

30日（星期日），晚上，武大禮堂歡送畢業同學舉辦文藝活動，有話劇和一點音樂。

同日，武大法律系四年級在本校舉行刑事法庭審理通姦案。

30日至6月1日（星期二），謝趣生畫展在泊水街樂山縣銀行舉行。

月底，盧作孚辭去交通部常務次長之職獲准，回民生公司工作。

本月，朱光潛把1940年至1942年陸續發表的22篇文章，如〈談立志〉、〈談惻隱之心〉、〈談羞惡之心〉、〈談學問〉、〈談讀書〉、〈談英雄崇拜〉、〈談性愛問題〉、〈談青年與戀愛結婚〉、〈談消遣〉、〈談價值意識〉、〈談美感教育〉等等輯成《談修養》一書，由重慶中周出版社出版。他在該書前言中說：「時光向前疾駛，毫不留情去等待人，一轉眼青年便變成了中年老年，一不留意便陷到許多中年人和老年人的厄運。這厄運是一部悲慘的三部曲。第一部是

---

[42] 陳小瀅講述、高豔華編選：《樂山紀念冊》（北京：商務印書館，2012年），頁121。
[43] 陳仁寬：〈武大聯青合唱團〉，《北京珞嘉》，2000年第1期。

懸一個很高的理想，要改造社會；第二部是發現理想與事實的衝突，意志與社會惡勢力相持不下；第三部便是理想消滅，意志向事實投降，沒有改革社會，反被社會腐化。給它們一個簡題，這是『追求』，『彷徨』和『墮落』。」

六月

5日（星期六），李約瑟一行離開樂山赴李莊同濟大學參觀。

6日（星期日），劉永濟為楊端六教授六十壽誕，作詩〈壽端六六十生日〉一首：

> 古有尊耆德，今猶及典型。磐桓驚變海，矍鑠喜遺齡。
> 大業文經國，長生道養形。中阿堪自樂，豈待訪黃庭。

另據楊靜遠當天日記記載：「今天是爹爹的六十壽誕慶祝會，其實他才滿58歲。武大畢業同學創設了端六獎學金，大舉募捐，校內於是也回應來這麼個慶祝會。我沒去，一則明天考文學史，不考，也不會參加這樣一個半公半私的會。」[44]

7日（星期一），端午節。市上開屠已兩三天，市民買肉，吃粽子過節。

8日（星期二），武大法學院畢業校友為楊端六六十壽誕募集端六獎學金達10餘萬元。

9日（星期三），教育部密令：「據報該校學生張耀墀經常與他校學生秘密通信，似有×黨嫌疑。」[45]經趙師梅批示，並於6月20日具報教育部：「查該生在校辦有《文談》壁報，尚未有越軌言論。」

10日（星期四），蘇聯《真理報》刊登了31個贊成解散國際的共產黨支部的名單，以及總書記季米特洛夫簽署的共產國際執委會主席團決議，宣布共產國際從即日起正式解散。從此，中共解除了對共產國際章程、決議所承擔的義務，完全擺脫了它的影響。

19日（星期六），武大陳克誠教授主編《工程學報》第二、三期出版。

---

[44] 楊靜遠：《讓廬日記》（武漢大學出版社，2003年），頁137-138。
[45] 轉引自馬同勛：〈一代學人，典範永存——深切懷念恩師趙師梅教授〉，俞大光、陳錦江：《無私奉獻一生的趙師梅先生傳略》（武漢：華中理工大學出版社，2000年），頁160。

24日（星期四），武大叢叢劇社為救濟豫災公演《邊城故事》，籌款6766.85元。

26日（星期六），文化印書館（武大下屬印刷廠，專為師生印教材）的一些工人偷竊武大的大批鉛字工具等物，脫離印刷館另開一個生產合作社。此事被發覺，校方派蕭絜帶了校警、巡警去搜查，不提防被一個工人頭領用鐵棍從頭上打下來，打得滿身鮮血，住進醫院。

七月

1日（星期四），武大教務長朱光潛因公離校，教務長由劉永濟院長暫代。

3日（星期六）至5日（星期一），水彩畫家泰威風景畫展在樂山縣銀行舉行。

5日（星期一），袁昌英正式開始寫作《法國文學》一書，這是應商務印書館總經理王雲五邀請，將列入「復興叢書」，約定本年十月底交稿。於是，「從七月五日開始工作，在整個將近三個月的暑假裏，我苦作的像個黑奴。因為屋小人多，我把書籍筆硯，搬到一間幽暗不見天日的儲藏兼便房的屋子裏，實行埋頭苦幹。天氣有時熱到九十七八度，汗流浹背，我也不管。小孩哭叫，我也不管。柴米油鹽，我也不管。應酬交際，我也不管。什麼也不管！其實我又何嘗能夠完全不管！只是管那萬不得已的而已。」[46]

6日（星期二），教育部舉辦成都區訓導會議，會議內容為：加強各校訓導員的設置，配合軍事管制和黨團（國民黨、三青團）活動，嚴密控制學生的思想和行動。

同日，化學系四年級女生陸道蘊，傷寒病逝。之前，陸極用功，畢業考試帶病硬撐著，考了第一，可是送了命。

9日（星期五），教育部授予本大學工科研究所電機工科學部研究生楊恩澤、袁廣澍兩位碩士學位。

11日（星期日），凌叔華陳小瀅母女倆「搬到萬景山上的小房子來，這是一座附廓的小山，旁有廢廟萬佛寺」，「房子築在寺旁古墳堆上，好在左右均有古木細竹，把亂磚荒草芟除，卻也多少尋得出倪雲林畫意」。[47]

---

46 袁昌英：〈忙〉，《袁昌英作品選》（長沙：湖南人民出版社，1985年），頁259。
47 凌叔華：〈山居〉，凌叔華著、陳學勇編：《中國兒女——凌叔華佚作、年譜》（上海書店出版

12日（星期一），蘇雪林和楊端六去牛華溪[48]和房東商量續租之事，圓滿解決，連訂三年約，一併付1萬元。

14日（星期三），葉聖陶日記載：「作書復歌川，告以『英語雜話』三則已收到。作書致東潤，以《讀詩四論》校誤表寄與。」[49]

18日（星期日），陰曆十六，大明月。晚上楊端六全家人上萬佛寺，楊端六攜子弘遠到白鬱筠家，袁昌英攜女靜遠、蘇雪林到凌淑華家，聽凌淑華講她小時候大家庭的糾葛。

25日（星期日），義大利發生政變，墨索里尼被捕。

26日（星期一），生物系二年級女生李芬鼎病逝。

30日（星期五），外文系四年級女生陳美玉病逝。

31日（星期六），葉聖陶日記載：「晨與二官三官入城，訪孟實於小南街，坐半小時，約下午六時在雪舟家小飲……六時過後，孟實與欣安、中舒偕來，即開欣。雪舟之菜皆精，大家稱美。七時半散，孟實、欣安二兄明後日即返樂山矣。」[50]

同日，楊靜遠日記載：「吃過早飯就和媽媽去陳家。一進花園就聽見走廊上有人哀聲唱歌，一具大黑漆棺材旁，一個人坐著唱。那是陳美玉的愛人（後來我知道他叫范樂善，也是聯青的）。仁寬、美安都紅著眼睛出來，大家說不出話，媽媽痛哭起來[51]，大家各自抽泣……下午1點鐘送殯。我們步行跟棺材出高西門，翻過幾個山頭，約四五里路，到一個山頭上，那就是教會公墓。四周看得很遠，西邊的峨眉，東邊的大佛，山腳下連片的松樹，山頂上也有不少柏樹。牧師和人談造碑的生意，然後棺材落土，做祈禱，由牧師撒上三撮土，最後就蓋土了。」[52]

本月，武大第12屆學生畢業，共計285人。

本月，趙師梅照例回原籍探視父親。行前又一次堅決請辭訓導長一職。面對王星拱校長的懇切挽留，他公開說：「不准辭去兼職，我就不回校了。」他說到

社，2008年），85頁。
[48] 牛華溪：即牛華，樂山地名。今屬樂山市五通橋區。
[49] 商金林編：《葉聖陶抗戰時期文集》第三卷（北京：人民教育出版社，2005年），頁43。
[50] 商金林編：《葉聖陶抗戰時期文集》第三卷（北京：人民教育出版社，2005年），頁47。
[51] 楊靜遠自注：「陳美玉讀外文系四年級，是媽媽的學生。」
[52] 楊靜遠：《讓廬日記》（武漢大學出版社，2003年），頁148。

做到，雖經學校再三電催，直到11月他仍滯留巴東不歸。王星拱不得不同意他的
要求。

八月

1日（星期日），國民政府主席林森逝世，中央常委會推行政院長蔣中正代
理國府主席。

3日（星期二），凌叔華訪袁昌英。

5日（星期四），袁昌英攜兒女出嘉樂門訪楊人楩、朱光潛。楊靜遠向朱光
潛借了兩本小說*Sons and Lovers*[勞倫斯《兒子與情人》]，*Old Wives' Tales*[貝奈
特《老婦談》]。

5日（星期四）至8日（星期日），鄭曼跎仕女畫展在樂山縣銀行舉行。

25日（星期三），王星拱校長聘請陶因教授為經濟學系主任。

29日（星期日），楊靜遠早上和堂姐楊宜福、金根德三人動身去五通橋永利
製城廠。「到永利後，歇在郭蔚小姐（郭霖教授的妹妹，他們叫她麼姑）房裏。
郭麼姑是這裏衛生院的護士，是個新舊參半的女性，有新式的科學知識，生活習
慣，可是保持舊式的溫厚精神。金根德說她生活太孤單，最歡迎年輕的朋友去
住。她相貌長得不錯，梳著中年婦女的頭，腦後一個捲，前額頭髮緊貼著，看去
非常清爽。房間收拾得一塵不染，東西用得很考究，可是雅淡樸素。她是個基督
教徒，具有所有真正教徒的品格。」[53]

31日（星期二），中央大學教育長朱經農來校參觀。

本月，本校法律系三年級學生劉述暄，暑假中返安嶽被國民黨四川省特委下
令逮捕。

九月

2日（星期四），劉永濟主持召開文學院史學系第6次系務會議。到會教授
有楊人楩、韋潤珊、陳祖源、汪詒蓀、方壯猷、陶振譽、吳其昌（兼記錄）。議
決事項：一、本學期課程如何分配案。議決楊人楩先生為講授《法國革命史》、
《西洋史學名著選讀》、《西洋通史》，韋潤珊先生講授《經濟地理》、《世界

---

[53] 楊靜遠：《讓廬日記》（武漢大學出版社，2003年），頁153。

地理》、《人生地理》，陳祖源先生講授《西洋古代史》、《西洋中古史》，汪詒蓀先生講授《中國近世史》、《日本史》、《中國歷史研究法》，方壯猷先生講授《中國史學史》、《中國社會史》、《宋遼金元史》，陶振譽先生講授《中國通史》、《中國外交史》。二、本學期《西洋通史》講授缺人及法學院《中國通史》講授缺人，如何辦理案。決議：由校方極力延聘教授。如萬一聘不到時，商由各開課先生勉力分擔。

8日（星期三），義大利宣布投降。

9日（星期四），袁昌英安排女兒靜遠抄錄《法國文學》。

10日（星期五），《誠報》消息：義大利投降同盟國。素來悲觀的楊端六默認局面的好轉。

16日（星期四），楊靜遠日記載：「媽媽忽然問我這一年到底住家裏還是住宿舍，我正在猶豫，媽媽力勸我住宿舍。她說年輕人應該有自己的生活，應該多和年輕人接觸，結識朋友，不該關在家裏和社會隔絕……於是我立刻決定：住宿舍。……下午到宿舍，菁陪我到三樓找到朱君允先生。朱先生翻冊子，最後找到四樓7號，有一個空床位，八個人……」[54]

17日（星期五），王星拱校長聘請劉秉麟教授為政治系主任。

25日（星期六）和10月2日（星期六），世界著名學術期刊《自然》連續刊載李約瑟撰寫的《川西的科學》一文，他不吝讚美說，「毫無疑問，武漢大學的學術水準很高，即使與昆明的國立西南聯大相比也毫不遜色。」[55]

27日（星期一），王星拱在成都新生劇院中央各軍校畢業同學盛會上發表講話，「勉勵國人努力」，其大致內容為：勝利愈接近，工作愈艱苦，國人若不努力和充分準備，則勝利將屬於他人，並引證上次世界大戰後，我國一無所獲，即早注意戰後國際機構之研究，與國防經濟之速度，勿在某一勝利之後過份高興，忘去應有工作，應以當年川人爭鐵路國有而革命，迄今四川無一鐵路以為訓。

30日（星期四），樂山米價下跌，奸商乘機囤積，糧食部通令禁止，縣政府奉糧食部命令。將通令「嚴禁囤積米穀，違者將依戰時法規第四條懲辦」。

本月，武大與資源委員會續訂技術合作合約，撥給武大研究經費國幣8萬元，合約有效期為1年。

---

[54] 楊靜遠：《讓廬日記》（武漢大學出版社，2003年），頁155。
[55] 李約瑟、李大斐編著：《李約瑟遊記》（貴州人民出版社，1999年），頁111。

本月，武大文史研究所第二屆招收4名研究生入校。其中，文學門3人：李格非、高眉生、周肇瑚；史學門1人：彭澤益。

十月

7日（星期四），重陽節。劉永濟約請文學院劉賾、徐天閔、黃焯、徐震四同仁來竹公溪雪地頭寓所，吃自製糕點，共度重陽節，作詩〈重九將屆戲為二十八字，約簡園邀天閔、耀先、哲東會於雲巢吃自製糕修故事也〉：

> 山霧寒欺落帽風，何如醉伴菊花叢。吾家故事題糕在，試約雙徐與耀公。

同日，南開同學齊邦媛來到武大，楊靜遠很高興，馬上去看她，「齊邦媛長高了些，也胖了些，樣子還沒變。她一看我就說我變了，不像以前那麼皮了。我實在也皮不起來，在人前我一定顯得reserved、deep minded[含蓄、深沉]，其實我並不希望這樣。她考取哲學系，她說孟[志蓀]先生勸她來找我，我才曉得孟先生是接到我的信和譯文來著。」[56]

9日（星期六），葉聖陶日記載：「至華西壩，訪晉生於齊大，仍未遇……仍返陝西街，二時許，晉生來訪。三年不見，君神采依然。今在齊大，為國文系主任。課餘研究《墨經》，寫成一稿矣。此君精力殊勝，可佩。談半時而去。」[57]

10日（星期日），蔣介石正式就任國民政府主席。

同日，武大舉行第二次「擴大科學展覽會」，將理、工學院各試驗室和工廠對民眾開放，並邀請貴陽、昆明兩地業餘無線電臺來樂山舉行首次無線電話表演，參觀者均可聽到昆明、蘭州等地的通話聲音，甚為清晰。武大工廠的氣錘頗引參觀者驚訝，氣錘一擊則發一噸半之力。參觀者絡繹不絕，驚歎不已。

同日，雙十節。楊端六夫婦晚上設宴，請白鬱筠全家、蘇雪林全家喝酒慶祝國慶日。其實是也是提前為袁昌英慶祝翌日的生日（陰曆9月13日）。

12日（星期二），王煥葆邀請楊靜遠參加了南風歌詠團。

13日（星期三），武大籌組樂山第一屆球類比賽，王星拱校長為主任委員，

[56] 楊靜遠：《讓廬日記》（武漢大學出版社，2003年），頁158-159。
[57] 商金林編：《葉聖陶抗戰時期文集》第三卷（北京：人民教育出版社，2005年），頁60。

朱光潛教務長、徐賢恭總務長、余熾昌訓導長、韋從序主任等10餘人為委員。

14日（星期四），楊靜遠日記載：「今天輪到我和郝桂芳買菜監廚。我才知道女舍一百多人每天只吃100元錢的菜。廚房又濕又髒，廚子油膩膩的，穿來穿去，油煙嗆得喉嚨痛。我一面監廚，一面看戲劇講義，等飯菜做好了，我就回家。」[58]

15日（星期五），晚上聯青合唱團開會，選舉結果陳仁寬為主席，朱明為幹事。

16日（星期六），楊靜遠日記載：「下午和菁到團契室找許幹事[許由恩，基督教青年會社會服務處幹事]，我們申請基督教學生救濟金，去交調查表。菁說，如果許幹事看了調查表，知道我的情形，一定不會批准的。我非常不快，說如果他知道我的情形，就應該批准。說完我就沉著臉不作聲，我氣菁對我說這種話。難道我的家境她不明白嗎？我父母這麼大年紀，這麼勞苦，她看不見嗎？可是，和她的處境一比，我不得不承認我要好些。」[59]

18日（星期一），楊靜遠日記載：「南風練習完後，黃建權提出幾點，其中一點是會費。他們商量的結果是每人先交50元，因為買蠟紙和紙非常貴。我沒想到要那麼多錢，心裏叫苦，晚上躺在床上想起許多心事睡不著。我沒有錢，應該退出南風，並且功課也太忙。可是怎麼好意思開口呢？想到自己一個錢也不能賺，太不中用。我的文章怎麼還不出來？稿費還不寄到？我很想請謝菁吃一次，可是我絕不用家裏的錢。基督教救濟金也不知准不准，不然又可多得400元。我還得繼續寫小說，可是時間一點沒有多，南風就占三個晚上，非想法退出不可。」[60]

20日（星期三），晚上聯青茶會，歡迎蔡紹序。「蔡先生是國立音專畢業的，現任川大音樂教授，四川人，以男高音獨唱著名。我們在團契室圍著長方桌坐下，茶點很精緻。他給我們講聲音的基本原理，說唱歌三個條件最重要，就是深、亮、×。深是氣的作用，亮是共鳴的作用。講完，我們請他唱一曲，他隨便唱了一首《滿江紅》，聲音是好，可惜歌詞都是四川口音，未免美中不足。他唱完我們就大獻其醜，唱《我所愛的大中華》，糟到不能再糟了。他誠意地批評我

---

[58] 楊靜遠：《讓廬日記》（武漢大學出版社，2003年），頁160。
[59] 楊靜遠：《讓廬日記》（武漢大學出版社，2003年），頁161。
[60] 楊靜遠：《讓廬日記》（武漢大學出版社，2003年），頁161。

們不看指揮，並且四部不勻，alto[女低音]太多，bass[男低音]和soprano[女高音]太少。隨後，大家隨便談。」[61]

23日（星期六），晚上，蔡紹序個人獨唱音樂會。門票24元。

同日，趙師梅於湖北巴東老家作〈五十生朝〉詩：

思母節，生朝而今已半百。已半百，滿腔心事默，禱母側。
中原六載寇猖獗，將士到處揮汗血。揮汗血，誓竭智慮滅此倭賊。[62]

24日（星期日），上午九時，武大學生在文廟大禮堂為暑假期間病逝的雷啟明、劉若芳、陳美玉、李芬鼎、張素馨、陳光塾、陸道蘊七位女同學舉行追悼會。會場在第六教室，外面壁上掛滿了輓聯，裏面更是堆滿了花圈輓聯。七張遺像一排掛在中間。劉永濟教授為此賦詩〈悼雷、劉兩女，是日學友開會追悼〉：

秋風蕭索隕微霜，弱植驚先百晦荒。我與蒼天同昧昧，忍聽涼笛滿山陽。

據武漢大學學生學籍檔案記載：「雷」，即雷啟明，女，四川重慶人，武大中文系三年學生，學號2561。1943年7月病逝於樂山，時年21歲。「劉」，即劉若芳，女，四川富順人，武大中文系一年級學生，學號31016。1943年7月病逝於樂山，時年21歲。

26日（星期二），《誠報》消息：「名聲樂家蔡紹序此次舉行獨唱會，因場地問題，甚為懊喪，決於日內返蓉。此間愛好音樂人士正熱烈挽留中。」

30日（星期六），楊靜遠下午整個時間花在做麻花上，「因為明天宿舍開放。宜姐、金根德預備每人出100元買茶點招待。宜姐不要我加入，我只好自己做點吃的。」[63]

31日（星期日），楊靜遠日記載：「早上帶了麻花和窗紗趕到宿舍，我一拿出窗紗，她們都喜歡得亂跳。我們立刻把這些漂亮東西掛起來，桌上鋪起來，配

[61] 楊靜遠：《讓廬日記》（武漢大學出版社，2003年），頁161-162。
[62] 《趙師梅部分詩詞》，俞大光、陳錦江編著：《無私奉獻一生的趙師梅先生傳略》（武漢：華中理工大學出版社，2000年），頁116。
[63] 楊靜遠：《讓廬日記》（武漢大學出版社，2003年），頁166。

上黃黃白白的小菊花，非常素淨風雅。9點鐘開放，男同學像河水一樣湧進來。同菁出門等英文會的人，沒想到錯過了。等再趕上樓去，我的麻花也完了，我很不快樂，因為沒有看到朱明，但我希望他吃了我的麻花。據說今天我們房裏最得好評。劉年美來鬧了一通，送給每個南開校友一具鬼臉，譏笑我們的整潔是假面具。」[64]又據朱毅《樂山記趣》說：「每年10月31日，白塔街女生宿舍對男同學開放。該日上午，我們同班數人前往女舍參訪，它是統鋪，內務整齊乾淨。同班摯友羅雲祥、馮家祿等女同學備好茶點、糖果、水果等熱情招待我們，我們一起吹口琴、唱歌、打橋牌，直到下午4時，才盡興而返。」[65]

同日，《大公報》星期社論刊伍啟元文章〈經濟建設應有的準備〉，「謂第一要有思想準備，放棄高度經濟國家主義。基本工業與軍火工業，必以輕工業與農業為基本。最後又提，近來政府將派1200留學生至英美習技術，而無文法商名額。伍以為管理人員比技術人員更重要，因技術人員可以客卿代，而管理人員不行，其言可稱先得我心。」[66]

本月，朱光潛《我與文學及其它》在桂林開明書店出版。這是曾於1936年4月由良友圖書公司出版的《孟實文鈔》的增訂本。增訂時抽去了〈小泉八雲〉等三篇，補入了1943年發表的〈從我怎樣學國文談起〉等兩篇。

本月，劉永濟填詞〈菩薩蠻‧師梅以攝影券要我入國民黨，久置未報，今始檢出卻還，縢以小詞，用致莊生澤雉之意，兼博老友一笑〉：

花邊誰喚娉婷出，柔腸別有丁香結。未辦縷金衣，清歌只自奇。

遺君青玉珮，宛轉千重意。眉樣畫難工，何關心不同。

十一月

1日（星期一），王星拱校長聘請劉永濟為文學院院長、劉賾為中文系主任、方重為外文系主任、劉永濟為史學系主任、萬卓恒為哲學系主任；劉秉麟為法學院院長、李浩培為法律系主任、劉迺誠為政治系主任、陶因為經濟系主任；桂質廷為理學院院長兼物理系主任、曾昭安為數學系主任、葉嶠為化學系主任、

[64] 楊靜遠：《讓廬日記》（武漢大學出版社，2003年），頁166。
[65] 朱毅：〈樂山記趣〉，《武大校友通訊》2007年第2輯。
[66] 竺可楨：《竺可楨日記》第二冊（北京：人民出版社，1984年），頁649。

張鏡澄為生物系主任;譚聲乙為工學院院長、陸鳳書為土木工程系主任、白鬱筠為機械工程系主任、陳季丹為電機工程系主任、解壽縉為礦冶工程系主任;劉秉麟為法科研究所主任、周鯁生為法科研究所政治學部主任(在周鯁生出國期間由李浩培代理主任),楊端六為經濟學部主任;譚聲乙為工科研究所主任、俞忽為土木工程學部主任、葉允競為電機工程學部主任;劉永濟為文科研究所主任;桂質廷為理科研究所主任(在桂質廷出國期間由鄔保良代理主任);江仁壽為理化學部主任、葉芳哲為機械專修科主任。

其時,武大文學院在校學生共有229人。其中,中文系43人,外文系70人,哲學系23人,歷史系93人;一年級78人,二年級58人,三年級47人,四年級46人。另外,文科研究所在校研究生共計10人,其中一年級4人,二年級6人;師資力量方面,文學院共有教師50人。其中,教授35人,占全院教師總數70%;講師10人,占全院教師總數20%;助教5人,占全院教師總數10%。

同日,《誠報》消息:中央博物院研究員李夢燦氏昨在樂山青年團團部舉行「麼些」等民族之文物書畫展覽,極有價值,觀眾甚踴躍。

同日,女生宿舍開始白飯伙食團。所謂白飯伙食團,即廚房只供白飯,菜由各桌自備。

5日(星期五)至6日(星期六),王東培、王仲博(江蘇名畫家)書畫聯合展在泊水街嘉定飯店舉行。

8日(星期一),新中國自然科學社在武大三育教室召開第六次座談會,對滑翔機展開深入的討論。

11日(星期四),楊靜遠日記載:「晚上聯青練習耶誕節choir[聖歌隊]的歌,*And the glory*[亨德爾《彌賽亞》中的《光榮頌》]。今天人特別多,除聯青團員外,還有教會的洋人和幾個非團員參加。」[67]

13日(星期日),楊靜遠日記載:「早上我們英文會會員一同照相。我穿了夏天織的綠毛衣,因為我想把它留在相片上,做個紀念。下午同爹爹去『八一九』[寄賣行]提箱子回。心情沉重,因為和媽媽生了一頓悶氣,由我不小心丟失東西說到家裏的困難情形。我恨恨地說,宜姐三個都請著救濟金,只我一個人沒有,就因為背一個家庭的虛名。」[68]

[67] 楊靜遠:《讓廬日記》(武漢大學出版社,2003年),頁170。
[68] 楊靜遠:《讓廬日記》(武漢大學出版社,2003年),頁170-171。

15日（星期一），《誠報》消息：叢叢劇社排演《風雪夜歸人》與《藝海浮沉錄》即將分別於浸禮會演出。

19日（星期五），全國國慶論文競賽揭曉，武大學生周秀珍榮獲第一。此次競賽題目為《我從事國防科學工作經驗與心得》及《抗戰期中我的生活奮鬥》。

同日，晚上女舍自治會請孫家琇和朱君允講曹禺的《家》[改編]和契可夫的《櫻桃園》。「孫先生講得非常動聽，同學們對她印象都很好。輪到朱先生講，許多人都沉不住氣，只聽得凳子響，坐在後面的都溜出去了。我真替她難為情。講完回房，大家都很興奮，大談文藝方面的話。要是這樣的會常開，也許可以挽回女同學日趨貧乏狹窄的危險。」[69]

20日（星期六），趙師梅辭別老父開始返校，11月底返回樂山，並於當年12月底辭去訓導長兼職，專任電機工程系教授，後又繼陳季丹教授任該系主任。

22日（星期一）至26日（星期五），中、美、英三國首腦蔣介石、羅斯福、丘吉爾在開羅舉行會議，討論如何協調對日作戰的共同軍事問題和戰後如何處置日本等政治問題，史稱「開羅會議」。

23日（星期二），馮玉祥將軍參觀黃海化工研究社，為實習生孫順潮（武大化學系學生）作彩色水墨畫，是三個鮮豔的大辣椒。並題詩道：「紅辣椒，綠辣椒，吃起來味最好。大家多吃些，定把倭寇打跑！」[70]

29日（星期一），德黑蘭會議，史達林表示於德國投降後三個月，俄將參加對日戰爭。

30日（星期二），馮玉祥將軍來樂山，武大及中央技專學生兩千餘人前往歡迎。楊靜遠在日記寫道：「9點鐘在大禮堂聽馮玉祥演講[71]。馮是個高大壯漢，穿的衣服是那種北方鄉下佬的，上衣是長袍又嫌短，是短褂又嫌長，打膝頭那麼長。下面棉褲，褲口紮緊了的，一雙大棉鞋，頭上一頂小氈帽。他提倡儉樸，所以故意穿成這樣。他的臉是梯形的大塊，愈到頭頂愈小，好像頭部的肉都往下墜，造成一個極厚重的下巴。他有軍人的粗黑眉毛，小而亮的眼睛，嘴唇上尖

---

[69] 楊靜遠：《讓廬日記》（武漢大學出版社，2003年），頁171。
[70] 〈為馮玉祥將軍畫像〉，盧濟恩文：《樂趣無邊：方成漫畫人生》（北京：華藝出版社，2001年），頁66。
[71] 楊靜遠自注：「馮玉祥將軍來樂山是為抗戰進行募捐。講話中對國民黨政府進行了尖銳諷刺，博得同學們讚賞。」

下圓，不說話時緊閉著。口音是天津保定一帶的河北土話，聽起來很爽快。他講話時兩手扶住講臺兩角，微微揮動，沒有什麼激昂的姿態。態度從容親熱，盡講些逗人笑的話，惹人笑個不停。他講得很動聽。那種本真純樸的話很能感動人。他講的兩個故事最好。我覺得他的確是個很風雅的軍人。」[72]電機系的黃模則回憶道：「（馮玉祥）接著又說道：『首先，我要恭賀你們，因為你們都進了文廟嘍嘛！』學生們又是一陣笑聲，馮氏在臺上也跟著大家一齊笑了起來。緊接著馮氏又說，『你們不要擔心，我今天來並不是向你們募捐的。剛才看到你們有些同學，手裏拿起筷子敲著碗，冷得來聳起肩膀，口裏嘘嘘嘘嘘地向食堂走去。』馮氏一邊說一邊在臺上故意把肩膀聳起裝做冷颼颼的樣子。」[73]

本月，凌叔華於萬景山新居作散文〈山居〉，刊於桂林《當代文藝》雜誌1944年第一卷第四期。她在文中這樣寫道：

> 今年夏天岷江邊的房子滿租，我們便搬到萬景山上的小房子來，這是一座附廓的小山，旁有廢廟萬佛寺，我們的房子築在寺旁古墳堆上，好在左右均有古木細竹，把亂磚荒草芟除，卻也多少尋得出倪雲林畫意。自從瀅出國後，常常終日也沒有客來；我一個人走出走入，不覺得冷清。樹上鳥語細碎，籬外貓狗相鬥，有時反而覺得太熱鬧了。我覺得最享福的是午後沏一壺茶，坐在萬綠叢中自由自在的讀我心愛的書，寫我所要寫的畫，這是神仙皇帝該嫉妒的意境，我在這時常不禁油然漫誦石濤的「年來蹤跡罕人世，半在山鄉半水鄉……」
>
> 我是個生有山水癖的人，戰爭原是該咒詛的，但這次神聖抗戰卻與我這樣幸福，使我有機會與山水結緣，我該感謝誰呢？

十二月

1日（星期三），馮玉祥在樂山召集中學以及技專師生數千人訓話，要點有三：尊師重道、科學救國、節約獻金。

同日，中美英三國首腦蔣介石、羅斯福、丘吉爾在開羅發表宣言，宣示了協同對日作戰的宗旨，承諾了處置日本侵略者的安排。

---

[72] 楊靜遠：《讓廬日記》（武漢大學出版社，2003年），頁173。
[73] 黃模：〈記馮玉祥白崇禧四十年代在武漢大學的講演〉，《樂山史志資料》，1986年第1-4期合刊。

　　3日（星期五），楊靜遠日記載：「晚上忽然召集同學到食堂開伙食會議。因為11月吃白飯伙食團，大家覺得不方便，而且煤費比前月超出兩千多元。於是有人提議恢復有菜伙食團，每人交200元，讓老姚經理。可是有一部分人反對，仍願維持白飯團，因為她們吃不慣公菜。於是大打其仗。我可是除外，我站在白飯團一邊，因為我不願交錢。但客觀地評說，的確有菜團的理足。戰線是這樣劃分的：有菜團以蕭銀娥、楊俊賢、楊安祥言論最激烈，新同學站在這一邊。反對派就是我房裏那幾個，還有劉珍寶、葉學文、常紹溫等。主席邱泰寧是好好先生，沒有威嚴，鎮不住爭吵。起先是辯論，後來變成吵架。楊俊賢一開始就給主席聲明的理由補充一點，說起集團生活精神的重要，劉珍寶立刻打她一炮。葉學文脾氣暴躁，和蕭銀娥直接衝突，但蕭的話顯然是清楚明白的，而葉根本不合邏輯。所以表面上似乎反對派勢力雄厚，實際不理虧。最後鬧得不可開交，正面派提出表決，反對派堅決不肯，會場亂哄哄的，人聲鼎沸。有人（自然是反對派）提出組織兩個伙食團，明天票決，這才散會了。」[74]

　　4日（星期六），素有「民國第一清官」、「布衣市長」稱號的石瑛逝世。他曾於1924年出任國立武昌大學校長，1929年任國立武漢大學首任工學院院長。

　　同日，武大戰區學生鄭德信、熊匯瑩積極回應獻金號召，發起每人10元獻金運動，共募得捐款3000元，當日交與馮玉祥。

　　同日，武大中文系三年級學生冉英自願隨新兵六隊及補充團赴滬，參加遠征軍服役。王星拱校長代表武大獻金5000元。

　　7日（星期二），馮玉祥到武大實習工廠參觀，譚聲乙廠長單獨捐款10萬元。後來馮玉祥在口述自傳裏說，「工學院的設備還算不錯，他（按，指譚聲乙）製造了很多機器，賣給旁的機關。一個學校能製造鋼鐵的東西賣給別的機關，我還是第一次看見過。」[75]

　　同日，日本中國派遣軍制定了《縱貫大陸鐵路作戰指導大綱》，此作戰計畫確定名稱為「一號作戰」。

　　8日（星期三），馮玉祥向武大平津學友訓話，勉勵同學們到鄉下去，努力宣傳抗戰。是日，馮玉祥離開樂山前往夾江。

　　10日（星期五），王星拱校長聘請余熾昌教授為訓導長。

---

[74] 楊靜遠：《讓廬日記》（武漢大學出版社，2003年），頁174-175。

[75] 馮玉祥：〈獻金瑣記（一）〉，《我的抗戰生活》（哈爾濱：黑龍江人民出版社，1987年），頁166。

13日（星期一），楊靜遠現在加入公菜伙食了，「因為吃客飯太不上算，而且每天回家帶菜又麻煩。我想試一個月看，不會太苦的。主張私菜制的現在一步步退讓，今夜大會就要決定怎麼處理。菁勸我看《風雪夜歸人》[吳祖光劇本]，叢叢劇社公演的。我問她票價多少，她說30元，我笑著說我不買票。她責怪說：『少吃一次零食就可以了。』我說：『我根本不吃零食，你叫我哪兒少去？』過一會兒她說：『其實看戲是很有益的，你老不看，而且這個戲很有名。』我微歎：『我何嘗不想看，可是一個人不能想做什麼就做什麼。』我的態度已明示renunciation[克己]的精神。她只說：『這不算什麼。』我就不再說了。晚上伙食大會，請余熾昌、徐賢恭先生調停。余說話清晰有力：『現在有四個辦法，一是白飯，一是公菜，一是公菜私添，一是繼續現在的臨時辦法：公菜團每天四鍋菜，私菜團也是每天四鍋菜，各不相犯。但第一、二兩辦法都不適用，第三辦法太麻煩，所以就是第四個辦法最折中。有沒有異議，如果沒有就算通過。』於是無提議也無表決就通過了。」[76]

中旬，重慶勝利出版社為發揚文化傳統、凝聚民族精神，組織編纂《中國歷代名賢故事集》，中有《梁啟超》一冊，特邀梁之高足、武大吳其昌承撰。既感師恩，又以民族文化建設為己任，吳其昌因此不顧病勢沉重，慨然應允。

16日（星期四），教育部第二屆學術審議會第一次大會召開，「最後提交大會，以部聘教授人選，除國文劉文典一人以有嗜好，以次多數之胡光煒遞補外，餘均由各科教授之最多者當選。計中國文學胡小石（中大），外國文學樓光萊（中大）（迪生只差一票），歷史柳翼謀，哲學馮友蘭，教育常道直，數學何魯，物理剛復，政治肖公權，法律戴修瓚，經濟劉秉麟，農鄧植儀，工劉仙洲（聯大），化學高濟宇（中大），醫梁伯強，藝術徐悲鴻。」[77]

23日（星期四），重慶各要員在夫子池新建的服務所大禮堂舉行石瑛公祭儀式。蔣介石親臨現場，贈送挽幛，書八個大字：「勳留黨國，高風亮節。」

25日（星期六），化學系副教授葛毓桂編著的《燃料化學》教材，獲得教育部頒發獎金1500元。

同日，楊靜遠日記載：「晚上是聯青參加聖誕音樂崇拜的第一天。女同學都穿了藍布袍，掛一個粉紅紙項圈表示神聖。進場時分作兩排，每人手持一枝燭，

---

[76] 楊靜遠：《讓廬日記》（武漢大學出版社，2003年），頁177。

[77] 竺可楨：《竺可楨日記》第二冊（北京：人民出版社，1984年），頁719。

唱著歌穿過聽眾。唱得不算失敗，不過前後都不太成功，只有And the Glory好些。其他節目要算黃貽訓的小提琴最好，不過也全虧俞太太[浸禮會俞牧師的夫人]的鋼琴伴奏好。」[78]

26日（星期日），女生自治會請孫家琇用英文講托爾斯泰，也歡迎男生聽。在團契室，「人到得意外多，屋裏坐不下，改到院子裏。她講《安娜》、《戰爭與和平》、《復活》。」[79]

27日（星期一），楊靜遠日記載：「這一向宿舍裏飯壞極了，盡是稗子，每餐飯要吃40分鐘，一碗熱飯挑到後來變得冰冷，而餓著肚子也不想吃了。可是不得不耐下性子挑，因為不挑有得盲腸炎的危險。」[80]

29日（星期三），晚上學生合作社開幹事會，楊靜遠等人被選為第十屆理事。

30日（星期四），武漢大學首次接收外國留學生，印度留學生沈蘇美來武大攻讀政治史。

同日，晚上開聯青會，選郭朝勝做總幹事，此外六個幹事，三男三女，其中有楊靜遠。

同日，葉聖陶成都日記載：「甲長來，收補助遠征軍費用七十元。詢知每保出遠征軍一人，遠征軍選擇比尋常壯丁為嚴，身體方面略有不合標準即不收，故購丁之價亦昂，在一萬元以上。此七十元即購丁費。由保長收集，交與主管機關，機關中即提出一合格之人，作為此保之應徵者。此次徵募大中學生應遠征軍，各地皆極踴躍，以為出國往印度，聯合盟國打敵人，其事至有意義。而不知在民間，仍以此種賣買方式出之。」[81]

本年，《武漢大學工科研究所研究報告》創刊。

本年，本校報考赴土耳其留學學生名單：章振幫、劉悟、劉冠群、周逸江、劉詩伯、史紹漢、王宗華、沈謨圭、韓榮慶、曹恒潔。

本年，武大接收戰區借讀生101人；文科研究所文史學部招收研究生10名；理科研究所物理學部招收研究生3名，理科研究所化學學部招收研究生3名。

[78] 楊靜遠：《讓廬日記》（武漢大學出版社，2003年），頁180。
[79] 楊靜遠：《讓廬日記》（武漢大學出版社，2003年），頁180。
[80] 楊靜遠：《讓廬日記》（武漢大學出版社，2003年），頁181。
[81] 商金林編：《葉聖陶抗戰時期文集》第三卷（北京：人民教育出版社，2005年），頁75。

　　本年，為武大西遷樂山以來最艱難的一年。時物價暴漲，疾病肆虐，特務橫行，政治黑暗。全校房租連年陡漲，而教育部撥付的修建及設備費比上年減少一半；學生因貧病死亡率為歷史之最，達到14人：禹文牒（30歲，生物系四年級）、葉開環（24歲，機械系二年級）、張素馨（20歲，女，化學系一年級）、雷啟明（21歲，女，中文系三年級）、劉若芳（21歲，女，中文系一年級）、陳光塾（21歲，女，化學系二年級）、陸道蘊（20歲，女，化學系四年級）、陳美玉（25歲，女，外文系四年級）、李芬鼎（23歲，女，生物系二年級）、鄭寬仁（21歲，經濟系二年級）、張自勳（25歲，礦冶系二年級）、彭傑成（23歲，機械系二年級）、陳上曉（21歲，女，外文系）、王×（法學院）。

1944年（民國三十三年）

中國遠征軍發起滇西戰役——日軍佔領長沙——美軍在關島登陸——衡陽保衛戰——汪精衛病死——中國遠征軍攻佔緬甸八莫

一月

1日（星期六），蔣介石向全國軍民廣播：「中國勝利在望，圍攻日寇隆，我須承擔主要任務。」

同日，教育部為褒獎張鏡澄教授執教三十年，頒發獎金國幣2萬元。

同日，《誠報》刊發吳其昌〈光明的進程〉。

同日，袁昌英《法國文學》[1]一書已完成，請女兒趕著抄好就要給一個學生帶到重慶去出版。

8日（星期六），行政院通過學齡兒童及失學兒童強迫入學案。

17日（星期一），哲學系教授黃方剛病逝。乃父黃炎培所寫「哲學家黃方剛墓誌」曰：

> 方剛一生清正，抱道有得，言行一致，誠愛待人，取物不苟，著書講學，到死方休。雖其年不永，亦可以無愧於人，無愧於天地。
>
> 長兒方剛，窮研哲學，歷任廣西、東北、北京、四川、武漢各國立大學及華西大學教授，東北大學文理學院院長，凡十六年。以清光緒二十七年三月十三日生於江蘇之川沙，民國三十三年一月十七日歿於四川樂山武漢大學教席，年四十四，以同年月葬於樂山凌雲鄉馬鞍山東一里許，其及門李樹芳贈地。著有《道德學》、《蘇格拉底餘叢》，稿未印行。母王糾思，妻微華蘭，子十九、海川、岷江。父黃炎培哀記。

黃方剛1938年來武大哲學系任教的。文學院院長劉永濟有〈黃方剛挽詞〉：

---

[1] 《法國文學》，袁昌英著，商務印書館，1944年8月初版。

「塞垣初見時猶泰，蜀國重道世已荒。學道難為豹毅養，論名豈辨穀臧亡。方期鬱鬱淩寒出，孰令昂昂歷塊傷。聞有玄文待稽纂，一阡新草充狸藏。」

19日（星期三），吳其昌歷時兩月完成《梁啟超傳》上半部三章五萬餘字。

24日（星期一），日本天皇批准了「一號作戰計畫」，下達了「一號作戰」命令。

同日，癸未除夕，劉永濟作《癸未除夕》：

> 玄冬除此夕，憂定幾時躅。婦巧供盤菜，兒癡問歲錢。
> 國猶苕系在，身與瀑流遷。物色關人意，春工好放妍。

同日，楊靜遠日記載：「又是昏天黑地忙一天過年。切年糕，做花生糖，切得手都酸了。4點鐘沒吃晚飯就走了。今晚是七個男同學請女同學過除夕，在團契室。七個人是蔡伏三、王宗華、朱明、陳造福、楊永炎、蕭斯銘、蔣宗祺，除陳、蕭外，都是湖南同鄉。女同學有14個，也以湖南人居多。團契室裏布置得非常精心，是蔣宗祺設計的。分兩部分，一邊是餐廳，一邊是會場，借了幕布隔開。每人發一份藝術化的節目單，一面是節目，一面是白紙留著簽名的。……玩了幾個遊戲後就開始到那邊吃茶點。他們弄得真講究，完全西餐式樣，借了刀叉等餐具。中間一個極大的蛋糕，旁邊幾盤糖果。吃完是歌舞大會，節目自己派定，大家亂唱亂跳，熱鬧自由，空氣一團融融。」[2]

25日（星期二），舊曆大年初一。

31日（星期一），楊靜遠日記載：「叔哥來，為湖南同鄉演戲賑災的事請求爹爹同意。爹爹先問別的湖南教授是不是答應了，叔哥說是的，爹爹就說：『那當然沒有話說。』隨後又說：『這當然不能和為娛樂而演戲相比，這是有名義的。』選定了《霧重慶》，女角請了安姐、左敬睦和周芳。上午朱君允先生[熊佛西前妻]和劉伯伯來了，我們留他們吃中飯。飯後蘇先生也來加入談話。媽媽講那麻子的故事，蘇先生講《無邊的黑暗》裏的故事，原來那是真事，是蘇先生認識的人。朱先生聽了這兩個故事，嚷著『不好聽，沒意思。這兩個故事都沒有中心，人物沒有個性。』我笑著說：「朱先生的意思是說這兩個故事不過是

---

[2]　楊靜遠：《讓廬日記》（武漢大學出版社，2003年），頁190-191。

incidents[事件]，沒有interest of character[性格的趣味]，不過它們之所以悲慘也就在這incidents。」她連忙點頭：「只有incidents，沒有character，沒有意思，沒有意思。」她不要聽，卻和弘遠閒扯，要和他出去跳繩。五十多歲了，跳起來還靈活得像女孩子，我頗驚奇。……媽媽說：『她本事也真大，這樣年紀了，身體精神還這樣好。』」又載：「蔣淑瑾告訴我，那天方先生請他們班五個女同學和我們班五個同學到他家談話，是為了他要辦一個英文補習學校，請他們出頭組織，教書卻不要他們，只需他自己和方太太。她把這有趣的新聞告訴媽媽。媽媽鄙夷地說：『他完全是利用學生給自己賺錢。讓他們在外頭撐臺，自己得實利。學生迫於威勢，當然不得不依從。你曉得吧，大概韓文源要調走了，他不得不另謀生財之道。』」[3]

本月，武大編印《教員著作一覽》，首頁列出文學院院長授劉永濟的著作14種。此外，還詳列文學院14位教授、1位副教授、6位講師的著作成果，共計228部（篇），占全校著作成果總數的46.25%。其中，劉賾教授9部，方重教授6部，朱光潛教授10部，費鑒照教授6部，袁昌英教授7部，葉孟安教授5部，桂質柏教授4部，朱君允教授3部，劉盛亞教授11部，吳其昌教授4部（另有學術長篇論文51篇、方壯猷教授32種（含在學報刊物中發表的論文），陶振譽教授1部，葉譽教授17篇（在學報刊物中發表的論文），汪詒蓀副教授13種（含在學報刊物中發表的論文及在廣播電臺的演講稿），葉瑛講師3部，王靜伯講師4部，胡守仁講師4篇（在學報刊物中發表的論文）、謝善繼講師4部（含在學報刊物中發表的論文）、吳志謙講師6種（其中譯作5部，論文1篇）、薛星奎講師3部。

二月

5日（星期六），甲申立春，劉永濟作詩〈甲申立春〉一首：

> 年華似水去無聲，憂患如山未可平。豈有異材醫國活，只憐癡計畏天傾。
> 沉沉北斗橫空轉，草草東風取次生。尚與鳥烏同覓食，鋤糧幸莫負春耕。

8日（星期二），蘇雪林為陳小瀅題詞：「前人看見杜工部兒子的詩，叫人

---

[3] 楊靜遠：《讓廬日記》（武漢大學出版社，2003年），頁192-193。

送把斧頭要他斫斷手臂，免得天下詩名又歸杜家獨得。我看見小瀅的作品，並不想送斧，只希望能她打破名父母之下難乎為子的成例。」[4]

11日（星期五），武大湖南同鄉會為賑濟湖北災民公演《霧重慶》，募捐達20餘萬元。

12日（星期六），午後，戴鎦齡訪葉聖陶，「言孟實與渠及方蘆浪三人編選之大學英文書稿，即將竣事。」俟其去，葉「即作一書致孟實，促其從早完成校閱工作，以便付排」。[5]

13日（星期日），吳其昌教授作甲骨文五幀，為樂嘉小學（武大附小）義賣捐助。

16日（星期三），楊靜遠日記載：「晚飯後，考昭緒來了，帶著兩位客人，原來是劉盛亞──他的合編者，和劉太太。劉辦《文鋒》、《星期文藝》，又是群益書店的經理（？），他要出一種集子，請媽媽和我譯書。」[6]

18日（星期五），袁昌英攜女兒楊靜遠同去洙泗塘劉盛亞家。「劉家房子又小又黑，比我們的還差。劉先生不是那麼浮囂的。他相當自負，一種不得志的才子的自負。他對自己的言論頗持信心。他談出版界的情形，這是作者們所應曉得而不常曉得的。他最愛談他的朋友，郭沫若，批評他寫作有點拆爛汙[上海土話]，自詡天才。不過，『這個人的私德是了不得』，他能夠拋開日本太太和四個孩。這精神實在難得，『現在他又有四個孩子了』。這是劉太太第一次參與談話。從劉家出來，出嘉樂門到朱光潛家。氣氛大不相同。朱先生的態度非常謙和，對別人的話很尊重，永遠在贊同。我卻心悅誠服地信任他。媽媽和朱先生談到我畢業後的去向問題，他也想不出什麼清閒而又厚酬的工作。至於出國，他勸我停戰後再去，因為現在外國也沒有學術空氣。他提起研究院，武大外文系是沒有的，聯大怎麼樣？我不禁心動。真的，我非常想去那邊看看，而且我也想離家遠一點。」[7]

19日（星期六），楊靜遠日記載：「考昭緒講方先生補習學校的情形，廖可兌是校長，謝菁任會計主任，方先生是名譽校長，不出頭，太太是教授，同

[4]　陳小瀅講述、高艷華編選：《樂山紀念冊》（北京：商務印書館，2012年），頁130。
[5]　商金林編：《葉聖陶抗戰時期文集》第三卷（北京：人民教育出版社，2005年），頁86。
[6]　楊靜遠：《讓廬日記》（武漢大學出版社，2003年），頁195。
[7]　楊靜遠：《讓廬日記》（武漢大學出版社，2003年），頁195-196。

學們完全盡義務，不享權利。可惜報名的人很少，因為學費太貴（2500元，3個月），同時又有朱牧師競爭。」[8]

23日（星期三），史學系主任吳其昌病逝，年僅四十。是日清晨，病重的他忽然醒來大聲說：「快快做飯，我吃了要去開會。」夫人問：「去哪裏開會？」他拉過夫人的手放在額上，說：「這裏——學堂裏。」隨即又昏過去。早上六時許，吳其昌合上雙眼。去世之前他經常拖著孱弱的病體走上講臺，課還沒上完，就突然吐血不止。學生勸他注意休養，他說：「國難深重，前方將士效命疆場，後方教授當盡瘁於講壇。」吳其昌也一如其師，竟躬踐其言。

25日（星期五），楊靜遠日記載：「晚上去聽音樂會，全部器樂，張舍之的小提琴，朱崇志的大提琴，×××的琵琶和南胡，俞雨辰太太伴奏。……俞太太的鋼琴彈得實在好。」[9]

從去年底至本月間，四川數十萬農民被組織起來，用最原始的勞動方式，在九十天內建成了六座機場。對此，美國《聖路易郵報》盛讚道：「我們感激中國供給我們可築機場的重要據點，以及中國43萬人民的勞動。中國這樣龐大的人力徵調是兩千年前築萬里長城以來空前的一次。」[10]

三月

5日（星期日），吳其昌暫厝於武大公墓。「公墓在洙泗塘外山頂，西望松林蒼鬱，東望九峰蒼翠，下面一片田疇，春來菜花金黃，饒有生趣，師生客處，可以慰懷，當不寂寞。」[11]

7日（星期二），教育家黃炎培應王星拱校長之邀，在大禮堂公開演講《憲政與修養》，楊靜遠「聽得沒趣，幾乎坐不住」。[12]

8日（星期三），三八婦女節。女生宿舍開晚會，來賓有黃炎培、葉孟安、陳耀庭，女教授除朱君允外一個未到。訓話很長，盡教女生們做賢妻良母之類。

---

[8]　楊靜遠：《讓廬日記》（武漢大學出版社，2003年），頁196。

[9]　楊靜遠：《讓廬日記》（武漢大學出版社，2003年），頁198。

[10]　轉引自李繼鋒：《從沉淪到榮光：抗日戰爭全記錄1931-1945》（呼和浩特：遠方出版社，2008年），頁421。

[11]　袁恒昌：〈第八宿舍-武大公墓〉，《學府紀聞：國立武漢大學》（臺北：南京出版公司，1981年），頁352。

[12]　楊靜遠：《讓廬日記》（武漢大學出版社，2003年），頁201。

最後是遊藝。

9日（星期四），楊靜遠一大早被女工喊醒去買菜，現在只有她一個人買。公菜錢每天640元，有三斤肉。

11日（星期六），晚上團契室開唱片音樂會，學生服務處主辦，放全部Faust[古諾歌劇《浮士德》]。一共16張片子，約三個鐘頭。小小團契室擠了一百來人。袁昌英也被女兒請來聽。

19日（星期日），趙師梅於樂山作〈祝父親壽朝〉詩：

> 春來花自紅，暖日輕風，露身山頂曝日中，沉思古今癡呆者，若個似儂。
>
> 極目望巴東，雲山萬重，拜祝父壽南山同，剷除倭寇年內事，惟願年豐。[13]

22日（星期三），楊靜遠日記載：「考又送我兩張戲票，讓我找一個朋友一同去。今晚是《水落石出》，根據梅特林克的劇本改編的，我們以為總不會差。我拉常紹溫一同去。」[14]

23日（星期四），劉盛亞編寫的四幕歷史劇《打漁殺家》在樂山公演，由袁昌英擔任導演。

四月

3日（星期一），武大舉行第三次科學展覽會，展覽地址分為兩處：一處在工學院（西湖塘）公開展覽土木系及礦冶系的各種設備及模型；一處在理學院（高西門）開放理化室及生物模型展覽。參觀者絡繹不絕。

4日（星期二）至5日（星期三），武大連放兩天春假。

13日（星期四），教育部長陳立夫發表談話，否認控制思想（美國哈佛大學教授費正清指責中國控制學生思想）。

15日（星期六），外文系主任方重教授赴英國講學。楊靜遠當天日記載：

---

[13] 《趙師梅部分詩詞》，俞大光、陳錦江編著：《無私奉獻一生的趙師梅先生傳略》（武漢：華中理工大學出版社，2000年），頁117。

[14] 楊靜遠：《讓廬日記》（武漢大學出版社，2003年），頁205。

「在家吃過晚飯同媽媽一起去開會──全體外文系師生歡送方重到英國講學。會在團契室舉行，一共到了57人，先生六位：朱光潛、方重、李納、朱君允、戴鎦齡和媽媽。起初方重要我們每人站起來講一段話，為什麼要學外文，以及畢業後的計畫。要是真這樣做，五十幾個人非但講不完，還會把氣氛全破壞了。幸虧菁提出停止來玩遊戲，才挽回那不堪設想的危局。」[15]

16日（星期日），楊靜遠日記載：「下午回家，陪媽媽去劉盛亞家。他的《續水滸》請媽媽做導演，媽媽推辭了，去道歉。劉近來受了一次大打擊：《續水滸》是青白劇社要演的，不料劇還沒寫好，已賣掉十幾萬元的票，劇社捲款逃走了，連同上次為樂嘉小學募捐的錢一併帶走了。聽說已經追回，可是三青團受了賄，又把他們放了。現在幸虧中華劇藝社來，幫他先演這戲。應雲衛指導，而演員大半是叢叢劇社的，繆敏珍演主角。」[16]

18日（星期二），上午九點以後有空襲警報，文廟掛紅球。

20日（星期四），大岷電影院上演劉盛亞《續水滸》。

21日（星期五），經濟系學生戴星如獲教育部舉辦的第二屆全國專科以上學校「聯合國日」論文比賽中文組第二名，論文題目為《我對於戰後世界改造之理想》。

23日（星期日），武大考選留土耳其學生，初試錄取五名。

同日，經濟系主任陶因教授為樂山銀行界講演《經濟政策》。

同日，晚飯後楊靜遠和同學六人同去觀看郭沫若劇《孔雀膽》，「不買票，隨中華劇藝社人員混進去，站在旁邊看。這個劇社在管理方法上真精練，每幕換景只要五分鐘，而且聽不到裏面笨重的聲音。演得非常好，比劇本本身好」。[17]

24日（星期一），教育部發文聘請劉永濟、劉賾、方壯猷、賀昌群、龐俊為國立武漢大學文科研究所1943年度碩士學位考試委員會委員。

26日（星期三），國民政府軍事委員會副總參謀長兼軍訓部部長白崇禧視察武大。楊靜遠日記載：「上午白崇禧在月咡塘演講，出了一件亂子。王校長的車子被憲兵推翻，人摔在地上。武大同學圍著講臺大鬧，一定要處罰憲兵。當時壓了下去。可是等到白上禮堂講演時，學生還是不甘休，當面給韓文源下不了臺，

[15] 楊靜遠：《讓廬日記》（武漢大學出版社，2003年），頁212。
[16] 楊靜遠：《讓廬日記》（武漢大學出版社，2003年），頁213。
[17] 楊靜遠：《讓廬日記》（武漢大學出版社，2003年），頁215。

不許他進來。白講軍訓，就以這事舉例，訓斥學生不守紀律，當他提到韓處長時，底下咳嗽聲大起，白誤以為是針對他自己，頓時沉下臉，責備武大同學沒有校風。同學想再提處罰憲兵的事，他不聽，走出去。韓文源一出門，學生大喊：『打倒韓文源！』」[18]

五月

6日（星期六），教育部授予武大研究生李謀盛、劉恃讀為政治學碩士學位，余長河為經濟學碩士學位。

同日，武大電機系利用完善的設備開設試驗電臺，每晚7時至9時，向市民播送《宇宙鋒》及《空城計》等平劇節目。電臺呼號為XVIW，波長42米。

同日，袁昌英告訴女兒這兩天米價突漲，每天漲5元，今天已55元一斤了；形勢非常嚴重，希望女兒少做些夢，多看看現實生活的艱辛。

6日至7日（星期日），武大春季運動會在西湖塘運動場開幕。這次春季運動會為了增加競賽的熱烈氣氛，將學生分為兩個大組：文、法學院為一組，理、工學院為另一組，開展總分第一的競爭。開幕之日，天氣晴朗無風，是一個戶外活動的好天氣。運動會場所在地西湖塘，平時是國民黨三十二補訓處練兵的操場，地面平整，面積足夠賽場的需要。學校在場裏搭了一個簡易的主席臺和兩個籬笆柵子，分別作兩個競賽組的基地，供運動員休息、更衣和其他活動之用。開幕式上，樂山縣長贈大銀盾一座，以示提倡體育。

運動會落幕時，理工組獲得團體總分第一名，盧文筠獲得女子個人總分第一。為此，理工組運動員在三育繪圖教室舉行了慶祝大會。會上工學院院長余熾昌教授發言，鼓勵大家堅持鍛煉，學習鄭建基同學在萬米賽跑中的堅韌精神。運動會沒有發獎牌或獎狀，但在那時卻是一次極其難得的盛大而成功的活動，讓很多人永生不忘。[19]

8日（星期一），楊靜遠日記載：「下午沒上課，和岫去聽孫家琇給中藝演講。她講的是俄國革命前後戲劇的發展，是關於舞臺技術方面的，所以我們平日不常聽到。中藝明天要去五通橋，劉鬱民要請我們。」[20]

---

[18] 楊靜遠：《讓廬日記》（武漢大學出版社，2003年），頁216。
[19] 據陳錦江：〈回憶武大樂山的一次運動會〉，《武大校友通訊》2008年第1輯。
[20] 楊靜遠：《讓廬日記》（武漢大學出版社，2003年），頁224。

11日（星期四），中國遠征軍發起滇西戰役，配合中美聯軍緬北作戰。

12日（星期五），楊靜遠日記載：「時局惡劣極了。蘇聯在新疆進攻，河南戰事吃緊，湘北又要開始一次大戰。據說英美對中國不滿。要是鄭州失陷，恐怕就要議和。天哪，議和就完了，再輩子也別想翻身了！」[21]

13日（星期六），楊靜遠日記載：「吃過晚飯我回家取菜。考昭緒來了，一直坐到很晚才走。他們坐在廊下談，我坐在堂屋門口聽……起初談到國事，媽媽仍舊樂觀，考好像還不曉得情形的嚴重，覺得『沒什麼』。蘇先生則悲觀，覺得就要打到四川來了。」[22]

14日（星期日），在武大執教30餘年的數學系蕭君絳教授病逝。蕭君絳畢業於武昌高師，後留學日本，學成回國，歷任武昌大學、武昌中山大學、武漢大學教授。先生除精研數學外，並精通國學及醫理，武大及樂山士人有病蒙其救者無數。先生江西萍鄉人氏，生於光緒十九年（1893）夏曆十月初四，享年52歲，遺子女各一。先生譯著頗多，已刊行於世者有《群論》、《行列論》、《近世數學》、《代數整數論》等。經濟系學生袁征益回憶，「蕭教授自己體弱多病，身患胃出血又加教學、著述兩忙，不遑休息……因而過勞，終至一病不起，離開人世。」[23]

同日，楊靜遠日記載：「和宜姐、安姐、叔哥到鼓樓街千秋照相館照了一張三寸合照。回到家，只見戴銘巽先生在和弟弟下棋，他告訴我媽媽在蕭家，因為『蕭[君絳]先生過世了』！蕭伯伯死了！這樣熟識，他的聲音、說話的態度、姿勢，他那談笑風生的豪邁氣概，他的才能、氣節，他那硬脾氣，可是又那麼好心腸。我們這一家被他救過多少次命！我怎麼也想不到他會死！據說是腸癆。累死的，餓死的。他這些年來把命換了一部大著作，現在著作印出，他的命也付出了。我立刻到鐵門檻蕭家。媽媽在房裏，安慰蕭伯母。她倒在床上哭訴，她訴著：『丈夫呀，丟得我苦，何得了呀！』江西土音，我不全懂，可是我不見她流淚。直到她摸到靈前，伏在死人身上，把臉挨著他的臉——沒有感覺的死人的臉，高突的顴，深陷的眼眶，嘴張開，閉不攏，這就是談笑風生的蕭伯伯——然後她坐在竹椅上，身子前俯後仰地搖動，眼睛閉著，我才看見一兩滴眼淚迸出

[21] 楊靜遠：《讓廬日記》（武漢大學出版社，2003年），頁226。
[22] 楊靜遠：《讓廬日記》（武漢大學出版社，2003年），頁226。
[23] 袁征益：〈樂山軼事瑣憶〉，《武大校友通訊》1998年2輯。

來。我站在旁邊，毫無辦法。媽媽太傷心，我勸她回去了。我意識到我正面對著『死』。想到也許可以說點什麼，使她忘記哭，因為這樣哭實在太傷身體。我於是溫柔地扶著她的頭，說：『蕭伯母，不要難過，蕭伯伯上天去了。他到好地方去了。這個地方不好，他在那邊還快樂些，你不要難過。』這一來她哭得更厲害：『蕭伯伯是好人喲!他是上天去了。好人命不長，一生救別個的命，自己的命救不了……留得蕭伯伯在，有用人喲，留得丈夫在，好做事喲……救得別個命救不得自己喲，好人天不保佑喲……』我不做聲了。隨後蔣、涂太太來，她們各滴了兩滴淚，都俐落精明地吩咐事務去了。男先生們到底不同，好像不感一點悲哀，泰然處理一些事。」[24]

18日（星期四），朱光潛所著《詩論》一書，獲教育部1943年度二等學術獎金。

同日，武大奉教育部令，停止招考赴土耳其留學生。

19日（星期五），法學院葛揚煥教授赴美國，主要考察美國監獄狀況。

20日（星期六），楊端六袁昌英夫婦帶兒女同上蕭家，給蕭君絳靈前行禮。

晚上，學生服務處第三次開唱片音樂會，放義大利Puccini的*Madame Butterfly*[普契尼：《蝴蝶夫人》]。

21日（星期日），蕭君絳出殯之日。蕭家「門口站著許多人，教授們最多，男同學少，女同學只幾個。到出發時涂允成帶著全體附中學生來，於是成了極長的一個行列。我和幾個女同學走在後面，牽著棺材前的白布帶。爹、媽、弟在最前的教職員家眷行列裏。一路由得勝門走出去，大部分在得勝門口散了。我們一直跟上公墓山。蕭伯母坐在轎子裏，一路哭去，聲氣都沒有了。到山頂，不一會就下棺，點了香燭，由閻幼甫司儀，孝子行跪拜禮。我看見蕭而將小小的身子裏在渾身白布裏，在棺材前跪了又起，起了又跪。」[25]

22日（星期一），楊靜遠日記載：「晚上英文會開會。胡壽聃告訴我們吳學義在堂上講孔祥熙辭去財政部長職了，大概由宋子文接手。我們都興奮，如果是真的，中國財政也許可以開始整頓一下了。」[26]

29日（星期一），英籍教授Grewick在武大演講，為期5天。

[24] 楊靜遠：《讓廬日記》（武漢大學出版社，2003年），頁227。
[25] 楊靜遠：《讓廬日記》（武漢大學出版社，2003年），頁228。
[26] 楊靜遠：《讓廬日記》（武漢大學出版社，2003年），頁229。

同日，黃炎培在復旦大學講演時發出了「要為民主拚命」的呼聲，強調「要民主，一定要我們『求』的有力，得拚命的『求』，而且必須成為一個大的運動才行」。

31日（星期三），楊靜遠日記載：「10點鐘聽英國教授[Grewick]講Wordsworth and Coleridge[渥茲渥斯和柯爾里治]。我雖每次去聽，卻感到毫無所得。他講得沒有力量，不能吸引聽眾的注意力，而內容又沒有系統，東拉西扯。」[27]

本月，武大力訊社主編的《力訊》創刊，登載學術論文、譯文、社友活動的報導。鄔保良教授撰寫的《原子核能的釋放與原子炸彈》，曾刊於1946年第2卷1-2期。《力訊》也刊登一些廠礦（刊物的經濟贊助者）的商業廣告。由於學生只能在緊張的學習間隙去組稿、編輯、校對和尋求經濟支持，所以只好不定期出版。

六月

1日（星期四），武大幾個進步學生社團聯合出版一張大型壁報：《言論出版自由問題文摘專號》。晚上，南友劇社演《天長地久》，由《茶花女》改編。

3日（星期六），劉永濟出席國立四大學（武大、川大、東北大、西聯大）招生考試委員會第1次會議，並被推舉為樂山區試題保管人和「國文」、「公民」、「史地」試卷監印校對負責人。

同日，吳宓自昆明西南聯大作航空快函致劉永濟、朱光潛、葉麐三人，推薦王般到武大任教，並附寄近作〈五十生日詩〉及油印近年詩四紙。

同日，楊靜遠日記載：「菁帶我上大禮堂，聽六個壁報團體[28]的聯合討論會，題目是關於言論出版自由的。的確值得一聽。大會氣氛非常緊張、嚴肅，每人發言時間限五分鐘。一個人剛坐下，馬上四五隻手同時舉起，主席指定一個。有時不免發生爭執，不過大體秩序維持得很好。討論程式分三部分：一、言論自由與歷史演進關係；二、與抗戰關係；三、我們應該怎樣做。第一、二項都是空泛的理論，無非論證言論出版自由如何必要，如何重要。第三項涉及實際問題，大家提出的積極進行辦法分全國和校方兩方面。對校方，請求停止檢查壁報；對全國，則回應併發起各大學及文化界當前言論出版自由運動。言辭有的激烈，有

[27] 楊靜遠：《讓廬日記》（武漢大學出版社，2003年），頁231。
[28] 楊靜遠自注：「六個壁報團體大概是政談、文談、風雨談、課餘談、海燕、現代春秋。」

的冷靜，偶爾也有意氣之爭，大體態度都公正。學術空氣濃厚。教授只到了兩位：朱君允和陳家芷，每人各貢獻一條意見。女同學到得不少，可是除蕭銀娥外沒有人發言。會散已快12點。我向菁表示滿意。她說：『這就是武大的好處，如果在川大或中大，哪能有這樣一個大會？』」[29]

6日（星期二），盟軍在法境諾曼第登陸，第二戰場開闢。

同日，晚上武大南友劇社繼續演出《天長地久》。

12日（星期一），毛澤東歡宴到延安的以美國記者為主的21名中外記者參觀團。

同日，楊靜遠日記載：「下午下課回來，見水西門上圍滿了人。我們跑下河邊，只見小船裏一張篾席蓋著一具屍體，那是最近飛機失事摔死的美國空軍。我看見他的腿，還有一隻肉裏露骨的大手，真慘！這樣無聲無息地死在異國，他一定不甘心。」[30]

14日（星期三）至16日（星期五），武大連續三天考試。

23日（星期五），衡陽保衛戰正式打響。

同日，楊靜遠日記載：「晚飯後我們和張先生在門口聊天，又談到中國人的不爭氣，人類戰爭的不可免。蘇先生、媽媽和我都是理想家，覺得世界也許有一天會走到大同之路，因為就文化、交通的發達進步，國家間的界限會漸漸消失。張先生講現實，說世界的統一只有用武力、用戰爭才可能獲得，而維持多久又是另一個問題了。最後媽媽說她想地球如果不遇到一個共同的敵人，戰爭永遠不會停止。張先生很是同意。」[31]

25日（星期日），蘇雪林為楊端六作詩〈恭賀端六先生六秩大慶〉：

> 昭代開文運，湘東挺大儒。骨鍾衡嶽秀，氣稟澧波腴。早歲遊歐陸，才名
> 動海嵎。盟心思復漢，仗劍誓驅胡。小隱春申浦，潛移學術樞。唱隨有嘉
> 偶，繞膝喜佳雛。江夏初興學，千秋仰壯模。講筵羅碩彥，黌舍聚璉瑚。
> 玉闕幹銀漢，璿宮映碧湖。琳琅輝萬軸，高下列千圖。新舊洪爐冶，中西
> 玉斗斞。經營心欲瘁，誨講口為瘏。群俊連茅拔，轂輪隻手扶。春風暄絳

---

[29] 楊靜遠：《讓廬日記》（武漢大學出版社，2003年），頁233-234。

[30] 楊靜遠：《讓廬日記》（武漢大學出版社，2003年），頁237。

[31] 楊靜遠：《讓廬日記》（武漢大學出版社，2003年），頁239。

帳，清鑒耀冰壺。元首求賢佐，輕裝集上都。廟堂參密勿，惟幄贊鴻謨。上將頭銜貴，書生本色朧。倭氛突緊迫，國步入崎嶇。大陸龍蛇鬥，中原肝腦塗。挈家來蜀道，連歲咽秋荼。茅屋狂風破，鹽車駿足痛。竟然薪似桂，真見粒如珠。滄海橫流急，彝倫異軌趨。蛟龍辱泥轍，燕雀鬧雲衢。不共鈞天醉，蘄全清白軀。歷危覘道力，執節愧庸夫。戰局風雲幻，家庭樂事殊。米鹽雖瑣擾，文史鎮相娛。蝸角功名小，牛腰著作麤。環階紅藥媚，壓瓦綠陰敷。徐淑腸如繡，文姬貌自姝。恭逢甲子慶，聊綴短章蕪。大海蠡難測，高風史不誣。獻芹野老意，惟願鑒區區。[32]

七月

3日（星期一），劉永濟主持召開史學系第7次系務會議。參加會議的教授有方壯猷、汪詒蓀、陳祖源、韋潤珊、陶振譽。議決事項：一、審查本屆畢業生論文成績案。本屆畢業生共22人，除常紹溫、萬永範2人移交下年度辦理外，評定畢業論文成績60分8人、65分1人、70分4人、75分4人，另有3人未記評分（黃經畹《格蘭斯登與愛爾蘭問題》、馬健武《威爾遜與巴黎和會》、胡鍾達《托洛茨基與史達林之鬥爭》）。二、分配下年度課程案。三、討論提案。劉永濟提出擬將本系《中國通史》、《西洋通史》2門特別開班。議決：如教師人數敷分配時，則中西兩通史均另開班。如中史教師多，則僅《中國通史》另開班。

11日（星期二），樂山大峨電影院上演話劇《清宮外史》（冼群導演）。

18日（星期二），行政院決議王東原任湖北省府主席。

同日，日軍佔領長沙。

19日（星期三），葉聖陶日記載：「劉師尚自嘉定來，三年餘不見，神態依然。渠在武大為訓導員，所務清閒，自為修習英文及德、法文字。談武大諸教師之窘況，聞之扼腕。」[33]

20日（星期四），楊靜遠日記載：「下午顧先生[34]來了。她從重慶回來，受青年團委託，想找媽媽、乾媽、蘇先生等合辦一個刊物，由青年團每年補貼四萬元。我自始就向媽媽表示不贊同她們和團部發生密切的關係。我說現在大家只要

---

[32] 蘇雪林著：《燈前詩草》（臺北：正中書局，1982年），頁117-118。

[33] 商金林編：《葉聖陶抗戰時期文集》第三卷（北京：人民教育出版社，2005年），頁131。

[34] 顧先生，即外文系教授顧如（友如）。

看見一個『團』字,或者『青年』什麼的,就頭痛,就不要翻那本雜誌。可是她們的事我無權過問。」[35]

21日(星期五),美軍在關島登陸。

23日(星期日),武大歡迎張群主席到訪,楊端六袁昌英等人參加。

本月,重慶幾所大學的進步學生在中共南方局青年組的領導下,秘密成立了「新民主主義青年社」。

本月,文談社支持中國藝術劇社到樂山演出,請劇作家宋之的講《抗戰以來中國之劇運》。

八月

1日(星期二),文談社在女生宿舍舉行茶會招待劇社成員。8至11月間,文談社討論「抗戰七年來之文藝」,又與風雨談社聯合召開紀念魯迅逝世八周年晚會;參與壁聯召開的援助貧病作家座談會,積極募捐;為抵制國民黨當局招募青年軍活動,舉辦時事座談會,揭露所謂從軍運動的背後陰謀。

3日(星期四),中國遠征軍攻克密支那,中印交通即將打通。

6日(星期日),葉聖陶日記載:「楊人楩來,代其兄東蓴支《高中本國史》之稿費。十時,至南門萬里橋畔之枕江樓,赴蘇中同學會月會,並公宴楊人楩夫婦。人楩嘗執教於蘇中也。到者近二十人,可謂盛會。」[36]

7日(星期一),戰時圖書雜誌原稿審查辦法廢止。

8日(星期二),持續47天的衡陽保衛戰以守軍的無條件投降而告終。衡陽保衛戰是中國整個抗戰史上作戰時間最長、雙方傷亡士兵最多、程度最為慘烈的城市爭奪戰。在這次戰役中,日本動用了發動全面侵華戰爭以來對一個地區進攻所使用之最多的兵力。衡陽之戰,中國軍隊傷亡約15000人,陣亡6000餘。據日方統計,此役日軍傷亡近兩萬人(而現在估計死傷人數應該在48000到70000之間)。日本戰史承認,此役「犧牲之大,令人驚駭」,「不獨嚴重地妨礙了『打通大陸』的日程」,並且遭受了重大傷亡,是「苦難的戰役」。聞訊後,劉永濟填詞〈浪淘沙‧衡陽之役,聞方軍苦戰四十七晝夜,將士傷亡殆盡,而援軍不至,遂陷。死事之烈,亙古罕有,詞以哀之〉,詞曰:

---

[35] 楊靜遠:《讓廬日記》(武漢大學出版社,2003年),頁243。

[36] 商金林編:《葉聖陶抗戰時期文集》第三卷(北京:人民教育出版社,2005年),頁137。

風雨臥天涯，淒斷金笳。故山從此戰雲遮。莫向蒿藜尋敗壁，雁也無家。
殘壘跕饑鴉，白骨叉牙。萇弘怨血暈秋花。新鬼煩冤舊鬼哭，無盡蟲沙。

　　同日，劉永濟致函昆明西南聯大吳宓，聘吳宓留教武大一年。吳宓接函後，於本月24日復函劉永濟、朱光潛、葉麐，言辭不就，但有休假歷往訪計畫。並推薦陳遒、周煦良、謝文通為武漢大學教授。

　　9日（星期三），楊靜遠日記載：「上午媽媽去看新生試卷，中午劉[秉麟]伯伯來，飯後談起孔祥熙和宋氏姐妹弄錢貪得無厭。爹爹說：『不懂他們弄那些錢有什麼好處，一個人總只有一世，最後大家都是一樣的。』我說：『他們就是要享受這一世。』他說：『固然不錯，但一個人的享受也有限度，錢再多些也只能享受那樣多。』我說：『這是一種比較的心理，只有越爬越高，沒有限度地擴充下去。』劉伯伯非常贊同我的見解，他說這正如中國一句格言：『口渴了喝鹽水，越喝越要喝。』」[37]

　　同日，楊人楩夫婦訪葉聖陶，托其帶稿往商務印書館，交王雲五。

　　10日（星期四），楊東蓴托一學生送其所撰《高中本國史》給葉聖陶。「此稿逾期至半年以上，居然交來，為之心慰，然尚有小部分未齊也。」[38]

　　11日（星期五），楊靜遠日記載：「中午媽媽和朱光潛先生回來吃飯。下午蕭君絳伯母和女兒蕭而蘭來了，我出去陪。蕭而蘭剛從西南聯大經濟系畢業，為了父親的死，特從昆明趕來接母親、弟弟去。起初爹爹和她談走不走的問題，照她說來，一切似都輕易，爹爹也同意她帶母親回昆明。媽媽回來後，話題就轉為談聯大的情形。聯大的活潑空氣，經她那快而爽利的音調一說就表現出來了，她這個人就可以代表一部分聯大的風采，到底是大場面裏過來的人，和我們武大女同學的小家子氣大不相同。我喜歡她對問題都有許多解答，而她不清楚的地方就莞爾一笑，坦白地承認不知道。媽媽問她聞一多、潘光旦被解聘究竟是為什麼，她也不知道，不過她把他們平日言詞激烈的情形說了說，並且說聯大先生許多都很激烈，常公演講罵現狀、罵政府。學生也有很多活動，開會，出壁報，熱鬧極了。這次Wallace[華萊士，美國自由派政治家]來，到昆明時學生寫了一封公開信，向他訴說政府的過錯。她又說學生中三青團愚蠢的活動，和其餘學生對他們

[37] 楊靜遠：《讓廬日記》（武漢大學出版社，2003年），頁246-247。
[38] 商金林編：《葉聖陶抗戰時期文集》第三卷（北京：人民教育出版社，2005年），頁138。

的不齒。我興奮得很，覺得她可愛極了。」[39]

13日（星期日），楊靜遠和同學上烏尤寺遊玩。歸來後又去中山堂看趙少昂和黎雄才的畫展。

27日（星期日），國民政府教育部為表揚著有勞績之優良教師，特於是日教師節頒發優良教師獎狀。國立武漢大學教授王星拱等16人獲二等服務獎狀（服務15年以上者），劉永濟等21人獲三等服務獎狀（服務10年以上者）。

本月，袁昌英著《法國文學》出版。該書以其《法蘭西文學》（1929年，商務印書館出版）為基礎，從中世紀寫到二十世紀初，洋洋十八萬字。分為「概論」、「詩歌」、「戲劇」、「小說與散文」等四章，每章再按時間順序另分層次，逐一介紹各階段文學的概況和相應的文學家。袁昌英在序言中寫道：

> 《天下一家》的作者威爾基訪問埃及時，聽帕夏說，埃及自某個國王以來，「沒有人寫書，沒有人繪畫，沒有人發明什麼東西。」……幾千年以來，埃及的文化，完全停頓了！一個民族的精神生活完全停頓了，那還有不做亡國奴的嗎？
>
> 我這半年之中，聚精會神寫了這部法國文學，苦真是苦極了……可是我的大安慰是：我是中華民族的女兒，我要盡我所能寫書，因為中國不是埃及，中國人是永遠不能做奴隸的，所以我要在這中華民族精神的大火炬大光明中，貢獻一支小小的火把！

九月

2日（星期六），楊靜遠日記載：「爹爹明天要下重慶開參政會，同行人很多。他一直不願意去，媽媽竭力慫恿，直到今天票買好了他才死心。」[40]

3日（星期日），楊靜遠清早起床，送父親楊端六在福泉門碼頭上船。

7日（星期四），團契室晚上舉辦唱片音樂會。人很多，裏面坐滿了，外面草地上排著椅子。

13日（星期三），竺可楨日記載：「今日見報載陳立夫在參政會報告教育經費及學生數。教員：小學六十五萬；中學七萬五千；大學一萬餘。學生：小學一

---

[39] 楊靜遠：《讓廬日記》（武漢大學出版社，2003年），頁247-248。
[40] 楊靜遠：《讓廬日記》（武漢大學出版社，2003年），頁252。

千八百萬；中學一百萬；專科以上學生七萬三千，較戰前增加75%。經費，教育部分二十四萬萬，其中十七萬萬為米貼貸金，用於教職員吃飯者。真正教育經費為七萬萬，用於高等教育經費者一萬五千萬。戰前為三千萬元，增加五倍之數。專科以上學校133個，鬧風潮者四校。」[41]

15日（星期五），楊靜遠日記載：「英文會約好下午去團契室打木棒球。團契室熱鬧非常，許多人比賽橋牌，許多人在圖書室。圖書室經過改造，整理得清爽可喜，留聲機也在這裏。團契室突然有生氣是新來一位王全幹事的成績。他是一位中年的河南人，有著北方人誠摯的面孔。他和黃、許二人都不同，大概因年長一點，對學生有一種patronal regard[長者的關懷]，而且在表面上不分教徒與非教徒，同樣熱誠對待。」[42]

16日（星期六），蔣介石在國民參政會上提出應儘量發動知識青年從軍。國民黨當局迅即發起「十萬青年十萬軍」的運動。

19日（星期二），楊靜遠日記載：「劉伯伯來吃中飯，談了一個下午。他勸媽媽把石烏龜的房子賣掉，明年送我出國。媽媽說：『我正在打這個主意。』劉伯伯說：『這是最好的機會，投下最少的資本（20萬等於戰前200元），而獲得最大的收穫（培植最有希望的人）。』……我問媽媽房子可賣多少，她說大約60萬，我咋舌。」[43]

20日（星期三），楊靜遠日記載：「上午到文廟注了冊，四年級了……戴銘巽先生來談了一下午，我現在很喜歡他。他的風趣、豪放、坦白和很高的理解力都使他成為良好的談伴。他10月10日結婚。以41歲的年齡結婚，在他是件憾事。」[44]

22日（星期五），楊靜遠日記載：「程廼夷（按，應為頤）先生[哲學系教授]和太太來了。他們離開武大兩年，終於回來，可見武大雖差，比起別的地方還可留戀哩！程太太[劉君素，我的南開同班劉君若的姐姐]說君若在聯大已自己賺錢過活了，她給美軍教中文，每月有1萬多。」[45]

25日（星期一），楊靜遠上午到文廟找朱光潛簽字。朱光潛已經辭去教務長之職，本周不再辦公了。

---

[41] 竺可楨：《竺可楨日記》第二冊（北京：人民出版社，1984年），頁778-779。
[42] 楊靜遠：《讓廬日記》（武漢大學出版社，2003年），頁254。
[43] 楊靜遠：《讓廬日記》（武漢大學出版社，2003年），頁256-257。
[44] 楊靜遠：《讓廬日記》（武漢大學出版社，2003年），頁257。
[45] 楊靜遠：《讓廬日記》（武漢大學出版社，2003年），頁257。

26日（星期二），楊靜遠日記載：「爹爹來信說為了『增加士兵和公教人員待遇』提案，政府要增國庫開支600億元，物價又將暴漲。今天的*Faust*[《浮士德》]唱片會是聯青為紀念成立二周年而開的，完全是由於陳仁寬和Hockin熟識才借到唱片。兩點起到五點，坐三個鐘頭、渾身酸累，可是太好聽了，尤其在有了一次初識後，更能領略它的美妙。」[46]

27日（星期三），楊靜遠日記載：「黃昏時媽媽、乾媽同一位遠歸客來，那是剛從美國回來的劉迺誠先生[政治系教授]。他這次出國一年多，走遍了美國，到各大學演講，聯絡中國學生，思想也更新了不少。」[47]

29日（星期五），盟軍打通中印公路，並開始修復滇緬公路。

30日（星期六），楊靜遠日記載：「昨晚黃海化工社的方先生來給我們報信，說爹爹已到五通橋，黃海留住演講，同行的還有皮公亮[皮宗石教授的兒子]。將近中午他們回來了。我跑下去，首先看見一個又高又大的男孩子，細看面孔，還辨得出是公亮。我們八年不見，他已長得比爹爹還高，身體頗壯，面色也健康了。他很驚奇我這樣高，又戴了眼鏡。他在雅禮中學畢業，這次湘戰逃出來，一路經桂林、貴陽、重慶，到葉[雅各]家，李[四光]家，在重慶找到皮伯伯。被分派到武大經濟系，於是爹爹帶他回來。」[48]

本月，經濟資源委員會與武大繼續簽訂《工礦技術研究》合約，合作辦法略加修正，一次撥付研究經費國幣15萬元。

本月，武大各進步社團以「壁聯」出面，回應《新華日報》的號召，發動「捐助貧病作家」運動。利用樂山公園演話劇、歌詠，邀請繆朗山教授講演《五四運動以來的新文藝運動》，募集的捐款由劉兆豐收集全部匯寄到新華日報社，轉交貧病作家。

十月

1日（星期日），中秋節。下午英文會成員全體到第五宿舍過中秋。九個男女生聚集在小房間裏，東扯西拉。

7日（星期六），《誠報》樂山點滴欄報導：「本市菜油價格昨日突飛暴

---

[46] 楊靜遠：《讓廬日記》（武漢大學出版社，2003年），頁258。
[47] 楊靜遠：《讓廬日記》（武漢大學出版社，2003年），頁258。
[48] 楊靜遠：《讓廬日記》（武漢大學出版社，2003年），頁259。

漲，每市斤已漲600元，食米（蘇稽）昨日每包（6爭）上漲1000元。」

8日（星期日），楊靜遠日記載：「昨夜12點來警報。坐在外面聽張先生他們談話，無非是悲觀論調。張先生說：『連宗教到中國來都失去作用了，可見這民族沒有希望了。』坐到兩點多鐘，大家說不會來了，睡去吧。我又脫衣上床。誰知躺下不到十分鐘，一種遠遠的聲音傳到耳中。隔壁爹爹驚疑的聲音說：『飛機聲吧？』我們大為震驚，跳起來披上衣，拖著鞋，襪子也來不及穿。我不顧一切，把生病的弟弟連被抱起，不料又多抱了媽媽的被，拖在地上，絆著腳。我們把他抬到洞口，我又搬過竹躺椅，韋太太等幫忙讓他睡好，我又忙著扣散開的衣服，回去拿襪子穿上。當這一切正在忙亂中，飛機聲始終很遠，最後竟消失了。媽媽出來，見洞口又陰又冷，堅決要把弟弟弄回去，於是我和爹爹、韋仁民三人把椅子抬到房門口，過一會兒又抱回床上。原來那飛機聲遠，聽不清，後來兩次飛得稍近，就聽出不是轟炸機，大概是我們自己的飛機。」[49]

10日（星期二），周恩來在延安宣布要求改組政府及軍隊，成立聯合政府，承認民選地方政府，及抗日部隊。

14日（星期六），楊靜遠日記載：「晚上爹爹、媽媽低聲談論很緊急的問題：如果日本打到四川來，我們怎樣圖生存。爹爹是一萬個不耐煩，媽媽說什麼他都頂回去：『不可能，你這些辦法都是做不到的。』媽媽耐住性子和他解釋：『你聽呀！你聽我說囉！』爹爹在房中間來回踱著，像被困的囚徒。媽媽說我們要拿出一些錢來投資做點小生意或別的，到哪一天日本鬼打進來，可以隱名埋姓暫時混過難關，不然學校一解散，只有死路一條。爹爹說行不通，最大的問題是看不清形勢。我們現有的這些笨重物件，到那一天反正帶不動，就可趕緊出脫，換成小的貴重的東西。可是如果日本人不來呢？就不能這樣做。」[50]

16日（星期一），樂山東大街劇場上演冼群導演的抗戰劇《忠義之家》。

18日（星期三），楊靜遠日記載：「和叔哥同去拜訪戴銘巽先生。他結婚後搬到玉堂街住，和韋潤珊同院。找到韋家，韋衍鐘[韋潤珊之女]出來帶路，她已考取武大電機系。這女孩以前就喜歡social[社交]，現在還是會說話，可是我並不喜歡她，也許因為她裝大人氣，失去天真和自然吧！戴先生有三間房，靠左一間的臥房，是花大本錢粉刷過的，布置得夠稱『教授新房』。新娘已回五通橋永

[49] 楊靜遠：《讓廬日記》（武漢大學出版社，2003年），頁261。
[50] 楊靜遠：《讓廬日記》（武漢大學出版社，2003年），頁262-263。

利了，因為只請了一星期的婚假。我們坐了一點多鐘，聽他一人擺老事，發牢騷。他的風趣加上那幽默的表情，逗得我們大笑。他愛說、愛罵，可是樂觀。臨走時他還說青年人不應該考慮太多，要不怕事。他的精神是近於年輕一代的，雖則在年齡上他恰夠做我們的父親。說起青年團，他毫不顧忌地勸叔哥：『這些事你還是越少沾邊越好。那些人（三青團員）不會有什麼出息的，他們做不出事業來的。』韋在旁說：『戴伯伯自己還是國民黨員，說這樣話！』我笑著說：『正因為他是黨員，才說這種話，不然他就不說了。』戴說：『就是呀，你父親是主席，我還敢在他面前說哩！』韋不自然地解釋：『我說著玩的，戴伯伯別當真呀！』」[51]

20日（星期五），楊靜遠日記載：「下午陪爹爹到高西門外訪董醫生，送他一條火腿，算是酬謝他給弟弟看病。在他家談了好半天，談到國事，他屬於放心派。爹爹說假如鬼子來了呢？他說他大概會躲到洪雅，那兒有關係人。他滿臉『沒問題』的自得神情，對於爹爹的焦慮面色毫無感受。從他家出來，再走幾步上坡就是韓文源家。我跟爹爹進去，我的目的是要瞧瞧這樂山的大人物過的是怎樣一種生活。為了滿足這點好奇心，我沒有被一種對於巴結權勢的厭惡感阻止住。這小小的王宮倒也布置得頗適意。衛兵通報後，我們到客廳裏坐，韓太太出來了，韓文源自己還沒回。那客廳一眼望去盡是東西，尤其多的是空花桌布。沒有一律的顏色、格式，於是顯得駁雜、小家氣味。中央茶几上一個紫紅大花瓶，插著幾枝化學製過的葉纖維，四壁掛滿字畫，都是喜聯。韓太太穿藍布袍，也沒打扮，倒很樸素，可是她那一身過度豐滿的曲線卻流露肉感。她的臉是張福相，表現一個少思慮、滿足於物質舒適、愛好安靜的純粹的女性。她愛笑，笑聲比說話聲更脆，幾乎有點膩。她有同情心，是屬於一種局外人不負責任的同情。她放在這樣一個地方，好像一團軟棉花塞在什麼硬器中間，極其自然而令人滿意。韓回來了，我專注地聽爹爹和他談話。但韓文源堅決認定日本不會打四川，對爹爹所要探的口風閉得很緊。韓這人可算機靈，口齒也漂亮，很具有使對方信任他的力量。回來時爹爹說：『他在打官腔，不肯說真心話的。』」[52]

23日（星期一），楊靜遠去半邊街找孫家琇談畢業論文的事，「告訴她我的題目：比較哈代和喬治·艾略特的人生哲學，她覺得這題目很有意思，值得一

---

[51] 楊靜遠：《讓廬日記》（武漢大學出版社，2003年），頁263-264。
[52] 楊靜遠：《讓廬日記》（武漢大學出版社，2003年），頁265-266。

做，給我指定了幾本參考書，說：『我想你一定會做得很好的。』」[53]

25日（星期三），楊靜遠日記載：「叔哥帶了一位同鄉同學來。他是河南大學轉來的，讀經二。他講河大遭荼毒的情形，完全因校長要保持自己的地位，不肯遷校，以致葬送許多青年生命，犧牲整個大學物資。他和幾個同學、教授們步行二千里到四川，到重慶只用幾千元，但從重慶到樂山這一段因汽車夫敲詐卻花去一萬五千元。」[54]

26日（星期四），楊靜遠日記載：「正當滿天銀月時，來了警報，不一會聽見城裏打鐘放緊急警報，我急忙回家通知他們，料理料理東西。在屋裏坐了一會兒，我忍不住溜出去，這時路燈已滅，天也黑了，但月光中依稀可辨過路人。差不多全是本地商家，背著箱子包袱走。有一次我看見方重太太同兩個軍人模樣的人走上坡，聽說話，才知道那高個兒的是外國人。在上坡時，那人用手摟著她的腰。我回來告訴媽媽，她說那恐怕是個美國空軍，把她當作handsome maid[陪軍人玩樂的女郎]看待。這位夫人真越來越rotten[腐敗]了。」[55]

27日（星期五），中英緬美軍總司令史迪威被調回國，由魏德邁繼任。

29日（星期日），袁昌英五十壽辰，劉秉麟夫婦、劉廼誠夫婦到楊家吃午飯。

31日（星期二），武大校慶日，白塔街女生宿舍對外開放。

本月，針對國民黨利用廣大青年的愛國熱情，發動「十萬知識青年從軍」運動，誘騙青年學生為其將來打內戰賣命，中共中央南方局指示四川各地黨組織，利用各種辦法揭露青年軍運動的實質，促使青年學生抵制。同時，南方局青年組發動青年到農村去，到敵後去，輸送了上千的四川青年學生到了中原解放區和抗日前線。

十一月

1日（星期三），四川省、重慶市知識青年支援從軍徵集委員會分別在成都、重慶成立。川省主席張群、重慶市長賀耀祖分任各該委員會主任。

5日（星期日），著作人協會在重慶成立。

7日（星期二），朱光潛往成都，於小南街親戚家晤葉聖陶，談一時許。

---

[53] 楊靜遠：《讓廬日記》（武漢大學出版社，2003年），頁267。
[54] 楊靜遠：《讓廬日記》（武漢大學出版社，2003年），頁267-268。
[55] 楊靜遠：《讓廬日記》（武漢大學出版社，2003年），頁268。

　　8日（星期三），晚上武大廣播電臺在三育[原教會中學校舍，武大工學院借用]舉行特別廣播，最吸引人的節目是宣布美國總統大選結果。

　　9日（星期四），朱光潛和羅念生訪葉聖陶，坐未久即去。

　　10日（星期五）至12日（星期日），線雲平（女）端木夢錫國畫聯展在公園青年館舉行。

　　10日（星期五），汪精衛於日本名古屋病卒，年62歲。陳公博代理偽政府主席。

　　12日（星期日），武大「壁聯」發起召開「紀念國父誕辰時事座談會」。會議由「海燕社」和「課餘談社」的劉金緒和王爾傑主持，有400餘同學參加，八位教授到會。會場內湧起一片民主呼聲，痛斥背叛孫中山遺教的人。發言十分踴躍，開會中間有幾個「第五種人」發言，破壞會場，如在「風雨談社」丁應瑞發言揭露國民黨實行假民主、假抗日時，一個反動學生站在凳子上與丁爭吵。在大家憤激的指責下，未到會議結束他就離開了。

　　同日，楊靜遠日記載：「早上去聽壁聯總會紀念孫中山誕辰的座談會，聽到12點就離開回家，他們還在繼續舉行。參加的先生有繆朗山、陳家芷、彭迪先、劉廼誠、余熾昌，每人都說了話，最受歡迎的當然是繆朗山，其次是彭迪先，都是罵政府罵得最凶的。總理誕辰紀念會題目總離不了總理，討論他的政治理想、革命精神，拿我們今日國家的一切和他的主張相比，以及我們應怎樣奉行他的遺教。左派分子現在是借孫總理和三民主義做幌子來宣傳。余熾昌說，我們所以落到這地步，是全體的責任，不是哪一部分人的責任，而現在唯一的挽救方法就是意志集中。很明顯這是指我們在目前必須服從現政府。所以，這番話引起學生中的反應。一個同學說，我們應該有自主的創造的精神，不能把別國的東西籠統搬過來用，這話也在聽眾中引起一片不以為然的反響。」[56]

　　14日（星期二），凌叔華致信胡適。她此時患甲狀腺疾病，樂山環境於病情不利，治療條件又差，故函請在美的胡適介紹在那裏謀職以便治病養身。信後附有自撰的求職簡歷。

　　15日（星期三），廣西宜山失守。

　　17日（星期五），楊靜遠日記載：「今天俄文課上學了幾個單詞，越學越有

---

[56] 楊靜遠：《讓廬日記》（武漢大學出版社，2003年），頁284。

勁。繆朗山精神真好，教起來賣全身力氣，一絲不苟。」[57]

18日（星期六），楊靜遠日記載：「乾媽昨天到重慶去了，媽媽叫我上山陪小瀅睡。乾媽去重慶是為了尋求去美國的機會。」[58]

18日（星期六）至20日（星期一），丁風也畫展在樂山公園中山堂舉行。

19日（星期日），生物系石聲漢教授37歲生日，其花費8個月的業餘時間，傾注一腔心血的著作《生命新觀》完成。該書分為三部分，即「生之執著」、「生之發展」、「生之意義」，共計16.8萬字。最初在黃海化學社內刊《海王》雜誌連載，繼而武大文化印書館出單行本。

20日（星期一），中央臨時常委會及國防最高委員會常委會分別決議，調整中央機關人事：陳誠代何應欽為軍政部長，俞鴻鈞代孔祥熙為財政部長，朱家驊代陳立夫為教育部長，陳立夫、王世傑、梁寒操分任中央黨部組織、宣傳、海外三部部長。

21日（星期二），文廟出號外，報導政府人員大改組。

25日（星期六），楊靜遠日記載：「下午在三育聽繆朗山講《蘇聯的科學與國防》。顧耕已給我占了位子。47教室中，男同學多女同學少，理工學院的多文法學院的少。繆今天講得太散漫，雖有趣，卻把時間拖得過長。他提出蘇聯科學——社會主義科學的兩大精神或特色是：一、為全人類福利而科學；二、實行『計畫科學』。聽完，我飛快趕回家和媽媽看畫展。董伯伯先帶我們到中山堂。關山月新近從西北回來，畫了許多大漠風光，有幾幅祁連山牧場的畫我最喜歡。他的畫最好的是背景，那色彩的肉潤縹緲真能托出西北氣息。只是人物臉孔都是一型的，像香煙片上的美女。然後董伯伯介紹我們認識關山月，矮個子，臉型一看就是廣東人。他的朋友黎雄才也在，比較瘦長，有一對廣東人的亮眼睛。他們都很客氣，把我們領到嘉林公寓，因為我們要求看關臨摹的敦煌壁畫。他一共畫了一百多幅，只帶來幾十幅，可是已經夠我們欣賞好一會兒了。」[59]

29日（星期三），楊靜遠日記載：「今晚『貧病作家救濟委員會』請繆朗山公開講演，題目是《中國新文學的動向》，門券每張20元。我自己買了一張，也替顧耕買了一張，但他因要開工院幹事會不能來。大禮堂已坐滿，我只得站在

---

[57] 楊靜遠：《讓廬日記》（武漢大學出版社，2003年），頁286。

[58] 楊靜遠：《讓廬日記》（武漢大學出版社，2003年），頁287。

[59] 楊靜遠：《讓廬日記》（武漢大學出版社，2003年），頁290-291。

窗旁。繆先生講的是桂林文化人歷年來的動態,很多也很雜。主要是替作家們呼籲,反對書稿審查制度。」[60]

本月,武大「馬克思主義小組」的同學迫切需要同黨取得直接聯繫,決定派張寶鍇去成都找關係。張寶鍇到蓉後,與成都的「民協」取得聯繫,並和李相符教授進行了接談。經成都「民協」研究,同意武大的「馬列小組」參加「民協」。與此同時,中共南方局青年組劉光派趙隆侃來武大組織成立「核心組織」。

十二月

1日(星期五),楊靜遠日記載:「晚飯前郭麼姑來告訴我們一個消息:陳小瀅、郭玉瑛、楊衍枝報名從軍了。真想不到這三個熱烈的孩子居然這樣做,太可愛了,也太可憐了。她們是真正為國事憂心,單純的熱情衝動使她們有所行動。但她們都只有14歲,夠不上兵役年齡。當然小瀅的事我們家非負責不可。晚上爹媽勸她:年齡太小,去從軍是白犧牲。她難過極了,懇求媽媽不要阻止她。」[61]

4日(星期一),楊靜遠日記載:「早上回家後,爹媽嚴肅地坐下來和我談怎樣計畫。他們現在想出一條路:在峨眉縣郊有兩個鄉紳巨戶,都是參議員。現由晏孝騏介紹認識,訂下幾間房子,到緊急時就暫躲一下。這地方有幾種好處:不當要衝,鬼子兵或不至於去;依靠地方勢力,受當地人危害較少;靠近一個縣城,職業較容易找,不致餓死。這樣,如果日本鬼打進四川,我們就成了淪陷區的人,等於活埋了,苟全性命,忍氣吞聲等待光明。如果要走,危險性太大。一則東西全丟了,二則路上顛沛流離,隨時可以病死餓死,而最主要的我們不知國民政府會遷到哪裏。現在有兩種推測:南遷昆明,或北遷蘭州,其中有濃重的政治背景。乾媽回了,晚上我回家睡。乾媽說重慶很樂觀,人們都鎮定,一點沒有慌亂的象。真不可思議,難道貴陽會來一次大戰嗎?重慶已到一千美軍官,聽說貴陽也到了二萬美軍。我們等著,張大了嘴,像沙漠裏渴得將死的旅人等待天下一陣甘雨。晏孝騏今晚來,爹爹具體地和他密談峨眉計畫。他們決定明天一早同去看看情形。事情越來越真,爹爹說:『現在還有人樂觀,真是騙人騙自己。』晚上一陣抑制不住的憂鬱被我發洩出來。我們吃著乾媽送的俄國巧克力,媽媽

[60] 楊靜遠:《讓廬日記》(武漢大學出版社,2003年),頁292。
[61] 楊靜遠:《讓廬日記》(武漢大學出版社,2003年),頁293。

說：『俄國人現在還有這樣的好東西享受啊。』我說：『他們享受，是每個人都能得到的。而我們呢？比方在戰前，只有少數人享受。現在國民黨是腐化到無可救藥了。國民黨自爭氣，自己把自己毀了。這樣一個政府看來是沒有繼續存在的可能了，只是苦了國家。』」[62]

5日（星期二），日軍由湘桂向貴陽急進，獨山陷落（後於8日收復），四川震動。獨山失守以後，國民黨隨時有可能投降日寇。四川有可能成為游擊戰場。根據共黨的指示，「海燕社」教育社員在思想上作好上山打游擊的充分準備。有幾個成員（劉北平、李英、詹環、盧明華等）奉命去酉陽、秀山一帶開闢工作，準備在川、湘、黔邊山區建立游擊根據地。

7日（星期四），楊端六自峨眉考察回，「他對峨眉觀感並不佳，最不好的是市面過小，不容易生活」。[63]

10日（星期日），楊端六携子弘遠，同張寶齡、趙師梅到30里外的安穀鄉，作遠足練腳力。

12日（星期二）至14日（星期四），任徵音油畫展在樂山公園中山堂舉行。

13日（星期三），楊靜遠日記載：「昨晚我們同屋三家在我家喝酒慶祝勝利。大家都面有喜色，希望在收復桂林聲中迎接新年。今天下午出號外，克復南丹。我們在這後方仍舊生活，但心靈上卻像隨著大軍一同敗落，一同挺進。國家真是每個人的啊！我又能開始用心讀書了。這種安定、自由、展望，是人生幸福最基本的條件。」[64]

15日（星期五），中國駐印軍攻佔緬甸北部重鎮八莫。

16日（星期六），楊靜遠日記載：「媽媽病雖好了，還需休息，請了一天假。戴[銘異]先生來，爹爹和媽媽竟在他面前大鬧意見。媽媽說這個家簡直是個負累，不如拆散，到重慶去做事，加入公共伙食。爹爹說這是唱高調，根本不可能。第一這個家要搬的話損失不可計數。第二那種公共生活一定過不慣。戴先生同意爹爹的意見。媽媽一時感情衝動，哭了起來。由這頓訴苦，引得戴先生請我們全家去他那裏吃中飯。他太太在五通橋，他現在還是和趙師梅、陳登恪合夥。今天陳家出城，他又燒了三斤肉，正可以請我們。他們這三家合辦伙食說起來真是個笑

[62] 楊靜遠：《讓廬日記》（武漢大學出版社，2003年），頁294-295。
[63] 楊靜遠：《讓廬日記》（武漢大學出版社，2003年），頁295。
[64] 楊靜遠：《讓廬日記》（武漢大學出版社，2003年），頁297-298。

話。戴是單身，趙是單身，陳一家三口，三家卻作三份平分。再看他們那買菜值日表，趙四天，戴兩天，陳一天。我笑著說：『成等比級數。』今天戴請客也有一段由來：他和董先生打賭，說董的薪水一定超過300元，但一查證明他輸了。」[65]

17日（星期日），晚上葉孟安到楊端六寓所談美援華教授救濟金分配問題。甲種12萬元，乙種8萬元。楊端六、王星拱和黃海化工社的一位孫某是顧問，由他們三人決定名額。

同日，南下日軍和由越南北上日軍在南寧會合，打通中國大陸交通線的戰略行動完成。

18日（星期一），中美空軍轟炸武漢。

21日（星期四），嘉樂劇院舉辦歡送從軍學生的遊藝會。

22日（星期五），蔣介石致電教育部部長朱家驊：「據報，武漢大學法學院政治思想史教授楊東蓴，平日言論反動，詆毀本黨及政府，並對學生加以煽動；又該校學生胡鍾達、何代枋……等思想左傾，平時言論荒謬，常攻擊本黨與政府，並分別組織各種社團，發行壁報，其內容多對現狀不滿，為奸偽張目等情，希注意整頓為要。」

23日（星期六），武大第418次校務會議通過《本大學從軍優待辦法》，並成立知識青年志願從軍徵集委員會，校長王星拱任主席。

24日（星期日），楊靜遠日記載：「今天是外出遠足最理想的日子。我們全家出動，到木材乾餾廠去看譚瓊芳[王世傑夫人的內侄女]。從蕭公嘴過河，沿牛華溪這條路大約十里，下午一點鐘走到。這是個規模極小的化學工廠，瓊芳的丈夫嚴仁蔭先生是主任、代廠長。他們結婚才半年，小家庭弄得蠻舒服。他們領我們去參觀製木酒精步驟，像這樣每月出產700加侖酒精的小型工業，尚且遇到銷售困難，中國工業的沒落可見。」[66]

25日（星期一），劉永濟57歲生日，作詩〈十一月十一日初度之辰，朋好以詩篇、酒食相饋，賦此答謝〉三首：

> 萬古江山餘此地，十年涕淚又今朝。相尋酷酒攻愁破，深愧佳篇發興遙。（答登恪兄贈詩。）

---

[65] 楊靜遠：《讓廬日記》（武漢大學出版社，2003年），頁298。
[66] 楊靜遠：《讓廬日記》（武漢大學出版社，2003年），頁302。

　　逢君旅泊艱難際，奉我安居所坐堂。千古彭衙夙義在，情親昆弟敢相忘。（贈居停春芳藍君，兼答其令公子以父禮見待之誼。）

　　萍聚天涯不計年，每勞昫沫共哀憐。雞豚今日還相饋，一笑樽前萬恨捐。（謝廼頤、石甫兄、守仁弟饋食物。）

30日（星期六），全國知識青年從軍者已達十二萬餘人。

31日（星期日），延安《解放日報》發表專論，題為〈敵後戰場偉大勝利的一年〉。

本月，朱家驊出任教育部部長。

本月，武大教務長朱光潛和工學院院長余熾昌分別辭職。

本月，在中共南方局青年組領導下，成立了武大「學運領導核心」，六名核心成員（顧公泰、劉兆豐、張寶鏘、張潤瑞、張師韓、陳荷夫）中，有兩個是「海燕社」社員。在總核心領導下，「海燕社」也成立了分核心（另外還有幾個分核心）。從此以後，「海燕社」就在武大「學運領導核心」的領導下進行活動。[67]

年底，李約瑟回國述職，在倫敦廣播電臺發表題為《戰時中國的科學與生活》的講話，以武漢大學為例說明戰時中國科學和科學家之艱難處境，告知世人「在四川嘉定有人在可以遙望西藏山峰的一座宗祠（按，指理學院所在地李公祠）裏討論原子核物理……」武大學者追求科學的精神深深感染了這位援華使者，他對武大學者倍加賞識。本年冬，他邀請物理系教授胡乾善到其領導的重慶中英科學合作館工作，擔任物理學及機械學技術顧問。

本年，文學院在校學生共有198人。其中，中文系28人，外文系66人，哲學系18人，史學系86人；一年級42人，二年級65人，三年級50人，四年級41人。師資力量方面，文學院共有教師49人。其中，教授37人，占全院教師總數60.7%；副教授2人，占全院教師總數3.3%；講師8人，占全院教師總數13.1%；助教14人，占全院教師總數23%。

本年，武大因病死亡學生6人：謝應麟（21歲，電機系二年級）、周顯文（20歲，經濟系一年級）、趙馭癢（26歲，法律系三年級）、廖樂群（19歲，

---

[67] 參見〈在暴風雨中飛翔——記武大「海燕社」的戰鬥歷程〉，武大學運史編寫組：《武漢大學學生運動簡史‧社團介紹》，油印本1983年11月。

女，物理系一年級）、徐垣慶（27歲，機械系畢業生）、宋歧（24歲，礦冶系二年級）。

　　本年，武大接收戰區借讀生172人。

1945年（民國三十四年）

雅爾達會議舉行──毛澤東作《論聯合政府》報告──德國無條件投降──波茨坦
會議舉行──日本無條件投降

一月

1日（星期一），蔣介石對全國廣播充實戰力，整軍建軍，徹底動員人力物
力，並提早實施憲政，不待軍事結束即召開國民大會。

同日，大公報社評謂「今年應為新生之年」。

2日（星期二），武大雖然放年假，但俄文課卻照常上。

3日（星期三），武大訓導處向王星拱彙報審查何代枋、胡鍾達、陳偉芳、
陳鳳簫、甘大志、侯升堂、倪遑、劉兆豐、張汝楫、韓炳煬等人平時言論，認為
難免偶有失當，但在校尚無越軌行為，由訓導處分別予以告誡外，嗣後自當嚴密
注意。

4日（星期四），為救濟貧病作家捐款武大學生舉辦音樂會，名義上雖是南
風、聯青兩團體聯合開的，事實上南風居主位也邀請了長嘯歌詠團幫忙，聲勢
浩大。

5日（星期五），教育部將蔣介石致朱家驊電文轉發武大，並明令學校當局
對楊東蓴等進步師生的言行嚴密注意，並查明整頓具報。

6日（星期六），楊靜遠日記載：「晚上媽媽和我講為了美國援華救濟金乾
媽和她嘔氣的事。救濟金委員會指定樂山區三個顧問，王校長、爹爹和黃海化工
公司一位孫先生，委託他們全權辦理，分派名額。但名額只二十幾個，因此學校
大起風浪，沒有被派到的憤憤不平，乾媽也是其中之一。因為他們條例中規定出
洋的五個人一概除外。本來兼職的也不能得，不過如果照辦，名額就過多，所以
定為兼職或兼公司顧問而所得在七千元一月以下的仍可以得。這項金額每年8萬
或12萬。」[1]

---

[1] 楊靜遠：《讓廬日記》（武漢大學出版社，2003年），頁308。

10日（星期三），楊端六為美援華教授救濟金事，惹了一身麻煩。沒有派到的都紛紛吵嚷，他們想請求委員會准許把這筆錢平均分配給所有的教授。

13日（星期六），楊靜遠日記載：「俄文上本學期最後一課。繆朗山說我們寒假繼續上課，問有人反對不？有些四川同學說要回家，一個聲音帶譏刺地說：『回家的不學好了！』繆想了一想，從容不迫地說：『這樣，我來一個折中的辦法：寒假回家的人儘管回家，留校的繼續上課。我們學一些額外的東西，比方學一點容易的文學作品。這份講義和語法就暫時停止，到開學時再繼續，免得回家的跟不上。』於是皆大歡喜。」[2]

15日（星期一），「中國民主同盟」發表時局主張，結束一黨專政，建立聯合政權，召開黨派會議，籌開正式國民大會，制定憲法，保障人民自由。

17日（星期三），武大考試委員會第一次會議在文廟召開。

19日（星期五），楊靜遠日記載：「聽說珞珈山給盟機炸了。那是日本陸軍大本營，當然非炸不可。一切都毀了，何在乎這一點。……航空委員會招考空軍，武大有六十多人報名，結果只取八名，王煥澈在內。他是不顧父母的勸阻而報考的，可是《誠報》上大登『王校長令子從軍』。爹爹諷刺說：『全部歷史就是一個謊。』」又載：「媽媽到文廟印試題，被學校裏辦事人的inefficiency[無效率]氣壞了。她說：『我不管，只把自己份內的事做好，各人自掃門前雪。』但張先生的論調完全不同：『我就把題目向他一交，隨他去印。』媽媽說：『那到臨考時就會弄得一團糟，題目看不清，錯誤百出。』『反正我根本不去監考，讓他們弄去，大家拆爛汙。』我不駁他的話，但我絕不走他的路。」[3]

21日（星期日），緬北遠征軍和滇西中國軍隊會師，入侵日軍全部肅清，中國對外交通線再度打通。

22日（星期一），三青團中央幹事會致函教育部，內稱武大外文系教授繆朗山「近由港而桂，轉來該校擔任初一二班英語，自開俄文班，頗為活躍，公開講演中國文藝新思潮，內多詆毀政府並以反法西斯、反封建為新思潮結論等情。令對該員言行密予注意」，並請教育部「查照參考」。

25日（星期四），王星拱校長聘陶因教授為武大教務長。

28日（星期日），中印公路（史迪威公路）正式通車。

---

[2] 楊靜遠：《讓廬日記》（武漢大學出版社，2003年），頁309。
[3] 楊靜遠：《讓廬日記》（武漢大學出版社，2003年），頁310。

本月，武大學生93人從軍。

二月

2日（星期五），教育部給武大發來一則密令，摘抄了一份樂山警備司令部提供的武大反對分子活動情報，並要求學校迅即查明具報，並嚴密注意。

3日（星期六），王星拱校長收到1944年12月22日軍事委員會蔣中正代發密電，內稱武大共產分子楊東蓴、劉兆豐等極為活躍，飭令嚴查，希注意整頓為要。

同日，四川129縣、市、局登記從軍之知識青年已經達到29157人。[4]

6日（星期二），王星拱校長呈報軍事委員會和教育部復函：「楊東蓴在校教學努力，平時言論並未涉及任何實際問題，所列學生劉兆豐等，平時在校行動尚無越軌之處。」

同日，楊靜遠日記載：「小瀅告訴我繆朗山恐怕要走了，警備司令部要拘捕他，他已一天沒回家。我十分擔心俄文課要學不成了。」[5]

8日（星期四），楊靜遠日記載：「今天得到一個最壞的消息：繆朗山被學校辭退了。警備司令部要逮捕他，他見了校長說：『如果我真是共產黨嫌疑犯，那我一定坐在家裏等他們來捉。如果我不是呢？學校應該負責保證。』校長說：『我不能保證你，請你離開吧。』於是，我們的俄文班便成了一個美麗的肥皂泡，在過高的希望之光裏破碎了。可惜的是在國家這麼需要俄文人才時，有個機會製造一批出來，卻乾乾地打散。想到國家一切有利的事業都遭流產，不由得氣塞胸頭，歇斯底里地哭鬧起來。爹媽叫我頭腦放冷靜些。媽媽說遇到一個打擊，就該仔細去思考，從中得到訓。她告訴我這回事原因並不單純，大概是學校方面忌諱他深得學生心，借外力把他趕走的。當然俄文學不成是非常可惜的，繆這人究竟有什麼背景我們不敢擔保。至少他是太不老練，太愛說話，以致招人嫉妒。」[6]

9日（星期五），教育部第06368號訓令，將三青團中央幹事會有關繆朗山教授的函件轉發武大，並明令學校當局對其言行密予注意，并查明具報。3月9日武

---

[4] 四川省人民政府參事室、四川省文史研究館編：《抗日戰爭時期四川大事記》（北京：華夏出版社，1987年），頁204。

[5] 楊靜遠：《讓廬日記》（武漢大學出版社，2003年），頁313。

[6] 楊靜遠：《讓廬日記》（武漢大學出版社，2003年），頁315。

大復函：「遵查該教授繆朗山數月以來在校言論尚無越軌之處，至所設俄文班現已停開。」

　　同日，楊靜遠日記載：「費鑒照[外文系教授]今天上午死了。可憐這人在肺病的壓迫和死亡的威脅下拖過一輩子，終於在百般無奈下失去了可貴的生命。」[7]

　　10日（星期六），王星拱校長聘請葉嶠教授為武大訓導長。

　　同日，袁昌英早飯後和女兒去悼費鑒照。「走進他的住宅，院子裏毫無動靜，沒有辦喪事的樣子。只有一個瞎了一隻眼的女僕坐在門檻上做活。媽媽問她，她說：『看費先生吧？』媽媽問：『是昨天早上死的嗎？』想不到她大聲說：『還沒有死，今早我還沖了兩個蛋花給他喝，還在抽氣。』媽媽問：『人還清醒不？認識人不？』『不老認人了，懶說話，心裏還是清楚。』她跑進房，預備叫醒他。我們連忙制止。只在門口瞄了一眼。似乎瞥見一張慘白深陷的臉——垂死的寧靜。趕緊離開，怨著這荒謬的錯誤消息。」

　　11日（星期日），雅爾達會議結束，羅斯福、史達林、丘吉爾發表聯合聲明，定於4月25日在三藩市召開聯合國會議。另有秘密協定，蘇聯於德國投降後二三個月，對日宣戰，其條件為保存外蒙古現狀，蘇聯恢復日俄戰爭所喪失權力（歸還南庫頁島，大連為自由港，旅順租於蘇聯，中東及南滿路中蘇共有，中國對滿洲應保持全部主權），千島群島割於蘇聯。上面關於外蒙及東北諸事，由羅斯福徵求蔣介石之同意，並由蘇聯與中國訂立友好同盟條約。

　　同日，楊靜遠日記載：「費鑒照昨天下午過去了。這可憐人曾囑人把他的遺體燒成灰，寄給英國他的一位老教授。孤寂的靈魂！那沒有受過情感滋潤的沙漠般荒涼枯乾的生命，緊緊抓住一點人間溫情的遊絲，寄託他全部心意。誰能想像出那些在黑暗的小窗下獨坐沉思的歲月，含著怎樣苦澀的玄想和絕望！也許曾有野心[8]，火焰般遙遠的夢，在一瞬間燃起他的熱，可是驀然清醒過來，蟾蜍般冰冷酷毒的現實會爬上他的五臟，獰笑著棲息在那兒。這一部無聲中進行的人生劇在藝術上該多有價值，然而藝術是以人生中最慘痛的一切作食糧的。」[9]

　　13日（星期二），大年初一。楊端六袁昌英夫婦家從早到晚，拜年客川流不

---

[7]　楊靜遠：《讓廬日記》（武漢大學出版社，2003年），頁315。

[8]　楊靜遠自注：「費鑒照在20世紀30年代留英回國後很有作為，在刊物上發表過大量文章，後因肺病而無聲無息地死去。」

[9]　楊靜遠：《讓廬日記》（武漢大學出版社，2003年），頁317。

息，前後共五六十人。由於傭人回家過年，兩位教授只得親自下廚。

14日（星期三），國民政府外交部聲明，同意雅爾達會議之決議，在三藩市召開聯合國會議，請中國為邀請國之咨商。

15日（星期四），朱光潛到楊端六家拜年，說要去挽留繆朗山。楊端六暗示他，要他先弄清校方的意思。現在大家都知道這事全是校方搞鬼，至於警備司令部和青年團部並沒有特別注意，更沒有正式公文下來。也許繆還有希望留下。

18日（星期日），楊端六在家宴請李浩培夫婦等人；飯後大批外文系三年級女生給袁昌英拜年；楊靜遠和同學往孫家琇、巫寶三[10]夫婦家。

19日（星期一），美軍登陸硫磺島，日軍猛烈抵抗。在長達36天的時間裏，美軍陣亡6821人，傷21865人。日軍守備部隊陣亡22305人，被俘1083人。此次交戰，美日雙方傷亡比例1.23：1，是太平洋戰爭中登陸方傷亡超抵過方的唯一戰例。硫磺島，不僅使美軍獲得了轟炸日本本土的重要基地，還打開了直接攻擊日本本土的通道。不過，正是由於此戰傷亡慘重，美軍才沒有進攻日本本土。

三月

2日（星期五），武大根據訓導處意見，在給教育部的呈文中，對樂山警備司令部提供的情報所反映的種種問題進行解釋說明。

3日（星期六），王星拱在重慶參加教育部召集的專科以上學校校長會議期間，與梅貽琦、竺可楨等人前往重慶壁山訪問青年遠征軍第201師。

5日（星期一），電機系學生發起成立「國立武漢大學工學院電機工程學系成立十週年紀念大會籌備會」，並聘請王星拱校長為大會名譽會長。

8日（星期四），武大女生宿舍自治會及青年團女子青年股，在大禮堂舉行婦女問題座談會，本校全體女生參加，題目為《婦女在今日》。

12日（星期一），吳宓從成都燕京大學復函劉永濟：應邀赴樂山武大講學一

---

10 巫寶三（1905-1999），經濟學家。江蘇句容人。1925年入吳淞政治大學，1927年入南京中央大學，1932年畢業於清華大學，同年入南開大學，1934年並入中央研究院社會科學研究所。1936-1938年被中研院派往美國哈佛大學學習。在哈佛期間，巫寶三認識了在蒙特霍留克大學攻讀西方戲劇學的孫家琇。巫寶三到德國柏林大學進修，時值抗戰，他希望能盡快回國參見抗戰，於是中斷學業。孫家琇也放棄攻讀博士機會，到了柏林與巫寶三結婚，並一道回國。回國後，巫寶三在昆明中研院工作，孫家琇在西南聯大工作。後來巫寶三隨中研院遷至四川宜賓李莊後，孫家琇也轉入樂山的武漢大學外文系任教。

年之事正在考慮之中，尚難決定。並推薦陳達、周煦良為武大教授。此後，金陵大學程千帆、燕京大學蕭公權、陳寅恪等力勸吳宓宜赴武大。

15日（星期四），上午楊靜遠往訓導處為「武漢大學女生宿舍主辦識字夜班」登記，下午請楊叔湘寫呈文申請補助經費。

16日（星期五），武大學生文藝社團聯青、南風、長嘯三個團體終於聯合，湊起來成為一個相當健全的歌詠團。

20日（星期二），女生主辦的識字班大體就緒。校址除娛樂室外，還接洽了進德幼稚園一間空房，可以給兩個班輪流用。

22日（星期四），晚上六點，識字班舉行開學典禮。七點左右學生差不多都到了，站在幼稚園操場上。首先楊靜遠給她們講話，大意是我們師生彼此學習，像一家人一樣。接著點名，把三班大致分開。最後測驗高、中二班。

26日（星期一）、27日（星期二），劉永濟和朱光潛先後致函吳宓，誠邀來樂山武大講學。

29日（星期四），趙隆侃在樂山岷江東岸銅河碥顧公泰的家中召開共黨「核心領導小組」會議。到會的有顧公泰、劉兆豐、張寶鏘、章潤瑞、張師韓、陳克胥（即陳荷夫），還有趙隆侃等七人。在趙隆侃的主持下，討論了下列議題：①正式傳達了劉光關於學運發展總趨向的指示，並提出武大學運的結論。經過討論一致表示贊成和擁護。②經過核心成員討論通過，總核心（又叫「核心領導小組」）正式成立。③提出工作總結報告並予通過。④通過雙方實力估計。⑤傳達「武大核心系列組織章程（草案）」並通過。⑥決定工作系統。⑦互推書記、組織、宣教、統戰、調研人選。書記：顧公泰（兼「政談」核心小組負責人）；組織：劉兆豐（兼「海燕社」核心小組負責人）、章潤瑞（兼「風雨談」核心小組負責人）；宣教：張師韓；統戰：張寶鏘（兼「文談」核心小組負責人）；調研：陳克胥。

四月

1日（星期日），武大舉行第四次科學展覽會。理、工學院的理化部在李公祠舉行展覽，生物部講農作物害蟲預防之常識，並採集標本。工學院的機械、礦冶及土木三部門在三育舉行展覽，陳列各種儀器及模型，武大工廠亦對外開放，由師生擔任講解，並操作演練。

月初，王星拱當選中國國民黨「六大」代表。

3日（星期二），吳宓復長函致劉永濟、朱光潛：決定下年在武大講學一年。

6日（星期五），聯合歌詠團舉辦音樂會，請成都劉亞琴女士表演女高音獨唱。

8日（星期日），樂山縣民眾教育館來人參觀武大女生主辦的識字夜校。

11日（星期三），葉聖陶日記載：「傍晚，凌叔華來訪。凌將自樂山遷居重慶，或將挈女遊英，與通伯同為旅客，今尚未決。談樂山近事即武大情況，言下多感慨。承贈佳墨一段，江西細瓷茶杯一器，卻之不恭，惟有受之而已。」[11]

12日（星期四），美國總統羅斯福病逝，副總統杜魯門繼任。

14日（星期六），王星拱在渝結束大學校長會議暨青年志願從軍指導委員會會議後，邀請我國礦冶工程界泰斗何傑教授與其一同乘車返回樂山，到武漢大學講學。

17日（星期二），武大主辦「益群補習學校」，增設會計班一科。

22日（星期日），楊靜遠與男友同顧耕去中山堂看新聞圖片展覽。整個中山堂掛滿了圖文並茂的畫面，開始有幾張關於延安的照片，接著是湘桂路難民車慘狀。再下去是史迪威公路修成的經過，美國的水利工程，附帶工人生活。最後以『世界和平巨星的殞落』羅斯福的生平結束。

23日（星期一），女舍歷年來層出不窮的盜竊案忽然被破。女工丁嫂在洗被子時，發現女生夏××棉絮中塞了大批毛線衣料，於是真相大白。夏已承認了，但本人「不翼而飛」。

24日（星期二），中國共產黨第七次全國代表大會在延安舉行。毛澤東在大會上做了題為《論聯合政府》的政治報告。

28日（星期六），希特勒的戰時盟友墨索里尼被游擊隊抓獲槍決。

29日（星期日），駐義大利德軍向盟軍無條件投降。

五月

1日（星期二），楊靜遠日記載：「六點鐘媽媽忽然回了。雜七雜八忙了一陣，說起重慶的許多新聞。重慶現在繁華極了。到處是錢，到處是人，川流不息，熙來攘往。我聽了就起一陣厭惡感，但我卻要去見見世面，看別人是怎樣在

---
[11] 商金林編：《葉聖陶抗戰時期文集》第三卷（北京：人民教育出版社，2005年），頁230。

活著。媽媽說為我打聽工作。現有一處張沅長先生[前中大校長]提到的中宣部國際新聞處新聞學院，一種半工作半學習性質的學校，兩年後畢業，如成績好保送出國。待遇不很好，可是有前途。另一樁大事，武大當局要換朝了。周鯁生叔叔已答應接手。」[12]

同日，蘇聯紅軍攻克柏林。

5日（星期六），中國業餘無線電協會在渝召開第六屆年會，各分會亦在各地參加會議。樂山分會由武大工學院電機系主持。

同日，武大學生英文會召開成立三周年慶祝會。

6日（星期日），時任文學院長兼史學系主任的劉永濟，應史學系18位本屆畢業生之邀，作七絕三首贈別：

> 柯家元史久名高，近代梁（任公）陳（寅恪）亦俊髦。何事狂言內藤虎，百城坐擁向人驕。（往年傅沅叔東渡，觀靜嘉堂文庫藏書，內藤指架上書謂之曰，貴國他日文史教師當借才敝國矣。）
>
> 治史令人躁與浮，斯言蝝叟有深憂。（何子貞先生語，見《春在堂隨筆》）疏通知遠名山業，老眼何時見此流。
>
> 大業儲才共護持，人生各有百年期。一尊相屬毋相忘，浪蹟龍門待化時。

6日至7日（星期一），電機系舉行成立十周年紀念會，於是日在高西門外工學院電機大樓舉行擴大電機展覽。此次展覽專案有電流、電力、電話、無線電、普通電子、實驗電臺等6大部分，比歷屆科學展覽規模都大。楊靜遠日記有載：「看電機系十周年紀念大會，在電機樓展覽儀器……十年前的一點舊機器，當寶貝似地年年盤出來擺看，供人讚賞。」[13]

7日（星期一），德國無條件投降，歐洲反法西斯戰爭勝利結束。美陸軍部宣布，歐洲美軍將直開遠東。

15日（星期二），武大畢業生高嘯林、周石泉、張遵敬、李度、陳幫樑、嚴際蓬、林金銘、王治梁等8人考取英國獎學金留學。

---

[12] 楊靜遠：《讓廬日記》（武漢大學出版社，2003年），頁349。
[13] 楊靜遠：《讓廬日記》（武漢大學出版社，2003年），頁350。

19日（星期六），王星拱當選中國國民黨第六屆中央監察委員。

31日（星期四），中共七代大會通過毛澤東之政治報告《論聯合政府》。

六月

1日（星期五），美國總統杜魯門對國會特別諮文，聲明日寇必須無條件投降。

4日（星期一），晚上，識字班夜校散學典禮。學生們依班次排立在飯廳一邊，老師們一個個站上去說話。老師講完，學生中各班舉代表出來說話。然後發獎。每班頭三名有獎，第一名三件：本子、墨、筆；第二名二件：本子、筆；第三名一件：本子。最後凡是到場的每人一包點心散會。楊靜遠將其職責向下任校長梁叔瑩口頭做了交代。

9日（星期六），武大學生上午三堂課後結束了本學期，而對於楊靜遠等四年級學生，結束了大學課程。

同日，劉永濟出席1945學年度招生考試委員會第1次會議。

18日（星期一），教育部正式呈文蔣介石：「國立武漢大學校長王星拱因病請辭，擬調任教部工作，所遺校長一缺，擬以周鯁生繼任。」

同日，黃炎培日記載：「夜，武大韋潤珊來告出席國民黨六全代會失望狀，贈以《憲政》致國民黨友人信一冊。」[14]

20日（星期三），本屆畢業考試全部結束，並擬定於28日起舉行本年度大考。

是日下午，劉迺誠夫婦訪楊端六，談起楊靜遠去美留學之事，叫她注意兩點，就是要燙髮和穿高跟鞋，否則就不適合美國民情，會被視為怪物。

25日（星期一），蔣介石回電教育部，批准武大校長任命。

26日（星期二），國民政府行政院第701次會議議決：「國立武漢大學校長王星拱呈請辭職，應予免職，遺缺任命周鯁生繼任。」

同日，教育部部長朱家驊密函王星拱，催其早日來部擔任教育研究委員會委員。

28日（星期四），劉永濟出席1945學年度招生考試委員會第2次會議。

29日（星期五），教育部對外公開發佈了《王星拱調教部要職》的消息：「教育部以勝利之期已近，教育上待改進之處殊多，經奉命組織教育研究委員

---

[14] 《黃炎培日記摘錄》，《中華民國史資料叢稿》增刊第五輯（北京：中華書局，1979年），頁68。

會。委員人選，重在學識經驗俱富之人，現已首先聘請王星拱先生充任委員，並由部長自兼主任委員。王氏任國立武漢大學校長，已逾十年，資望素孚。此次調任教育委員會委員後，其所遺武漢大學校長一職，已由政院通過以周鯁生氏繼任云。」[15]

本月，教育部發文，聘請劉永濟、劉賾、方壯猷、龐俊、李思純5人為國立武漢大學文科研究所碩士研究生考試委員會委員。

本月，國立武漢大學文科研究所首屆招收的7名研究生有6人按期畢業：趙君詒（文學門，成績80分）、繆琨（文學門，成績76分）、袁瓊玉（文學門，成績80分）、譚英華（史學門，成績85分）、吳潤芝（史學門，成績80分）、郭守田（史學門，成績80分）。

本月，武大核心組織根據中共南方局指示，發動進步青年到中原解放區去工作，文談社社員普遍回應號召。後中共南方局又指示，沒有畢業又沒有暴露的學生留校堅持工作。

本月，蔣夢麟出任行政院秘書長，呈請辭去北京大學校長。

七月

7日（星期六），教育部批准王星拱辭去武大校長職務，任命周鯁生接任武漢大學校長。王星拱自1928年籌建武大，1934年6月正式接任武大校長以來，一共任校長11年。

同日，時在成都的吳宓復劉永濟6月30日函：言必來武大講學一月，不令劉永濟失望。

同日，國民政府在重慶宣布：八年抗戰，截至是日，共計斃傷及俘虜日寇250餘萬人；中國陣亡官兵130餘萬人，負傷170餘萬人。[16]

同日，楊端六抵渝後致信女兒楊靜遠，說到她的出國留學手續辦得很困難。

8日（星期日），武大校友會以王星拱「主持校務達十七載，夙興夜寐，艱苦備嘗」，特召集眾多校友在學校大禮堂舉行盛大茶會，並敬贈立軸一幀，題有「雨露長新」四字及紀念冊一部，內中全系在嘉校友題詞。

---

[15] 轉引自吳驍、程斯輝：《功蓋珞嘉「一代完人」——武漢大學校長王星拱》（濟南：山東教育出版社，2011年），頁536。

[16] 重慶抗戰叢書編委會編：《重慶抗戰大事記》（重慶出版社，1995年），頁195。

9日（星期一），武大教務長陶因、總務長徐賢恭、訓導長葉嶠以課務繁重辭職。

同日，吳宓收到武大匯來旅費6萬元。

11日（星期三），暴雨，武大教授會在大禮堂舉行茶話會敘別。全體在校同學為紀念王校長勞績起見，敬贈「教思無窮」橫匾。文學院劉永濟院長當日賦詩〈贈別撫五〉一首：

自笑迂疏百不宜，從君江漢更峨眉。滋蘭荒畹情彌苦，斂袖殘枰事未遲。
老去襟懷原坦蕩，亂來文字足娛嬉。詩書漫卷行當共，何用攀條惜別離。

王星拱卸職離校赴峨眉山休息。

同日，宋子文與史達林晤談，史達林聲明蘇聯參加對日戰爭後，進入東三省之蘇軍准於日本投降後三個月內撤退。

14日（星期六），劉永濟主持史學系第8次系務會議。參加會議的教授有韋潤珊、梁園東、楊人楩、唐長孺、吳廷璆。一、報告事項：教育部令重新調整課程並陳述意見。二、議決事項：甲、審查本屆畢業生論文成績案。決定如下：胡孝瑞《南宋建炎紹興間中原義軍義士考》、章潤瑞《西漢豪族之探討》、劉耀能《胡林翼撫鄂史事考》、蔡伏山《蔡松坡先生傳記初稿》、王之文《英德海權衝突與第一次世界大戰之關係》、常紹溫《康有為大同思想述評》等6人論文評為80分，葉盛玉《宋代人口分佈之特徵及其意義》論文78分，李希文《章學誠之史學》、郇紹華《曾國藩與清代洋務運動》2人論文評為75分，章心綽《均田制之研究》、王登林《梁任公先生年譜初稿》、賁常彬《三國時代兵制之研究》、駱家駿《長勝軍歷史的背景》、李肇英《王韜與清軍及太平軍關係之研究》、王玉靜《地學通論》等6人論文評為70分，其餘65分1人，60分2人。乙、調整下年度課程及教員分配案。丁、討論提案：一、楊人楩先生提議取消本系《西洋通史》，將西洋斷代史分成上古、中古、近古、近世4課程。議決：通過。西洋近古史從1946學年度開設，為三年級必修課程。二、楊人楩先生提議將一年級文法兩院《西洋通史》分開，文學院請吳廷璆先生授，法學院請譚英華先生授。議決：通過。三、劉永濟提議將《中國通史》、《西洋上古史》列入一年級課程。議決：通過。

17日（星期二），教育部連來兩函，把楊靜遠的留學呈請批駁了回來。教育部章程規定，大學畢業後須服務兩年方能出國。

18日（星期三），楊端六在重慶致信楊靜遠，言其留學之事完全失敗了。按教育部章程，關於獎學金生的辦法是助教需四年，講師需兩年。

同日，梅貽琦在致教育部函件上提到：勝利業已來臨，各校復校計畫應趕即籌備。

26日（星期四），美英中三國聯合在波茨坦對日公告，命無條件投降，否則毀滅，三國武力受所有聯合國支持。

28日（星期六），全國各大學舉行聯合入學考試。

29日（星期日），吳宓作長函致劉永濟：詳述近頃行止去往之事實與心情，約定8月10日赴樂山。

30日（星期一），國民黨行政院改組，宋子文辭外交部長兼職，由王世傑繼任，教育部長朱家驊仍舊。

31日（星期二），王星拱與新任校長周鯁生完成交接工作。

本月，工學院電機工程系編印《成立十周年紀念特刊》。

本月，武大第14屆學生畢業，共210人。

八月

1日（星期三），楊靜遠日記載：「王伯伯[世傑]被任為外交部長，這是個好消息，這職位對他是再合適沒有了。媽媽私下欣喜地說，對於我的事也許有好處。爹爹來信告訴我們，教育部一關可以打通了，語氣很有把握的樣子。這個轉機的造成，與我給王伯伯、伯母的那封信關係很大。爹爹說王伯母天天催王伯伯，不得不幫忙。我說不出的感激。所有的人都這樣愛我，為我好，這無形的感情和責任的擔子更顯得重了。」[17]

6日（星期一），美國以第一顆原子彈炸日本廣島，全城房屋被毀百分之九十，斃傷人口百分之八十（即二十五萬）。

7日（星期二），楊靜遠日記載：「爹爹和周[鯁生]叔叔等到了。下午五點爹爹坐人力車回來，周叔叔和杭立武[教育部次長]在交通銀行。飯後陳俊和陳維

---

[17] 楊靜遠：《讓廬日記》（武漢大學出版社，2003年），頁369。

珊來約我去聽郎毓秀獨唱會。郎唱得很好，可是不如名氣之大。她態度隨和、親切、不矜持，但不夠莊重。回來，家裏高朋滿座。周叔叔比以前胖多了，杭立武還是初見，第一個印象是有一股官場過久的人的虛滑之氣。為了我出國的事，當然還得感謝他幫忙。別了六年的周叔叔，風度依舊。」[18]

8日（星期三），新任校長周鯁生正式到校視事，與武大教職員舉行茶話會以資交換意見。下午3點大禮堂召集學生，聽杭次長訓話。周鯁生作一番介紹後杭立武演講。今天學生到得很多，情緒也很好，完全是為歡迎周校長。又據王世傑日記云，「六年前余離武漢大學時，原擬推薦周鯁生繼任，皮皓白以王為教務長，周為教授，謂宜推薦王撫五，予不得已允之。」[19]可見周鯁生校長之職遲到了十二年。

同日，劉永濟出席1945學年度招生考試委員會第3次會議，並被推舉為「國文」科目出題人。

同日，《誠報》載文談樂山商情：「樂山物價近來波動甚烈。菜油、糧食價格亦以遊資充塞，購囤者日益增加關係，復由疲而轉入上漲現象，蘇稽上熟米每雙市石由17000元上提至19000元，城內零售米每市斤為63元，猶有續漲之勢。」[20]

9日（星期四），劉永濟至文廟與周鯁生校長接洽擬聘吳宓（雨僧，部聘教授）、陳逵（弼猷）為外文系教授，程千帆為中文系副教授。同日，吳宓在成都冒雨至提督街紫竹林素食館，借其地作快函致劉永濟、朱光潛、葉麐三知友。先敘決回聯大，而失約不來武大講學之不得已。次述今日臨行忽止，不來樂山訪晤諸友之理由。

同日，美國第二顆原子彈投於日本長崎，全城幾毀。該城人口六十三萬。

同日，蘇聯遠東部隊在我國東北邊境分三個方面軍全線出擊，展開對日作戰。

同日，毛澤東發表《對日寇的最後一戰》的聲明，宣告：「對日戰爭已處在最後階段，最後地戰勝日本侵略者及其一切走狗的時間已經到來了。中國人民的一切抗日力量應舉行全國規模的反攻，密切而有效力地配合蘇聯及其他同盟國作戰。八路軍、新四軍及其他人民軍隊，應在一切可能條件下，對於一切不願投降的侵略者及其走狗實行廣泛的進攻，殲滅這些敵人的力量，奪取其武器和資財，

---

[18] 楊靜遠：《讓廬日記》（武漢大學出版社，2003年），頁369。

[19] 《王世傑日記手稿本》第二冊（臺北：中央研究院近代史研究所，1990年），頁75。

[20] 轉引自王德才：〈民國時期樂山的糧食市場與價格〉，《樂山市中區文史資料選輯》第七輯。

猛烈地擴大解放區，縮小淪陷區。」

10日（星期五），日本廣播宣布日本政府請求投降，接受《波茨坦公告》，惟須不損天皇之皇權。重慶的中央廣播電臺播送這一消息時，播音員感情激越，在播音結束時激動地說：「諸君，請聽陪都歡愉之聲！」此時，收音機裏傳出響亮的爆竹聲、鑼鼓聲以及人們的歡呼聲。

同日，武大電機系力訊社學生在實驗室電臺上最先得知日寇投降的消息，立即告知樂山《誠報》。上午8時許，《誠報》正式接獲日本無條件投降的消息後，當即印發《號外》。與此同時，武大力訊社學生以鞭炮燃放為前導，沿街高呼「日本無條件投降了」。樂山市民聞此喜訊，紛紛燃放鞭炮，加入遊行隊伍。是日夜晚，武大師生又發起火把遊行，走在遊行隊伍最前面的蘇雪林、袁昌英教授高舉用床單做成的火把，狂呼不已。來自戰區的窮學生，紛紛焚燒衣物書籍，燃起堆堆篝火，整個樂山城沸騰起來。

同日，劉永濟在興奮之餘，一口氣填詞四首以賀：

玉樓春·新曆八月十日感事有作[21]

一

瑤臺昨夜傳銀電，芳事依稀知近遠。擘開紫萏苦深含，抽盡紅蕉心未展。
嬉春繡轂輕雷轉，盡載笙歌歸別院。餘音閑嫋落花風，迤逗新愁人不見。

二

銀屏一曲天涯似，誰遣青鸞通錦字。零紅斷粉總愁根，忍作東風行樂地。
十年冉冉無窮事，似影如塵渾不記。勸君一盞碧蒲萄，中有紅綃千滴淚。

三

西園雨過風猶勁，細算無多春色剩。花心睡蝶漫魂酣，葉背流鶯休舌佞。
雙情繾綣憑誰證，錦段貂裘珍重贈。須知鴛枕有滄桑，好夢濃時偏易醒。

───────────
[21] 劉永濟：《劉永濟詞集》（長沙：湖南人民出版社，1984年），頁70。

四

> 青山缺處平蕪遠，不見江南芳草岸。待憑春水送歸舟，還恐歸期同電幻。
> 愁情久似春雲亂，誰信言愁情已倦。風池水皺底幹卿，枉費龍琶金鳳管。

同日，吳宓在成都托錢宗文將6萬元匯寄樂山劉永濟，以償還武大寄來之旅費。又《新民晚報》是日刊發新聞，吳宓因跌傷，遂不赴樂山講學、訪友之事。

11日（星期六），周鯁生校長聘請劉迺誠教授為訓導長，楊端六教授為教務長，葛揚煥教授為總務長。同日，劉永濟與周鯁生接洽擬聘由譚戒甫介紹的留德研究藝術史，亦可教國史、文化史及德文的徐梵澄先生。

同日，中共朱德總司令連續發佈關於受降和對日展開全面反攻等七道命令，命令華北、華中和華南各解放區的人民軍隊，迅速前進，收繳敵偽武器，接受日軍投降，如遇日、偽武裝部隊拒絕投降繳械、即應予以堅決消滅，並命令在冀熱遼邊區的人民軍隊迅速深入東北。

同日，《誠報》第3版報導：

> [本報訊]昨日午後八時許，本報已獲日本無條件投降消息，併發行號外。同時，武大力訊社以鞭炮燃放為前導，沿街高呼「日本業已無條件投降」。本市市民聞此喜訊，皆紛紛自動購買鞭炮燃放，以示慶祝。同時復有多數外省籍同胞，相見之下互相告述，擁抱狂歡，歡樂情況有不可言喻者。此實抗戰八年來最榮幸最快樂之一日也。
>
> [狂歡拾零]昨晚九時許，傳出倭寇無條件投降消息後，二十分鐘內整個市面掀起歡躍升的狂潮，萬千市民皆趨至街道兩旁，或商戶騎樓窗口，狂放鞭炮，高呼勝利口號。
>
> 火炬遊行中，駐軍某某師[22]之軍樂隊號角齊鳴，倍增熱鬧。
>
> 狂歡中有盟軍十餘人在人海中奔進跑出，大放火炮，高呼「Vletory（勝利）」不止。
>
> 平日甚少外出之武大女教授袁昌英先生因聞倭寇投降消息，特攜其男女公子參加遊行行列，狀極愉快。蘇雪林教授手舉火炬，一馬當先。

---

[22] 某某師，指國民黨九十八師。

　　　　本市火炮店昨晚生意空前興隆。惟有一店家被某些狂歡者一搶而空，損失約數萬元之巨。

　　　　美國新聞處成都分處電影隊，適前日來樂，該處為慶祝同盟國抗戰勝利，特定今晚八時假公園中山堂放映有聲時事電影，歡迎市民參觀。並聞新記大岷影院今晚亦特別換映古裝歷史巨片《王寶釧》，以表慶祝。[23]

　　12日（星期日），吳宓與程千帆相約，若陳寅恪飛機不成，則當偕程千帆至樂山訪劉永濟。再從樂山乘船赴重慶，再回昆明。[24]

　　13日（星期一），武大學生宿舍自治聯合會在大禮堂舉行茶話會，歡迎新任校長周鯁生，周校長即席講演《遊美觀感》。

　　同日，教育部為穩定後方各校師生的情緒，向全國公私立專科以上學校、各國立中等學校、各省市教育廳局發出訓令：「仍應按照規定日期開學上課，全體員生，並應安心教學，保持正常狀態。」[25]

　　同日，正在成都視察的教育部次長杭立武向新聞記者透露：「對遷川各著名大學，主張於年半內遷回原地。」[26]

　　15日（星期三），日本天皇宣讀投降詔書。詔書通篇無「投降」二字，也未承認對外侵略。

　　16日（星期四），各地物價開始大跌，月餘後又回漲。

　　19日（星期日），教育部高教司復員小組召開第一次會議，討論決定後方專科以上學校復員的實施步驟：

　　教育復員計畫中規定應遷回原地或戰後計畫恢復之國立學校均應先派員接收校產，其有不敷應用者應設法供用或增闢校址，修建校舍，添置校具及圖書儀器等；辦理接收之時間應在民政接收後，社會秩序恢復及其他情形可能範圍內，由各校斟酌盡速派員前往；後方應行遷回之各校應就學生人數，員工及眷屬人數、公私物品數量（以噸計），交通工具及噸位，原校必須增建之校舍設備數量及所

---

[23] 原載《誠報》1945年8月11日3版，轉引自周文華主編：《樂山歷代文集》（樂山市市中區編史修志辦公室編印，1990年），頁374-375。

[24] 據《吳宓日記》第9冊（北京：三聯書店，2006年），頁452-292。

[25] 轉引自賀金林：《抗戰勝利後國民政府教育復員研究》（北京：社會科學文獻出版社，2010年），頁31。

[26] 〈杭立武談教育復員〉，載《大公報》1945年8月15日，第3版。

需經費等項，擬具詳細復員計畫，呈部核定。遷移日期應俟各校院籌備完成由部指定次第運輸。[27]

27日（星期一），考試院考委員會函告武大：陳道弘、刁開義、彭少逸、路亞衡、楊勝德、李克佐、李光華、林漢藩、朱覺民、鄭元俊、姚琢之、沈晉、劉忠同、陳幫、高嘯林、張開柱、徐雄、湯回權、都安良、張興鈴、顧允中、羅敏曾參加派遣國外實習農工礦技術人員考試及格。

28日（星期二），中國共產黨中央委員會主席毛澤東由美大使赫爾利及張治中陪同到重慶，周恩來、王若飛同來，併發表談話，政治軍事問題均應在和平、民主、團結的基礎上合理解決。

29日（星期三），教育部訓令武漢大學：「該校前校長王星拱三十三年終考成績結果，應給予年功加俸三十元，月支薪七四○元，准自三十四年一月份起支。」[28]

本月，力迅社社員周克定及時邀請了化學系研究原子理論的鄔保良教授作了《原子能和原子彈》的學術演講，全校師生空前踴躍，演講廳的走廊和窗臺上都擠滿了人。

本月，教育部頒發《修正非常時期中等以上學校及省私立專科以上學校規定公費生辦法》，以戰區生及經濟來源斷絕之學生為儘先核給公費之對象，不分科系。

九月

1日（星期六），武大成立「復校委員會」，推定教務長楊端六、總務長葛揚煥、政治系主任劉逎誠、化學系教授徐賢恭、數學系主任曾昭安、電機工程系主任趙師梅、史學系教授方壯猷、機械系教授張寶齡、土木系教授繆恩釗、事務部主任熊國藻及職員董永森等11人為委員，楊端六為主任委員；並通過復校組織大綱。

同日，劉永濟出席武大第423次校務會議，仍被推舉為教員升等委員會委員、文學院院長、文科研究所主任。

---

[27] 轉引自賀金林：《抗戰勝利後國民政府教育復員研究》（北京：社會科學文獻出版社，2010年），頁33。

[28] 轉引自吳驍、程斯輝：《功蓋珞嘉「一代完人」——武漢大學校長王星拱》（濟南：山東教育出版社，2011年），頁546。

同日，武大機力社編印《機力年刊》第一期出版。

同日，《誠報》訊：「值此抗戰勝利，百物價下跌聲中，本縣米價上漲，前數月上熟米每雙市石米價16000元，昨日竟漲至20500元，零售每斤亦提為60元。」[29]

2日（星期日），上午9時，日本投降儀式在東京灣的美國戰列艦「密蘇里」號上舉行。日本新任外相重光葵代表日本天皇和政府，陸軍參謀總長梅津美治郎代表帝國大本營在投降書上簽字。隨後，接受投降的同盟國代表、盟軍最高統帥麥克阿瑟上將，美國代表尼米茲海軍上將，中國代表徐永昌將軍，英國代表福萊塞海軍上將，蘇聯代表傑列維亞科中將，以及澳、加、法、荷、新西蘭等國代表依次簽了字。至此，三個法西斯軸心國中的最後一個國家日本正式投降，第二次世界大戰以法西斯軸心國的失敗和反法西斯同盟國的勝利而告結束。

3日（星期一），全國舉行慶祝勝利大會。

4日（星期二），國民政府令：國立北京大學校長蔣夢麟呈請辭職，准免本職，任命胡適為國立北京大學校長。胡適未到任前，暫由傅斯年代理。

6日（星期四）至7日（星期五），叢叢劇社為慶祝抗戰勝利，在中山堂連續演出，先後招待出征軍人家屬和各機關首長。[30]

8日（星期六），武大將復員經費預算呈文上報教育部。復員費和校舍建設費用合計約321400億元。

9日（星期日），上午9時，南京國民政府中央軍校禮堂，侵華日軍總司令、日本投降代表岡村寧次在第二次世界大戰中國戰區侵華日軍投降簽字儀式上，在對華投降書上簽字，並向中方交出隨身佩刀，以表示侵華日軍正式向中國繳械投降，中國陸軍總司令一級上將何應欽將軍代表中方簽字。中國抗日戰爭及第二次世界大戰正式宣告結束。

11日（星期二），國民政府行政院任命王星拱為中山大學校長，徐會之為漢口市長。

同日，武大召開第424次校務會議，審定1945年第一批錄取新生、轉學生名單。劉永濟長女劉茂舒以第一名成績考入武大文學院中文系，後轉入外文系。

---

[29] 轉引自王德才：〈民國時期樂山的糧食市場與價格〉，《樂山市中區文史資料選輯》第七輯。

[30] 轉引自周文華主編：《樂山歷代文集》（樂山市市中區編史修志辦公室編印，1990年），頁376，原載《誠報》1945年9月3日4版。

12日（星期三），國民政府宣布自十月一日起廢止新聞、雜誌審查制度。

13日（星期四），王敬玖抵漢，開始辦理日軍受降事宜。

15日（星期六），武大校長周鯁生乘輪赴渝出席全國教育善後復員會議。

17日（星期一），第六戰區長官部、國民黨湖北省黨部、省政府等首腦機關遷入武漢。

18日（星期二），下午三時，漢口中山公園舉行受降儀式。岡部直三郎在第六戰區長官部之命令上簽字投降。

19日（星期三），武大召開第425次校務會議。

20日（星期四），湖北省政府各廳處在武昌正式辦公，同時接收偽省政府一切資產。

20日（星期四）至26日（星期三），教育部為了統籌布置抗戰勝利後的全國教育善後復員工作，在重慶召開全國教育善後復員會議。高等學校回遷無疑是此次會議討論的重點內容。對於將要回遷的各校來說，儘快接收收復區校產，是當前最為迫切的任務。為此，教育部要求即將遷回原地的各專科以上學校，「應即遴派妥員報部核准後，即行攜帶正式文件前往原地接收校產，並計畫整理，以備學校之遷移」；同時要求各校院派往接收之人員，應與教育部所派特派員密切聯繫。具體到遷移計畫與復員經費的發放問題，教育部確立了國立專科以上學校由部方籌撥、省立學校由省政府籌撥、私立學校由各校董會自行籌措的原則。教育部還特別強調：各校「遷移應利用寒暑假，在未奉核准遷移之時，仍應在現在地點照常上課」。[31]

25日（星期二），晚上，蔣介石設宴招待全國教育善後復員會議的與會代表，並作重要講話，說：「今後建國時期，教育問題便是全國的基本問題。倘仍如過去一樣，教育建設不好，那就絕不能負起建國的責任。抗戰時期，軍事第一，建國時期，教育第一，要為國家民族造就新青年，才能建設一個現代國家。各校校長和教育界負責同人，應負起這個重大責任。」武大校長周鯁生代表與會人員致答詞。他一再聲言「注重大學自由研究之重要」，這反映了學界同人的共同心願。在蔣介石身邊落座的梅貽琦認為，周氏「措詞頗好」。[32]

同日，武漢日軍開始繳械。

[31] 賀金林：《抗戰勝利後國民政府教育復員研究》（北京：社會科學文獻出版社，2010年），頁45。
[32] 梅貽琦：《梅貽琦日記1941-1946》（北京：清華大學出版社，2001年），頁175。

26日（星期三），教育復員會議閉幕。

28日（星期五），長沙衡陽武漢日軍繳械完畢。

本月，電機系趙師梅教授赴湖北探親，武大復校委員會致電令其赴武漢接收校產。因交通阻隔，10月26日趙師梅才抵達武漢。

本月，武大與資源委員會簽訂合約，一次撥付研究經費20萬元整，有效期自1945年起至1946年8月止。

本月，國民黨中央水利委員會任命涂允成教授為江漢工程局局長，主管湖北全省的堤防水利工程，由此掀開了湖北省專家治水的新的一頁。至於武大附中校長一職，則由法律系蔣思道教授接任。

本月，武大文科研究所第三屆招收研究生一人入校，即史學門胡孝瑞。

十月

1日（星期一），漢口市政府正式成立，隸屬湖北省。

同日，西南聯合大學教授張奚若、周炳林、吳之椿、錢端升、聞一多等十人電蔣介石、毛澤東，國共兩黨不當只商談地區軍額，一黨專政固須中止，兩黨分割亦難為訓，應速成立立憲政府，在立憲政府成立以前，一人獨攬之風應先糾正，用人應重德能，軍人不應再令主政，叛國通敵之元兇應予重懲。

10日（星期三），以毛澤東為首的中國共產黨代表團與國民黨政府代表在重慶經過43天的談判，簽署《政府與中共代表會談紀要》，即《雙十協定》。該會談紀要列入關於和平建國的基本方針、政治民主化、國民大會、人民自由、黨派合法化、特務機關、釋放政治犯、地方自治、軍隊國家化、解放區地方政府、奸偽、受降等12個問題。這12個問題中僅少數幾條達成協議，在軍隊、解放區政權兩個根本問題上沒有達成協議。

11日（星期四），教育部在北平、南京、上海設臨時大學補習班，收容偽大學學生。

12日（星期五），中英文化協會繼續借聘武大教授陳源一年。

同日，教育部宣告專科以上教員審查合格者計教授2361人，副教授1002人，講師1671人。

14日（星期日），湖北日軍全部繳械完畢，共二十一萬三千餘人。

15日（星期一），劉永濟參與討論、撰寫的武大關於《調整大學課程意見》

呈教育部。其中，關於文學院反映的意見如下：

中國文學系：（一）注重基本要籍本文，凡通論、概論等課宜少設。（二）科目以切實簡要為主，凡共同必修及與本系無關之課程須儘量減少。

外國文學系：（一）英詩須語文根底較好方可瞭解。「英詩選讀」原置第二學年已嫌過早，最近修訂科目表移置第一學年甚不妥，應移置第二學年與「小說選讀」對調。（二）翻譯原為語文訓練，其功用在使學生對語文有徹底瞭解。現置第四學年不妥，宜移置第二學年或增加「英文散文選讀及作文」，學分規定此科包含翻譯在內，繼續學習四年。（三）「文學批評」重理論須於作品有深廣研究者方可學習，似宜改列選修科目中。（四）「英國文學史」列入第二學年，用意只在略示梗概，如不授「分期文學研究」，則學生所得之文學史知識仍甚模糊空洞，故「分期文學研究」仍應置必修科目中。（五）研究文學不可不知歷史背景。英國語文組應增加「美國史」為必修科，如史學系設有此科，可令學生選修。

史學系：現行史學系課程大體無可議者，茲將歷年實施所感困難與補救之道略陳如次，以備采擇。本系兼包中西史與地理課程原已繁重，年來部定標準一二學年共同必修科目復占去不少時間，結果學者既感時力之不足，教者亦難強其所不能，於是應及時閱讀之書每多廢置，或粗知其大略，不克深求或用耳，學未及心通，殊非實事求是之道。補救之方，似宜將一二學年共同必修科目減去若干。本系必讀之書，取其最要者分年規定若干種，責令學生閱讀。教師為之析疑辨惑，評閱筆記，庶無曠日廢時之弊。再地理一科，欲求其完善，應設立專科。

哲學系：（一）「印度哲學」可改為選修。（二）二年級加「英文哲學名著選讀」。（三）「倫理學原理」不應列在一年級，因為應在「哲學概論」及「哲學史」之後，最好列在四年級或二三年級亦可。（四）「美學」可改為選修，列在三四年級。（五）三四年級必修及選修課程之學分及講授年級，均應由各校自行決定。

結論：最後，我們根據多年教學經驗，以為大學教育不能以中小學教育為準，應注重：（1）地方情形。（2）時代背景。（3）各大學歷史及教授人才之特長，應予以自由發展之機會。中央教育行政機關苟能：（1）寬籌經費，（2）慎選大學校長，（3）給予學術研究上之各種便利，（4）限制一個區域設立同樣之許多大學，提高中學程度，則數十年後全國高等教育自能循序漸進，不難達到

歐美各國之標準。

16日（星期二），趙師梅、蕭絜、涂允綏奉武大復校委員會指派抵達武昌接收校產。

19日（星期五），趙師梅偕涂允綏遷入珞珈山文學院辦公，並雇用職員李啟漢及工友20人，開始清掃、封閉及防守珞珈山各處房屋，並於室外收撿敵遺之殘餘器材。

25日（星期四），中共中央南方局派趙忍安抵漢建立秘密機關。

26日（星期五），武大第426次校務會議議決：1.組織福利金委員會，推朱光潛、韋從序、葉志、俞忽、汪孟靈、陸維亞等為委員，校長周鯁生為當然委員，韋從序為召集人；2.組織「一年級國文委員會」，推定劉賾、朱光潛、胡稼胎、楊東蓴、孫芳、石聲漢、李國平、萬泉生、余燦昌為委員，劉賾為主任委員；3.成立圖書委員會，推定戴銘巽、劉永濟、汪詒蓀、黃叔寅、俞忽、章蘊胎、曾炳鈞為委員，戴銘巽為主任委員。

本月，武大「壁聯」為慶祝簽署《雙十協定》，組織了一次全校性的座談會，座談「民主與政黨問題」，由《文談》及《課餘談》分別主持了會議。文談社張寶鏘、樊克在會上發了言。

十一月

1日（星期四），兩名士兵潛入珞珈山圖書館索物不成，憤而在東南角小屋點火焚燒，幸趙師梅趕到，未釀成火災。據趙師梅報告，自他進入珞珈山後，駐軍頻繁換防達5次之多，每次換防，校產必有損失。

2日（星期五），趙師梅於武昌致函樂山武大復校委員會，報告接收及保管珞珈山校產情況，分為房屋、水、電、器具、樹木、各漢棧存物、接收、工作困難、經費等九大部分，詳細列舉尚存及破壞狀況；稱珞珈山校舍除法學院、工學院、新二區房屋保存較完整外，其餘均破敗不堪，仍有少數日俘傷兵占住。因日軍撤退後，又有美軍進駐，毫無接收可言。

5日（星期一），周鯁生校長在補行的開學典禮上作了一次演講。儘管抗戰結束，但一些困難並沒有完全去掉，許多事情都不方便，因此，「大規模的開學典禮，還不能像在珞珈山一樣的舉行」。他在開場白中說，「要想維持武大的長久歷史，就必須充實學術，就必須加入新的人才，用新的人才來充實學術文

化……當明年遷校以後，教授團的陣容，不但要重整，而且要一天一天擴充起來。」關於上任以後要做的事情，周鯁生談了四點：

第一件事，是調整行政機構。「學校因為抗戰的影響，以致行政效率，遠不及8年以前，歷年在負責的各位先生也均有同感。戰爭既然結束了，一切當要納諸常軌，研究的效能需要恢復，人事和機構的問題，也必須重新加以考慮。」第二件事，是改善教職員和學生的生活。「在教職員方面，熬過了8年的苦，我們讀書人雖然是安貧樂道，但政府究不能叫教職員枵腹從公，也不能看同學們長此營養不良……在教育部儘管有統籌辦理上的困難，但一步一步加以改善是必需的。」第三件事，是增加教學的效能。「對於我們武大的教學效能，比起他校來，雖不算差，然而同事和同學仍都感覺到不滿足……現在抗戰結束，經濟生活亦有改善，便應該回到常軌上去。」第四件事，是關於武大復員計畫。「當本人8月間離開重慶的時候，就曾和同事們商量，等辦完招生以後，立刻準備復校的事情。不久戰爭驟然結束，更使人們不能不積極籌備復校。現在復校委員會已經成立，委員們大部分仍舊為當年主持遷校來嘉定之先生們，準備明年夏天遷回珞珈山。上次的遷川，是分批來的，大家都有逃難的意味；這次下去是有組織的復員，就要有計畫地下去。而人員比從前增多了，交通也許比從前更困難，最遲在今年年底就要有人下去布置一切。圖書儀器，在那時要裝箱，教課方面也需要調整一番，以便在明年四五月後可以結束課業。在這一次的教育復員會議上，政府表示對於各校物品的遷運費用、教職員的遷移費用和伙食費用，由公家統籌支給，原則上都有了決定。另外對於各校校舍修添、設備補充，也曾經考慮到。本校所提復員概算是20萬萬元，而運輸費用，尚不在內。內遷大學遷移費用的總額，想來是一個很驚人的數字。」不過在周鯁生看來，當前更大的困難，要算交通工具的問題。「本人向政府當局表示過：學校復員與行政機關復員不同，機關復員，普通只要遷移職員和檔案，而學校復員，除需要遷移教職員及檔案外，尚有成千的學生、圖書儀器和機器都要遷移。倘若沒有交通工具，就是有了經費，還不是紙上談兵麼？交通工具問題最困難，非政府各方面都能協助是很難解決的。而且復員經費說是要到明年才能支給，那末，年前派人下去整理校舍就需要錢，這又怎麼辦呢？希望諸位能夠瞭解這種困難，恐怕到了遷移動的時候，許多事情還要動員全體的教職員生來推動，屆時還請諸位多多協助。有了交通工具，有了錢，再加上人力，那就可以好好地遷回去。在另一方面，現在湖北省政府、

第六戰區司令長官部、軍政部都來電表示協助保護校舍，武漢區教育復員的督導專員辛樹幟及陶因兩位先生也曾經來電報告，校舍大部完好，水電也尚在。我們的武漢校舍，經過八年的抗戰中的淪陷，而得如此保全，的確是最可欣幸的一件事。以上是計畫當前要辦的四樁事情。」[33]

6日（星期二），美國文化聯絡專員費慰梅夫人來武大，在大禮堂講演《中美文化合作》。

7日（星期三），周鯁生校長聘定：文學院院長：劉永濟，中文系主任：劉博平，外文系主任：朱光潛，史學系主任：李劍農，哲學系主任：萬卓恒；法學院院長：劉秉麟，經濟學系主任：陶因，政治學系主任：劉廼誠，法律學系主任：李浩培；理學院院長：桂質廷，物理學系主任：江仁壽，化學系主任：陶延橋，數學系主任：曾昭安，生物學系主任：張鏡澄；工學院院長：余熾昌，土木工程系主任：陸鳳書，機械工程系主任：劉穎，電機工程系主任：趙師梅（趙師梅出差期間由朱木美代理），礦冶工程系主任：周則嶽，機械專修科主任：萬泉生；文科研究所主任：劉永濟，文科研究所文史部主任：李劍農；法科研究所主任：劉秉麟，法科研究所政治學部主任：劉廼誠，法科研究所經濟學部主任：楊端六；理科研究所主任：桂質廷，理科研究所理化學部主任：鄔保良；工科研究所主任：余熾昌，工科研究所土木工程學部主任：俞忽，工科研究所電機工程部主任：葉允競。

此時，文學院在校學生共有220人。其中，中文系40人，外文系79人，哲學系27人，史學系74人；一年級75人，二年級46人，三年級52人，四年級47人。另外，文科研究所在校研究生共計4人，其中一、二年級各一人，三年級2人；師資力量方面，文學院共有教師55人。其中，教授33人，占全院教師總數60%；副教授3人，占全院教師總數5.5%；講師9人，占全院教師總數16.4%；助教10人，占全院教師總數18.2%。

12日（星期一），王世傑日記載：「今日午後為武漢大學法律系畢業之女生鍾期榮證婚。此一女生應法官考試獲第一名，出校後一年即充壁山地方實驗法院推事，每日以一人判數案，殆為中國司法官人事中極值注意之一人才。」[34]

---

[33] 周鯁生演講原載《國立武漢大學週刊》第353期，轉引自徐正榜、陳協強主編：《名人名師武漢大學演講錄》（武漢大學出版社，2003年），頁202-204。

[34] 《王世傑日記手稿本》第五冊（臺北：中央研究院近代史研究所，1990年），頁213-214。

13日（星期二），英國文化委員會代表羅士培教授及夫人來武大講演《中英文化合作》。

13日（星期二）至15日（星期四），張悲鷺畫展在樂山公園青年館展出。

16日（星期五），武大復校委員會舉行第二次會議，討論圖書儀器機械設備如何裝運及要求增派人員及早赴鄂接收清查校產。

23日（星期五），武大召開第427次校務會議。

25日（星期日），西南聯合大學教授錢端升、聞一多等在雲南大學召集學生舉行座談會反對內戰，與軍警衝突。西南聯合大學學生罷課。

28日（星期三），昆明學生發表制止內戰，撤退駐華美軍，組織聯合政府宣言罷課風潮擴大。駐昆明之第五軍政治部組織反罷課委員會，雙方發生鬥毆。

十二月

1日（星期六），大批國民黨特務和軍人分途圍攻西南聯大和雲南大學等校，毒打學生和教師，並投擲手榴彈，炸死南菁中學青年教師于再、西南聯大學生潘琰、李魯連和昆華工校學生張華昌等4人，重傷29人，輕傷30多人，製造了震驚全國的「一二‧一慘案」。

同日，國民政府東歸南京，任命盧作孚為全國船舶調配委員會副主任委員，負責重慶的船舶調配工作。

同日，《誠報》報導：上熟米雙市石為20000元、中熟米14000元，碛米11000元，公教人員私米每石價4000元亦無人收購。[35]

4日（星期二），西南聯大慘案兇犯公開審判，該校師生要求徹查懲辦。

8日（星期六），行政院第一批還都人員到南京。

9日（星期日），成都學生為追悼昆明死難學生，舉行大會並遊行。

11日（星期二），武大「壁聯」發電慰問昆明「一二‧一慘案」中受傷師生。「壁聯」發出的聲援宣言由文談社起草，在「壁聯」幹事會上經過一番爭論後才通過。《今天與明天》出了悼念專刊。當時國民黨將領關麟征在昆明說什麼「學生有在牆內開會的自由，我便有在牆外開槍的自由」。學生深感憤怒，在專刊上撰文直斥其非。同時以「壁聯」的名義，由文談社韓榮慶、萬寶仁、夏雨

---

[35] 轉引自王德才：〈民國時期樂山的糧食市場與價格〉，《樂山市中區文史資料選輯》第七輯。

亭、郭書盛等出過一次大型剪報。剪報收集了各方面的報導及各地學生的通電、宣言等，有正面的，也有反面的，統統加以介紹、評論或批駁，並加上了各種醒目的標題，看的學生很多，影響很大。此外，各宿舍幹事會聯席會議以多數宿舍通過（僅第五宿舍反對）募捐及向西南聯大師生致電慰問等決議。要求國民黨停止內戰和組織聯合政府，學生們紛紛捐出平日省吃少用節省下來的錢。由二宿舍代表、文談社郭書盛匯寄聯大。

同日，西南聯大「一二‧一慘案」兇手陳奇達、劉友治槍決。按此二人原為因盜賣軍用品被判死刑之軍官，並非真正兇手。

14日（星期五），武大第428次校務會議議決：1.設立儀器委員會，桂質廷為主任，余熾昌、陶延橋、江仁壽、張鏡澄、曾昭安、陸鳳書、劉穎、朱木美、賈竹堂、劉雲山為委員，並審核儀器委員會組織規則；2.審核1944年度院系獎學金名額、數額（院獎學金4人，每人3000元；系獎學金15人，每人2000元）。

19日（星期三），西南聯合大學學生復課。

21日（星期五），王星拱在廣州中山大學校長接印視事。

27日（星期四），浙江大學文學院院長梅光迪在貴陽病逝。劉永濟聞噩耗後，作〈木蘭花慢‧挽梅迪生〉：

> 指修門路杳，竟無地，返騷魂。但斷夢關山，羈遊京國，莽莽愁雲。酸辛，舊時俊侶，撫遺篇猶似見豐神。何意亭亭玉樹，頓成宿草新墳。
>
> 　誰云，天道親仁，回短折，躋長存。算古來如此，君寧有恨，我慟斯文。乾坤，乍經浩劫，對寒灰加意惜芝焚。神理綿綿未盡，靈兮來享清尊。

本年，武大制定「國立武漢大學行政組織大綱」，其中第16條，本大學設立各種委員會：1、聘任委員會，2、考試委員會，3、圖書委員會，4、儀器委員會；5、財務委員會；6、訓育委員會；7、體育委員會；8、衛生委員會；9、出版委員會；10、免費、公費審查委員會；11、學生貸金審查委員會；12、社教推行委員會。

本年，武大制定「國立武漢大學各部技工儲金規劃」。

本年，本年度本校務委員會名單：文哲季刊委員會編輯主任：劉永濟；社會科學季刊委員會編輯主任：陶因；理科季刊委員會編輯主任：湯璪真；工科年

刊委員會編輯主任：郭霖；圖書委員會主任委員：高翰；儀器委員會主任委員：邵逸周；財務委員會主任委員：張鏡澄；出版委員會主任委員：劉秉麟；體育委員會主任委員：趙師梅；群育委員會主任委員：余熾昌；女生指導委員會主任委員：袁昌英；第一外國語委員會主任委員：方重；聘任委員會主任委員：周鯁生；考試委員會主任委員：曾昭安；免費公費學額委員會主任委員：周鯁生；社會教育推行委員會主任委員：王星拱；學生貸金審查委員會主任委員：涂允成。

　　本年，武大成立「團體生活指導委員會」。

　　本年，武大接收戰區借讀生148人。

　　本年，全年病亡學生4人：周長瑜（24歲，政治系二年級）、周光輝（29歲，電機系畢業）、喬國夔（24歲，機械系二年級）、謝雲桁（23歲，法律系三年級）。

1946年（民國三十五年）

政協會議通過《和平建國綱領》──國民政府還都南京──國民黨軍隊全面進攻
解放區──李公樸聞一多被暗殺──國民黨軍隊攻佔張家口

一月

　　1日（星期二），蔣介石元旦廣播，闡釋當前國是及政府決策：（1）鞏固
國家統一，軍隊必須一律國家統轄。（2）完成復員計劃，解除民眾痛苦，以確
立建設基礎。（3）盡速實現民主憲政，還政於民，造成全民政治。（4）精誠團
結，徹底合作，絕不能使國家陷於無秩序無政府狀態。（5）以一切和平方法，
解決國內紛爭。（6）復興與建設良機不容錯過，及時奮發，自求自助。

　　同日，零時起，武漢大學遊離層實驗室（也是中國的第一個電離層實驗室）
在樂山開始正式觀測（每天24次，每小時一次，正點前10分鐘開始，每次約10分
鐘）。桂質廷教授親手觀測描繪出了樂山上空電離層的第一份正規的頻高圖。觀
測數據按協議寄往美國國家標準局所屬中央無線電波傳播實驗研究所，由它集中
全球百餘處觀測數據，進行匯編交流。國立武漢大學的這項觀測研究，在桂質廷
和梁百先的主持下，成為中國科學家早期參與國際科研合作的一個成功典範。

　　同日，武大科學青年會成立，口號是「以科學服務人類」。左壋回憶：「當
時工學院有幾個同學經常在一起高談闊論，研究生中有我和艾忠泉，本科生中有周
克定、嚴國柱、祁友生、柴野石等。大家受單純愛國之心、救國之志所激勵，接受
五四運動民主與科學精神的感召，憧憬當時羅斯福（任美國總統）所講的『四大自
由』，受基督教愛人救世教義的影響，產生了籌組『科學青年會』的念頭。提出了
『以科學服務人類』的口號，以實現提高文化、健康、生產三大任務為宗旨」。[1]
首屆總幹事嚴國柱說，「這個口號抱負很大，熱情有餘，脫離當時的現實。但對於
當時很多同學，卻有著既可有所作為，又無涉及政治危險的號召力。」[2]第二屆總

---

[1]　左壋：〈與周克定相識在樂山〉，《玉壺冰心──周克定教授八十壽辰慶賀文集》（北京：機械
　　工業出版社，2001年），頁105。

[2]　嚴國柱、祁友生：〈記母校一學生團體──科學青年會〉，《武漢大學學生運動簡史‧社團介

幹事胡連璋則說，提出這個口號，「用科學加青年活力造福人類」。

6日（星期日），凌叔華重慶路遇周恩來、鄧穎超夫婦。

10日（星期四），重慶召開政協會議。

18日（星期五），武大召開第429次校務會議。

21日（星期一），教務長楊端六在總理紀念周上講話，題為《教學與復校》：

「教學與復校，從某種意義說來，是背道而馳的兩件事。學術的進步要生活安定才能實現，復校的時候，生活不能安定，教學自然不能有進步。但這是就一時情形言之，確是如此，如果從長時期說來，倒不一定是這樣。我們平常搬家是進步還是退步？要看舊的環境和新的環境比較如何。新環境如果比舊環境好些，叫做遷於喬木，反轉來說，叫做入於幽谷。喬木比幽谷好些，值得一搬！我們寧願犧牲一時的安舒，換取永久的希望。武漢大學的復校，可以得到較好的環境，所以為將來的發展犧牲一時的教學，是值得做的一件事……」

「關於復校的問題，近來有許多猜疑。有的說，本校在寒假中就會遷移；有的說，明年暑假期內還不會下去。其實，這件事很容易瞭解的，毫無一點秘密。武漢大學遷來樂山，是1938年4月的事。當時學校派工學院前院長邵逸周先生和我兩個人視察校址，我們在二月間第一次到樂山，就得到了兩個好印象，用古語表示就是：人傑地靈。不久，就決定了樂山這個新校址，從四月起，川河水位大漲，輪船通航，教職員學生和圖書儀器在三四個月內陸續達到。我們在四月二日第一批到了樂山，初八日開始修理文廟，二十九日一部分就開始上課。其所以這樣迅速的緣故，我想不出三點：第一點是我們的人數不多，樂山城內容易安插。第二點當時物價低廉，旅行和搬家不愁沒有辦法。第三點當時交通工具還很完備，雖然是走上水，大家並不感覺十分困難。現在呢？情形恰好相反。人員增加了兩倍以上，物價增加了兩千倍以上，交通工具就不知道減低了多少。因此，這一次的復校，其困難可想而知。我記得那時候遷校經費只發了三萬元，到後來還剩下三千元。運輸經費的預算是一萬元。這次復校經費，我們向教育部提出的預算是十二萬萬元，到現在還不曾撥到分文。珞珈山校舍姑無論添置房屋設備不必說，即就修理門鎖一項而言，據說已經要花二十萬元。報章所載，珞珈山武大校

紹》，油印本，1983年。

舍完整，是表面上的觀察。其實，內部的破壞不是很容易修復的。在這種情形之下，最短期間如何可以修理，不是我們所能想像的。從樂山搬到武昌，要是從個人立場說，本不是十分困難的事。但是我們現在所以感覺困難的，是團體行動，不是個人行動。尤其是圖書儀器，非要輪船不敢起運。而輪船通行是受季節限制的，不到暑季，我們不能全部遷移，這是一個不可動搖的事實。

經過八年的抗戰，我們應辦的事件擱下了很多。現在一方面要繼續教學，一方面要準備復校，自然是不很和諧的。權衡輕重，我們不得不提早兩個月結束學業。然而要想事情辦得有條理，兩個月是不夠的，所以在不久的將來，還要趕緊把圖書儀器裝箱。這對於教職員學生自然有很多不便的地方，然而一切照常進行，就會很容易地失卻復校的機會，這是需要各位瞭解與協助的。」[3]

23日（星期三），《誠報》消息：名西畫家柳青氏為應各方友人之邀，在樂二次畫展，現正籌備與覓地，預計春節在樂展覽，以飽本市人士之眼福。[4]

25日（星期五），重慶中央大學等校學生九千餘人遊行，要求政治協商會議必須獲得結果；四川白沙國立女子師範教職員學生為要求遷移南京不遂，罷教罷課。

26日（星期六），農曆小年。應周鯁生校長1月7日去函邀請，吳宓由程千帆陪同乘中央銀行汽車自成都抵達樂山，在武大講學一個月，住樂山鳳灣第五號（前川康稅務局）武大招待所。時劉永濟全家剛剛由城外學地頭遷居城內鳳灣五號。吳宓食宿漿洗則由劉永濟家親理，並與劉永濟、朱光潛、徐天閔諸老友共渡新春佳節。

同日，《誠報》消息：「萬有圖片社主辦周申甫先生主編之中國名山大觀圖展，定本月28日至31日在青年館預展四日。此為樂山第一次規模之照片展覽，集全國山水名勝於一室，琳琅滿目。諺云：秀才不出門，便知天下事。有識者當不失之交臂矣。」

31日（星期四），政治協商會議閉幕。中國國民黨、中國共產黨兩黨以及民主黨派在政協會上通過了《和平建國綱領》（又名政治協商會議施政綱領，中共又曾稱其為共同綱領）。

---

[3]　原載《國立武漢大學週刊》第356期，轉引自徐正榜、陳協強主編：《名人名師武漢大學演講錄》（武漢大學出版社，2003年），頁486-488。
[4]　舒仁權：〈四十年代在樂山舉行的畫展和音樂會〉，《樂山市志資料》1984年第1-2期合刊。

本月，劉永濟喬遷新居之後填詞〈浣溪沙‧遷居城內鳳灣武大招待所〉，曰：

　啼鴂春城客自傷，荒葵闊巷怯歸裝，何時去住兩能忘。

　新綠陰中禽鳥樂，亂紅香裏蝶蜂狂，韶光端的與人妨。[5]

二月

月初，由《文談》、《海燕》、《風雨談》、《課餘談》、《凌雲》、《蜀光》、《地平線》發起「壁聯」幹事會全體投票通過，組織了一次全校性的「慶祝政協遊行」，全樂山的大、中學生都積極參加了這次慶祝活動。「壁聯」舉行座談會並出了聯合專刊。經過各社團在學生中進行發動，全校學生大多數都參加了這次遊行。

5日（星期二），蔣介石接見外國記者稱：政府準備五月還都南京。重慶將永久成為中國陪都。

同日，武大復校委員會運輸組召開第一次會議，制定復校運輸計劃。

8日（星期五），第403次校務會議通過《國立武漢大學考試規則施行細則》。

同日，劉永濟在樂山武大用「金中週刊社謹贈」箋紙將陳寅恪先生近年寄示的詩稿謄錄完畢，共計44首。其中，1931年1首，1938年4首，1939年2首，1940年2首，1942年5首，1943年1首，1944年2首，1945年26首。錄稿末頁署「雜寫寅恪近年詩稿弘度丙戌人日」。

10日（星期日），重慶各界二十多個團體在校場口廣場聯合舉行慶祝政協成功大會。到會群眾達一萬多人。政協代表周恩來、沈鈞儒、梁漱溟、羅隆基、邵力子等應邀參加大會。會議開始時，國民黨當局派遣大批特務、打手七八百人，以重慶工務會、農務會、商務會等名義強行入場，搶占主席臺。大會主持者李公樸上前勸阻，被特務包圍，拳打腳踢倒在臺下，頭部被鐵尺打傷，血流不止。出席會議的演講人郭沫若、馬寅初、章乃器、施復亮等人也遭辱罵追打，郭沫若被踢倒臺下，被人扶起時仰首大笑，表示對特務罪行的極度蔑視。沈鈞儒面對特務行兇，連聲說：「不怕，不怕！」暴徒打手們以事先準備的鐵條、磚頭蓄意尋釁，毒打參加會議的記者，群眾，當場致傷者多達60多人，創造了震驚全國的「校場口事件」。

5　劉永濟：《劉永濟詞集‧知秋集》（長沙：湖南人民出版社，1984年），頁77。

11日（星期一），劉永濟及夫人黃惠君宴請吳宓。

16日（星期六），重慶中央大學學生為東北問題紛作憤慨表示，要求俄軍撤退。

18日（星期一），吳宓在武大講學完畢，是日上午，劉永濟、胡稼胎、韋潤珊送其至汽車站乘車回成都。

同日，劉永濟在武大總理紀念周上為師生演講《今日治學易犯之過失》。首述「治學易犯過失之原因」有二，一是治學之人「才、學、識難俱全」，二是「為時代習俗所蔽」。次述今日治學常見之七種過失：一曰以指為月，二曰向壁虛造，三曰盲人摸象，四曰以管窺天，五曰矯枉過正，六曰比擬不倫，七曰認賊作子。最後，剖析上述七過失之原因，略有五種：一是「不自力學而喜出名」；二是「厭平正之道而競新奇」；三是「當國體改革之際，革命之風甚盛，影響及於學術，遂不暇辨其是非，務推翻向來一切為快」；四是「西學東來，淺嘗之徒，習其皮毛，自料不足見好於世，乃轉向故紙堆中討生活，以欺世盜名」；五是「以一己所遇之環境推論古今，以一偏之思想及所好之學術測度古人之思想學術」。呼籲「吾人苟欲求真知，欲得實學，欲學術果能變新」，則必須認清上述七過失，否則，其不良影響必危害於國家社會。

19日（星期二），武大復校委員會召開第五次會議，討論復校儀器、圖書、人員行走路線。人員運輸：樂山重慶段水運自樂山宜賓至重慶，陸運由樂山經內江至重慶。重慶漢口段水運經萬縣、宜昌至武昌，陸運經川湘公路至長沙轉武昌，公物一律由水路運輸。

20日（星期三），北平、重慶等地國民黨特務誘騙部分青年學生舉行「反蘇反共遊行」，造謠說「蘇聯企圖占領東北」。實際上是國民黨害怕共黨軍隊占領東北，而兩次要求蘇軍延緩撤退日期。

同日，《武大週刊》報道，教育部撥本校復員經費3000萬元。

21日（星期四），中央大學教授為東北問題一致電蘇聯，要求立即撤退東北駐軍；二電英美蘇抗議雅爾達密約；三上書國民政府不作條約以為之讓步；四呼籲各黨派捐棄私見，保衛主權。

22日（星期五），中央大學等校學生二萬餘人為東北問題示威遊行，高呼蘇軍必須立即退出東北，中共應徹底實行停戰協定中對東北之協議，徹查張莘夫案，國土不容分割，主權不容侵害，鏟除一切非法地方政權，中共應該愛護祖

國，絕對擁護政府接收東北，打倒新帝國主義等口號。張莘夫之女高舉「誰殺吾父，誓為吾父復仇」標語。

23日（星期六），昆明西南聯大教授對東北問題發表宣言，要求政府公開中蘇談判經過，促請蘇軍撤退，歸還所用物資。

同日，北碚復旦大學等校學生八千餘人為東北問題到重慶示威遊行。

24日（星期日），上午，樂山文廟及各宿舍貼出反動大字報，要求蘇軍從東北撤退。下午，反共分子大肆叫囂「壁聯」為共產黨操縱，不能代表全體學生。建議召開七個宿舍的聯席會議。第一次宿舍聯席會議在東大街醍醐茶社樓上召開，經激烈辯論，表決結果，進步學生以八票，對六票獲勝，反對「反蘇遊行」。反共分子揚言有些宿舍為共產黨分子操縱，強行在二、四宿舍改選代表，第二次在文廟校本部召開聯席會議時，反動分子以10票多數，通過「反蘇遊行」。

同日，成都華西、金陵、燕京、齊魯等大學教授電中央，促蘇軍撤退。

同日，成都、三台、北平學生為東北問題遊行示威。

25日（星期一），葛揚煥總務長代表武大出席教育部召開專科以上學校復員會議研討各校復員問題及遷復時期。

同日，昆明、南京、武漢、青島、太原學生為東北問題示威遊行。

26日（星期二），北平學生三萬餘人遊行，要求蘇聯立即撤兵，反對東北特殊化。樂山學生亦舉行遊行活動。

同日，浙江大學教授為東北問題發表宣言，要求公布蘇聯在東北行動，各政黨宣布外交方針及對東北問題態度。

28日（星期四），北平十萬學生對東北問題示威遊行，並電蘇美英三國領袖。

本月，教育部將以前武大在美國訂購之圖書儀器六箱，發給校方。不久，教育部在美為武大訂購之圖書儀器十八箱又輾轉到達。

三月

1日（星期五），劉永濟出席武大第431次校務會議，並被推選為享受中華教育文化基金董事會特別研究補助金40個候選人的第一名。會議又審核文科研究所研究生郭守田成績，准予畢業。

同日，叢叢劇社在中山堂演出《情書》。[6]

4日（星期一），《蜀南晚報》在樂山創刊。

10日（星期日），武大復校第一批物品380件，雇用大木船兩艘，由蕭絜押運起航。

16日（星期六），吳宓致函劉永濟，總復劉永濟2月26日、3月4日、3月14日三次來函，言下學期必任教武大，絕不失約。

同日，《誠報》消息：「蔡紹序教授今晚六時半在中山堂舉行獨唱會，節目至為精彩。」

18日（星期一），重慶中央工業學校請願遷回南京，強占教育部。

21日（星期四），武大召開第432次校務會議。

27日（星期三），《誠報》報導：食米已因前日降下甘霖而趨疲軟，目前暫時不致上漲。蘇稽上熟米每雙市石（相當於280斤）為三萬八千元。

四月

2日（星期二），《誠報》報導：米飛漲！蘇稽來每雙市石竟陡漲至四萬大關。

5日（星期五），《誠報》報導：米暴跳！本市米價竟突破四萬大關，一般咸感生活困難，甚望當局採取有效辦法，予以抑止。（按：每雙市石比上月27日上漲二千元以上）

6日（星期六），《誠報》報導：米再漲！蘇稽米每雙市石四萬二千元。（按：每雙市石比上月27日上漲四千元）

7日（星期日），《誠報》報導：米如珠！昨日本市米價，又趨狂漲，蘇稽上熟米每雙市石四萬五千元，大有突破五萬大關之勢。一般貧民咸感生活艱難！天久不雨，影響收成，固為米價暴漲原因之一，但各富商趁機囤積，亦不無關係。（按：每雙市石比上月27日上漲七千元）[7]

9日（星期二），中央大學教授會發表宣言，要求提高待遇。

14日（星期日），王世傑日記載：「午後晤周鯁生與談武大復興事。」[8]

---

[6]　據《樂山史志資料》，樂山市市中區史志辦編，1991年-1992年總第21期-28期合刊。

[7]　轉引自舒仁權：〈米飛漲！米暴跳！米再漲！米如珠！〉，《樂山市志資料》1983年第4期。

[8]　《王世傑日記手稿本》第五冊（臺北：中央研究院近代史研究所，1990年），頁303。

22日（星期一），四川大學教授為要求改善待遇，停教三日。

24日（星期三），重慶各界慶祝國府勝利還都。

26日（星期五），第433次校務會議議決：修正通過《國立武漢大學學則》。

本月，教育部核定武大復員旅運費為1.3077億元，珞珈山校舍修建費用為9億元。由於與校方上報的預算出入太大，武大不得不再次請求增加預算。要求增加復員費7.3507億元，校舍修建費10.01億元，合計17.3607億元。

本月，武大復校委員會運輸組由葛揚煥、徐賢恭、蕭絜擔任，支配圖書、儀器及機器等轉運事宜。

本月，成立交通組，推葉嶠、陸鳳書、胡稼胎、韋從序、陸維亞為復校會委員，擔任交通組事宜。並且在重慶、成都、宜賓、宜昌設立辦事處。

本月，據武大教務處統計：文學院在校學生共有220人。其中，中文系40人，外文系79人，哲學系27人，史學系74人；一年級75人，二年級46人，三年級52人，四年級47人。師資力量方面，文學院共有教師59人。其中，教授37人，占全院教師總數62.7%；副教授3人，占全院教師總數5.1%；講師9人，占全院教師總數15.3%；助教10人，占全院教師總數16.9%。

本月，外文系一年級學生彭繼文（23歲）病逝。

本月，根據共黨核心組織的要求，文談社、風雨談社、海燕社、課餘談社召開四社社員座談會，研究形勢，統一認識，堅定信心，加強院系的群眾工作，並為當年暑期學校復員遷回武漢進一步開展學運準備骨幹力量。

五月

1日（星期三），國民政府頒布還都南京令。

4日（星期六），西南聯大舉行結業典禮。第一批復員學生百餘人當天離昆北上。

5日（星期日），國民政府在南京舉行還都典禮。另在重慶成立中央黨政軍駐渝聯合辦事處，處理尚留在重慶的黨政軍各機關之間的聯絡事宜。

8日（星期三），吳宓收到劉永濟來函，得知武大駐渝辦事處副主任李菽芳不肯收管吳宓四箱書一事後，吳宓甚焦急，對武大失望，不擬赴武大。

16日（星期四），教育部根據長江線中等以上學校遷校會議決議，在重慶成立教育部留渝辦事處，作為各校回遷工作協調的總機構，陳景陽任辦事處主任。

在此日召開的第一次處務會議上，辦事處重點討論了各校員生來到重慶後候船期間宿舍如何安排的問題。會議決定由辦事處立即派員與重慶市教育局商洽，利用各校空餘房屋，以便各校員生到達重慶候船時暫時居住。

20日（星期一），武大首批復員人員起程。據1945年考入土木系的樂山沙灣籍詹國器老人回憶，「我是乘汽車到成都的，次日至內江，汽車由擺渡過沱江。內江是『糖城』，盛產糖，我們在晚上各自買了各種糖，大家作了一次糖的聚餐。第三日晚汽車到重慶，重慶是山城，萬家燈火，住在川鹽銀行對面的一家銀行裏。武大設有辦事處，等了幾天，由辦事處代買好船票，由重慶朝天門乘民權輪至宜昌。當時長江三峽不能夜航，順江而下，三峽風景盡收眼底。船到宜昌換乘江漢輪，晝夜航行至武昌，到了珞珈山，沿途順利！」[9]

26日（星期日），吳宓致劉永濟長函，復劉永濟四五月中各函，寄回武大本年2月與吳宓之聘書。並言下年決回清華，否則留蓉，不去武大。

本月，教育部長朱家驊答應追加武大復員費用的數額，但要報行政院同意後再行商辦。

本月，武大恢復農學院，聘葉雅各教授為籌備主任，會同楊端六教務長、葛揚煥總務長及理學院桂質廷院長積極規劃先行擬定籌備進行事項。

本月，武大成立第三屆總核心組織，成員為廖成溥、趙萌蘭、夏雨亭、王爾傑、孟蘭生，其中廖、夏、孟均為文談社社員，廖成溥為書記。

六月

6日（星期四），朱光潛與劉永濟赴成都，宿成都青石橋南街45號女弟子高眉生家。次日上午，由高敘生、程千帆、沈祖棻3人陪同前往吳宓住所看望。正午，吳宓在樂露春設宴款待劉永濟一行。傍晚，吳宓到高宅回訪劉永濟。高敘生、高眉生姊弟設晚宴招待劉永濟、吳宓二位恩師。自是日至本月30日，離開樂山來到成都，朱光潛與劉永濟一道，遍訪摯友。多次與吳宓晤談，使吳宓下決心來武大執教。

10日（星期一），浙江大學教授不滿調整待遇辦法，今日起罷教。

16日（星期日），武大樂山辦事處開始辦公，委派蕭絜為樂山辦事處主任，

---

[9] 詹國器：〈回憶佛都樂山時期的學習生活〉，臺灣《珞珈》（1997年7月）第132期。

負責處理復員校務收尾事務。

17日（星期一），校長周鯁生致函樂山縣政府，說明了有關財產處理的意見和意向：在復校校務抓緊辦理、即將結束的時候，將未了的事務委派樂山辦事處處理。凡本校原來向地方借用的公產以及歷年的房屋建築，一並贈送給縣政府，以表示對學校八年辦學支持的感謝。遺留下來的圖書、儀器及具有教學價值的物品和器材等，請縣政府轉贈給地方教育文化機關，作為紀念。同時，武大的附屬中學已交私立樂嘉中學繼續辦理，為表達永久的紀念，建議將李公祠地址及新建的房屋十幢43間房，一並撥交給私立樂嘉中學使用。

21日（星期五），上海學生二萬人舉行反對內亂遊行，要求統一，要求建設。

25日（星期二），教育部致函善後救濟總署，希望總署利用難民救濟方面的便利條件，在各校員生沿途經過地點「酌就現有衛生工作人員調派在附表所列各地分別設站，供給各校員生臨時所需醫藥及食物」。

26日（星期三），復校首批人員攜同公物由西北公路出發啟程，經寶雞轉乘火車，預計七月底抵達武漢。

同日，蔣介石悍然撕毀停戰協定和政協協議，大舉圍攻中原解放區，從此發動了向各個解放區的全面進攻。

七月

11日（星期四），民主同盟中央執行委員李公僕在昆明遇刺身亡。

同日，美國政府任命司徒雷登為駐華大使。

15日（星期一），民主同盟中委、西南聯大教授聞一多被刺身亡。民盟要人潘光旦、張奚若、費孝通等九教授避入美領事館。

21日（星期日）、22日（星期一），劉永濟乘汽車由樂山至成都辦事處，再由成都乘飛機至武漢。

27日（星期六），劉永濟在珞珈山致函吳宓，告知已與周鯁生校長商定聘請吳宓為武漢大學文學院外文系主任，要求於8月中旬乘飛機到校，主持系務。但只給旅費12萬元，復員費則要向教育部請領。又告知旅行詳情。

31日（星期三），梅貽琦在聯大常委會最後一次會議上宣布：「西南聯合大學到此結束。」

八月

1日（星期四），劉永濟由武漢回長沙探望久別的岳母及長子茂茲。

月初，凌叔華攜陳小瀅赴上海候船出國。

6日（星期二），善後救濟總署復函教育部指出：「教育文化事業原不在本署救濟範圍之內，未便專設站所。除寶雞、陝州、嶽陽、貴陽外，其餘各地均有本署暨衛生署之醫防隊駐設，業經函復衛生署並令本署各醫防隊，注意辦理復員各校學生旅途醫防衛生，至於食宿問題，亦已分令本署湖南、湖北、廣西、河南、江西、蘇寧等分署及重慶、貴陽、昆明等難民疏送站（西安站尚在籌設中），對過境復員學生盡量予以協助，在可能範圍內，如代洽優待用膳處所、代覓住宿地點、交通工具等，惟所有費用仍由學生自理。」

7日（星期三）《誠報》廣告：「新生幼稚園為籌募基金主辦歐洲返回國內第一流花唱（腔）女高音郎毓秀獨唱會。鋼琴伴奏馬革順。日期：八月五日六日七日。地址，嘉樂門浸禮會。票價，一千五百元。售票處：生活商店、新新食品店、開明書店、茂祥。」

24日（星期六），劉永濟在長沙致函吳宓。29日上午，吳宓收信後，心略慰。立即函復劉永濟，解釋昨日信中知劉永濟到9月中旬才回武漢因而鬱憤失望之心情，仍催劉永濟速返校。

30日（星期五），上午10時，吳宓乘中航飛機飛抵武昌南湖機場。晚宿漢口，致函長沙劉永濟，報告抵鄂情況，再促其速返校。次日，吳宓由武大派員劉南軒接至珞珈山，在新二區樓上客室暫住。

本月，還有不少師生員工未能按時返校，滯留在樂山的胡稼胎等教授建議向民生公司包租輪船運送員工及公物。這一提議得到校方的肯定，並聯繫湖北省建設廳，希望能派專輪接運本校員工。省建設廳經商議下屬的航業局，決定安排「建施輪」對武大的員工及公物進行一次專運。當時，「建施輪」正在巴東接運科學館等人員及湖北省府文卷，巴東任務完成後即可運送學校的員工及公物，估計9月可到重慶。該輪可載客120人至200人，貨物60噸。為確保專運成功，武大已預交給航業局運輸費2000萬元。重慶辦事處也統計了此次乘輪師生員工及工役的人數，並向航業局駐重慶辦事處購票，票價比照民生公司的規定辦理，憑票上船。由於船位有限，優先運送教職員及其家屬，如有多餘艙位再搭載學生。為防

止軍隊徵用該船，船到重慶時停在郊外，員工們由郊外方便處上船。

本月，中文系講師胡守仁應廣州國立中山大學校長王星拱之邀，赴中大任教授。嗣後作〈有懷劉弘度先生〉詩賦贈：

其一：

四載嘉州夢一般，夢醒時得夢中還。荒郊此老書城坐，珠玉詞成叉手間。

其二：

茂林修竹外塵囂，師弟連牆若有逃。絕妙詞篇頻寫似，真堪秋氣與爭高。

九月

2日（星期一），國民政府教育部發布了經行政院同意的有關訓令，提出了國立各級學校復員後遺留校產、校具處理辦法：校產是指土地、房屋及其設備。校具是指木器及其他笨重傢俱、圖書、儀器、機器，這四類以不方便遷運為限。國立各級學校遺留後的校產及不能遷運的校具，除另有合同契約仍須履行外，應依照下列原則處理：學校所在地或附有留置的國立學校需要使用，經教育部核准後，優先交給附近的國立學校利用；附近沒有國立學校的，除由教育部特准另行支配外，一律移交給所在地的教育廳（局）統籌支配，若距離省市教育廳（局）較遠的，可交當地縣市政府代為保管，轉請支配；國立中等學校的，原由各省校攜出的圖書、儀器及教育部撥款購置的，屬於教員研究應用的書籍，須運回各原省，除了有特殊原因，經教育部核准外，不得留置後方；各復員的國立學校應將遺留的校產、校具在接到遷校令一個月內，造冊呈報教育部；後方各級國立學校如果需要該地或附近的復員學校的校產、校具，應將需要情況及其種類詳細說明，向教育部申請；各級國立學校遺留的校產、校具在辦理交接時，應請當地教育首長到場監督；各級國立學校的校產、校具移交完畢後，應將清冊及驗收機關或學校的證明文件，呈送教育部核查；國立學校經教育部核准移交所在地省市辦理的校產、校具，參照此辦法執行。

按照上述文件精神，武大應將有關校產、校具，移交給當時在樂山的國立中央技藝專科學校，但因涉及到房屋、土地的一些借用、租賃、購置等關係，學校

將之歸類，分別退還、贈予和移交各有關單位。

同日，竺可楨日記載：「武漢四大學校考試，報名六千餘人，武大最多，中大次之，浙大第三。」[10]

同日，凌淑華在上海登「麥琪號」郵輪赴美國。

10日（星期二），中秋節，《吳宓日記》載：「濟在長沙室家團聚，共度佳節，而置宓等於此，不能不怨濟矣！」是晚，「宓久不寐，枕上作〈丙戌中秋〉。詩云：中秋忽異地，三載慣離群。獨對南樓月，空傷鄂渚雲。奔依人不在，力戰自為軍。一諾千金喪，尾生赴義勤。」

12日（星期四），吳宓在武漢大學總務處抽簽，得半山廬樓上17號住所。

17日（星期二），晚上劉永濟攜眷由長沙回珞珈山。

18日（星期三），劉永濟往文學院巡視新生閱卷工作，午飯後到半山廬看望吳宓。

20日（星期五），胡適就任北京大學校長。

同日，上海《大公報》刊登S.Y.（劉盛亞）〈一個大學校長〉。該文生動地描述了王星拱在樂山武大的日常生活。

22日（星期日），吳宓、田德旺到武大一區看望劉永濟夫婦。下午，劉永濟回訪吳宓、田德旺。

27日（星期五），教育部給武大來電，答應加撥復員建設費4億元，加上前面增撥的2億元，計6億元。

本月，武大租到一艘小輪船，運送仍滯留在樂山的師生員工。據隨行人員張蕭文回憶：「第一天晚上到達宜賓，次日即抵達重慶。師生全部上岸，等候換船。重慶天氣極熱，我初次受到長江三大『火爐』之一的高溫考驗，終日汗流浹背，卻沒有地方可以洗澡更衣，狼狽之態可想而知。從重慶換乘一艘大些的船東下，經萬縣進入三峽。但見江流湍急，水道極窄。往往向前望去，一座山橫亙在前，看不到航道。但船到前面，卻又是柳暗花明，航道復現。兩岸山峰陡立，涼風陣陣，寒意襲人。船上的汽笛始終長鳴。偶爾見到逆水而上的木船，遇到輪船尾部螺旋槳激起的波浪時，木船立即隨波起伏。上水的木船都由岸上的縴夫拉縴，他們全身一絲不掛，身體與地面幾乎平行，吃力地向前拉船，腳下又是懸

---

[10] 竺可楨：《竺可楨日記》第二冊（北京：人民出版社，1984年），頁960。

崖峭壁，十分驚險。我目睹了中國窮苦人民的生活是如此之苦，對比之下，我坐享公費讀書，再不努力，何以面對供養我的國人！」「到宜昌後，又換上一艘更大的『江寧號』直駛漢口。我墊著行李，坐在機房上層的鐵板上，鍋爐的熱氣蒸人，箇中滋味實在難以形容。經過兩天航行，傍晚抵達漢口江漢關碼頭，乘輪渡抵武昌時已天黑了。當時開赴武大的武豹公司班車已收班，我只好在班車上睡了一夜。第二天乘頭班車到武漢大學，住進宙字齋，這是在樂山時即與史長捷同學說好同住的房間。終於到『家』了，我這才如釋重負。」[11]

十月

2日（星期三），國民政府教育部令武大設立醫學院。成立以李宗恩[12]為主任委員的醫學院籌備委員會。擬定該學院教育方針，規模、專業設置，附屬醫院及其它工作的籌備程式。方針是：與大學一般教育相結合，以發展醫學科學，造成華中醫學教育的中心，並養成服務社會之醫學領袖人才。

11日（星期五），國民政府宣布11月12日召開「國民大會」。

15日（星期二），校長周鯁生聘任劉賾為中文系系主任；萬卓恒為哲學系系主任；李劍農為史學系系主任；李浩培為法律系司法組主任；劉迺誠為政治學系系主任；張培剛為經濟系系主任；曾昭安為數學系系主任；查謙為物理系系主任；陶延橋為化學系系主任；張鏡澄為生物學系系主任；陸鳳書為土木工程系系主任；趙師梅為電機工程系系主任；劉穎為機械工程系系主任；周則嶽為礦冶工程系系主任；萬泉生為附設機械專修科主任；劉永濟為文科研究所主任；劉秉麟為法科研究所主任；余熾昌為工科研究所主任；李劍農為文科研究所文史學部主任；劉迺誠為法科研究所政治學部主任；楊端六為法科研究所經濟學部主任；鄔保良為理科研究所理化學部主任；俞忽為工科研究所土木工程學部主任；文斗為工科研究所電機工程學部主任。

---

[11] 張書文：〈走向珞珈山之路〉，《乙丑集》（自印本2004年），頁130-131。

[12] 李宗恩（1894-1962），江蘇武進人，熱帶病學醫學家及醫學教育家。幼時就讀於其父所辦之新式小學，後來進入上海震旦大學學習法文。1911年夏季赴英國留學，進格拉斯哥大學醫學院，1920年畢業；1923年回國任職於北京協和醫學院。1937年籌辦貴陽醫學院，擔任院長職務。1946年10月，受聘武漢大學出任醫學院籌備主任。1947年5月赴北平擔任協和醫學院的院長，1948年獲格拉斯哥大學科學博士學位。

　　同日，本年度招收本科一年級新生先修班學生名單，計一年級新生477人，轉學生9人，機械專修科17人。

　　18日（星期五），校長周鯁生聘任楊端六為武大教務長；劉迺誠為訓導長；葛揚煥為總務長；劉永濟為文學院院長；劉秉麟為法學院院長；桂質廷為理學院院長；余熾昌為工學院院長；葉雅各為農學院院長；葉嶠為先修班主任。

　　同日，武大聘任李宗恩為本大學醫學院籌備委員會主任委員；朱章躍、戴天佑、袁貽瑾、劉書萬、楊端六、桂質廷、葛揚煥、趙師梅、繆恩釗為委員；周金黃兼秘書，密愛德華為衛生顧問。

　　同日，武大校務會議議決：續聘劉永濟為文學院院長。時文學院下設中文、外文、哲學、史學四系，劉賾、吳宓、萬卓恒、李劍農任各系系主任；文學院在校學生共有216人。其中，中文系40人，外文系96人，哲學系19人，史學系61人；一年級91人，二年級49人，三年級33人，四年級43人。文科研究所無在校學生。師資力量方面，文學院共有教師58人。其中，教授32人，占全院教師總數55.2%；副教授7人，占全院教師總數12.15%；講師11人，占全院教師總數19%；助教8人，占全院教師總數13.8%。

　　20日（星期日），中央研究院二屆評議會第三次會議在南京召開，周鯁生出席會議。

　　21日（星期一），中研院開第一次正式會議，「次總幹事薩本棟報告，述在國外研究人員不願回國之理由以及人才之糟蹋，如桂質庭[廷]之放棄測定高空游離層（Ionosphere）工作而任行政院參事。」[13]

　　23日（星期三），教育部再次增撥武大復員費用3億元。

　　27日（星期日），金克木應邀來武大文學院任哲學系教授。

　　本月，絕大部分師生經過千里跋涉高興地回到珞珈山。若干年後，身居臺灣的蘇雪林在〈懷珞珈〉中寫道：「我們復員的時候，一路雖飽受艱辛，因前途有光明的希望閃耀著，仍載歌載笑，滿腔愉快。當我們的船抵達江漢關，心弦便開始緊張。登上赴校的公共汽車，一路風馳而進，我們還嫌車子走得太慢。過了洪山，武漢大學的校舍已巍然在望。我們全體同仁，不禁都自車中起立瞻眺，像孩子似的發出一陣陣歡呼。太太們中間甚至有喜極而涕者。」[14]

---

[13]　竺可楨：《竺可楨日記》第二冊（北京：人民出版社，1984年），頁975。

[14]　蘇雪林：〈懷珞珈〉，《學府紀聞：國立武漢大學》（臺北：南京出版公司，1981年），頁234。

　　31日（星期四），先期達到珞珈山的師生在學校禮堂舉行了非常隆重的開學典禮，這標誌著武大八年流亡辦學的艱難歲月終於結束。在開學典禮上，代理校長劉秉麟作演講：

　　　今天是本校成立第18周年紀念日，同時又是復員後第一次開學典禮，所以慶祝的典禮，非常隆重，慶祝的情緒，亦非常興奮。

　　　談到本校一年來最艱難的工作，也是最重要的工作為復員，這可以分成旅運和修建兩方面講：本校自去年十月起，開始準備復校，運輸方面，更積極規劃，從事進行，乃因交通不方便與政令上的限制，以致發生許多困難。現在教職員均全體到達，舊生返校者，亦在半數以上，即最後一批公物與儀器，亦已分裝一大木船及五木排，由樂山駛抵瀘州，不久即可到達武昌，可以說旅運方面的任務完成了。其次修建方面，自去年成立復校委員會，請趙師梅先生回鄂主持，當時這珞珈山荒蕪遍地，淒涼滿目，真不知從何處收拾起。這中間所遭受到的痛苦，當然是大而且多。今年三月以後，各教職員漸次回校，還是經過很多困難。在二月間，周校長即親自回來主持，監督進行，這都是足以證明我們是拿全副精神，集中力量在做，到今天幸能如期開學，這皆是各位同人辛苦的結果——尤其是趙師梅先生。

　　　可是我們的職責，不僅在此，必須更向前進。比如戰前就計劃了的學院組織，是文、法、理、工、農、醫六院，這很顯然的，在武珞公路本大學牌樓上，就明白標出，到今天依舊巍峨矗立可以看到。所以復校後，首先恢復農學院。雖然我們在同樣地努力進行著，但農學院至今房屋尚未完工，有待我們今後的努力。其次醫學院，這一方面是本校的原計劃，同時也是華中的急切需要，正好聯總因有價值25億元美金的醫院設備，願交與武大開辦醫學院及實習醫院，經政府及社會各方面人士竭力協助，現在正進行中。唯開辦費、修建費為數極大，周校長晉京旬日，今天仍不能回來，就是為了這個艱巨的任務，向當局分別接洽之故。除建築外，圖書儀器設備，同樣最關重要。樂山部分書籍，即可全部運到，原存漢口方面者雖被敵人搶去，但現留存者，仍有一部分。周校長在美時，亦經與美國國會圖書館接洽，分得該館復本圖書一批，一俟輪運暢通，即可陸續到達。

所以由此說來，圖書館現在雖說高大寬闊，將來仍不敷儲藏之要求，須另再擴充書庫。總之我們都要時常計劃著求進步，有了種種設備而後，一個學術機關，最重要者為教授，現在原有教授已陸續到齊，本年度新聘教授、副教授、講師頗多，文學院有吳宓先生等15位，法學院有張培剛先生等10位，理學院有周金黃先生及回校之查謙先生等兩位，工學院有曹誠克先生等14位，農學院有魯慕勝先生等6位，醫學院已聘定李宗恩先生等11位，成立籌備委員會。此外體育組亦較前擴充，聘定袁浚先生等5人。各位先生如今有已到校者，有尚在路上者。以上為遷校經過及學術設備方面之簡要報告。

我們知道武大歷史很短，合武昌高師、武昌師大、武昌大學，與武昌中山大學而言，才比較長些。所以，實際今天武大本身的歷史，成立才只18周年，好像一個小兄弟。但我們秉著當仁不讓之精神，至少要起而與老大哥似的北大、清華……諸校相抗衡，完成大學教育的神聖使命。十餘年來，經各先生之決心及各方面之熱情，與同學們之努力，尚能名實相符，蔚為國用。及抗戰軍興，播遷川西，雖說艱苦倍至，不減他校，而八年以來，弦誦不輟，且學生人數年年增加。今後，我們更應秉於本身使命之日益繁重，當本兩千年來聖哲孔子所謂：「德之不修，學之不講，聞義不能徙，不善不能改，是吾憂也」的襟懷，發揚光大，以立己立人，以達己達人為目的。目前雖政治、經濟、社會……各方面，不免仍有種種困難，令人喪氣，但從歷史方面來看，這是一時的現象，唯學術是永久的事業。

最後，劉秉麟說：「希望各位教授領導學生，並希望各位同學，明瞭自己在社會上的地位與文化上所負的責任，向學術方面與光明方面，共同努力，埋頭苦幹。」[15]

武大八年的流亡歲月終於畫上了句號。

---

[15] 原載《國立武漢大學週刊》第361期，轉引自徐正榜、陳協強主編：《名人名師武漢大學演講錄》（武漢大學出版社，2003年），頁490-491。

附錄

武漢大學歷史沿革

一、北洋政府時期（1913-1927）

　　1913年7月，北洋政府以東敝口原張之洞所辦方言學堂的校舍為基礎，改建成國立武昌高等師範學校，設英語、博物、數學物理、歷史地理等四部。當年11月2日正式開學。

　　1922年，改四部為8系，即教育哲學系、國文系、英語系、數學系、理化系、歷史社會學系、生物系、地質系。

　　1923年9月，國立武昌高等師範學校改名為國立武昌師範大學。

　　1924年9月，國立武昌師範大學改名為國立武昌大學。

　　1926年底，國立武昌大學、國立武昌商科大學、湖北省立醫科大學、湖北省立法科大學、湖北省立文科大學以及私立武昌文華大學等合併，建立國立武昌中山大學（又稱國立第二中山大學）。設有大學部和文、理、法、經、醫、預6科、17個系2個部。

二、南京政府時期（1928-1949）

　　1928年7月，南京國民政府以原國立武昌中山大學為基礎，組建國立武漢大學。下設文、理、工、法四個學院。當年10月31日正式開學。

　　1932年3月，學校由武昌東廠口遷入珞珈山新校舍。

　　1935年1月，學校成立法科研究所和工科研究所，開始研究生教育。

　　1936年，成立農學院，成為有文、法、理、工、農5個學院15個系以及2個研究所的綜合性大學。

1938年春，武大西遷四川樂山，農學院併入國立中央大學（時遷重慶）。

1946年秋，武漢大學遷回武昌珞珈山，恢復農學院，設立醫學院。形成了文、法、理、工、農、醫6個學院21個系8個研究所。

三、北京政府時期（1949-）

1949年5月，武漢易幟，國立武漢大學被中共接管並更名為武漢大學。

1950年，湖南大學水利系劃歸武漢大學，與土木系水利組合併，成立水利系。醫學院從武漢大學分出，與上海同濟大學醫學院合併成中南同濟醫學院（現同濟醫科大學）。

1952年，河南大學等校的水利系劃歸武漢大學，與武漢大學水利系合併成水利學院。武漢大學農學院從武漢大學分出，與湖北農學院合併成華中農學院（現華中農業大學）。哲學系併入北京大學，礦冶系調入中南礦冶學院（即中南大學）。

1953年，武漢大學工學院電機系電信部分，土木系建築設計部分併入華南工學院（即華南理工大學），土木系併入中南土木建築學院，即湖南大學；工學院從武漢大學分出，成立華中工學院（即後來之華中理工大學、華中科技大學）；外文系英文組併入中山大學。

1954年，水利學院從武漢大學分出，成立武漢水利學院（現武漢水利電力大學）。

1956年，恢復哲學系。

1958年，恢復外文系。

1966年，在鄂西北襄陽隆中建立襄陽分校。

1970年，在湖北荊州地區建立沙洋分校。

1977年，襄陽分校、沙洋分校停辦。

1978年，從理科中分出三個新系，即電腦科學系、空間物理學系、病毒學及分子生物學系。

1984年，成立經濟與管理學院、圖書情報學院；成為中國首批成立研究生院的院校之一。

1986年，成立法學院；經濟與管理學院分為經濟學院、管理學院。

1988年，成立成人教育學院、建築學系。

1990年，成立外國語言文學學院。

1992年，成立政治與行政學院、生命科學學院。

1994年，空間物理學系與無線電資訊工程學系合併，成立電子資訊學學院。

1995年，成立新聞學院。

1996年，成立旅遊學院、律師進修學院、哲學學院。

1997年，成立文學院、電腦科學與技術學院、理學院、化學學院。

1998年，成立歷史文化學院、留學生教育學院。

1999年，院系重組，由16個學院、3個直屬系改組為9大學院，即：人文科學學院、法學院、商學院、外國語言文學學院、大眾傳播與知識資訊管理學院、數學與電腦科學學院、生命科學學院、物理與電子資訊科學學院、化學與環境科學學院。

2000年8月2日，武漢大學與武漢水利電力大學、武漢測繪科技大學、湖北醫科大學合併成組建新的武漢大學。

主要參考資料

《王世傑日記手稿本》，臺北中央研究院近代史研究所，1990年

《王世傑傳》，薛毅著，武漢大學出版社，2010年

《中華民國史事日誌》第四冊，郭廷以編著，臺北中央研究院近代史研究所，1985年

《中華民國大事記》，韓信夫、姜克夫主編，中國文史出版社，1997年

《功蓋珞嘉　「一代完人」──武漢大學校長王星拱》，吳驍、程斯輝著，山東教育
　　出版社，2012年

《老武大的故事》，龍泉明、徐正榜編，江蘇文藝出版社，1998年

《名人名師武漢大學演講錄》，徐正榜、陳協強主編，武漢大學出版社，2003年

《朱東潤自傳》，朱東潤著，東方出版中心，1999年

《抗日戰爭時期四川大事記》，四川省人民政府參事室等編，華夏出版社，1987年

《抗戰中的武漢》，武漢政協文史委等編，1995年

《抗戰時期重慶大轟炸日誌》，潘洵、周勇主編，重慶出版社，2011年

《吳其昌文集》（五），吳令華主編，三晉出版社，2009年

《我與四川》，葉聖陶著，四川人民出版社，1984年

《竺可楨日記》（第一冊、第二冊），竺可楨著，人民出版社，1984年

《竺可楨全集》第7卷，上海科技教育出版社，2005年

《武漢大學校史》，吳貽穀主編，武漢大學出版社，1993年

《武漢抗戰圖志》，唐惠虎等主編，湖北人民出版社，2005年

《高門巨族的蘭花：凌叔華的一生》，陳學勇著，人民文學出版社，2010年

《烽火西遷路》，駱鬱廷主編，武漢大學出版社，2008年

《從沉淪到榮光：抗日戰爭全記錄1931-1945》，李繼鋒著，遠方出版社，2008年

《無私奉獻一生的趙師梅先生傳略》，俞大光等編，華中理工大學出版社，2000年

《黃炎培日記》，中國社科院近代史研究所整理，華文出版社，2008年

《誦帚詞集・雲巢詩存・劉永濟先生年譜》，徐正榜等編，中華書局，2010年

《樂山的回響》，駱鬱廷主編，武漢大學出版社，2008年

《樂山紀念冊》，陳小瀅講述、高豔華編選，商務印書館，2012年

《樂山時期的武漢大學》，涂上飆主編，長江文藝出版社，2009年

《葉聖陶年譜長編》（第二卷），商金林撰著，人民教育出版社，2004年

《葉聖陶抗戰時期文集》（三卷），商金林編，人民教育出版社，2005年

《葉聖陶集》第19卷，江蘇教育出版社，1994年

《鐵證——日本隨軍記者鏡頭下的侵華戰爭》（上下冊），畢英傑、白描編纂，崑崙
　　出版社，2000年

《讓廬日記》，楊靜遠著，武漢大學出版社，2003年

後記

　　去年9月，拙著《苦難與輝煌：抗戰時期的武漢大學》出版後，有記者採訪我，其中一個問題是：「在寫作上的難度主要是什麼？」我老老實實承認，我沒有受過專門的學術訓練，卻要去駕馭一部數十萬字的史書寫作，其難度不亞於寫一部長篇小說。好在現代社會資訊發達，我可以購買很多前輩大師的著述學習。幾年前讀韓石山的文章，聽他說過寫人物傳記要先編年譜，蓋源於梁任公的經驗之談。我寫武大在樂山的這段歷史，最初計畫編大事記或日誌，再按傳統的校史以時間為序去寫。後來感覺這種寫法容易落入俗套，於是放棄了。我獨闢蹊徑，以另外的結構方式進行寫作。

　　《苦難與輝煌》出版的同時，我的第二部書《堅守與薪傳：抗戰時期的武大教授》簽署出版協定，於是，我便開始了第三部書《西遷與東還：抗戰時期武漢大學編年史稿》的撰寫。

　　按理說，前兩部書互為補充，已經比較全面了，這第三部編年史還有必要麼？我的想法很簡單，辛辛苦苦收集的大量有價值的史料沒有派上用場，要讓它們有個好的歸宿！否則，就成了死料。同時，以編年體來保存史料更有利於他人考查歷史事件發生的具體時間，易於瞭解同一時間內發生的歷史事件之間的聯繫。

　　一般來說，編年史等同於大事記。我也這麼幹麼？我覺得我不能按老規矩這麼幹。

　　武漢大學中文系博士生韓晗在給我的第一部書寫序時說過，「《苦難與輝煌》在研究方法上，所採取的『日常生活史』研究範式，亦值得讚歎。在書中，作者並未單純地強調大師、大學問、大建築、大時代，而是從男生宿舍、學生日常消費，乃至飲食、日記、對話等細微末節入手，重現歷史的真實。」後來，西華師大教育學碩士郭偉讀了拙著也說：「此書與其他教育史著作不同的是，該書立足微觀，採用了教育活動史的史學範式，不僅描述了武漢大學西遷之後的教學、管理等『顯性教育』內容，而且對於學生與教授們的住所、食宿、休閒娛樂及教授著作與學生社團等『隱性教育』內容納入其中，其間更穿插『烽火西遷、盜賊與疾病、日軍轟炸、勝利東歸』這樣的歷史與生活片段，這樣就把一個

苦難而輝煌的武漢大學的形象刻畫得淋漓盡致。」（〈一曲民族意志與精神的讚歌〉，載《三江都市報》2013年1月18日）

我的野路子寫作手法居然得到兩位受過正統學術訓練的朋友讚賞，頗感驚訝和啟迪。我決定將我歪打正著的「優點」繼續發揚。所以在編年史中不完全編大事記，有意識地增添不少武大師生生活「流水帳」之類的瑣屑小事。或許這樣可讓整段歷史更豐滿。或許您讀起來也不至於打瞌睡。

大半年的空閒時間弄出這部書，也是「作為史稿披露」的「急就之章」，「並非視為成書」。史稿本非定本，望海峽兩岸的學人不吝指教。

如果您是當年樂山武大時期的教師、職員、學生本人，或者家人、後人、知情人，如果您藏有當年的相關史料、照片，希望能與我分享。也許在這本書、已出書的修訂本中，或者下一本書中，可能會寫進去，讓更多人分享。我的郵箱對所有人敞開著：zzj7294@163.com。

癸巳年陽春三月於羊城

史地傳記類　PC0348　讀歷史36

西遷與東還
——抗戰時期武漢大學編年史稿

作　　者／張在軍
責任編輯／林世玲
圖文排版／楊家齊
封面設計／王嵩賀

發 行 人／宋政坤
法律顧問／毛國樑　律師
出版發行／秀威資訊科技股份有限公司
　　　　　114台北市內湖區瑞光路76巷65號1樓
　　　　　電話：+886-2-2796-3638　傳真：+886-2-2796-1377
　　　　　http://www.showwe.com.tw
劃撥帳號／19563868　戶名：秀威資訊科技股份有限公司
　　　　　讀者服務信箱：service@showwe.com.tw
展售門市／國家書店（松江門市）
　　　　　104台北市中山區松江路209號1樓
　　　　　電話：+886-2-2518-0207　傳真：+886-2-2518-0778
網路訂購／秀威網路書店：http://www.bodbooks.com.tw
　　　　　國家網路書店：http://www.govbooks.com.tw

2013年10月　BOD一版
定價：430元
版權所有　翻印必究
本書如有缺頁、破損或裝訂錯誤，請寄回更換

國家圖書館出版品預行編目

西遷與東還：抗戰時期武漢大學編年史稿 / 張在軍編著. --
一版. -- 臺北市：秀威資訊科技, 2013.10
　　面；　公分. -- (史地傳記類；PC0348) (讀歷史；36)
POD版
ISBN 978-986-326-187-2(平裝)

1. 國立武漢大學　2. 歷史

525.82　　　　　　　　　　　　　　　　102018340

讀 者 回 函 卡

感謝您購買本書，為提升服務品質，請填妥以下資料，將讀者回函卡直接寄
回或傳真本公司，收到您的寶貴意見後，我們會收藏記錄及檢討，謝謝！
如您需要了解本公司最新出版書目、購書優惠或企劃活動，歡迎您上網查詢
或下載相關資料：http:// www.showwe.com.tw

您購買的書名：_____

出生日期：_____年_____月_____日

學歷：□高中 (含) 以下　　□大專　　□研究所 (含) 以上

職業：□製造業　□金融業　□資訊業　□軍警　□傳播業　□自由業
　　　□服務業　□公務員　□教職　　□學生　□家管　　□其它____

購書地點：□網路書店　□實體書店　□書展　□郵購　□贈閱　□其他

您從何得知本書的消息？

　□網路書店　□實體書店　□網路搜尋　□電子報　□書訊　□雜誌
　□傳播媒體　□親友推薦　□網站推薦　□部落格　□其他_____

您對本書的評價：(請填代號　1.非常滿意　2.滿意　3.尚可　4.再改進)

　封面設計____　版面編排____　內容____　文／譯筆____　價格____

讀完書後您覺得：

　□很有收穫　□有收穫　□收穫不多　□沒收穫

對我們的建議：_____

_____

_____

_____

11466
台北市內湖區瑞光路 76 巷 65 號 1 樓

秀威資訊科技股份有限公司 收

BOD 數位出版事業部

⋯⋯⋯⋯⋯⋯⋯⋯⋯⋯⋯⋯⋯⋯⋯⋯⋯⋯⋯⋯⋯⋯⋯⋯⋯⋯⋯⋯⋯⋯

（請沿線對折寄回，謝謝！）

姓　　名：＿＿＿＿＿＿＿＿＿　年齡：＿＿＿＿　性別：□女　□男

郵遞區號：□□□□□

地　　址：＿＿＿＿＿＿＿＿＿＿＿＿＿＿＿＿＿＿＿＿＿＿＿＿＿＿

聯絡電話：(日) ＿＿＿＿＿＿＿＿＿＿＿　(夜) ＿＿＿＿＿＿＿＿＿＿

E-mail：＿＿＿＿＿＿＿＿＿＿＿＿＿＿＿＿＿＿＿＿＿＿＿＿＿